Folke Tegetthoff

# Let's chat, Baby!

Nachrichten an ein Ungeborenes

Besuchen Sie uns im Internet:
www.tegetthoff.at
www.storytellingfestival.at
www.geschichtenbox.com
www.klosterstall.com

instagram.com/unakritzolina

1. Auflage: November 2017

Umschlag & lettering art: una.kritzolina
Satz & Layout: www.jerakokovnik.com
Lektorat: Tanja Frei
Umschlagfoto: Christian Jungwirth
Druck: Evrografis, Slovenija
ISBN: 978-3-85325-082-2

Folke Tegetthoff

# Let's chat, Baby!

Nachrichten an ein Ungeborenes

Mit Bildern von
una.kritzolina

Gesamtgestaltung:
Jera Kokovnik

edition
neues
maerchen

Dieses Buch wurde mit sehr viel Freude geboren und ist gewidmet:
Klar, natürlich, als erstes - dir, mein Theo! Ohne dich gäbe es dieses Buch nicht.
Und weil es den Theo nicht gäbe ohne Tessa & Andi, auch diesen beiden.
Und diese beiden gäbe es nicht ohne die, die sie geboren haben: Astrid & Angelika!

Jetzt hören wir aber auf...

Doch nicht ganz: Die Idee und die Arbeit an diesem Buch muss so ansteckend gewesen sein, dass wir hier auch besonders erwähnen, und bereits jetzt an sie denken und ihnen danken:
Noe, der während das Buch gedruckt wurde, geboren wurde
(und der seine Mama Jera zu diesem fantastischen Layout und Grafikdesign inspirierte...)
Und XXX, das Menschlein, das während der Arbeit an diesem Buch entstanden ist und wohl den Pinsel seiner Mama Petra (una.kritzolina, Illustrationen und Cover) geführt haben muss!

Und zuletzt: Dass dieses Buch nur 153 Tage nach Theos Geburt veröffentlicht werden konnte, habe ich meinem großartigen Team zu verdanken: Claudia, Binela, Lisa und Eliane.

Herzlich Willkommen und DANKE alle miteinander!

P.S.: Alle Nachrichten wurden in unserem MaPaEnkel-WhatsApp-Chat jeden Tag LIVE gepostet.

Und jetzt

Lass uns endlich
miteinander reden!

## Nachricht 1:

### Enkelmensch!

Mein lieber Enkelmensch! Noch weiß ich nicht, wie dich ansprechen, aber für heute nur so viel: Du wirst jetzt schon geliebt, so winzig, wie du bist, wirst so erwartet, bist so willkommen auf dieser herrlichen Welt! Grüße deine Mama und mit deinem Herzschlag auch deinen Papa!
Dein sehr stolzer Großvater

## Nachricht 2:

*avocadogroß*

### Spaziergang

Hallo Menschlein! Als deine Nonna und ich heute auf der Promenade nach Fiesa spazierten, haben wir uns vorgestellt, wie es sein wird, in – sagen wir mal – unfassbar knappen neun Monaten hier zu spazieren und DICH, jetzt noch avocadogroß, auf dem Bauch umgeschnallt zu tragen, während deine Mama und dein Papa zuhause in unserem Wohnzimmer Skulpturen kaputtmachen. Was das bedeutet, wird dir dein Großvater später einmal, so um das Jahr 2032 herum, erzählen ...

# Nachricht 3:

## Im Rückspiegel

Hallo Menschlein! Wir fuhren heute nach Istrien, ich blickte in den Rückspiegel und sah dort deinen Onkel Floris sitzen (immer auf der Mittelarmlehne), als kleinen Knirps, und mich Löcher in den Bauch fragen über all die Schalter und Hebel des Autos. Deine beiden Tanten, Sophie und Kira, und natürlich deine Mama, saßen (als die alle noch ganz klein waren, also nicht so klein wie eine Avocado, eher wie ein großer Teddy) in ihren Sitzen und waren vertieft in ihre ersten Bilderbücher ...

Und heute: Da sah ich in den Rückspiegel und dachte mir, wer wird da wohl in, sagen wir mal drei Jahren, sitzen und mit Großvater – vielleicht nehmen wir die Nonna auch mit – einen Ausflug nach Istrien machen?! Wirst du, kleine Avocado auf der Mittellehne sitzen oder auf den Sitzen? (Lass das nur ja nicht deine Eltern lesen, die studieren schon intensiv die supersichersten Baby-Kinder-Autositze ... Sonst lassen sie uns nicht gemeinsam losfahren!) Wirst du quatschen oder lesen?! Eine Baseballkappe schief und keck auf dem Kopf oder ein hübsches Hütchen tragen?! Noch sieben Mal schlafen, dann wissen wir es!!!

# Mutterschiff

## Nachricht 4:

### Mutterschiff

Hallo Menschlein! Deine Mama und dein Papa sind mörderisch aufgeregt, weil sie dich schon gesehen haben – davon gibt es übrigens ziemlich coole Fotos.

Darauf sieht man deine Arme und Beine. Und deinen Kopf. Der ist richtig groß, weil du doch einmal so viel wirst denken müssen. Schaut man ganz genau hin, kann man auch bereits Finger erkennen – du hast ZEHN davon! Und zehn Zehen. Die schauen aber eher noch wie Flossen aus – kein Wunder, im Moment bist du ja noch eher ein Fischlein, das schwimmt. Wenn ich diese Fotos lebendig gewordener Wunder betrachte, denke ich zuerst an ganz weit zurück, als alles noch im Meer schwamm. Aber dann kommt auch schon ein anderes Bild daher: Ein Menschlein, das an einer Schnur hängt, fast an so einer, mit der auch du mit dem „Mutterschiff" verbunden bist. Es schwebt im Schwarz daher, entfernt ist seine Zukunft zu sehen, in der es bald landen wird. Wie du, mein Menschlein, nur noch ein paar lange Augenblicke von deiner Landung entfernt bist. Nun kommt noch ein letztes Bild für heute daher: Wie viele da stehen! Und hinaufsehen. Und warten. Auf DICH!

# *Nachricht* 5:

## Treten

Hallo Menschlein! Nur noch ein paar Tage – dann wird es fertig sein. Das ALLERERSTE, was du geschafft haben wirst. Das Wichtigste – so scheint es zumindest, denn warum solltest du dich sonst so beeilen damit? Mit deinen Augen kannst du dir Zeit lassen, da gibt es ja noch nichts zu sehen, weil es im Bauch deiner Mama total finster ist. Na ja, die Nase brauchen wir eher auch noch nicht, ist sogar viel besser, wenn die zu ist, sonst käme das Wasser, in dem du schwimmst, ständig hinein. Außerdem riecht es wahrscheinlich nicht sooo toll. Arme und Hände, Beine und Füße haben auch noch ein bisschen Zeit zum Fertigwerden – im Augenblick brauchst du sie ja nur zum Boxen und Treten. Recht so, die sollen nur wissen, dass du schon voll da bist. Und bald, nur noch ein paar Tage, wirklich VOLL dabei sein wirst. Dann wird ES fertig sein. Während alles herum mit Wachsen beschäftigt ist und mit nix anderem, wird ES sich schon längst zurückgelehnt haben, um das Wunderbarste auf der Welt zu genießen. Denn DAMIT kannst du bereits genießen: Den Klang, die Stimmen, die Töne der Welt! Der Welt, die bald deine sein wird! Nur noch ein paar Tage dauert es – dann wirst du HÖREN!!! Willkommen ...

Die Töne der Welt.

## Nachricht 6:

### Die Stimme deiner Mama

Liebes Menschlein! Gestern habe ich dir davon erzählt, dass du bald wirst HÖREN können. Na ja – das Wichtigste wirst du hören. In deinem Hallenbad. Nämlich die Stimme deiner Mama! Was braucht man mehr! Alles, was sie so von sich gibt, wird über ihre Knochen direkt zu dir übertragen. Wenn du groß bist und mich danach fragen wirst, werde ich mit dir zu einer Leitung, für das Wasser oder die Heizung, gehen und dir zeigen, dass du dein Ohr dran halten sollst. Dann werde ich ins Nebenzimmer gehen und dort an die Leitung klopfen. Und du wirst rufen: Großvater, ich hab dich gehört! Wenn deine Mama singt oder schöne Musik hört, wirst du auch klopfen, und deine Mama wird rufen: Menschlein, ich hab dich gespürt! Ja, so wird das sein. Bald. Nur noch ein paar Mal Sonne auf und Sonne unter, dann wird es soweit sein ...

## Nachricht 7:

### Wie es sein wird

Hallo Menschlein! Es ist der 16. Dezember, und wir sitzen in Piran am Meer in herrlichster Sonne. An der Mole spazieren Menschen. Wir zählen die Kinderwägen, die vorüberrollen. Wir versuchen zu erkennen, wie alt die Babys sind, die darin liegen. Wir rechnen: Dieses Baby, wäre es DU, würden wir hier im August im Kinderwagen schieben. Das, das jetzt kommt, wärst du im Oktober. Und dieses dort, getragen mit einem Tuch, das müsste so alt sein wie du es wärst, würden wir heute in einem Jahr hier sitzen – sieben Monate! Nur ein lächerliches Jahr, aber alles wird anders sein. Natürlich vor allem für deine Mama und deinen Papa, aber auch für uns. Wirst du bei uns zu Besuch sein, weil es in Berlin kalt und ungemütlich ist, wird ein stundenlanges Sitzen in der Sonne voller Ruhe und Muße nicht mehr so einfach sein. In der Nacht werden wir dich hören, wenn du Hunger hast. Oder einfach Langeweile. Und einfach irgendwann irgendwo in der Welt herumgondeln – das wird selbst für die Großeltern nicht mehr so selbstverständlich sein.

Herrlich.

Großartig.

Endlich wieder ein paar Einschränkungen – die haben wir in den letzten 20 Jahren sooo vermisst ... Auf bald, mein Menschlein!

## Nachricht 8:

### Südafrika

Hallo Menschlein! Ich weiß etwas, was du nicht weißt: In ein paar Wochen wirst du verreisen! Geflogen bist du ja schon, aber nur kurz. Dann aber wirst du lange so ein komisches Brummen hören und ein Gehüpfe spüren – keine Sorge, das ist nur der Flieger nach Weitweg: Südafrika! Dort waren wir mit deiner Mama, als die acht Monate alt war – also kaum älter als du. Na ja, sie konnte schon schauen und krabbeln und erste Teller zerstören. Du wirst nicht sooo viel mitbekommen. Deine Mama und dein Papa sind ganz schön frech: Die wollen „NocheinmalinRuheUrlaubmachen" – als ob du stören würdest!!! Die werden sich noch wundern, was sie „Nocheinmalalleshättentunsollen" ...
Das wird dir aber so ziemlich egal sein – solange deine Mama anständig isst, sich ausruht und deinen Papa lieb hat, ist ALLES gut!
Und keine Angst: Ich werde dir genau erzählen, was während deiner ersten, großen Reise so passiert ...

noch einmal in Ruhe Urlaub machen.

# Nachricht 9:

## Herr Bub oder Frau Mädchen

Hallo Menschlein! Heute war ein ganz besonderer Tag in deinem, unserem bisherigen Leben! In einem oder sieben oder 24 Jahren wird niemand aus deiner Familie, am allerwenigsten du selbst, eine Ahnung davon haben, was es mit dem 19. Dezember 2016 so Außergewöhnliches auf sich haben soll. Und doch: Heute ist der Tag, an dem du der Welt (okay – deiner Mama und deinem Papa ...) verraten hast, WER du bist! Das mag dir jetzt seltsam vorkommen, weil DU es ja doch schon weißt, dass du BIST, aber da gibt es etwas, was du eben noch nicht weißt! Einen jetzt noch winzigen, später einmal aber RIESENgroßen Unterschied! Seit heute wissen wir (also wir noch nicht, das wird – haben deine Eltern gesagt – eine Weihnachtsüberraschung!), ob dein Leben in blau oder rosa ablaufen wird (zumindest deine ersten Monate ...). In welcher Ecke des Spielzeuggeschäftes wir für dich etwas zu suchen haben werden. Ob du in der Schule rennen und raufen oder lesen und lernen wirst. Auf der Straße nach jemandem pfeifen oder ob jemand nach dir pfeifen wird. Ob ein Auto einparken einmal eine Freude oder eine Qual sein wird.

Ja, schüttle nur den Kopf, du 16 Zentimeter große Monsteravocado, über so viele dumme Klischees, aber leider, so wird es sein – außer es ändert sich die Welt in den nächsten zehn Jahren, was gut sein kann (und was ich hoffe ...).

Seit heute bist du offiziell nicht mehr DAS, sondern ... Was – das verrate ich dir in fünf Tagen, versprochen!

## Nachricht 10:

### Das Elefantenmobile

Hallo Menschlein! Ich sitze bei deinem Onkel Floris (der wird SICHER dein Lieblingsonkel ...) in seiner Wohnung in Wien und was hängt da (auf einem Hirschgeweih)? Ein Mobile mit vier wunderschön bunten Elefanten! Das hat er vor einem Monat in Indien gekauft – für DICH! Ist das nicht unglaublich, wie sehr du schon ein wichtiger Teil in unser aller Leben bist! Grad mal 16 Zentimeter groß, ein bissl Herzschlag, blind, noch taub, ein bissl bewegen. Aber was für eine Wirkung! Kein Tag, an dem wir nicht alle von dir – und natürlich von deiner Mama – reden. Uns fragen, wie und wer und was da täglich wächst und jeden Tag ein bisschen mehr Mensch wird. Denn, das wirst du noch erfahren, das wichtigste Nahrungsmittel für uns Menschen ist es, geliebt zu werden! Und du, Menschlein, das kann ich dir garantieren, wirst SEHR satt werden ...

## Nachricht 11:

### 2097

Hallo Menschlein! Dein Großvater ist im Weihnachtsstress – ich bin zwei Tage Nachrichten an dich im Verzug. Beim nächsten Mal Stress wirst du schon dabei sein. Du wirst sechs Monate alt sein, wirst dasitzen und auf die Lichter eines Baumes starren, der mitten im Zimmer steht. Und wir werden alle völlig weggetreten auf dich starren und ausrufen, dass dies die Bedeutung von Weihnachten wieder zurückbringt und und und – ach, ich will dich nicht langweilen mit Erklärungen, du wirst es selbst bald erleben: Weihnachten ist SUPER. Nur wenn man so steinalt ist wie dein Großvater, ist es eben Stress. Alle Welt will noch irgendetwas zu Ende bringen, nur weil die Kalender in neun Tagen enden, bevor man wieder mit dem 1.1. und dieses Mal mit der wunderschönen Zahl 17 fortfährt. Wunderschön, weil es DEIN Geburtsjahr sein wird! Und du 2097 deinen 80. Geburtstag feiern wirst – vielleicht wird bei dieser deiner großen Feier auch dein Großvater vorkommen, schon lange tot (mein Gott, ich wäre 143 Jahre!) und vielleicht wird dein Enkel davon berichten, dass sein Ururgroßvater immer im Weihnachtsstress war, genauso wie du ...

Aber jetzt feiern wir erst mal Weihnachten 2016, mit einem GANZ BESONDEREN Geschenk ...

Berlin

## Nachricht 12:

### Der zweite Flug

Hallo Menschlein! Wie war dein zweiter Flug? Hast du schon mehr gespürt? Dieses Mal war ja auch dein Papa dabei, ihr drei seid "nach Hause" geflogen. Du wirst ein Zuhause in Berlin haben (das ist eine Stadt) und ein Zuhause in Graz (das ist auch eine Stadt, nur eine kleine) bei deinen Pagroßeltern und ein Zuhause auf dem Land (mit Tieren und Wiesen und Wäldern) bei deinen Magroßeltern. Da wird es Kämpfe geben um dich, und wir werden uns irgendwo in der Mitte zum großen Liebesturnier treffen (vielleicht in einem Shopping-Center – einem echten Schlachtfeld) und dich abwechselnd je sieben Minuten halten dürfen. Deine Eltern werden streng die Zeit stoppen. Und dann wieder zurück nach Berlin fliegen.

Vielleicht aber werden wir auch alle gemeinsam kuscheln – wer weiß das schon, heute, wo grad mal 14 1/2 Wochen dein Herz schlägt ... Schon in uns allen!

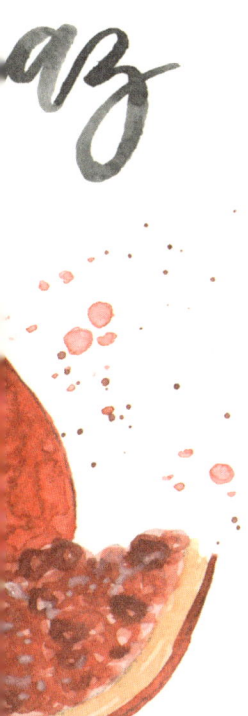

## Nachricht 13:

### Die Avocado

Hallo Menschlein! Nur noch einmal schlafen, dann wissen wir es. Dann werden meine Nachrichten an dich andere sein! Denn Morgen ist der Heilige Verkündigungsabend! Vor 2016 Jahren schon ein ziemliches cooles Fest in Israel und morgen die Wiederholung in St. Georgen an der Stiefing.

Deine Mama hat uns heute stolz ihren, also eigentlich DEINEN Bauch gezeigt (DU bist ja dafür verantwortlich), gemeinsam mit einem Granatapfel. Ab heute bist du also nicht mehr unsere süße, kleine Avocado, sondern für ganze zwei Tage unser lieber, großer Granatapfel. Denn ab morgen wirst du richtig benamst!!! Vielleicht kannst du dich ja ganz unerwartet mit einem Tritt melden!

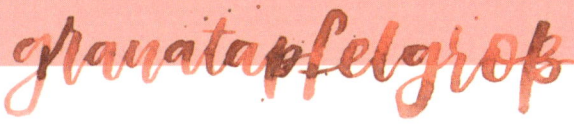

granatapfelgroß

# *Nachricht* 14:

## Also Bursche

Lieber Bursche! Es wird also blaue Babywäsche werden. Mobile mit Raumschiffen oder Motorrädern. Blähungen werden ein größeres Problem werden, und du wirst schnell lernen, dass unsere Gattung überall und immer Pipi machen kann. Wir werden Fußball spielen. Über Autos diskutieren und natürlich über Frauen. Statistisch gesehen wirst du es schwerer in der Schule haben, und die Chance, dass du ein Studium abbrichst, wird größer sein. Na ja, man kann sich nie früh genug mit diesem Thema auseinandersetzen. Und es ist klar, dass das bei DIR alles anders sein wird! September 2023: WOW – dein erster Schultag!!! Dein Großvater, 69, begleitet dich. In welcher Stadt?! Wer weiß ...

Juni 2035: Wir alle, deine Eltern (deine Mama hat gerade groß ihren 50er gefeiert), deine Großeltern (deinem Großvater geht es für seine 81 Jahre erstaunlich gut) deine Onkel und Tanten und vielen Cousinen sind gekommen, um mit dir deine Reifeprüfung zu feiern! Fünf Jahre später – ich tue mich mit dem Gehen schon etwas schwer nach meinem kleinen Mountainbike-Unfall – sind wir wieder zusammen, um ...

Ach, Bursche, die Zukunft ist ein gleichzeitig wunderbares, aber auch übles Ding, weil sie es ist, die unser Leben großartig und herausfordernd macht. Übel, weil sie uns narrt, irreführt und lehrt, sie nicht festmachen, auch nur erahnen zu können – womit wir Menschen, das wirst du erst viel später erfahren, ein echtes Problem haben.

Deshalb, kleiner Mann, hör nicht auf all das, was ab jetzt so durch Mamas Bauch zu dir vordringt, vergiss all die blauen Mützchen und Spielzeugautos – du wirst DU selbst sein, MENSCH, und darauf freut sich dein Großvater schon SEHR SEHR SEHR!!!

# Nachricht 15:

## Weihnachten

Hallo Männlein! Nun hast du also deine ersten Weihnachten hinter dir. Wir haben eine Geburt gefeiert, nicht deine, noch nicht, sondern die von einem Baby namens Jesus. Dieses Kind hat so viel bewirkt, dass wir sein Ankommen heute noch feiern. Dein Ankommen wird genauso gefeiert werden. Dein ganzes Leben lang werden deine Familie, dann deine Freunde, dann alle die Menschen in deiner Umgebung dich am Tag DEINER Geburt hochleben lassen. Geschenke bringen. Nicht Weihrauch und Myrrhe wie damals, sondern Rasseln, Autos, iPhones, Uhren, Weinflaschen, bis die Geschenke immer unsinniger werden, weil keiner mehr weiß, was schenken.

Damit nicht genug, werden dir auch alle die gratulieren, bei denen du mal was eingekauft hast, denen du dein Geld anvertrauen wirst und natürlich wird auch Herr McDonald dir schreiben: „Wir freuen uns, dich bald wieder ..."

Dieses Ding heißt Geburtstag, und jetzt, nachdem wir wissen, dass du ein Edi oder Willi oder Stinker wirst, wollen wir uns alle voll auf dieses zukünftige Datum konzentrieren, das sich uns allen eingravieren wird – bis in alle Ewigkeit!

WIR haben allen anderen, die auf dein Herniederkommen warten, etwas voraus: Für uns bist du schon mega konkret, für alle anderen außerhalb unseres kleinen, exklusiven Kreises bist du – noch – ein bevorstehender Algorithmus, um den man sich früh genug zu kümmern hat. Ich nehme mal an, deine Eltern werden dir bald eine Facebook Seite einrichten ...

Und Kuh und Esel werden sich wundern ...

# gewaltiger Bauch

## Nachricht 16:

### Der Bauch

Hallo Männlein! Du produzierst schon einen ziemlich gewaltigen Bauch, obwohl angesichts des Datums – 26.12. – es nicht ganz sicher ist, ob es sich bei dem Corpus delicti um einen 19 Wochen alten Fötus, männlich, oder um Teile der Weihnachtsgans handelt, die deine Pagroma, eine begnadete Köchin, von der auch du dereinst gemästet werden wirst (das haben Omas und Omis so an sich ...), am Tag des heiligen Stefans traditionellerweise zubereitet hatte. Da deine Mama zurzeit unbändigen Appetit verspürt, wurde mindestens ein Stück des Tieres äquivalent zu deiner momentanen Größe verdrückt. In Ermangelung eines Gläschen Weins, in dem man normalerweise solch Federvieh ertränkt, um es verträglicher zu machen – Alkohol ist wegen DIR natürlich absolutes NO GO  – lag die Gans also bleischwer im Magen, sodass wir schon glaubten, du hättest durch wundersames Wachsen binnen 24 Stunden deine Körpermasse verdoppelt! Aber deine Mama meinte, morgen wäre wieder alles gut, der Bauch (DEIN Bauch) würde morgen wieder Normalmaße haben – vorausgesetzt die Crème brûlée deines Onkels würde nicht neuerlich ...

# Nachricht 17:

## Dein Name

Hallo THEODOR!!! Heute ist deine Mama, während sie gemeinsam mit deiner Tante Sophie, Onkel Floris und Laura, sowie deinen Großeltern vor dem Kamin gesessen ist, mit ein paar Namensvorschlägen rausgerückt: Acht Namen, die deine Eltern in einer ersten Auswahl "veröffentlicht" haben – natürlich nur für eine völlig belanglose und keinesfalls bindende Information, der wir zunächst stumm zu lauschen hatten, um anschließend EINE, ich wiederhole: E I N E Präferenz abzugeben, die – natürlich – nicht einmal ansatzweise auch nur Empfehlungsstatus besitzen wird.

Hi Theo!

Wir beide schließen jetzt einen Pakt: Egal auf welchen einfallsreichen Namen deine Eltern sich auch einigen werden, wir vereinbaren, dass THEO für immer UNSER Geheimcode sein soll. Wofür, das überlegen wir uns später.

Seit dem 27.12.2016 bist du für mich Theo. Und solange dir der Pfarrer nicht das geheiligte Wasser über die Birne schüttet und dein Taufpate deinen wirklichen Namen drei Mal ausruft, wirst du für mich der Theo sein! Solltest du schlussendlich als Hans oder Emilius oder Rumpelstilzchen enden, so folgen wir beide einfach dem heute geschlossenen Plan!

Dein Fofo (ach ja, so darfst du mich ab heute nennen ...)

*Hallo Theodor!*
*Dein Fofo*

## Nachricht 18:

### Was ich alles kann

Hi Theo! Heute hat dein Großvater Geschichten erzählt – das hatte ich bisher nicht erwähnt, es gab Wichtigeres zu besprechen zwischen uns zweien –, das ist mein Job! Heute saßen so 100 Kinder (mit ihren Erwachsenen) vor mir, und ich habe mit meinem Trio Gemärch (die machen Musik, ich muss mich erst daran gewöhnen, dir ALLES erklären zu müssen, weil du ja noch nix, also wirklich gar nichts, von der Welt weißt) eine Geschichte von Tieren erzählt, die herausfinden, was ein jeder so alles kann. Und am Schluss singen wir dann ein Lied darüber, was Kinder alles können – da hab ich, während des Singens, ganz stark an dich denken müssen! Was DU alles können wirst, ja was du jetzt schon, fünf Monate alt im Bauch deiner Mama, alles kannst: dich drehen, den Daumen in den Mund nehmen, mit deiner Nabelschnur spielen. Und ich habe mir ausgemalt, wie es sein wird, wenn du das allererste Mal dort unten sitzen wirst, in der ersten Reihe, auf dem Schoß von deinem Papa, und dem Alten da oben zuhörst. Das wird für mich sehr schön sein. Ziemlich sicher werde ich ein bisschen weinen, nur so viel, dass die anderen es nicht merken, denn sonst glauben die womöglich, ich bin wegen irgendwas traurig, wo ich doch sooo glücklich sein werde ...

# Nachricht 19:

## Stress

Mein lieber Theodorus! Ich hoffe, du verzeihst mir, dass ich dir heute ein bisschen Stress gemacht habe. Mamas Herzschlag war plötzlich etwas schneller, die Luftzufuhr war erhöht und ein paar (Stress)Hormönchen wurden aktiviert. Ehrlich, ich wollte das nicht, aber ich musste deine Mama einfach daran erinnern, was sie in zehn, in 20, in 30 Jahren selbst erleben wird: Mit DIR! Weißt du, Theodorus, deine Mama und dein Papa werden alles tun, um aus dir einen großartigen, einen glücklichen und einen klugen Menschen zu machen. Das haben auch wir, deine Großmutter und ich mit deiner Mama (und deinen Tanten und deinem Onkel) versucht. Und deine Pagroßis mit deinem Papa und mit deinen Patanten. Und ich glaube, das ist uns allen ziemlich gut gelungen.

Aber irgendwann einmal, wenn du groß sein, wenn du dein Leben schon längst selbst in die Hand genommen haben wirst, werden auch deine Eltern, ja genau die, die jetzt nichts so sehr als deiner Geburt entgegenfiebern, wieder ein eigenes, von ihrem, jetzt großem Kind nicht mehr vereinnahmten Leben führen wollen. Das hat nichts mit Liebe zu tun, nur mit Freiheit. Mit Atmen. Und auch mit Loslassen. Das hab ich versucht, deiner Mama heute zu sagen. Ganz ruhig. Sie hat gesagt, ich habe geschrien. Sei unbesorgt, ich habe NICHT geschrien. Es hat mir dann natürlich leid getan, weil ich wissen hätte müssen, dass deine Mama ein bisschen „aufgeregter" ist als sonst – wegen DIR. Und das Herzklopfen und das Atmen und die zusätzlichen (Stress)Hormone tun mir echt leid. Ich hätte es mir ja auch nur denken können, wäre besser gewesen, denn ... Ich kann dich beruhigen, Theodorus, am Ende folgen Eltern IMMER dem Wunsch ihres Kindes und nicht etwa den eigenen Begehrlichkeiten. Und genauso wie deine Mama sich in 30 Jahren über irgendetwas wegen dir aufregen wird, um dann genau das zu machen, was DU willst, genauso wie es dir in 60 Jahren (2076!!!) mit deinem Kind ergehen wird, genauso war es auch heute: Ein bisschen Spektakel, aber am Ende war dein Fofo ganz brav!

Aber jetzt, nachdem alles wieder beruhigt ist – schlaf gut, mein kleiner, bald großer Theodorus ...

# Nachricht 20:

## Piran

Lieber Theo, nachdem wir dich und deine Mama heute um 6.49 Uhr am Bahnhof Wildon in den Zug nach Graz gesetzt hatten (umsteigen in Graz, wo schon dein Papa wartete und ihr drei dann gemeinsam nach Wien gefahren seid, um mit dem Flugzeug nach Hause nach Berlin zu fliegen, um dort einzupacken, um in zwei Tagen viele Tausend Kilometer nach Südafrika zu fliegen --- mir wird schon ganz schwummrig, wie muss es DIR dann erst gehen ?!), also nachdem wir euch am Bahnhof Wildon abgeladen hatten (von dort ist deine Mama acht Jahre lang jeden Tag mit dem Zug nach Graz in die Schule gefahren ...), sind deine Großeltern heute nach Piran gekommen. Piran! Dieses kleine Städtchen am Meer wirst du lieben! Ich bin mir sicher, dass du hier das allererste Mal MEER sehen wirst. Das ist so was Ähnliches wie das, indem du jetzt rumschwimmst. Nur salziger. Wir werden Steine ins Meer werfen. Deine Nonna wird mit dir schwimmen (sie ist eine großartige Schwimmerin, sie schwimmt von Land zu Land, einfach so) und wenn wir Delphine sehen, werden wir aufgeregt sein. Wir werden das beste Eis der Welt an einem Platz namens Cacao schlecken und ich werde für dich den besten Fisch der Welt kochen (Ciplij!). Damit du nicht immer nur die Steaks von deinem Papa essen musst (die sind auch mörderisch gut, aber – ach, darüber reden wir noch ...). Natürlich werden wir in See stechen – du und ich. Vielleicht nehmen wir noch jemanden mit. In unserem Boot, dass ich THEODORUS nennen werde. Und solltest du nicht so heißen (Haha, deine Mama hat doch allen Ernstes gesagt, ich hätte diesen Namen „gestohlen"!!!), so werden wir beide uns zuzwinkern, weil wir zwei wissen, warum der Kahn so heißt ...

## Nachricht 21:

### Silvester

Mein ungeborener Enkelsohn! Heute endet ein großartiges Jahr – ja, ich weiß, dass du weder weißt, was Jahr, noch was enden, noch was „Zeit" bedeuten. Denn für dich beginnt der Sekundenzeiger der Uhr (sorry, das ist ALLES so kompliziert, all das erklären dir deine Mama und dein Papa später, sobald du wahrhaftig DA bist ...) erst dann zu ticken, wenn du durch den Geburtskanal plötzlich einer gleißenden, lauten Welt gegenüberstehst. Nein, gegenüberliegst, denn das allererste, was du spüren wirst, werden die Hände deines Papas sein, der dich tränenüberströmt vor Glück in die Arme nehmen wird. Augenblicke später wirst du dann auf der Brust deiner Mama landen – aber jetzt erzähle ich schon von der Zukunft. Wieder so ein Wort, mit dem du im Moment nichts anfangen kannst, obwohl es viel, ja, alles für dich bedeutet, denn du BIST die Zukunft. Und das alles feiern wir heute, an diesem allerletzten Silvester oder Neujahr OHNE DICH. Nichts wird wieder so sein wie es war – DURCH DICH. Vor allem für deine Eltern, für die in wenigen Stunden das Jahr 0 beginnt. Heute in 365 Tagen wird es dann heißen: Jahr 1 a.T. (ante Theodor! Vielleicht werden nur wir zwei diesen Terminus verwenden, 🙂 🙂 sollten deine Eltern sich für einen anderen Namen entscheiden ...)

Ja, ein großartiges Jahr, dieses 2016: Mit dem Erfahren, dass DU kommst. Mit dem Hören, dass du ein Bursche sein wirst. Mit dem Glück, dass wir in den Gesichtern deiner Mama und deines Papas sehen!

Zum Jahreswechsel wünscht man sich: Ein gutes, neues Jahr! WOW, für dich, Theo, wird es ein WAHNSINNS-Jahr ...

# Nachricht 22:

## Willkommen 2017

Lieber Theo! Willkommen im Jahr 2017! In DEINEM Jahr! Diese Zahl wird von nun an für alle, die in deiner Umgebung sind, leuchten. Für immer. Sie wird in den zukünftigen Ahnentafeln der Tegetthoffs und der Erkers stehen. Diese Zahl wird dich dein ganzes Leben begleiten: In der Schule, in Ämtern, wenn du deine Liebe triffst und man gegenseitig sein Alter austauscht – „Ich bin ein 17er Jahrgang", wirst du sagen. Und natürlich ist es auch ein Markstein im Leben deiner Eltern – vom Tag deiner Geburt an wird nichts mehr so sein wie früher (zumindest bis zum Jahr 2035, wenn du 18 bist und ausziehst!): Nicht die Nächte und nicht die Morgen. Nicht das Essen und das Auf-Urlaub-Fahren. Nicht das Bankkonto und nicht die Freuden und Sorgen – das alles in Verbindung mit vier Ziffern ...

Standesgemäß schwimmst du jetzt gerade in London und nach zehn Stunden blöder Wackelei und seltsamen Klängen in Südafrika. Das ist SEHR weit weg. Und sollte irgendwas in deinem noch halbfertigen Gehirn zwicken, so sind das Erinnerungsfetzen deiner Gene mütterlicherseits: Sie war in Südafrika, acht Monate nach ihrer Geburt! Also kaum älter als DU jetzt bist. Und deine Tante Sophie war im Bauch deiner Großmutter – ein bisschen jünger, als du jetzt bist. So – dein Fofo weiß genau, wie sich das anfühlt. Wie schön es ist, wenn man am Strand liegt, die Sonne brennt auf der Haut und man streichelt über die Wölbung des Bauches, von dem man weiß, dass dahinter ein Mensch, schon ein richtiger Mensch vor sich hinblubbert. Deine Mama und alle deine Tanten und Onkel sind grandiose Menschen geworden – vielleicht auch wegen Südafrika damals (sagen wir mal so ...). Also, Theodorus, die allerbesten Voraussetzungen für dich!!! Genieße es, lass dich verwöhnen (haha) und komm – viel gewachsen – gut wieder zurück!

# leben
## — U N D —
# TOD

## Nachricht 23:

### Dein Pagropa

Mein lieber Junge! Nein, du bist heute Morgen NICHT in Südafrika aufgewacht. Das Schicksal wollte es anders. Dem Schicksal müssen wir uns fügen. Und wenn du mich nun fragst, was denn stärker als deine Mama und dein Papa, stärker als der Wind und stärker als die Sonne – allesamt Dinge, von denen du Wurm noch keine Ahnung hast – sein soll, dann ist es das Schicksal. Es ist Leben und Tod. Es hat deinen Eltern dich geschenkt und es hat dir heute deinen Pagro, deinen anderen Großvater genommen. DEIN Jahr wurde auch SEIN Jahr. Dein Kommen und sein Gehen. In ein paar Monaten werden die Familien zusammensitzen und Fotos von deinem anderen Großvater in den Händen halten und sagen: „Mein Gott, diese Ähnlichkeit!" Und sie werden sagen: „Der Arnold wäre sooo stolz auf dich!" Arnold, so hat dein anderer Großvater geheißen, und wenn du größer sein wirst, dann werden sie dir seine Geschichte erzählen. Es ist eine besondere Geschichte, wie sie nicht viele Menschen erleben. Es ist eine Geschichte vom Leid – auch so ein Wort, das du hoffentlich erst sehr spät in deinem Leben wirst erfahren müssen. Aber genauso wie das Glück und die Liebe und die Hoffnung sind auch das Leid und der Schmerz und das Unglück Teil dessen, dem du nun entgegen strebst – dem Wunder Leben. Vielleicht wird in ein paar Jahren, vielleicht in zehn Jahren, wenn du schon alt genug bist, eine so unglaubliche Geschichte wie die deines anderen Großvaters zu verstehen, vielleicht wird dann dieser heutige Tag schon fast vergessen sein: Als deine Mama und dein Papa sich am Flughafen in London fest in ihre Arme nehmen und dann dein Papa zu einem Flugzeug läuft, das ihn nicht nach Kapstadt, sondern nach Wien bringt. Während inzwischen in Graz die Uhr des Schicksals unerbittlich tickt, dir deinen anderen Großvater fortzunehmen. Wie das Flugzeug nicht und nicht abhebt. Wie dein Papa dann endlich in Wien landet, spät nachts durch den Flughafen läuft, zu einem Auto, das auf ihn wartet – gejagt von einem Sekundenzeiger, der den Atem deines anderen Großvaters immer weniger werden lässt. Wie dein Papa, müde, krank durch die Nacht fährt, so schnell er kann, weil er weiß, dass ihm nicht mehr viel Zeit bleibt, seinen Papa, deinen anderen Großvater, noch einmal zu sehen. Wie das Schicksal noch einmal mit dem Finger schnipst, um deinen Papa gerade noch den allerletzten Atem seines Papas spüren zu lassen, er noch einmal seine warme Haut spüren kann, bevor dein anderer Großvater geholt wird in eine andere Welt – in eine andere Welt, die auch für dich, wie für uns alle, bereitsteht von dem Augenblick an, wenn wir das Ticket in dieses Leben lösen. Aber weißt du, mein Bub, genau darin liegt das Großartige an Geschichten: Solange wir sie erzählen, kann nichts verschwinden. Und ich habe Arnold versprochen, dass ich – genauso wie dein Papa und deine Pagroma es tun werden – seinem Enkelsohn seine Geschichte erzählen werde. Und er damit immer bei uns sein wird ...

# Nachricht 24:

## Das erste Bild

Bursche, heute habe ich dich gesehen – LIVE! Also fast live: deine Mama hat mir in unserem Chat ein Video geschickt. Deine Tante Sophie (sehr praktisch, die ist Kinderärztin, spezialisiert auf Babys ...) hat einen Ultraschall gemacht, weil deine Mama ein bisschen Bauchweh hatte und wir natürlich jetzt alle ein bisschen hysterisch sind, ob es dir wohl gut geht (Auweia, jetzt schon ...). Bevor ich dir erzähle, was ich gesehen habe: Es geht dir gut. SUPER! Nur damit du es auch weißt. Gott sei Dank hat Tante Sophie mit dem Finger überall hingezeigt und erklärt, was von dir man gerade sieht, denn – ehrlich – du warst für mich nur ein paar graue, sich bewegende Flecken (das war ein sehr altes Gerät, auf den neuen turnst du gestochen scharf in 3D herum ...). Da war ein Kreis, der hin und her fuhr: „Das ist sein Popsch!" Bei zwei Steckchen, die sich hin und her kreuzten, rief sie begeistert aus: „Da, seine Beine!" Ein doppelt so großer Kreis wie der erste erschien und wackelte kaum sichtbar hin und her. Sophie schwärmte: „Schöne Kopfform! Der wird mal klug!" – Na ja, was sonst. Nach diesen Erklärungen war das verschwommene Grau nun auch für mich ziemlich deutlich ein Menschlein – DU! Ist das nicht ein Wunder: Du schwimmst im Fruchtwasser so gemütlich durch die Gegend, und WIR können dir dabei zusehen. Jetzt konnte ich sogar Finger erkennen und deine noch geschlossenen Augen. Ich sah eine Nase und ein Knie, das du gerade gebeugt hast – WAHNSINN! Ich sah mir diese 17 Sekunden „Bursche" sicherlich zehn Mal an. Beim achten Mal glaubte ich schon, ein Lächeln zu erkennen. Beim neunten Mal war ich mir ziemlich sicher, eine Art Winken wahrgenommen zu haben und beim zehnten Mal legte ich mein Ohr ganz an das iPhone, weil ich mir GANZ SICHER war, etwas gehört zu haben. So was wie ffff – wolltest du etwa Fofo sagen??? Na ja, kann ja sein, weil deine Mama dir meine Nachrichten immer vorliest ...

# *Nachricht* 25:

## Wir fahren von hier nach da

Teo (ohne H gefällst du mir auch super gut ...)! Heute wollte ich dir schreiben, dass ich gerade 300 Kilometer gefahren bin, um ... Da wurde mir klar, dass meine Nachrichten eigentlich für die Zukunft, DEINE Zukunft geschrieben sind, weil du ja noch so rein gar nix weißt. Weder was 300, noch Kilometer, noch gefahren bedeuten. Aber irgendwann in klarer Zukunft, sagen wir mal so um 2027, besser 2032, optimal im Jahr 2037 wirst du dies alles verstehen. Und noch viel mehr. Da wirst du lesen, warum deine Großmutter und ich uns am Abend des 4. Januar 2017 in Piran ins Auto gesetzt haben und in zwei Stunden und 20 Minuten exakt 300 Kilometer nach St. Georgen gefahren sind. Das Kloster (dort, wo du mal im Garten spielen wirst!) war ungeheizt, weil wir schon acht Tage weg waren (wir hatten dich und deine Mama zum Zug gebracht, dann sind wir los). Wir hatten nur im Schlafzimmer und im Badezimmer die Heizung angemacht und gingen früh ins Bett. Nun, das mag nicht nach einer wirklich aufregenden Geschichte klingen, wenn ich es jetzt lese, kommt es mir sogar geradezu lächerlich vor, dies in einer Nachricht an dich zu senden, aber wir sprechen ja von der Zukunft! Wenn wir, sagen wir mal, zu Weihnachten 2037 alle zusammensitzen, du bist 20 Jahre alt, dein Fofo ist 83 (OMG 🫣) und wir diese Nachricht Nr. 25 lesen, wird diese Fahrt, wird das Kloster, wird die Kälte, wirst du, werden deine Mama und dein Papa, ja wir alle, dies mit einer völlig anderen Bedeutung lesen, weil wir inzwischen 20 Jahre erlebt haben. In denen so unermesslich viel geschehen ist, von dem wir uns heute nicht die allergeringste Vorstellung zu machen imstande sind. Dann werden diese profanen Worte vielleicht plötzlich ein Lachen, oder vielleicht auch ein Weinen erzeugen. Wir wissen es nicht, Teo und das ist gut so. Wichtig ist, dass wir uns heute auf den Weg gemacht haben. Morgen werden wir schon mehr wissen und in 20 Jahren ... Schlaf gut, mein Teolein!

# Nachricht 26:

## Auferstehung

Teodorus. Vor ein paar Stunden hatte ich geschrieben, dass man im Augenblick des Schreibens einer Nachricht nicht sagen kann, welche Bedeutung sie einmal haben wird. Zum Beispiel unser gestriges „Sich auf den Weg machen". Heute, also das gestrige „Morgen", ist es mir schon klar. Heute weiß ich es schon ganz deutlich. Denn heute ist etwas Besonderes geschehen. In den Tagebüchern der anderen, die dabei waren, wird vielleicht stehen: „Heute Begräbnis von Arnold". Und es wird eine Schilderung folgen. Nein, das meine ich nicht. Heute hat sich dein anderer Großvater gemeldet. Er hat dir eine Nachricht zukommen lassen. Anders als ich es seit 26 Tagen tue. Dein anderer Großvater hat durch deinen Papa, deine Pagroma, durch deine Tanten und deine vielen, vielen Verwandten, die du noch alle kennenlernen wirst, zu dir gesprochen. Denn sie alle haben sich erinnert. Sie alle haben von IHM Geschichten erzählt. Sie haben mit ihren Worten und Gesten ganz deutlich werden lassen, wie dein anderer Großvater war. Als ich dies in der Kirche hörte, als ich all diese Menschen an seinem Grab stehen sah, ein jeder mit Bildern, die noch sehr klar und deutlich waren, weil sie von diesen Bildern deines anderen Großvaters 14 Jahre leben mussten und die vom heutigen Tag an immer mehr verblassen würden, als ich dies alles sah, wurde mir so klar und deutlich, dass dies für DICH geschah. Denn er ist ein Teil von dir, genauso wie ich einer bin, aber er wird dich nie in seine Arme nehmen können, um dir von seinen Lausbubenstreichen zu erzählen. Von seinem Fußball und seinem Laufen. Das müssen WIR tun, die heute an seinem Grab gestanden sind. Der Pfarrer (ach, wieder so etwas, was du alles noch genau erfahren wirst, was das ist ...) hat von „Auferstehung" gesprochen. Dein anderer Großvater – und das hat mich durch den ganzen heutigen Tag getragen wie auf einer Wolke – wird durch DICH auferstehen. Den Sohn seines Sohnes. Nichts gegen Töchter und ihre Kinder. Aber so wie Édouard DER Enkelsohn seines Großvaters ist, wirst du es für deinen anderen Großvater sein. Und die allererste Erzählung über ihn, den Arnold, haben wir heute gemeinsam (ich auch, mein Enkelsohn) gehört. Für mich ist er heute auch – im wahrsten Sinn des Wortes – auferstanden: Ich durfte meinen Partner-im-Großvater-Sein heute auch kennenlernen. Genauso wie du. Und: Ich mag ihn sehr. Und ich bin sicher: du auch ...

# Nachricht 27:

## Venedig

Hör zu, Teo, ich hab gute Nachrichten für dich! Es ist Halbzeit. Leider ohne Pause. Wachsen geht unvermindert weiter. Nur noch 20 Wochen bis zum 2. Juni. Der Stress wird nicht nachlassen, eher das Wachsen – stell dich schon mal darauf ein. Habe gerade erfahren, dass deine Alten SCHON WIEDER on tour gehen. Dieses Mal versuchen sie es mit Venedig. Schauen wir mal, wie weit sie kommen. Bruck an der Mur wäre schon ein Fortschritt, Villach ein Hammer, Tarvis brächte sie zum Jubeln, und sollten sie – ich bin mir nicht sicher – Mestre erreichen, wirst du es merken, weil sie dann wahrscheinlich auf den Sitzen des Eurocity hüpfen werden! Sollten sie es wirklich schaffen, wirst du es mögen: Venedig. Supercoole Stadt. Da kommt man nur zu Fuß weiter, also wird es – ENDLICH – etwas langsamer und bedächtiger für dich werden. Du wirst Möwen kreischen und das Meer in den Kanälen plätschern hören. Kirchenglocken (es gibt über 100 Kirchen dort!) werden läuten (die Schläge zu Mittag, das sind hohe Glockentöne, könntest du vielleicht sogar schon hören, als wären es die Lieder von Engeln. Ja, erinnere dich, das waren die Typen, die dich von der Wolke direkt in den Bauch deiner Mama geschubst hatten ...) und dein Papa und deine Mama werden Spaghetti Vongole und Panna Cotta bestellen. Gondoliere werden sie auf ihre Gondeln locken und Chinesen werden den dicken Bauch deiner Mama fotografieren wollen, weil er und sie sooo schön sind. Bei jedem Kinderwagen, der an ihnen vorbeigeschoben wird, werden sie einander die Hände fest drücken, sich anlächeln und dasselbe denken: Bald schieben wir unseren Sohn durch die Gegend. Natürlich nicht in einem solch lächerlichen Kinderwagen, wie der, oder dieser – mein Gott, sieh dir nur diese hässliche Karosse an –, sondern in einem schnittigen, extrafeinen Sportmodell. Wenn du dich nun wunderst, Teo, warum ich die Gedanken deiner Eltern lesen kann? Nun sie hatten uns gestern in unserem Chat ein

Video übermittelt, in dem sie eine Probefahrt mit DEINEM Kinderwagen zeigen. Ja, du hast zwar noch nicht deine Augen offen und dein Darm funktioniert auch noch nicht, aber du besitzt bereits einen Ferrari. Rolls-Royce. Maybach. Mindestens. Ungemein elegant und SEHR sportlich. Acht Räder, 4-Wheel-Drive. Bremsen sind Serie. Ich weiß, dir wird das alles ziemlich „wurscht" sein (das ist steirisch und bedeutet „you'll give a shit"), aber für Eltern ist dies SEHR wichtig. Standesgemäßes Fortbewegen des Erstgeborenen. Der oder die Zweitgeborene reist im Leiterwagen und der oder die Dritte wird auf einem Brett mit alten Rollschuhen drunter geschoben. That's life. Frag deine Tante Kira ...

Sei also heute, zur Halbzeit, froh und glücklich, dass du die Nummer 1 bist. IN JEDER HINSICHT. In Berlin. Piran, Graz und natürlich auch in Venedig (wenn ihr drei es bis dorthin schafft) ...

IM MEER HAT alles begonnen

## Nachricht 28:

### Das Meer

Hi Teo! Ich habe gehört, heute war ein ruhiger Tag für dich. In Graz. Magroßeltern hatten es auch ruhig. In Piran. Wenn wir bei uns auf der Terrasse stehen und in die eine Richtung schauen, sehen wir die Berge und eine große Stadt (Trieste). Wenn du in deinem Boot an ein Ufer stößt, dann ist es die Niere deiner Mama. Schauen wir in die entgegengesetzte Richtung, sehen wir nur den Horizont, nichts als Wasser. Wenn du kräftig antauchst, in deinem Boot, dann stößt du an das Herz deiner Mama. Spürst es schlagen und nun, seit ein paar Tagen, hörst du es sogar schon. Das ist sicher sehr aufregend – genauso aufregend wie für uns, wenn wir dein Herz schlagen sehen und hören (wir bisher nur auf dem Video, aber deine Mama und dein Papa und Tante Sophie haben es schon LIVE gesehen und gehört!). Mein Herz schlägt auch immer ein bisschen schneller, wenn ich das Meer sehe. Weißt du, ich liebe das Meer. Es erzählt mir immer etwas vom Anfang. Denn dort, im Meer hat alles begonnen: das Leben. Dieses unglaubliche, fantastische, einfach unfassbar coole Leben, das uns alle, Menschen, Tiere, Pflanzen erfüllt. Alles ist einmal aus dem Meer entstanden. Das ist ziemlich kompliziert und die allermeisten Menschen bekommen Kopfweh, wenn sie versuchen, daran zu denken. Aber wenn ich jetzt ans Meer denke, dann klopft mein Herz noch ein bisschen schneller. Es klopft ein bisschen schneller seit ungefähr zwei Monaten – seit ich weiß, dass es DICH gibt. Ein Bursche, der jetzt in diesem Augenblick gerade in diesem Urmeer schwimmt. Im Bauch deiner Mama vollzieht sich die ganze Geschichte der Erde, der Welt noch einmal! Das hat der oder das oder die wirklich großartig eingerichtet. Mit DIR wird auch diese Geschichte, bei der man eigentlich Kopfweh bekommt, immer wieder neu erzählt ...

Bauchgefühl

# Nachricht 29:

## Zugfahren

Lieber Bursche! Heute Abend konntest du schon wieder ein neues „Bauchgefühl"
verspüren. Deine rastlosen Eltern meinen es so gut mit dir, dass sie dir bereits in
jungen Wochen möglichst vieles von der Welt präsentieren wollen. (Und solltest
du meinen, Teo, dass ich dies etwa sarkastisch oder gar anklagend schreibe
– nein, ganz im Gegenteil, das ist großartig, wir haben es genauso gemacht.
Du bist ja keine Krankheit, die der Mutter Schonung auferlegt ...). Also dieses
Mal, tätärätä, we proudly present: Wie sich „Zugfahren" anfühlt! Ich habe es als
Kind geliebt, Zug zu fahren! Dieses regelmäßige Geräusch der Räder, wenn sie
mit hoher Geschwindigkeit über die Schwellen der Geleise rollen – das war für
mich wie Musik. Wie regelmäßiger Herzschlag. Oder der immer wiederkehrende
Gesang eines Vogels. Man fühlt sich so geborgen, so sicher, während draußen
die Landschaft vorübergleitet. Das ist durchaus mit deiner momentanen
Situation vergleichbar: So geborgen, so beschützt, während draußen alles Leben
vorübergleitet. Die Zeitung, die erscheint. Die Kanone, die abgefeuert wird. Ein
erster Kuss, der vielleicht einmal zu neuem Leben führen wird. Der Bäcker, der ein
Backblech in den Ofen schiebt. Das Flugzeug, das startet. Ein Mensch, der sein
Leben aushaucht. Während du in deinem Mamameer schwimmst und mit nichts
anderem als mit Wachsen beschäftigt bist, wabert draußen eine unvorstellbare
Zahl an nicht zählbaren Ereignissen, die, zusammengefügt, LEBEN genannt
werden. Zusammengehalten von einem gigantisch großen, blauen Ball, auf dem
sich das alles abspielt. Und in diesem Augenblick, in dem deine Mama sich in das
Bett des Nacht-Intercitys von Graz Hauptbahnhof nach Venezia Santa Lucia legt,
noch einmal ihre Hand auf den Bauch legt, um irgendeiner Bewegung da drinnen
nachzuspüren, sich so geborgen, so beschützt fühlt, in genau diesem Augenblick
tun dies auch Millionen von Frauen in allen Ländern dieser Welt, in gigantischen
Großstädten und winzigen Dörfern: Sie denken an dieses Wunder, das da in
ihnen heranwächst und das so bald Teil dieses großen Wabern sein wird. Das so
bald mehr und mehr das „Wundersein" verlieren wird, obwohl doch jeder, JEDER
Mensch einmal – zumindest für seine Mama – ein solches Wunder gewesen ist.
Und während du – tatum, tatam, tatum, tatam – einem neuen Tag, einem neuen
Ort entgegen rollst, denke ich mir, wie wichtig es doch wäre, bei jedem Menschen,
auf den wir treffen, sich daran zu erinnern, dass auch er, der grantige Schaffner,
die ungeduldige Ärztin, der Bettler am Straßenrand einmal ein solches Wunder
war. Wie DU, mein Teo ...

JULI 2020
Andi +Teo
VENEDIG

# Nachricht 30:

## Der Baggerfahrer von Venedig

Hi! Ihr habt es wahrhaftig geschafft! Venedig! Meine Traumstadt! Wart ab, wenn du sie in ein paar Jahren richtig sehen und nicht nur wie jetzt, spüren wirst. Vielleicht wird dein Papa das Gleiche machen, was ich mit deinem Onkel Floris gemacht hatte, als er drei Jahre alt war (na ja, also bald, Teo!): Die beiden Männer fuhren alleine, also ohne die Damen, nach Venedig. Es war einfach großartig! Ich war schon so oft in Venedig gewesen, aber SO hatte ich es noch nie erlebt. Anstatt der üblichen Sehenswürdigkeiten besuchten wir Spielplätze, statt Espresso und Cynar tranken wir Kakao und Limonade. Der alte Sack (ich war 42 ...) war mit einem Mal im Zentrum der Aufmerksamkeit aller Frauen Venedigs (so erschien es mir zumindest) – ach, wie haben wir das genossen. Das Highlight aber offenbarte sich in einem kleinen, engen Seitenkanal irgendwo. Dort hatte Floris beim Überqueren einer Brücke einen Bagger entdeckt, der den Kanal ausbaggerte. Der unglaublich coole Baggerfahrer brachte, mit großartiger Eleganz die beiden Joysticks handhabend, Unglaubliches ans Tageslicht: Einen Kühlschrank, Reifen, Kisten, zwei Fahrräder – Floris war nicht mehr wegzubekommen! Am nächsten Morgen wollte er kaum frühstücken, wir rannten zurück, zu „unserem Kanal", zum Glück war der Bagger noch da. Wäre der Fahrer, der Floris und mich schon unglaublich cool begrüßte, nicht – zum Glück – mit seiner Arbeit am Nachmittag fertig geworden, wir hätten unsere restlichen zwei Tage auch noch dort verbracht! Als er davon rollte – so cool – blieb er vor uns stehen, sprang von der Maschine, schüttelte Floris und dann auch mir die Hand und sagte etwas auf Italienisch, das ich recht und schlecht mit „Danke, dass ihr mir eure Aufmerksamkeit geschenkt habt" erkannte. Floris war sooo stolz und ich – sooo glücklich! Es sollte einer der schönsten Erlebnisse von Floris' Kindheitszeit werden ... (Also, Andi: Juni 2020. Venedig. Du und Teo!)

# Nachricht 31:

## Mode

Ciao Teobaldo! Wir hatten Sehnsucht. Nach dir. Nach deiner Mama. Und nach deinem Papa. Also sind wir in den Zug gestiegen und haben kurzerhand einen Ausflug nach Venezia gemacht. In Venezia gibt es sehr viele, sehr schöne Kindermodegeschäfte. Mit winzigen Pullovern und zentimetergroßen Schühchen. Es wurde letztlich eine elegante Strickjacke – damit der drei Monate alte Herr von Welt standesgemäß an allen Events teilnehmen kann, bei denen sich die stolzen Eltern präsentieren. Auch ein nur als „fein" zu bezeichnender Body (mit Cambridge-Kragen – der Junge soll sich schon früh an seine Zukunft gewöhnen ...) wurde der bereits üppigen Garderobe hinzugefügt.

Und du schwimmst inzwischen nackt im Mamameer und denkst voller Schaudern daran, dass dein Prachtkörper bald, sehr bald, bälder, als dir lieb ist, in Wolle und Leinen und Seide und alles, was 100 Prozent von der Natur eingefangen werden kann, gezwängt werden wird. Teobaldo, ich verstehe dich. Aber da gibt es noch so vieles, dass ich dir zu deinem kommenden Menschsein erklären muss – Dinge, die nicht einfach zu verstehen sind. Da kommen wir nackt auf die Welt, und das erste, was wir lernen, ist Scham. Also wird verhüllt. Und damit das Verhüllen zumindest nach ein bisschen was aussieht, wird bunt und gestreift und kariert verhüllt. Dir das anzutun, was du gar nicht willst – wenn wir ehrlich sind: Was eigentlich niemand will – dafür arbeiten Millionen von Menschen und werden Milliarden, Billionen an Geld ausgegeben. Stattdessen dürfen wir für ein paar Minuten am Tag so rumrennen, wie es, also ganz am Anfang, vorgesehen war. Ja, natürlich, eh klar, sowieso müssen wir uns gegen die Kälte und auch gegen die Hitze schützen, aber musste es gleich in einen solchen Exzess ausarten? Du bist nackt. Als deine Eltern dich schufen, waren sie nackt. Wenn wir sterben, sind wir nackt. Und dazwischen gibt es Petit Bateau, All Saints und Prada. Und heute? Waren wir mitten drin in diesem Wahnsinn: Kleidung für Teobaldo. Sooo süß! Du wirst umwerfend darin aussehen ...

Sehnsucht

## Nachricht 32:

### Erste Hügel

Sehr geehrter Herr Teodor! Wir wurden heute, am 11. 1. 2017, davon in Kenntnis gesetzt, dass Sie sich gegen 18.56 Uhr MEZ erstmals durch Klopfzeichen bemerkbar gemacht haben. Es wurden zwei Stöße mittlerer Stärke registriert. Wir wollen Ihnen hiermit aufrichtig für diese Anstrengung danken. Ihre Bereitschaft, Ihren Körper mittels Ultraschall auf Bildschirmen, das Hören Ihres Herzens mittels Sonograf und Hörrohr sichtbar und hörbar zu machen, wurde bereits allerorts höchst positiv aufgenommen. Doch ist ein gezielter Boxschlag in Richtung Leber ein Zeichen völlig anderer Dimension. „Spüren" ist eine viel tiefer gehende Sinneserfahrung – das werden Sie schon sehr bald höchst selbst in Erfahrung bringen. Ist sie doch direkt, im wahrsten Sinn des Wortes, „begreifbar". Bild und Ton könnten – theoretisch – manipuliert auf Bildschirme und Lautsprecher gezaubert werden, aber der plastische Tritt eines Beines, oder eine gestreckte Linke, ist ein realer Vorgang, kann durch nichts vorgetäuscht werden (nicht einmal durch eine intensive Flatulenz). Wir, die Unterzeichner, nehmen natürlich demütig zur Kenntnis, dass Sie dieses Erlebnis vorerst nur mit Ihrer geschätzten Frau Mutter teilen möchten. Wobei Mamas verzückter, entrückter, beglückter Gesichtsausdruck uns an Ihrer beider Freuden leibhaftig teilhaben lässt. Kaum können wir – nein, wir lassen natürlich gnädig dem Herrn Papa den Vortritt – kaum kann ER es also erwarten, Ihre Übungen mit seinen Händen zu erspüren, zu ertasten, mit anzusehen, wie auf der gespannten Haut des Bauches sich mit einem Mal ein kleiner Hügel maulwurfartig zu wölben beginnt. Danach werden wohl auch wir hoffentlich in den Genuss eines solchen überwältigenden Schauspieles kommen dürfen, wenn es heißt „Schaut! Jetzt! Hier!" und aufgeregt ein Pullover hochgezogen wird, die Sicht auf den Hügelbau freizugeben. Ja, kaum können wir es erwarten. Wenn wir ES – Sie, sehr geehrter Herr Teodor – das erste Mal auch spüren …

Fantasie

## Nachricht 33:

### Fantasie

Hallo Teo! Jetzt, wo du mehr und mehr „Form" annimmst, das Wunder, das am Bildschirm Arme und Beine von sich streckt und an seinem Daumen lutscht, bringt es mit sich, dass man sich dieses Menschlein, das bald Mensch, Baby, Kind, Jugendlicher, Erwachsener und zuletzt Greis sein wird, vorzustellen beginnt. Dafür haben wir etwas Unglaubliches, Weltbewegendes, das FANTASIE heißt. Bald wirst du hören (na ja, in ein paar Jahren ...), dass Fantasie etwas ist, womit man ein Bild malen, ein Buch schreiben oder schicke Designobjekte entwerfen kann. Aber das stimmt nicht. Jedes Mal, wenn du dein „inneres Auge", deine „innere Stimme" aktivieren wirst, und zwar wofür auch immer, wirst du auch deine Fantasie aktivieren, die dir dann Bilder und Worte liefert, die DIR selbst entsprungen sind. Nur mit Hilfe der Fantasie ist es uns möglich, dass wir uns dich, Teo, gerade mal fünf Monate im Bauch deiner Mama, „vorstellen" können. VORSTELLEN bedeutet, alles darüber Hinausgehende, was uns ein Ultraschall und ein Hörrohr liefern. Ja, selbst der Hügel, der aus dem Bauch deiner Mama wächst, braucht unsere Fantasie, weil wir uns erklären wollen, ob dies nun deine linke Hand oder dein rechter Fuß gewesen ist, die ihn produzierte. Wir wollen uns vorstellen, wie du aussehen wirst – ob du eher deinem Papa oder eher deiner Mama ähnlich siehst. Ich habe dich schon auf dem Rücksitz meines Autos sitzen gesehen und deine Nonna hat dich schon dutzende Male in ihre Arme genommen. Deine Tanten und dein Onkel sind mit dir schon Rad gefahren, und ich bin mir ganz sicher, dass dein Papa sich schon des Öfteren ausgemalt hat, was und wie er mit dir eines Tages spielen wird. Und wenn sich alle Gedanken deiner Mama fast nur noch um dich drehen, dann hat sie das – so wie wir alle, die schon so intensiv an dich denken – der FANTASIE zu verdanken. Genauso wie ich – sonst hätte ich diese dreiunddreißigste Nachricht an dich, mein Teo, nicht schreiben können ...

## Nachricht 34:

### Freitag, der 13.

Hi Bub! Heute ist ein besonderer Tag (schon wieder? Es scheint, als gäbe es, seit du da bist, nur noch solche Tage ...) – denn es ist nicht nur dein 6. Monatszeugungstag, sondern auch dein allererster Freitag, der 13.! Das ist ein Glückstag. Also nicht nur so wie ein jeder deiner Tage, sondern eben ein Tag, der ganz besonderes Glück bringen soll. Es gibt aber auch Menschen, die an diesem Tag das Haus nicht verlassen, weil sie Angst haben, es könnte ihnen, wegen dieses besonderen Datums, etwas zustoßen – die meinen, dieser Tag sei DER Pechtag. Mir hat dieser Tag immer Glück gebracht: An einem solchen Tag ist dein Fofo geboren (in einem Monat vor 63 Jahren), an einem Freitag, den 13., erschien mein erstes Buch (DEIN Buch wird mein 44. werden) und es gäbe dich nicht, wäre es nicht an diesem besonderen Tag – natürlich, wann sonst – geschehen, dass ich deine Großmutter zum allerersten Mal gesehen hatte – und mich sofort und unverzüglich in dieses junge, wunderschöne Mädchen verliebte! Du wirst schon ahnen, welcher Tag es war, an dem wir, zwei Jahre später, geheiratet haben – wieder so ein wichtiger Schritt auf dem Weg ... zu dir! Denn aus unserer Liebe ist unser erstes Kind, deine Mama entstanden und aus deren Liebe mit deinem Papa gibt es nun eine ziemlich große Zucchini, die geduldig darauf wartet, ein Teo zu werden. Du siehst – alles ist miteinander verbunden! Das erzähl ich dir an UNSER beider Glückstag, Freitag, dem 13.

# Nachricht 35:

## Wahrnehmung

Lieber Teo! Über all die Freude über die Bedeutung von Freitag, dem 13., ist die andere Seite deines „besonderen" Tages völlig unbeachtet geblieben – obwohl viel wichtiger, weil diese ganz direkt DICH betrifft: Der Beginn deines sechsten Lebensmonats! Dass du bereits hören kannst, habe ich ja schon erwähnt, aber was neu ist, dass du dich an diese Stimmen und an die Klänge, die von nun an an dein Ohr dringen, später wirst erinnern können – indem du sie, ohne Ahnung woher und wieso, lieber (oder weniger lieber ...) haben wirst. Hört deine Mama jetzt zum Beispiel viel Vivaldi, wirst du zu dieser Musik, ohne zu wissen warum, später eine andere Beziehung haben, als – sagen wir mal – wenn sie jetzt täglich acht Stunden Jazz hört. Ist das nicht unglaublich? Es hat etwas mit deinem Gehirn zu tun, das sich nun langsam auf etwas spezialisiert, was „Erinnerung" heißt. Von nun an beginnst du zu speichern, was immer du auch wahrnimmst. „Wahrnehmen" – auch das ist etwas enorm Wichtiges, dein Fofo sagt in seinen Vorträgen sogar, dass Wahrnehmung überhaupt das Wichtigste in unserem Leben sei. Und in diesem Lebensmonat beginnst du bereits, sehr vieles wahrzunehmen! Zum Beispiel, was du so zwischen deine Zähne kriegst – so nennen wir das, wenn wir meinen, was du isst, bzw. zu essen bekommst. Denn alles, was deine Mama isst, kommt direkt auch zu dir. Du kannst es schmecken. Isst deine Mama jetzt viel Süßes, wirst du auch bereits auf Süßes konditioniert! Und da deine Eltern gerade „Dolce Vita in Italia" machen, vermute ich, dass du später mal Pasta und Tiramisu und Coniglio (Häschen ...) ganz besonders gerne haben wirst ... Und wenn du dich dann fragst, woher all dein Verhalten, deine Macken und Vorlieben, deine Abneigungen und dein DU-Sein kommen, dann erinnere dich einfach an unseren kleinen Chat in Mamas Bauch und lies nach bei Nachricht Nr. 35 ...

6. monat

# Nachricht 36:

## Heimat

Hallo Teo! Heute sind wir beide wieder in der „Heimat" angekommen: Du in Berlin und ich in St. Georgen. Heimat ist nicht nur ein Ort, an dem die eigenen Kleider hängen, wo die Geburtsurkunde verstaut und man vielleicht zur Schule gegangen ist. Heimat ist auch ein Gefühl: Geborgenheit. Sicherheit. Wohlfühlen. Deine Heimat ist im Moment noch der Bauch deiner Mama! Das wird sich augenblicklich ändern, wenn du geboren wirst. Dann wirst du in Berlin angekommen sein, und jemand wird ein Datum, eine Uhrzeit und einen Ort auf ein Formular schreiben. Dieses Datum und dieser Ort (die Uhrzeit wirst du nur auf Nachfrage von deinen Eltern erfahren, für den Fall, dass du dir mal ein Horoskop erstellen lassen willst, wie die Zukunft so aussieht ...) wird dich von dieser Sekunde an begleiten. Auch wenn du schon 31 bist und in – sagen wir mal – Dschibuti lebst. Dann wird dieser Tag im Juni (vielleicht im Mai???) und wird „Berlin" an deiner Seite sein. Ich habe zwei Heimaten: Von Piran habe ich dir ja schon erzählt (noch nicht genug, das kommt noch ...), und von St. Georgen wirst du noch hören. Beides, wahrscheinlich mehr St. Georgen, wird auch ein bisschen deine Heimat werden. Weil hier deine Mama aufgewachsen ist, den wichtigsten (und schönsten) Teil Ihrer Kindheit und Jugend verbracht hat und sie immer wieder hierher zurückkehrt. Für dich wird es aber genauso auch ein Haus in Graz-Andritz sein, nämlich das Elternhaus deines Papas. Das klingt jetzt alles ein bisschen kompliziert und viel für eine sechs Monate alte Zucchini mittlerer Größe – aber eigentlich ist es ganz einfach: deine Heimat ist dort, wo du glücklich bist ...

Heimat ist nicht nur ein Ort. Heimat ist ein Gefühl.

# Hören

## Nachricht 37:

### Hören

Teodorus! Ich habe es ja schon in meiner Nachricht Nummer 5 an dich erwähnt, aber da es so wichtig ist und weil es JETZT schon funktioniert, und weil du damals ja noch sooo klein warst, jetzt aber schon ein kleiner Mann bist, mit dem man über so etwas schon sprechen kann, will ich es nochmals, nun ein bisschen ausführlicher, zur Sprache bringen. Auf deinem Kopf, links und rechts von deiner Nase, sitzen zwei Muscheln, die fangen jeden Ton, jedes Geräusch, jeden Klang ein und transportieren es, wie ein Trichter, in dein Gehirn. Und dort wird dann hart daran gearbeitet, herauszufinden, was das jetzt gewesen sein kann. Ist es ein Wort gewesen, wird versucht, es zu verstehen und darauf zu reagieren. Wird also deine Mama oder dein Papa oder werden beide zusammen „Teo!" rufen, dann wird es in deinem Kopf landen und du wirst – das wirst du sehr schnell lernen – sofort wissen, warum sie dich gerufen haben. Vielleicht um dich zu warnen. Vielleicht um dich zum Essen zu rufen. Oder auch um dich aufzuwecken.

Ist es ein Geräusch, so wird dein Gehirn dir in unfassbar schneller Zeit eine Erklärung liefern, und danach wirst du genau wissen, was zu tun ist. Wegrennen, weil es Gefahr bedeutet. Oder Hinschauen, weil eine Gruppe von Schwänen über den Himmel fliegt und dies ein fantastischer Moment ist.

Ist es ein Klang, passiert genau das Gleiche: Kommt er von Musikinstrumenten, wirst du vielleicht deine Augen schließen und von so viel Schönheit ergriffen sein. Klingt es nach Wasser, wirst du dem Klang folgen und vielleicht einen Wasserfall finden.

Genau das ist es, was du jetzt im Moment am meisten hörst: das Blubbern von Wasser. Denn im Moment planschst du ja die ganze

Zeit im Pool, den deine Mama für dich in ihrem Bauch gebaut hat. Wenn es ganz still ist, das heißt, wenn deine Mama ganz ruhig daliegt, hörst du ihren Herzschlag, der ein bisschen Wellen schlägt und ein sanftes Geräusch ergibt. Wie aus weiter Ferne dringt durch das Wasser auch schon ihre Stimme an dein Ohr. Wenn sie etwas sanft und leise sagt, oder laut und aufgeregt. Das spürst du schon alles. Manchmal hörst du auch einen Donner – das kommt vom Magen und vom Darm deiner Mama, die liegen hinter dir und machen, je nachdem, was deine Mama gegessen hat, komische Geräusche. Und Musik kannst du auch schon hören – da wirst du ganz ruhig, nimmst vielleicht deinen Daumen in den Mund und genießt einfach dein Dasein! Ja, Teo, es muss schon einen Grund gehabt haben, dass das Hören das ALLERERSTE ist, das du vom Leben außerhalb deines Pools so mitbekommst ...

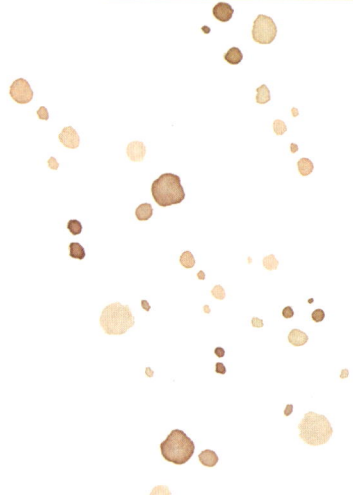

## Nachricht 38:

### Roter Teppich

Mein lieber Teo! So klein und schon ein Star! Solltest du dich gewundert haben, warum die Schritte deiner Mama sich heute ein bisschen anders angefühlt haben als sonst – das kam vom roten Teppich! Also: Auf einem roten Teppich spazieren wichtige Leute (oder zumindest solche, die sich dafür halten ...) und deine Mama musste heute auf so einem Weg gehen und „posen". Sich in aufregender Pose hinstellen, lächeln und dann wird man fotografiert. Ich hoffe, du hast gelächelt – egal, es waren ja keine Ultraschallkameras, wahrscheinlich warst du ziemlich gelangweilt und hast gehofft, dass der Trubel bald vorbei sein wird. Das Ganze hat sich auf einer „Fashion Week" abgespielt. Weißt du, Teo, Mode ist für

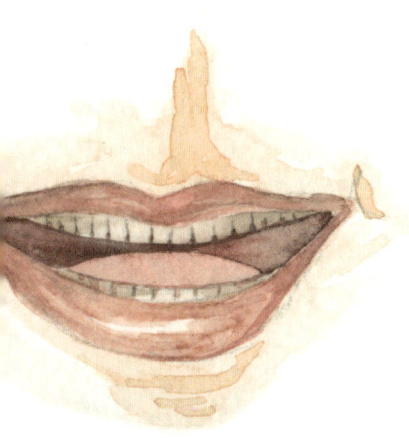

die Menschen ganz wichtig – wir haben ja vor ein paar Tagen schon darüber gesprochen. Und dort, wo deine Mama ihren Bauch mit dir in die Kameras gehalten hat, da geht es überhaupt sehr oberflächlich zu – da meinen so ziemlich alle, dass dies und sie nun der Nabel der Welt seien. Und hatten natürlich KEINE Ahnung, dass sich der Nabel der Welt unter dem schwarzen Kleid deiner Mama befunden hat! Denn du – und nicht irgendwelche lächerlichen Klamotten – bist das Zeichen des Lebens. Deinem Wachsen und deinen winzigen Fingerchen und Zehchen sollte applaudiert werden und nicht potthässlichen, abgemagerten Models, die in grauenvollen Fetzen über einen Laufsteg wanken. Dir – stellvertretend für jedes Ungeborene und bald Neugeborene – sollte all die Aufmerksamkeit geschenkt werden und nicht denen, die sich in das Blitzlichtgewitter schieben, um damit Persönlichkeit zu zeigen. Sie würden erblassen, sie würden vergehen, sie würden zu einem Häufchen Elend verkommen, würde man nur ein Ein-Minuten-Video von dir, LIVE aus dem Mamapool, zeigen.

Übrigens: deine Mama gehört NATÜRLICH nicht zu denen, die sich freiwillig präsentieren. Sie musste so ziemlich ungefähr gezwungen werden, dieses Spielchen mitzumachen (für die Titelseite eines Magazins, das sie zur Kulturbotschafterin des Jahres gewählt hatte). Aber weißt du, deine Mama ist eine besondere, außergewöhnliche Persönlichkeit, wie es sie nicht viele gibt. Es gibt auch andere, die „schön" sind (ja, das ist deine Mama, das ist sie ...), aber ihre Schönheit strahlt durch ihr Inneres – und jetzt noch mehr, da dieses „Innere", sonst nur durch poetische Worte zu erklären, nun real, wahr und tatsächlich DA ist – und Teo heißt ...

*Sehen*

# Nachricht 39:

## Sehen

Lieber Teo! Vorgestern habe ich dir von deinen Ohren, vom Hören und von den Klängen erzählt, heute sollst du auch von dem „Anderen" hören, was dich durch die Welt begleiten wird, sobald du geboren bist: von deinen Augen und vom Sehen! Noch lebst du in einer völligen Welt der Finsternis, noch weißt du nichts davon, dass du die Welt, die bereits so sehnsüchtig auf dich wartet, auch noch auf eine völlig andere Art erleben wirst als durch das Hören und das Fühlen. Im Augenblick ist deine Welt eine mit Wasser gefüllte Blase, deren seltsame Geräusche du bereits wahrnehmen kannst und deren Grenzen du spürst, sobald du deine Füßchen und Händchen ausstreckst. Aber sehr bald wirst du dich in einem gigantischen, einem unendlich scheinenden Raum wiederfinden, der – zumindest theoretisch – keine Grenzen kennt, weil das, auf dem wir leben, eine Kugel ist. Theoretisch könntest du losrennen (bald!) und würdest – nach dem Überwinden von ein paar kleinen, unbedeutenden Hindernissen – wieder an deinen Ausgangspunkt zurückkehren. Dies allein mit deinen Ohren zu schaffen, wäre – sagen wir mal so – nicht unmöglich, aber doch etwas schwierig. Dafür hat dir die Schöpfung, beziehungsweise der Urknall, beziehungsweise die Evolution diese zwei Knöpfe in der Mitte deines Gesichtes geschenkt. Sie sitzen – da du sie ja nicht sehen kannst, muss ich dir ihre Position erklären – auf den Zentimeter genau rechts und links deiner Nase und zwischen deinen Ohren. Noch sind sie verschlossen, hinter den Lidern wird aber bereits intensiv an ihrer Fertigstellung gearbeitet. Gleich nach deiner Geburt wirst du sie zum ersten Mal öffnen und nach einer kleinen Gewöhnungsphase von ein paar Tagen wirst du dann auch zum ersten Mal SEHEN können. Das ist etwas Großartiges!!! Du wirst deine Mama und deinen Papa sehen. Ihre Gesichter und ihr – das wird übrigens das erste sein, was du zu sehen bekommst – Strahlen und Lachen! Jeder, der ab deiner Geburt sein Gesicht ganz nahe an deines halten wird, wird ein solches Strahlen und ein solches Lachen zeigen. Du wirst dir denken: Was für eine fantastische Welt! Jeder strahlt und jeder lacht. Nun, Teolein, das wäre schön, wenn es so wäre. Aber dieses Strahlen und dieses Lachen gilt ... nur DIR! Du bist der Zauber, der es schafft, auf von Stress und Ärger und Last und Mühen erstarrte Gesichter Hoffnung und Sehnsucht und Glück und Liebe zu legen. Dafür sage ich dir jetzt schon mal: DANKE!!! (Natürlich auch deiner Mama und deinem Papa, die dieses Wunder für die Welt geschaffen haben ...)

## Nachricht 40:

### Auge

Hi Teo! Augen sind so etwas Fantastisches, dass wir noch ein bisschen bei ihnen bleiben wollen ... Dein Ohr bringt die Welt in dich hinein, mit den Klängen und Tönen zeichnest du in dir ein Bild der Welt. Das, was das Ohr dir schenkt, ist für innen drinnen. Nimm nur den Wind: Ihn selbst kannst du nicht sehen, nur seine Wirkung – wenn er Bäume biegen, Wellen entstehen und dir den Hut vom Kopf fliegen lässt. Aber du kannst ihn hören und dir von ihm ein eigenes Bild machen. Das Auge jedoch bringt dich IN die Welt – es zeigt dir all die Wirklichkeit, von der du umgeben bist. Was es dir schenkt, bleibt außen – nur die Eindrücke, die du mit seiner Hilfe gewinnst, erreichen dein Inneres. Einen Baum, dessen Äste und Blätter mit Hilfe des Windes einen Tanz aufführen. Die Wellen des Meeres, die einen Strand entlanglaufen. Und einen Hut, der sich selbstständig macht und auf einer Straße dahinkollert.

Dein Ohr bringt die Welt in dich hinein. Ein Auge bringt dich in die Welt.

Das Auge sagt dir, wann es Zeit ist, einen neuen Tag zu beginnen, und wann du dich zur Ruhe begeben sollst. Das kann das Ohr nicht (so gut). Es zeigt dir die Sterne am Himmel und die Fische, die im Wasser schwimmen – willst du die Sterne und die Fische hören, dann muss ein Dichter in einem Gedicht sie beschreiben und es dir vorlesen. Oder dein Papa dir davon erzählen. Dein Auge kann an einer Falte im Gesicht deiner Mama ablesen, ob sie traurig ist, und kann an einem Augenzwinkern erkennen, dass sie dir etwas Stilles mitteilen will. Und das, obwohl die Worte, die du hörst, etwas ganz anderes meinen. Das Wunder der Farben wäre ohne dein Auge nicht möglich – alles wäre schwarz, so wie es jetzt im Moment für dich noch ist, Teo, in Mamas Bauchpool. Erstens, weil deine Augen noch geschlossen sind, und zweitens, weil, auch wären sie geöffnet, es nur Finsternis zu sehen gäbe. „Ja, aber dafür schenke ich ihm das Wunder der Töne, der Stimmen und der Musik", ruft das Ohr dazwischen. „Und damit es Teo nicht so langweilig ist, da im Bauch, so ganz allein, funktioniere ich ja schon: Damit er zumindest schon mal was hört!"

Weißt du, Teo, mit dem Auge und mit dem Ohr ist es so: Es ist großartig, dass wir beide haben! Und sich die beiden einfach perfekt und wunderbar ergänzen. Du kannst dir nicht vorstellen, wie sehr ich mich darauf freue, ja, es kaum noch erwarten kann, dich zu SEHEN! Also so richtig und nicht nur ein Bild aus schwarzen und weißen und hauptsächlich grauen Flecken, von denen deine Tante Sophie sagt, das wäre Teo LIVE. (Und ich bin schon gespannt, was du sagen wirst, wenn du den alten Herrn zum ersten Mal vor die Linse kriegst! Bitte fang ja nicht zu weinen an, o.k.?!)

# Nachricht 41:

## Frau Quasituto aus Sambia

Teo, oh Teo. Heute war wieder so ein komplizierter Tag. Kompliziert, weil es doch so unendlich viele Sachen zu erklären gibt. Wir müssen doch mit dir von Null weg beginnen. Von den Milliarden Dingen, die unser Leben und unsere Welt ausmachen, bin ich gerade erst mal bei 40 angelangt. Die Kompliziertheit des heutigen Tages hat nichts mit mir, deiner Nonna, weder mit deinen Eltern noch mit dem Wetter zu tun. Weißt du, manchmal gibt es Ereignisse, von denen man annimmt, dass sie unglaubliche Bedeutung für einen, oder die ganze Welt haben werden. Denen man eine unglaubliche Wichtigkeit beimisst. DU bist auch so ein Ereignis, denn mit Sicherheit wirst du zumindest UNSERE Welt völlig auf den Kopf stellen. (Frau Quasituto aus Sambia wird wahrscheinlich nie von dir erfahren – aber andererseits, wer weiß das schon …)

Heute ist der 20. Januar 2017, und es kann sein, dass von diesem Tag einmal in allen Büchern etwas geschrieben stehen wird. Oder auch nicht. Es kann sein, dass du, nehmen wir mal an im Jahre 2049, wenn du 32 Jahre alt sein wirst, sagst: „Himmel, waren die total verrückt?! Hat denn keiner was geahnt, als an diesem Tag Donald Trump zum Präsidenten der Vereinigten Staaten von Amerika vereidigt wurde? Und damit alles Unglück, das uns nun widerfährt, begonnen hatte." Es kann aber auch sein, dass du im Jahre 2049 fragen wirst, wer denn Mister Trump war, weil ihm in den Geschichtsbüchern, aus denen du lernen musstest, nur sieben Zeilen gewidmet sind. Sieben Zeilen, derer man sich nicht mehr erinnert.

Denkt man diesen Gedanken zu Ende, dann kann es aber durchaus sein, dass Frau Quasituto aus Sambia doch von dir erfahren wird: Es ist das Jahr 2049. Auf dem holografischen Bild, in ihrem Garten zwischen den Bäumen, laufen gerade die Nachrichten. Frau Quasituto blickt kurz hoch. Normalerweise interessiert sie nicht rasend, was in der Welt außerhalb ihrer Provinz so passiert. Sie blickt kurz hoch gerade in dem Augenblick, als der jüngste Präsident in der Geschichte der Vereinigten Staaten von Europa gerade vereidigt wird. Und sie hört den Kommentator in Sambianesisch sagen (ich übersetze mal, denn diese Sprache verstehst du sicher noch nicht), „dass ein großes Fragezeichen über diesem Teo schwebt, dem jüngsten Präsidenten, der jemals …"

Und wer weiß schon, Teo, ob diese 41. Nachricht unseres WhatsApp-Chats nicht irgendwann einmal in den Geschichtsbüchern der Welt stehen wird …

# Nachricht 42:

## Schnupfen

Lieber Teo! Du hast mir heute erzählt (sollte diesen Chat jemals irgendjemand anderer als Teo und ich lesen: Wir sind miteinander so innig verbunden, dass wir einander unsere Gedanken erzählen können ...), dass du etwas beunruhigt darüber seiest, dass alle paar Minuten ein Donner, ein Grollen, ein Zischen und Röcheln auftauchen, so intensiv, dass das Wasser im Pool Wellen macht. Dass du nicht wüsstest, ob der veränderte Geschmack in der Nabelschnur, einmal zitrosaurig, einmal irgendwie ingwerisch, einmal so komisch ätherisch (Teo, wo hast du denn DIESE Worte auf einmal her?!), etwas mit dem Grollen zu tun haben, das unregelmäßig alles erschüttert. Und deine Frage, woher es komme, dass ein bisher gemütlich dahin fließendes Bächlein sich von einer Stunde auf die andere in einen reißenden, zähen Fluss verwandelt und dass es sich seit ein paar Tagen so anhöre, als würde irgendwo ein Vulkan ausbrechen – das hat mich schon überrascht: Was du alles mitbekommst! O.k. – da muss man nichts sehen –, das hört man! Wenn du wissen willst, wie lange dieser chaotische Zustand noch andauern wird, weil er dich nicht nur nervös macht wegen der Unsicherheit, sondern dich auch tierisch nervt, weil er dir deine Ruhe raubt, so kann ich dir nur sagen: Ich weiß es nicht. Aber: Ich kann dich beruhigen. Alles ist o.k. Das Grollen, das Ingwerische, ja selbst die Wellen im Pool. Deine Mama hustet. Und ihre Nase rinnt. Das ist alles. In ein paar Tagen wirst du wieder deine Ruhe haben.

P.S.: Ich möchte dich jedoch nur schon darauf vorbereiten, dass du möglicherweise noch ganz andere Sachen erleben wirst. Solltest du eines Tages zum Beispiel einen eigenartig fahlen, kürbiskernigen Geschmack verspüren und kurz darauf von verheerenden Explosionen aufgerüttelt werden, mach dir keine Sorgen: Deine Mama liebt steirische Käferbohnen (Wer nicht weiß, was das ist: Wikipedia weiß es ...)!

# Nachricht 43:

## Zeit

Lieber Teo! Solltest du dich wundern, dass alle sieben Tage der Morgen (das ist die Zeit, wenn sich deine Mama nach der Stille und Ruhe zu rühren beginnt und der Pool mörderisch zu wabbeln beginnt ...) etwas länger dauert und auch alles irgendwie anders zu sein scheint, so muss ich dir von etwas weiterem Seltsamen erzählen, das dich in wenigen Wochen auf der Welt erwarten wird: von der Zeit. Wieder so etwas Komisches, das man weder hören, noch sehen, sondern nur spüren kann. Deshalb versuchen wir auch, sie irgendwie sichtbar zu machen, zu materialisieren, damit wir es schaffen, besser mit ihr umzugehen. Denn ZEIT ist etwas sehr Kompliziertes: Da gibt es die große, die alles bestimmende, über alles herrschende und die allerwichtigste ZEIT – das Leben. Diese Zeit beginnt mit dem Augenblick der Geburt und endet mit dem Moment des letzten Atemzuges. Ihr ist alles unterworfen, ihr gilt – eigentlich – unsere tägliche Aufmerksamkeit, weil wir zwar den Beginn, aber keine Ahnung vom Ende haben. Es kann in einer Stunde, aber auch in 92 Jahren sein. Diese Zeit lieben und hassen wir zugleich. Wir fürchten und genießen sie gleichermaßen.

Dann gibt es Zeiten, die immer wiederkehren, die uns in Sicherheit wiegen, die wie unser Herzschlag den Rhythmus unseres Lebens vorgeben: Die Jahreszeiten, wenn auf die Kälte die Wärme, auf neues Wachsen auch neues Sterben folgt – als wäre es ein Spiegel unseres eigenen Lebens. Dazu gehören auch der Tag und die Nacht. Unser gesamtes Leben lang bestimmen sie all unser Tun. Wachsein und Schlafen. Damit verbunden unsere „Essens-Zeiten" – wann wir essen, um die Kraft zu erhalten, die Zeit sinnvoll zu verbringen.

So gibt es tausende und abertausende Dinge in unserem Leben, die allesamt – kaum irgendetwas ist davon ausgenommen – diesem alles Bestimmenden, der Zeit, unterworfen sind.

Und damit wir das alles besser verstehen, haben wir der Zeit einen Körper gegeben – so wie wir uns DICH ja auch schon vorstellen wollen. Das ist die UHR. Sie wurde erfunden, um diesen unsichtbaren Geist ZEIT zu materialisieren: Unserem Herzschlag gleich tickt der Sekundenzeiger und zeigt an, was vergangen, und was vor uns liegt. Er zeigt die Unerbittlichkeit, das Unaufhaltsame, und da er sich im Kreis dreht, auch die Unendlichkeit. Natürlich nur die Unendlichkeit der Zeit, denn völlig unbeeindruckt von unseren Träumen, Sehnsüchten und Hoffnungen zeigt uns dieser arrogante Zeiger in aller Deutlichkeit bei jedem seiner Schritte unsere Endlichkeit. Dieser Zeiger hat auch zwei Brüder, die die Zeit für uns gnädig zu Minuten und Stunden verlangsamen und damit Ordnung in unser Leben bringen. Die uns die Vormittage und die Dienstage schenken. Die Stunden der Besinnung und die der Prüfungen. Und das Wochenende. Den Sonntag. Dem Tag, an dem wir zur Ruhe kommen (sollen). Der Tag, an dem deine Mama und dein Papa nicht auf die Uhr, sondern indessen einander länger in die Augen schauen (können). Diese herrliche Zeit, in der wir versuchen (müssen), sie, die Zeit für einige Zeit zu vergessen.
Wenn du dich also wunderst, Teo, was heute anders ist: Es ist SONNTAG!!!

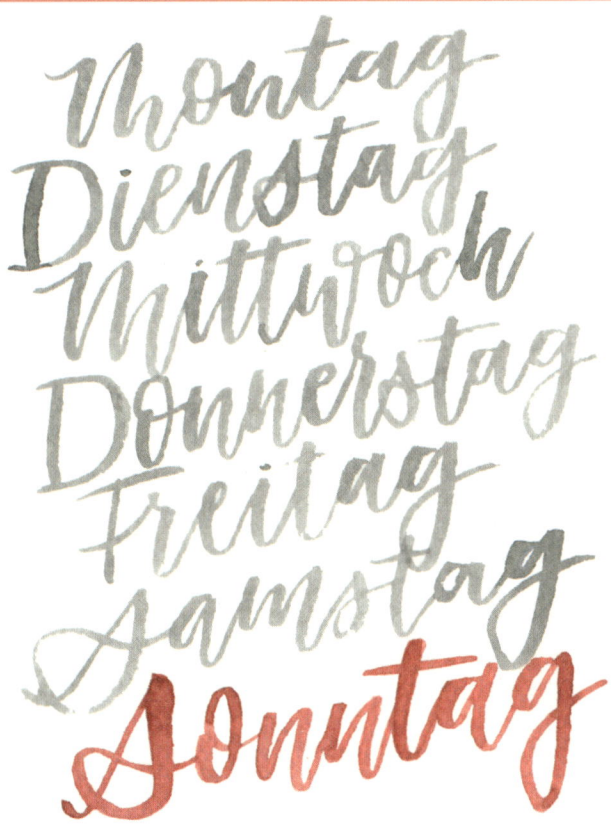

## Nachricht 44:

### Drei Zentimeter Haut

Willkommen zurück, Teo! Ich habe den Bauch mit dir drinnen gerade eben ehrfürchtig umfasst, ganz vorsichtig. Nur drei Zentimeter Haut (und ein bisschen Fett, lass das ja nicht deine Mama hören ...) haben meine Finger und deinen Körper voneinander getrennt – unglaublich. So nahe waren wir uns noch nie. Natürlich habe ich meine Stimme verstellt, hab mit einer hohen Frauenstimme was von „Hallo Teo" gesäuselt und dabei ein bisschen Gänsehaut bekommen bei dem Gedanken, dass du mich vielleicht wahrhaftig hören könntest. „Wer ist denn das schon wieder?!", wirst du dir vielleicht gedacht haben, denn unser Chat und die Wirklichkeit sind doch sehr verschieden. Als wir dann mit deiner Mama zusammengesessen sind, wurde mir klar, wie selbstverständlich du schon unter uns bist – so selbstverständlich, dass ich dann gar nicht mehr speziell an dich denke. Aber deine Mama hilft mir dann – ohne dass sie es weiß –, dich ins Bewusstsein zu rufen: Wenn sie beginnt, wahrscheinlich fällt es ihr selbst gar nicht auf, ihren Bauch zu streicheln. Ganz zart, in kreisförmigen Bewegungen, so, als wolle sie dich beruhigen, als wolle sie dir sagen: „Hör gar nicht auf dieses unsinnige Zeug, was wir da reden von Budgets und Genehmigungen und Auftrittsorten." Als wolle sie dich in den Schlaf streicheln, als gäbe es diese drei Zentimeter Haut nicht, die dich auch von ihr trennen. Wenn ich das sehe, dann bist du sofort wieder so deutlich da, sehe ich die Videos vom Ultraschall, wie du dich bewegst, schon so etwas wie ein eigenes Leben führst. Und dann wird mir klar, warum wir Menschen es so gern haben, gestreichelt zu werden: Weil es der allererste Kontakt ist, den wir miteinander haben – auch wenn uns lächerliche drei Zentimeter Haut voneinander trennen...

# Nachricht 45:

## Vorlesen

Lieber Teo! Heute ging es auch um deine Zukunft. Wir haben heute den ganzen Tag über „Vorlesen" gesprochen. Weißt du, daran und damit arbeiten deine Mama und dein Fofo. Also wirst du es mal echt gut haben: DIR wird sicher ganz viel vorgelesen werden. Von den ersten Tagen an. Weil deine Mama (und natürlich auch dein Papa) ganz genau weiß, wie wichtig das für dich ist. Ihre Stimme hören und damit zu verstehen, dass sie ganz für dich da ist. Später wirst du dann mit Hilfe der Geschichten die ganze Welt kennenlernen: Was um dich herum oder ganz weit weg oder auch in unserer Fantasie so passiert. Denn mit Hilfe von Geschichten, mit Hilfe von Erzählen (oder Vorlesen) wirst du lernen, dich auszudrücken. Zu sagen „der Hund", ist das eine, aber zu sagen „Der Hund ist lieb", also auszudrücken, was DU empfindest, wenn du einen siehst, ist was anderes. Deshalb ist das Vorlesen so wichtig. Deshalb arbeiten wir auch gemeinsam daran, dass nicht nur du mit Geschichten aufwächst, sondern auch alle anderen Teos. Dafür sitzen wir einen ganzen Tag zusammen (na ja, wir sitzen schon viele hundert Tage zusammen ...), um uns auszudenken, wie wir die Welt, die du bald betreten wirst, für dich noch ein bisschen besser machen könnten. Du kannst dir gar nicht vorstellen, wie sehr ich mich darauf freue, dir das erste Mal etwas zu erzählen. Nur noch so ungefähr 127 Tage ...

Vorlesen

# einen Duft, den ich noch heute in der Nase habe...

## Nachricht 46:

### Urgroßmutter

Lieber Theo! Deine Großeltern erwarten dich schon heftigst. Natürlich auch deine fünf Onkel und Tanten (samt deren Partnern). Aber es erwartet dich sogar eine Urgroßmutter (die Mutter deiner Großmutter). Sie wurde lange vor deiner Geburt geboren – vor 94 Jahren!!! 1923 gab es noch kaum Autos auf den Straßen, dafür viele Pferdefuhrwerke. Elektrischer Strom in den Häusern war ein Luxus, und es gab mehr Kienspäne als Glühlampen. Es war eine Welt ohne Fernsehen, ohne Computer und ohne Mobiltelefone. Hätte dein Ururgroßvater deiner Urgroßmutter 1929 von diesen Dingen erzählt, hätte sie gelacht und gesagt, was er doch für ein großartiger Märchenerzähler sei. Und bald wird dieses Kind von damals, heute diese alte Frau, DICH, Teo, in ihren Armen halten. Sie wird sich an das Jahr 1958 erinnern, als deine Nonna, ihre Tochter, als Baby genauso gerochen hat. Und ziemlich sicher wird sie auch mit einem Lächeln an das Jahr 1985 und an den Geruch deiner Mama denken, ihrem allerersten Enkelkind. So wie du dich vielleicht an den Geruch deiner Urgroßmutter erinnern wirst, in ein paar Jahren, wenn sie nicht mehr da sein wird. Und wer weiß, vielleicht halte ja auch ich noch meinen Urenkel eines Tages in den Armen und werde das gleiche sagen, was deine Urgroßmutter, was alle Großeltern wahrscheinlich sagen, wenn sie mit dem Anblick ihrer Enkel und Urenkel an ihre eigene Endlichkeit denken, an die Vergangenheit, die einerseits so weit zurückliegt und andererseits es sich doch wie gestern anfühlt – als ich deine Mama, Teo, zum allerersten Mal in den Armen hielt und an ihr roch ... Einen Duft, den ich noch heute in meiner Nase habe ...

# Nachricht 47:

## Erinnerungen

Teo, sei froh, dass du so cool im warmen Mamapool schwimmen kannst, während wir uns hier die Nasen abfrieren. Seit Wochen ist es saukalt da draußen, zum Glück ist es warm hier drinnen im Haus. Was ich so schnell hinschreibe, so selbstverständlich, ist für dich wieder etwas, wo du deine Augenbrauen hochziehst und kurz den Kopf schüttelst: Haus?! Was ist Haus? Wahrscheinlich entsteht der Wunsch nach einem Ort, an dem man sich zurückziehen kann, an dem man sich sicher fühlt und wo es wohlig warm ist, aus der Erinnerung an den Ort, an dem du dich jetzt befindest. Natürlich wirst du dich nicht an diese Zeit erinnern können, aber sie wird tiefe Spuren in dir hinterlassen: Wie deine Mama mit dir umging, wohin sie „dein" Haus trug, wie viele Erdbeben du aushalten musstest, was du hörtest und wie viel Streicheleinheiten du damals schon bekommen hattest. Das alles wird später einmal, wenn du angekommen bist, in kleinen, verborgenen Räumen in deinem Gehirn sitzen und von dort geheimnisvolle Signale aussenden, die du selbst gar nicht verstehen wirst. Ich stelle mir das so vor: Wenn deine Mama während deines gemütlichen Plantschens viel und oft fror, wirst vielleicht auch du viel und oft frieren. Hatte sie es immer warm und gemütlich, wirst auch du dich genau danach sehnen. Weil da irgendetwas im Gehirn sitzt, das sich ganz von allein erinnert. Weiß nicht, ob das stimmt, hab's auch nicht nachgelesen bei Google oder Wikipedia, aber es klingt einleuchtend. Es sieht also gut für dich aus, Teo: Denn mag draußen auch die Welt bitterkalt sein, innen ist sie wohlig warm ...

# Nachricht 48:

## Schwanger macht schön

O mein Gott, Teo, ihr beide wart so unglaublich schön heute Abend! Über den Anlass selbst wollen wir gnädig den Mantel des Schweigens breiten, es wäre wirklich nicht der Mühe wert, auch nur ein Wort darüber zu berichten. Man hatte deine Mutter in eine elegante Ballrobe gekleidet (glaube mir, Teo, es lohnt nicht, dir – zumindest im Augenblick – von dieser Welt der Bälle und Roben zu erzählen), um sie und das Kleid auf einer Bühne der Öffentlichkeit zu präsentieren. Und da stand sie, zusammen mit anderen „schönen" Menschen, und mit einem Mal wurde mir so klar, was äußerliche und innere Schönheit doch bedeuten: Die anderen hatten fieberhaft versucht, sich mit Schönem zu bedecken, durch aufwendig gestyltes Haar, aufwendiges Make-up und aufwendig ausgewählte Kleidung. Bei meinem Versuch sich mir diese Menschen nackt und bloß, also ohne das Kostümhafte, vorzustellen, bot sich mir ein grauenvolles Bild: Sie sahen nicht nur völlig fremd aus, es waren auch ihre Haltung, ihr Einandergegenüberstehen und wie sie sich den Betrachtern, also uns, präsentierten.

Und dazwischen ihr beide! Man sagt, dass Frauen durch ihr Schwangersein einen besonderen Ausdruck erhielten. Es muss dieses Konzentrieren auf das Wesentliche sein, das Schenken neuen Lebens. Alles andere, das normalerweise unseren Alltag so bestimmt, Materielles und Äußerliches, wird – und letztlich ist – unwesentlich, unerheblich, unbedeutend. Dies muss es sein, was wir spüren, wenn wir Schwangeren begegnen. Und geradezu dramatisch wird es eben, wenn sich so Gegensätzliches gegenübersteht: Deine Mutter hat schon unschwanger einen so schönen, edlen, von ihrer inneren Schönheit und von ihrem Wesen geprägten Ausdruck. Aber gemeinsam mit dir, dem Reinen und Unschuldigen, noch von keinen Schönheitsidealen Berührten, noch von keinen materiellen Werten Beeinflussten, geht ein unwirkliches Licht von euer beider Erscheinung aus. Ein Licht, das alles überstrahlt und den, der es sieht (und wer sollte das nicht ...), erinnert an das, wonach wir uns eigentlich alle sehnen: nach dem Erleben der Ursprünglichkeit unseres Daseins. Und das sich am reinsten in dem Akt ausdrückt, dem DU, entsprungen bist: Der Vereinigung, nackt und bloß, zweier Liebender. Aber dieses Kapitel, Teo, behandeln wir ein bisschen später ...

# Nachricht 49:

## Ball (philharmonisch)

Beruhige dich, Teo, es ist ja alles wieder in Ordnung. Ich verstehe deinen Unmut und werde versuchen, dir diesen Vorfall zu erklären, was, ob deiner wunderbaren Unwissenheit, gar nicht so einfach sein wird. Denn wie gern würde ich dir von einem Ball erzählen, hinter dem du herjagst. Stattdessen muss ich versuchen, dir zu erklären, warum deine Mama stundenlang (ja, es waren sieben Stunden) herumgeht, zwischendurch kurz sitzt, dann wieder geht und steht und dies auf eine seltsam wackelige Art und Weise, als würde sie auf ihren Zehenspitzen daherhumpeln. Wenn ihr auf diesem Weg permanent Menschen begegnen, die auf sie einreden. Begleitet von plärrenden Geigen und Celli, klirrenden Trommeln und Tschinellen, schreienden Gesängen und ohrenbetäubenden Blasinstrumenten aller Art. Je lauter die Musik, umso lauter die Stimmen, bis am Ende das eine Ohr (deiner Mama) nur noch mit Philharmonischem, das andere nur noch mit Philosophischem zugedröhnt waren. Dazu kommen noch die eigenartigen Handauflegungen, natürlich fremder Hände, die meinen, ungestraft körperliche Grenzen zwischen mehr oder weniger fremden Menschen überschreiten zu können, in dem sie sich herausnehmen, auf einem fremden Bauch herumzugrapschen, um einen vorgeblich ersten Kontakt mit dem Ungeborenen aufzunehmen. Es tut mir leid, Teo, dass ich dieses Chaos nicht verhindern konnte. Sieben harte Stunden, aber es ist überstanden, gut sogar, deine Mama war glücklich, sie hatte unzählige Erfolgserlebnisse, bekam mindestens 300 Komplimente, und dieses daraus resultierende, überschwängliche Lebensgefühl kommt ja – zumindest indirekt – auch DIR, Teo, zugute. Also, sei nicht zu streng und verzeih ihr. Ballspielen, also mit einem runden, werdet ihr zwei noch genug …

# Nachricht 50:

## Dezimalsystem

Lieber Teo! Du wirst sehr schnell erfahren, dass wir in einem vom Dezimalsystem völlig beeinflussten Leben gefangen sind: Du wirst die ZEHN Gebote und nicht die acht lernen müssen (oder auch nicht, vielleicht lernst du auch den Koran zu zitieren oder das Tao zu singen ...). An DEINEM zwanZIGSTEN, vierZIGSTEN und sechsZIGSTEN Geburtstag wird man dich groß und ausschweifend feiern, während an deinem 19., 42. und 63. in bestem Fall zu zweit mit einem Gläschen auf deine Gesundheit angestoßen wird. Und sollte man dich mit einem Geldgeschenk überraschen, dann sicher nicht mit neun oder 107 oder 239 564 Euro (für den Fall, dass du später einmal, wenn du diese unsere Nachrichten liest und keine Ahnung hast, was Euros sind: Das ist die Geldwährung im Jahr 2017 ...), sondern du wirst natürlich einen Zehn- oder einen Hunderter-Schein in die Hand gedrückt bekommen. Genauso wie niemand versuchen wird, dich mit 99 997 zu bestechen, sondern wenn, dann mit der netten Summe von Hunderttausend ...

Dies nur zur Information, warum ich jetzt gleich schreiben werde: Teo, heute ist ein GANZ besonderer Tag, weil du heute die FÜNFZIGSTE Nachricht von deinem Fofo erhältst. Ohne die obige Einleitung hättest du dich sicherlich gewundert, was denn so besonders an dieser Zahl oder dieser Nachricht sein solle. Ich erkläre dir weder die schwarzen Löcher des Weltalls, noch die DNS-Verbindungen, die DICH nach einem exakten Bauplan entstehen lassen und machen, dass deine Finger nicht an den Füßen und die Nase nicht auf deinem Rücken wachsen. Dass ich mit einem Glas Isabellatraubenfrizzante vor dem Kamin sitze und zufrieden lächle, ist einzig dieser Zahl FÜNFZIG zu danken – sonst hätte ich dies ja schon vorgestern, als ich Nachricht Nummer 48 schrieb, tun können, hab ich aber nicht! Sei also schon vorbereitet, dass ich volltrunken die Nachricht Nummer 100 irgendwie dahinpfuschen werde, das Erreichen DIESER Zahl wird mich so berauschen, dass ich wahrscheinlich nicht fähig sein werde, auch nur annähernd so Grandioses und Einzigartiges zu produzieren, wie es mir mühelos bei Nachrichten zum Beispiel der Nummern 17 und 48 gelungen ist und sicherlich auch bei 104 und 133 gelingen wird. Ja, die Welt, Teo, die da auf dich wartet, ist eine eigenartige. Aber auch, das sei dir heute, zu diesem GROSSEN Jubiläum versichert, eine großartige!

# Nachricht 51:

## Gene

„Lieve Teo, hoe gaat het met jou?" Sollte dir das spanisch vorkommen (woher solltest du wissen, was DAS bedeutet, aber es passt einfach so perfekt ...), das ist die Sprache, mit der dein Urgroßvater deine Nonna willkommen geheißen hat. Und die Sprache, die auch deine Mama (ein bisschen zumindest) spricht. Wenn du, Teodorus, eines Tages deine Gene durchforstest, dann wirst du in einer Ecke eines kleinen Raumes etwas Seltsames entdecken: eine Viertelportion Holland. Dort abgelegt von deiner Nonna. Solltest du dich also jemals wundern, warum du gern Brot mit Erdnussbutter und Bananen isst, orange T-Shirts trägst, ohne dich dafür zu schämen, und echt geizig bist, dann hast du das diesem Häufchen in der Ecke zu verdanken. Denn wir alle, also auch du, tragen nicht nur das Erbe unserer Eltern, sondern auch das derer Eltern und derer Eltern und – so geht das weiter und weiter. Und wir wundern uns manchmal über unser Verhalten, warum wir so sind wie wir sind, ohne zu ahnen, dass diese Eigenschaften von einem unserer Vorfahren stammen – von dem wir selbst gar nichts wissen. Bei Haaren, Größe und X-Beinen ist dies ja noch nachvollziehbar, solange es Fotos von den Urgroßeltern gibt, aber wenn du jähzornig, selbstlos oder hyperintelligent bist, wird es schon ein bisschen schwieriger herauszufinden, wer dir diese Eigenschaften hinterlassen hat – von irgendwoher, da kannst du sicher sein, kommen sie! Das meiste natürlich wirst du von deiner Mama und deinem Papa abbekommen. Da ich nicht will, dass deine Eltern uns oder mich NIE mehr besuchen, werde ich jetzt NICHT schreiben, was ich mir für dich wünsche, was du NICHT von den beiden erben solltest! Es ginge auch gar nicht, dies alles hier anzuführen, wir schreiben ja in kurzer Chatform und nicht in langen Romanen ... 🙂

Scherzchen, Teo, deine Alten sind SEHR o.k., da kannst du echt zufrieden sein, dass die Evolution die beiden für dich ausgewählt hat.

Wenn dich in ein paar Jahren jemand fragt, wie es möglich sei, dass jemand gleichzeitig großzügig und intelligent, konsequent und bildhübsch, bescheiden und weltgewandt sein kann und damit DICH meint, dann erzähle ganz einfach von einer Ecke eines kleinen Raumes, in dem ein Buch mit Nachrichten an einen Ungeborenen liegt ...

# Nachricht 52:

## Lernen

Immer noch „Goede avond, Teo". Deine Nonna und ich haben deinen Onkel Floris mit dem Auto nach Holland, genauer, in eine wunderschöne Stadt namens Utrecht, gebracht. Dort wird er nun ein halbes Jahr studieren. Wenn deine Eltern das lesen, werden sie sich vielleicht vorstellen, wie sie DICH in zwanzig Jahren in irgendeine Stadt bringen, damit du dort lernst, noch mehr lernst. Denn die Wahrscheinlichkeit, dass du „studieren" wirst, ist ziemlich hoch (80 Prozent der Kinder aus einem Haushalt, in dem beide Elternteile Akademiker sind, studieren selbst auch ...). Da sind wir bei einem heiklen Thema angekommen, Teobaldus. Wenn du glaubst, dass die Geräusche und Klänge und die seltsamen Bewegungen, die in regelmäßigen Abständen kommen, alles seien, was du für die Zukunft wirst lernen müssen, um sie zu erinnern, wiederzuerkennen und richtig einzuordnen, dann kann ich dir nur sagen: Genieße jede Minute in deinem ruhigen Mamapool, denn das ist erst der Anfang! Kaum, dass du geboren bist, wird es erst so richtig losgehen: Du wirst als erstes lernen, dir Gesichter, Gesten und Töne zu merken. Denn nur so wirst du für deinen Alltag ganz wichtige Schlüsse ziehen können: Was muss ich tun, damit Mama endlich die Brustflasche auspackt? Welchen Ton muss ich anwenden, damit Papa mich in seine Arme nimmt? Dann die Millionen Dinge, die rund um dich auftauchen und die du dir ALLE im Kopf behalten wirst und willst: Das Ding, das sich über deinem Kopf dreht und Musik spielt – es wird immer dann in Gang gesetzt, wenn die Alten wollen, dass du schläfst (bzw. SIE ihre Ruhe haben wollen ...). All die glänzenden Dinge, die in deiner Nähe abgestellt und so verlockend sind, aber die alle „NEIN" heißen. Ach ja: Dieses Wort, Teo, solltest du dir vielleicht schon jetzt einprägen. Es

ist mindestens genauso wichtig wie dein Name: NEIN. Du wirst es so oft hören, dass du es nicht mehr hören willst und es dann eines Tages einfach ignorieren wirst. „Nein" gehört zum Lernen genauso wie „Ja". Das ist das Gegenteil. „Ja" kannst du ruhigen Gewissens mit allem in Verbindung bringen, was du haben kannst. Es wird auch eines der ersten Worte sein, das du lernst. Genieße es, denn es werden noch ein paar Tausend andere dazukommen. Aber glaube mir, die brauchst du. Alle. Damit du verständlich machen kannst, was du willst. Oder eben nicht. Wenn du später (gar nicht so viel später ...) zum Beispiel lernst, dass ein Apfel, der dir so gut schmeckt, dass du noch einen haben willst, dann ZWEI heißt. Und von dieser so herrlich schmackhaften Erkenntnis meinen die Großen, gleich eine ganze Philosophie ableiten zu müssen, die sie „Mathematik" nennen. Und die gar nicht mehr so herrlich schmeckt ... Und so, Teo, geht es weiter. Aber bevor ich jetzt einen Roman statt einer WhatsApp-Nachricht schreibe – „Lernen" IST ein unendlicher Roman – lass ich dich schlafen. Übrigens: Heute ist DIENSTAG, das ist der zweite Tag der Woche. Eine Woche besteht aus ...

# Nachricht 53:

## Leben

Sorry, Teo, dass ich dich gestern mit meiner Nachricht über das Lernen scheinbar etwas aus der Fassung gebracht hatte: Deine Mama erzählte mir anschließend, dass du das allererste Mal derart getreten hast, dass sogar dein Papa sehen konnte, wie du mit deinen Füßen auf der Bauchhaut kleine Hügel bautest! Die waren SOOO glücklich, dass sie gleich angerufen hatten, um es zu erzählen. Sie nannten deine Auszucker „Teo liebt Tschaikowski". O.k. Es bleibt unter uns, wir sagen es ihnen nicht, dass du dich – wir wollen das jetzt als historische Mitteilung niederschreiben – bereits im sechsten Monat deines Daseins im Mutterleib mit Händen und Füßen dagegen gewehrt hattest, etwas von diesem Unding „Lernen" wissen zu wollen. Wir schreiben jetzt: Teo hat früh seine Liebe zur Musik entdeckt (vielleicht auch historisch, nämlich dann, wenn deine Biografen sich eines Tages fragen werden, wie und wann und warum gerade du dieses musikalische Genie entwickeln konntest ...)! Wir halten fest, dass beim Hören von Musik, speziell der wunderschönen von Tschaikowski, Teo auf das Heftigste reagierte. Und zum Beweis Stunden später berichtet wurde, dass bei erneutem Erklingen der Geigen und Bratschen und vor allem beim Einsetzen der Trommeln Teo WIEDER zu strampeln begann. Wir lassen sie in diesem Glauben, Teo, wir erzählen ihnen nicht, dass du nach stundenlangem Grübeln über meine Nachricht 52 einfach in Wut geraten warst, über das was da auf dich zukommen soll. Wo dir doch nach den ersten 51 Nachrichten das Menschsein so unendlich ruhig und friedlich vorgekommen war, du dich so danach sehntest und du dir jetzt die – ich muss zugeben, berechtigte – Frage stellst: Lohnt sich das überhaupt?! Nur Stress. Von Anfang bis zum Ende. JA, Teo, es lohnt sich. MEHR als alles andere. Das Leben, das auf dich wartet, lohnt sich – jeder Augenblick, den du erleben wirst. Ja, auch all die NEINS lohnen sich. Denn jedes NEIN wird dich ein Stück vorwärts bringen, weil jedem Nein die Hoffnung auf ein JA bereits innewohnt. Es so sicher in sich trägt, so wie du jetzt heranwachst, so unschuldig und rein und wir, die wir nie aufhören lernen zu müssen, jeden Tag, jeden Augenblick unseres Lebens, von DEINER Reinheit und DEINER Unschuld lernen sollten. Denn wenn wir dich ansehen, Teo, werden wir – unbewusst – an jene Zeit erinnert, in der wir LEBEN einfach nur mit SEIN gleichsetzen konnten, ohne dieses ganze Rundherum, das uns eigentlich nur hindert, es, das Leben, das Sein, in seiner Großartigkeit zu genießen. Und wenn du mich nun fragst, was das bedeutet, was das für dein späteres Leben heißt, dann werde ich dich, egal wie alt, egal wie gescheit du inzwischen geworden bist, bei der Hand nehmen. Wir werden uns in Piran auf die Steine setzen und über das Meer in Richtung Venedig schauen und dann werden wir beide spüren, werden wir beide wissen, was Nachricht 53 dir sagen wollte (na ja, damit du dich wieder beruhigst) ...

Teo liebt Tschaikowski!"

## Nachricht 54:

### Tschaikowski

Lieber Teo, hinblickend auf deine Zukunft möchte ich heute nochmals auf den in unserer gestrigen Unterhaltung kurz erwähnten Pjotr Iljitsch Tschaikowski zurückkommen. Der Typ ist ein berühmter und sauguter Komponist: Er erfindet Musik. „WAS IST MUSIK, Fofo?" Sorry, Teolein, das ist ein wunderfarbiges Bild, das du hören kannst und meinst, fliegen zu können. Etwas, das du mit deinem ganzen Körper spürst, um dann die Welt umarmen zu wollen. Es ist wie deine kleinen Finger auszustrecken und damit Gottes Hand itself zu berühren. Du hast sicher auch schon Mozart gehört (der ist tot) und wahrscheinlich auch Einaudi (der lebt noch!). Viele Mamas und Papas haben von sehr klugen Menschen (ja, die VIEL gelernt haben) gelesen, die meinen, dass es urwichtig sei, Teos im Bauch Musik vorzuspielen. Dann werden Teos klüger und kreativer und wahrscheinlich können sie später auch mal besser Pasta kochen. Ich werde jetzt hinausgehen und den Leuten Folgendes erzählen: Ich bin mit meinem Enkel Teodor seit 54 Tagen in intensivem Kontakt. Teo, wie ich ihn nenne, hat mir gesagt, es sei so verdammt laut im Mamapool, dass man sein eigenes Wort kaum verstehe (also, das hab ich so übersetzt ...): Mamas unaufhörlicher (Gott sei Dank, Teo) Herzschlag, mindestens dreimal am Tag das Glucksen aus dem Magen. Donner und Gerumpel aus dem Darm und dann pumpt noch die große Herzschlagader, direkt hinter dem Pool. Ja, sagte Teo, er höre da schon etwas, könnte Tschaikowski sein, aber auch U2, so genau könne er das nicht sagen. Es klänge alles nach ziemlich weit weg. Aber, so meinte Teo, er könne mit einer vielleicht für die anderen Teomamas wichtigen Erkenntnis aufwarten: Er habe nämlich festgestellt, dass, wenn seine Mama eine bestimmte Musik hört, SIE dann so richtig chillig werde. IHR Herzschlag ganz regelmäßig werde. Dass SIE ruhiger atme. Sich weniger bewege. Das sei schön, hat Teo gemeint. Das sei beruhigend, weil er doch am allerliebsten von Mama in den Schlaf gestreichelt werde – und das tue sie dann, wenn sie schöne Musik höre. Denn dieses unglaubliche, unfassbare, an ein Wunder grenzende Wachsen braucht viele Stunden Stille und Ruhe und Gelassenheit. 20, sagt Teo – mindestens. Und ich muss lachen, weil mein Teo schon bis 20 zählen kann. Und denke an die anderen vier Stunden, in denen Teos erfahren müssen, was das Leben da draußen alles mit Mamas anstellt. Schwimmen ist der Himmel, flüstert Teo. Und die Startphase im Flugzeug ist die Hölle. Wenn mein Papa meine Mama küsst und sie umarmt, ist es warm, lächelt Teo. Und wenn die Idioten von der Regierung meiner Mama die Förderung kürzen, wird es kalt. Und ganz hell in meiner absoluten Finsternis wird es, sagt Teo, wenn ich deine Nachrichten höre, Fofo, weil es schön ist, zu wissen, dass du jeden Tag an mich denkst.

Ja, Teolein, das tue ich. Immerzu. Und Tschaikowski und Mozart und Einaudi malen mir dazu ein Bild – das, komisch, immer DICH zeigt ...

# Nachricht 55:

## Bäume

Lieber Teo! Wir sind noch immer in Holland. Das ist ein Wort, das du dir merken solltest. Denn weil deine Mama eine halbe Holländerin ist, bist du eine Viertelportion Holländer. Das werden also auch ein bisschen deine Wurzeln sein. Aus diesen Wurzeln wird ein Teobaum wachsen. Ich habe einmal einen Avocadokern (in Nachricht 13 hat deine Mama dich mit „so groß wie eine Avocado" beschrieben ...) in einen Blumentopf gesetzt. Zwei Wochen später ragte plötzlich aus der Erde ein kleiner, grüner Finger hervor – ich bin vor Freude und Aufregung total ausgerastet. Ein bisschen so wie deine Mama und dein Papa, wenn sie dich auf dem Bildschirm sehen und dich spüren und verfolgen, wie du Mamabauchhügel baust.

Nach einem Jahr war aus dem grünen Babyblatt ein Stämmchen geworden, das bereits viele Blätter und sogar erste Blüten trug. Heute, nach vielen Jahren – und meiner intensiven Pflege und Liebe –, steht ein drei Meter hoher Baum in einer geschützten Ecke unseres Gartens. Dort, wo viel Sonne hinscheint, und wo er, sobald die ersten kalten Nächte auftauchen, in einen Mantel aus dickem Filz gehüllt wird, damit er den Winter mit seinen Frostnächten übersteht. Warum ich dir jetzt von meinem Avocadobaum schreibe? Nun, wir waren am Strand spazieren, das Meer heißt dort Nordsee. Und dort stand, genauso einsam und seltsam fremd, ein unglaublicher Baum. Ich liebe Bäume, Teo. Sie sind einfach großartige Lebewesen. (Dazu schreibe ich dir

vielleicht mal eine eigene Nachricht ...) Er war total verkrümmt vom Wind, der unablässig einmal vom Meer und einmal vom Land auf ihn trifft und ihn in all den Jahren geformt hat. Da stand ich. Fasziniert und ehrfürchtig. Und plötzlich kam mir mein erstes Enkelkind in den Sinn und – seltsam – mein Avocadobaum in der Südsteiermark. Du, Teo, wirst wachsen wie ein Baum. Deine Geburt wird wie der grüne Finger sein, der aus der Erde deiner Mutter herausragt und von nun an dem Licht entgegen strebt. Noch weiß niemand, wie dieser Teobaum einmal aussehen wird, wie all die Winde, die auf dich einwirken, dich formen werden. Welche Früchte einmal auf deinen Ästen wachsen. Und wer sie pflücken wird. Wen du damit nähren wirst. Damit dies aber alles geschehen kann, muss jemand da sein, der den Baum beschützt, ihn pflegt und hegt – so wie ich es mit meinem Avocadobaum getan habe, der an einem Ort wächst, den ich für ihn sorgsam ausgewählt hatte. Und so wie deine Eltern und deine Großeltern und alle, die dich lieben (puh, das sind jetzt schon so viele!!!) es tun werden: dich behüten, dich beschützen, für dich nur das Allerbeste wollend. Aber dann sah ich diesen Baum an der Nordsee in Holland. Wahrscheinlich war er vom Wind dorthin gepflanzt worden, war der Same einfach zufällig an dieser Stelle gelandet. Niemand hatte sich um ihn gekümmert. Ihn umsorgt. Und als er seinen ersten, grünen Finger aus dem Erdschoß gesteckt hatte, war niemand da gewesen, ihn gegen die Winde zu schützen. Ja, ich bin mir ziemlich sicher, niemand hatte ihn überhaupt wahrgenommen. Aber trotzdem, trotz all dieser Widrigkeiten, ist er gewachsen. Zu einem grandiosen Stück Leben, einem Kunstwerk der Natur. Bäume haben kein Gehirn und haben auch nicht das, was wir Menschen Seele nennen. Aber beim Anblick dieses Baumes dachte ich, sie müssen eigentlich so etwas wie einen Willen besitzen – einen starken Willen zum Überleben. Wie ist es sonst möglich, dass nur er, nur dieser eine, von den Mächten der Natur gebeutelte, geplagte Baum überleben konnte. Und mit einem Mal erschien es mir als eine großartige Metapher des Lebens, so wie du – wie jedes Kind, das in Millionen Bäuchen rund um den Globus in diesem Augenblick heranwächst – für mich eine Metapher für LEBEN bist. Mit deinen allerersten Bewegungen im Licht wirst du nach der Welt greifen und damit dieses fantastische Spiel in Gang setzen, das Avocadobäume, verkrümmte An-Küsten-stehende-Bäume und ... Teos wachsen lässt!

# Nachricht 56:

## Nest

Gestern, Teo, haben wir über Bäume gesprochen. Das hat mich auf die Idee gebracht, heute mit dir über Vögel zu sprechen. Die werden dir gefallen, wenn du sie zum ersten Mal siehst. In Berlin, von deinen Fenstern oder vom Balkon aus, wirst du nicht sooo viele zu Gesicht bekommen. Ich hoffe, dass du zumindest ab und zu einen hören wirst. Wenn deine Mama mit dir in einem Park spazieren geht, wirst du viele sehen und hören. Und wenn du deine Großeltern besuchen kommst, wirst du erst staunen: In unserem Garten wohnen viele, sehr viele von diesen kleinen Lebewesen (weil deine Nonna sie den ganzen Winter füttert!). Vögel singen. Superschön. Vor allem am Morgen, wenn der Tag anbricht, ist es so, als würden sie ihn, den Tag, locken wollen mit ihren Liedern, damit er, der Tag, gut eingestimmt ist und ein guter für uns alle werde. Vögel wohnen hauptsächlich in Bäumen. Dort finden sie Schutz: Vor dem Regen, vor der Sonne, vor den Feinden. So bin ich von Bäume auf Vögel gekommen: Sie bauen dort ihre Nester! Die Natur hat das großartig eingerichtet – wenn die Blätter am Baum immer mehr werden, ist für die Vögel auch die Zeit gekommen, ein Nest zu bauen – im Dickicht des Blätterdschungels ist es beschützt und sicher vor Räubern. Einem geheimnisvollen, unsichtbaren Trieb folgend, fliegen sie umher und beginnen, alles nur Erdenkliche für ihre Nester zu sammeln. Kleine Holzstückchen, Moos, Gräser – so werfen wir immer die Haare von Lilu (die wirst du noch kennenlernen, unser Hund) nach dem Kämmen in den Garten. Und sehen bald darauf einen Vogel damit im Schnabel davonfliegen und in einem der Bäume verschwinden. Sobald das Nest fertig ist, sitzen die Vogelmamas dann schon im Nest, legen ihre Eier und brüten. Bis die kleinen Küken schlüpfen.

Deine Eltern bauen auch schon eifrig an ihrem Nest für dich. Sie sammeln unermüdlich und auch jenem geheimnisvollen Trieb folgend bei Ikea, auf Amazon und in den Babyabteilungen praktisch aller Kaufhäuser Berlins. Deine Großeltern, also wir, wurden eindringlichst und so bestimmend, wie Vogeleltern bei der Suche nach Nestmaterial eben mal auftreten, gebeten, dein Bettchen beizusteuern. Es steht bereits im Nest. Neben der Wickelkommode, dem unentbehrlichen Raumteiler (Mama und Papa wollen wenigstens einen minimalen Rest an Privatsphäre), dem Kinderwagen der Marke Mercedes-Maybach und gefühlten 2,5 Tonnen Babykleidung samt Zubehör. Den Schilderungen deiner Mama nach befürchte ich, dass für DICH kaum noch Platz im Nest sein wird. Aber das macht ja wahrscheinlich erst die Gemütlichkeit eines Nestes aus – dass es schön eng ist. Dass man sozusagen gezwungen ist, sich aneinander zu kuscheln. Denn, Teo, die Umstellung wird eine gigantische sein: Von der Stille (na ja, unter Anführungszeichen, siehe deine Beschreibung, wie es da im Mamapool zugeht ...), der Dunkelheit und dem Schwebezustand deines Universums, in das Laute, Grelle und der Schwerkraft Ausgesetzte. Da ist so ein Berliner Großstadtnest schon was Feines. Ich rate dir jetzt schon, jede Minute des Im-Nest-Verbringens zu genießen – das rate ich übrigens auch sehr deiner Mama und deinem Papa. Denn viermal die Augen aufgeschlagen und schon sind die ersten Flug(Flucht)versuche da. Noch dreimal gezwinkert und das Vöglein kommt nur noch nach heftigstem Gerufe, unter Androhungen aller Grauslichkeiten zurück ins Nest. Und einmal ganz langsam die Augen auf und zugemacht und man kommt zurück und das Nest ist leer. Dann heißt es warten, bis viele, viele Jahre später – fast hat man das Nest im Baum schon vergessen – das winzigkleine Vögelchen von damals jenem geheimnisvollen Trieb folgt und beginnt, für sein eigenes Vögelchen ein Nest zu bauen ... Die Erinnerung daran, Teo, ist einfach wunderschön!

Universum
in der
Brotdose

# Nachricht 57:

## Universum

DEIN Universum, Teo, hatte ich geschrieben. Es ist im Moment so groß wie unsere Brotdose. Dort spielt sich ALLES ab. Es gibt nur dich und diese komplizierte Apparatur, die die Evolution geschaffen hat, um Teos wachsen zu lassen. Es verschlägt mir immer noch den Atem, wenn ich daran denke, wie ausgeklügelt dieser Plan ist. Dass nichts, aber auch gar nichts vergessen wurde. Wie gut dieser Plan sein muss, zeigt sich daran, dass er seit Millionen von Jahren unverändert funktioniert. Am 5. Februar des Jahres 1 176 582 vor Christus lag ein Menschlein, genauso wie du heute, in der Fruchtblase seiner Mama. Irgendwo in Afrika. Ich werd' verrückt! Ich hatte nie daran gedacht, wie großartig dieser Gedanke doch ist. Genauso wie für dich gab es für dieses Menschlein noch keine Sonne und keinen Mond. Keinen Regen und keinen Wind. Keine Bäume und keine Tiere. Nur den Herzschlag seiner Mutter und das gleichmäßige Pumpen des Blutes. Nichts musste sich verändern, weil alles SO perfekt ist. Deine Mama in Berlin, eine Frau in Malawi, eine in Grönland und eine in der Inneren Mongolei hatten am gleichen Tag Sex, am gleichen Tag geschah das immerwährende Wunder, 25 Tage danach begann in Berlin, Malawi, Grönland und in der Inneren Mongolei ein Herz zu schlagen. Und an diesen Orten und an Tausenden von anderen Orten rund um den Erdball legen an diesem 5. Februar 2017 Frauen ihre Hände an den Bauch und spüren, wie ein Bein sich im Bauch streckt. Teo in Berlin isst heute feines Filet, Teo in Malawi Maisbrei wie jeden anderen Tag. Teo in Grönland riecht schon ein bisschen nach Fisch, und für Teo in der Inneren Mongolei steht Reis auf dem Speiseplan. Bis Anfang Juni, dem Tag der Geburt, ist das Universum dieser vier Burschen identisch. Mit minimalen Unterschieden. Doch in dem Augenblick, in dem sie geboren werden, trennen sich ihre Wege, wird für jeden mit einem Schlag alles unfassbar anders: Teo in Berlin wird in einer Privatklinik, umsorgt von Hebammen, Schwestern und Ärzten, in die Welt treten. Teo in Malawi wird – wenn er Glück hat – auf einem schwarzen Müllsack in einer Krankenstation im Busch geboren werden und seine Mama wird danach ihr Baby auf den Rücken binden, auf ihr Fahrrad steigen und nach Hause fahren. Teo in Grönland wird als erstes das weiche, warme Fell eines Rentiers kennenlernen. Und Frauen werden dazu singen. Teo in der Inneren Mongolei wird auf einem Reisfeld, unter einem Baum, das Licht der Welt erblicken. Nur er und seine Mama. Vielleicht wird ein Bergpuma in der

Nähe gerade einen Schrei ausstoßen, weil er den Geruch von Blut in die Nase bekommen hat. Dann werdet ihr vier den Tag und die Nacht, Wärme und Kälte, Stille und Lautes kennenlernen. Ihr werdet wachsen und werdet so anders werden – wie die Bäume in Berlin, in Malawi, in Grönland und in der Inneren Mongolei anders sind.

Ihr werdet nichts voneinander wissen und doch für immer miteinander verbunden sein – gezeugt am selben Tag, neun Monate lang das gleiche Hörspiel gehört, die gleichen Dinge gefühlt, die gleichen Bewegungen ausgeführt. Am gleichen Tag, vielleicht sogar zur gleichen Stunde zur Welt gekommen. In diesem Augenblick werdet ihr dieses EINE Universum verlassen und werdet in vier völlig unterschiedliche Universen aufbrechen. Und nur du, Teo aus Berlin, wirst davon erfahren. Wer weiß, vielleicht machst du dich ja eines Tages auf die Suche – in Malawi, Grönland und der Inneren Mongolei ...

# Nachricht 58:

## Wandervögel

Lieber Teo, ich möchte dich schon mal kurz darauf vorbereiten, dass du in eine Familie von Wandervögeln hineingeboren wirst. Das sind Vögel (genau, die die Nester bauen), die ständig von einem Ort zum anderen ziehen müssen. Warum, wissen sie selbst nicht so genau, sie folgen einfach ihrem Trieb. Im Gegensatz dazu steht die Gattung der Stubenhocker, die solange als möglich in ihrem Nest bleiben, um nichts lieber als die vertraute Umgebung zu genießen. Dazu zählen wir definitiv nicht. Nur allein seit du im Mamapool schwimmst, warst du viermal in Österreich, einmal in London (auf dem Weg nach Südafrika, aber darüber haben wir ja schon gesprochen), einmal in Venedig und Treviso, in Piran und einmal praktisch schon, aber doch nicht ganz in China (diese lustige Geschichte muss ich dir auch mal erzählen). Dass es dich geben wird, davon haben wir am 27. Oktober 2016 in einem Hotelzimmer in Bangkok erfahren. Wir waren gerade aus China angekommen, auf dem Weg nach Indien. Wenn wir in Österreich sind, fahren wir ständig zwischen der Südsteiermark und Piran hin und her. Unterbrochen von Ausflügen nach Holland, Venedig und Istrien – aber das hast du ja mitbekommen. Nächste Woche fliegt deine Nonna kurz mal in den Iran, damit dein Fofo inzwischen gemütlich auf Tournee in Niederösterreich sein kann. Deine Tante Sophie, die mithelfen wird, dich gesund und glücklich auf die Welt zu bringen, arbeitet gerade in Malawi (deshalb weiß ich auch so genau, wie Teos dort auf die Welt kommen ...) in einem Krankenhaus. Deine andere Tante Kira wirst du sehr bald nach deiner Geburt kennenlernen, wenn deine Eltern mit dir nach St. Georgen kommen, um dort ihre Hochzeit zu feiern. Dein zukünftiger Onkel sieht ein bisschen anders aus als wir, und wenn er mit dir spricht, wird dir das sehr chinesisch vorkommen. Aber Onkel Liu Chang ist sehr lieb. Wir lieben ihn alle. Du sicher auch. Die beiden leben in China. Und da du, sobald du geboren bist, auch zur Gattung der Wandervögel gehörst, wirst du, kaum vier Monate alt, schon nach China reisen, weil Tante Kira und Onkel Rock (so nennen wir ihn) dort noch einmal heiraten. Teo, das Leben ist aufregend! Natürlich kann es durchaus sein, dass du zwischendurch auch noch geschäftlich in die Niederlande musst. Wo zurzeit dein Onkel Floris lebt. Das habe ich dir ja schon erzählt, dass der Kerl dort jetzt studiert. Deine Mama liebt Holland – natürlich – warum also nicht mal kurz den Bruder besuchen? Wir sind ja Wandervögel. Erschwerend kommt hinzu, dass dein Papa – eh klar – aus derselben Gattung kommt. Stubenhocker ist er definitiv keiner. Du wirst also kein allzu ruhiges Dasein in deinem Nest haben. Aber – ich kann dir versichern: Das Wandervogel-Leben ist ein herrliches! Es ist aufregend und hält immer Neues für dich bereit. Natürlich muss man sich auf den Flügen Herausforderungen stellen, muss man Gefahren bewältigen und bereit sein, neue Wege zu suchen. Aber dafür wird man auch mit LEBEN pur belohnt. Nichts gegen die Stubenhocker – aber die verpassen da einiges. Wir müssen einfach diesem geheimnisvollen Trieb folgen, und wenn du dich, Teobaldus, später als Erwachsener mal fragst, woher es kommt, dass es dich nie an einem Ort hält – lies einfach diese Nachricht vom 6. Februar 2017. Ach ja, übrigens geschrieben im Auto zwischen Ljubljana und Koper ...

ndervögel

# Nachricht 59:

## Beruf

Lieber Teo, ich habe soeben von deiner Mama Nachricht erhalten, dass du ihr heute Nacht überaus deutlich und bestimmt zu verstehen gegeben hast, wie du dir deinen weiteren Lebensweg und die damit verbundene berufliche Ausrichtung vorstellst. Du willst also Boxer werden. Nun, dagegen ist nichts einzuwenden, ja, eine sportliche Karriere hat durchaus auch ihre Vorteile. Ich möchte dich nur darauf hinweisen, dass du dir eine Kampfsportart ausgewählt hast. Boxen ist etwas anderes als Minigolf oder Billard. Nicht, dass ich mir als dein Großvater wünschen würde, dich in Billardsalons oder auf Minigolfplätzen abhängen zu sehen, es ist nur so, dass Boxen impliziert, jemand anderem weh zu tun. Du würdest sogar belohnt dafür, mit tosendem Applaus und hunderttausenden von Euros bedacht werden (das aber erst später, wenn du Champ nach den WBA-Richtlinien geworden bist ...). Dafür, dass du jemandem auf die Birne prügelst, bis dieser sich starr in der Horizontalen wiederfindet. Deine ersten Übungen lassen darauf schließen, dass du durchaus Talent besitzt und man kann, dies sagt man ja, nie früh genug mit dem Training beginnen. Da hast du schon recht. Bevor du nun aber weiter so intensiv trainierst, und davon gehen wir einmal aus, wollte ich dir doch noch ein paar Alternativen für deinen beruflichen Werdegang anbieten. Denke nun nicht, ich will dich von irgendetwas abbringen, sicher nicht, du kannst tun und werden, was immer du auch willst: Feuerwehrmann (klassisch), Internethacker (zukunftsträchtig), CEO der Deutschen Bank (geldsorgenfrei) oder eben Boxer. Es gibt so viel Schönes, womit du dein Leben bereichern und genießen kannst, und bevor du dich endgültig entscheidest, solltest du davon erfahren – bestmöglich vor deiner Geburt, denn danach geht es ja gleich Schlag auf Schlag. Am Tag zwei von TEO ON EARTH ist es bereits höchste Zeit, dich in einem Kindergarten, am besten gleich auch in einer Grundschule, wenn möglich für den Platz in einem Gymnasium einzuschreiben und, was sicher nicht schadet, sich auch gleich

Du

als

eine entsprechende Uni zu sichern. Du siehst, da lässt das Leben nicht viel Spielraum. Deshalb will ich dir lieber jetzt, wo du dich doch mit der Boxerkarriere schon so ernsthaft beschäftigst, vom Leben mit den schönen Künsten, von der Literatur, der Musik und der Malerei erzählen. Ach Teo, es ist so herrlich, den Menschen diese andere, von der harten Realität losgelöste Welt nahezubringen. Diese andere Dimension, die man durch poetische Worte, himmlische Klänge und durch Komposition von Farbe und Form zu erreichen imstande ist. Was kann es Schöneres geben, als diese Dinge zu erschaffen, anstatt Brände zu löschen, Bankcodes und Passwörter zu knacken oder Futurebonds zu versenken? Dein Leben wird eine solche Bereicherung erfahren, besteht dein Lebensinhalt darin, am Himmel nach Erklärungen für Unerklärbares zu suchen, an Meeresufern ein Gefühl von Unendlichkeit zu erfahren und durch die Stille eines Waldes das Wunder der Schöpfung zu erkennen. Ich möchte dir so gerne ... (Verzeih die kurze Unterbrechung, deine Mama hat soeben eine neue Nachricht gesandt ---) O.k., Teo, ich verstehe. Boxer. Gut. Man kann sich ja auch nach einer großen Sportkarriere immer noch dem Schöngeistigen widmen, Bücher schreiben, oder Bilder malen. Nichts für ungut. Natürlich lassen wir dir deinen Willen (Und noch eine Nachricht von ihr: „Der spinnt! Der boxt wie verrückt. Bin sogar aufgewacht davon.").

*st*
*oxer werden.*

## Nachricht 60:

### Schriftsteller

Verzeih mir, Teolein, dass ich dich gestern ein bisschen verarscht habe, aber die Nachricht deiner Mama war so witzig, dass ich daraus etwas machen MUSSTE. Das ist übrigens DIE Gelegenheit, dir davon zu erzählen, was dein Fofo eigentlich so macht den ganzen Tag – also außer auf den Himmel zu starren, übers Meer auf den Horizont zu blicken und im Wald nach Stille zu suchen. Ich schreibe. Ich versuche, meine Gedanken und meine Gefühle in solche Worte zu kleiden, dass

Menschen es lesen, oder hören und sich daran erfreuen. Ich versuche kleine Löcher in Mauern zu kratzen, damit Menschen hindurch sehen, um dahinter Anderes, Neues, Fremdes erfahren zu können. Ich versuche, sie an etwas zu erinnern, was für jeden Menschen so wichtig ist, dass wir ohne es nicht leben könnten, aber was durch den Alltag so unwichtig gemacht wird, dass zu viele meinen, darauf verzichten zu können: Die Fantasie. SIE ist es, die es mir möglich macht, mit dir seit 60 Tagen (oh, schon wieder ein kleines Jubiläum) zu kommunizieren, obwohl du noch so verborgen und so still (außer boxen ...) im Bauch deiner Mama lebst. Mit Poesie kann man Dinge sichtbar machen, die für die meisten Menschen unsichtbar bleiben. Und so wie ein köstlich zubereitetes Essen, das, gemeinsam mit einem Glas bestem Wein, ein Gefühl von Zufriedenheit und Glück herbeizuzaubern imstande ist, oder wenn man auf der Spitze eines Berges steht und hinunterblickt und meint, nun die ganze Welt in den Händen zu halten, so können wohlkomponierte Worte und Sätze – nur indem man sie liest oder hört – im Inneren ein ebensolches Gefühl auslösen. Zusammengefügt werden diese verschriftlichten Bilder in einem Buch. Wie soll ich dir das erklären? Ein paar Tage nach deiner Geburt wirst du zum ersten Mal „LESEN" – wirst im Gesicht deiner Mama lesen: ihre Liebe, ihre Sorgsamkeit, ihre Fröhlichkeit, ihr Glück. Und ein Buch ist wie das Gesicht deiner Mama. Nur dass ihre Augen, ihr Mund, ihre Stirn, also all das, womit sie dir etwas erzählt (man nennt das Körpersprache), ersetzt werden durch Worte. Ich beschreibe also mit Worten, in diesem Buch, was das Hochziehen der Augenbrauen, was das Runzeln der Stirn und das Breitmachen des Mundes bedeuten. Wenn du im Gesicht deiner Mama liest, dann wird dies bei dir Vertrauen, Sicherheit, Ruhe und Glück erzeugen. Und genauso ist es mit einem Buch, das man liest: Es erzeugt eine Nähe und baut eine Brücke zwischen dem, der es hat entstehen lassen und dem, der bereit ist, diesen Gedanken zu lauschen. So wie auch die Erzählungen deiner Mama nur funktionieren, wenn DU ihr zuhörst. Ohne dich gibt es keine Geschichte.

Das schreibe ich dir an diesem 10. Februar, weil heute wieder so ein Buch von mir auf die Welt gekommen ist – ja, auch ich trage Babys in meinem Bauch. So wie du eines bist. Ein Baby, das aus Worten besteht, das mit Fantasie gefüttert wird und das dann eines Tages in Form eines Buches geboren wird. Der Titel hat wieder – zumindest indirekt – mit dir zu tun: Der Schlüssel zum Glück. Denn der Schlüssel zum Glück ist die Liebe. Aus ihr bist DU, Teo entstanden. Du siehst, ALLES ist miteinander verbunden, eins fügt sich zum anderen. Und meine Aufgabe ist es, davon zu erzählen ...

# Denn der Schlüssel zum Glück ist Liebe.

## Nachricht 61:

### Trump-Trump-Trump

Lieber Teo! Kaum wirst du unter uns Erwachsenen sein, wirst du auch schon von Aufgeregtheit umgeben sein: Nicht nur deinetwegen, nicht nur eines fantastischen Sommertages, einer phänomenalen Begegnung oder eines historischen Sieges der Nationalmannschaft im Weitspucken wegen, sondern wegen Dingen, die uns in diesem Moment als SOOO wichtig erscheinen, die dann aber erst mit Hilfe der Zeit die richtige Dimension erhalten. Als vor 550 Jahren Herr Gutenberg die Buchdruckpresse zum allerersten Mal in Gang gesetzt hatte, waren einige Leute ziemlich beeindruckt, aber niemand, wirklich NIEMAND hätte zu dieser Zeit geahnt, welch unglaubliche Auswirkungen seine Tat auf die gesamte Menschheit einmal haben würde. Es gäbe zum Beispiel dieses Buch nicht – nein, Scherzchen fürs Herzchen –, Gutenberg haben wir eine Revolution zu verdanken: Der Sieg des Auges, des Sehens über das Ohr und das Hören. (Was ich damit meine, erkläre ich dir später, in einer zukünftigen Nachricht ...) Und für DICH wird diese Nachricht wieder völlig anders klingen: Vielleicht wird dir deine Mama oder dein Papa im Jahr 2037 erklären müssen, was ein Buch ist. Und vielleicht werden sie es tun, indem sie dieses unser Buch aus irgendeiner Kiste auf dem Dachboden ihrer schmucken Villa hervorkramen und es dir, verstaubt und vergilbt, auf den Tisch legen und sagen werden: Schau, Teo, das hat man „BUCH" genannt. Und du wirst lächeln und vielleicht sagen: „Ach ja, davon habe ich schon gehört! War dies zu der Zeit, als es auch noch diese, wie haben die doch geheißen, DVDs und Telefone gab? Abgefahren. Echt abgefahren." So wird es – vielleicht – sein.

Was uns heute so unglaublich wichtig erscheint, ist alles relativ. Da erschien vor rund 80 Jahren ein Mann auf der Bildfläche, den hatte man zuerst nicht so wichtig genommen und doch hat er die Welt, anders als Gutenberg, auf eine schreckliche Art verändert.

Du wirst dich vielleicht ziemlich wundern, warum da jetzt mit einem Mal ständig und ohne Unterlass ein seltsames Geräusch zu dir vordringt, das sich wie TRUMP-TRUMP-TRUMP anhört. Als würde jemand herumtrampeln. Als würden bewusst jene Dinge umgeworfen werden, die seit Jahren fein säuberlich an einem bestimmten Platz geordnet stehen. Um sich schlagen ohne Rücksicht darauf, wen er dabei mitten ins Gesicht (oder in den Schritt ...) trifft. Ich könnte mir vorstellen, dass du meinst, dir dieses Geräusch TRUMP-TRUMP-TRUMP, einprägen zu müssen, weil es etwas Wichtiges bedeute. Weil du es vielleicht, wie ein Werkzeug, hilfreich auf deinem Weg zum Erwachsenwerden anwenden könntest.

Aber nehmen wir wieder unser Jahr 2037. Diesen Tag, an dem das Buch auf dem Tisch auftaucht, das dich an etwas erinnert aus einer fernen Zeit (2017!). Draußen fliegt eine Drohne vorbei und lässt die Bestellung deiner Mama von Amazon etwas unsanfter als geplant in den Garten fallen. Es macht so ein Gerumpel, das sich wie TRUMP-TRUMP-TRUMP anhört. Plötzlich taucht in deinem Kopf etwas auf, das du dir nicht erklären kannst. Du murmelst TRUMP-TRUMP-TRUMP und deine Eltern müssen lachen über das, was da Verrücktes aus dem Mund ihres Sohnes kommt. „Trump?! Wie kommst du denn auf den?", und du wirst sagen: „Weiß nicht. Was ist denn das?" Und deine Eltern werden sich ansehen und antworten: „Nichts, das war eigentlich gar nichts. Ein Rülpser der Zeit. Eine gelbe Welle, die mal kurz am Weltenstrand auftauchte und ein bisschen Schaum hinterließ. Etwas, gäbe es noch Geschichtsbücher, ein, zwei mickrige Seiten füllen würde. Etwas, das aus Wikipedia längst gelöscht ist, weil Gerumpel und Gerümpel sich automatisch nach einiger Zeit selbst deleten."

Vielleicht werden das deine Eltern sagen, Teo, vielleicht aber auch nicht. DU und alle Teos, die dieses seltsame Geräusch jetzt wahrnehmen und nicht verstehen, werden es aber in der Hand haben, was sie selbst, die Teos des Jahres 2017, den Teos des Jahres 2067 einmal zu erklären haben werden über dieses Gerumpel, das wie TRUMP-TRUMP-TRUMP klang ...

# Nachricht 62:

## Hund

Als ich dir gestern von einem seltsamen Geräusch erzählte, geschah etwas noch Seltsameres. Plötzlich stand Lilu neben mir und fauchte mich an, dass ich unserem Teo (ja, sie sagte UNSEREM) wohl von diesem Vollidioten schreibe, aber sie, Teos Hund (ja, genau so sagte sie es!), hätte in 61 Nachrichten noch kein Wörtchen Erwähnung gefunden. „Hör mal, Lilu", sagte ich und streichelte ihr über den Kopf. „Du hast ja recht, und es tut mir auch echt leid. Aber es ist leichter, einem Ungeborenen ein Trumpelgeräusch zu erklären als ihm verständlich zu machen, was denn ein ,Hund' sei." Da Lilu MEINE Gedanken lesen kann, kann ICH es natürlich umgekehrt auch, und so war es wohl besser, meine Hand rechtzeitig wegzuziehen, bevor sie wütend danach schnappen würde. Nein – Blödsinn, das würde sie niemals tun, denn, Teo, Lilu ist das süßeste Tier, das du dir vorstellen kannst. Tier. Hm. Als erstes wirst du solche aus Stoff kennenlernen. Das machen die Großen so zur Eingewöhnung. Du wirst Elefanten, Löwen und Papageien an deiner Seite haben. Du erkennst sie an all den Dingen, die Tiere uns voraushaben: Rüssel (statt kleiner Nasen), Reißzähne (statt kleiner Nager) und Flügel (statt flatternder Arme). Tiere leben mit uns. Sie sind überall. Auch, wenn du sie nicht siehst, weil manche von ihnen winzig klein sind. Damit du später einmal keine Angst vor ihnen hast, wirst du eben zuerst mit solchen zusammengebracht, die du an dich drücken, zwicken und zwacken kannst. Damit beginnt schon ein Problem. Denn wenn du dann alt genug bist, um die erste Begegnung mit einem richtigen Tier zu haben, meinst du – natürlich, klar –, du kannst es auch drücken und zwicken und zwacken. Das mögen die aber gar nicht. „Mit mir kann Teo das RUHIG machen", sagt Lilu. „Und jetzt erzähl endlich von MIR und schweife nicht schon wieder ab zu Tieren, die Teo vielleicht mit 20 zum ersten Mal sehen wird!" (Das glaube ich bei der Reiselust seiner Eltern zwar nicht, aber Lilu hat recht ...) Also, Teo: Der Hund hat nicht nur zwei, so wie du, sondern VIER Beine. Dafür hat er keine Arme. Der Hund hat einen Schwanz. Nein, nicht so wie du auch einen hast, das ist etwas völlig anderes. Der Hund bellt. Du wirst sprechen. Der Hund kann nicht schreiben und lesen. In die Schule sollte er trotzdem gehen. Um zu lernen, auf unsinnige Dinge der Menschen zu gehorchen: „Hol Stöckchen!" zum Beispiel. Idiotische Sache: Da wird etwas weggeworfen, damit er es wieder zurückbringt. Wozu es also werfen?

„Sitz!" Warum der Hund sitzen soll, wo er doch viel lieber steht, ist völlig unbegreiflich. HE! Ich weiß echt nicht, wie es kommt, dass ich DAS jetzt schreibe! Lilu sitzt noch immer neben mir, und es kommt mir vor, als würde sie lächeln und mir zuzwinkern. „LILU!", schreie ich, „das kommt nicht in Frage, dass du meine Nachrichten manipulierst. TRUMP TRUMP TRUMP!" Teo, Lilu ist unser Hund. Wenn du zu uns kommst, wirst du sie kennenlernen. Sofort, das verspreche ich dir. Sie hat das süßeste Gesicht. Sie ist sooo klug. Sie versteht alles und noch mehr. Sie hat das weichste Fell, wie ein Schaf. Ja, das ist auch ein Tier. Ein anderes. Nein, es bellt nicht, es mäht. Ja, es hat auch vier Beine, aber es muss keine Stöckchen holen. Das müssen nur Lilus, wenn Teos ihnen welche werfen. Nein, Lilu wird nicht „Sitz" machen müssen, weil sie immer bei und auf und unter Teo liegen wird.

Diese Nachricht läuft komplett aus dem Ruder: Einfach erklärt, Teo – WIR tun das, was HUNDE wollen. Deshalb werdet ihr euch so gut verstehen, du und Lilu, weil es das ist, was euch beide verbindet ...

# Nachricht 63:

## Mond

Lieber Teo! Die Wissenschaft hat in ihrer grenzenlosen Großartigkeit errechnet, dass wir deinen Geburtstag am 2. Juni feiern werden. Die Wahrscheinlichkeit, dass du am 25. Mai zur Welt kommen wirst – WILLST –, ist jedoch ziemlich hoch. Solltest du dir jetzt insgeheim denken, wie in Gottes Namen (ach ja, dazu müssen wir auch noch kommen ...) kommt dein alter Fofo dazu, die Wissenschaft in Zweifel zu ziehen und stattdessen zu behaupten, du würdest ihn unbedingt schon neun Tage früher treffen wollen. Ja, klar, deine Mama und deinen Papa und die alte Nonna natürlich auch ... Also, lass es dir erklären und höre mir zu:

Ein wunderschönes, uraltes Märchen besagt, der Storch (das ist auch so ein Vogel, wie in Nachricht 58 beschrieben, nur größer) würde die Kinder zu ihren Eltern bringen. Erspare mir zu erklären, wie es zu dieser Geschichte gekommen ist, sie hat etwas mit dem puritanischen Leben des Mittelalters zu tun, in dem der Unterleib der Frauen – das ist dort, wo du deinen Kopf und dann den Rest durchstecken wirst – absolutes Tabu war. Um aber neugierigen Kindern eine halbwegs nette Erklärung geben zu können, wurde der Storch ins Spiel gebracht. Der arme Storch hat natürlich keine Ahnung, wie er zu der Ehre kommt, ja, er weiß nicht einmal davon – er war zumindest völlig verblüfft, als ich ihm davon erzählte. Und musste ziemlich und herzlich darüber lachen. Der Storch tut also genau und exakt das, was er schon immer getan hat, seit er auf der Erde ist und kümmert sich einen Schei ... darum, was die Menschen ihm da andichten: Er fliegt in der Gegend herum und baut in Seibuttendorf und in Rust am Neusiedlersee und weiß ich wo noch für seine Jungen riesige Nester auf Schornsteinen oder Masten. Wenn die ersten Fröste sich ankündigen, vertschüsst er sich in den Süden. Kluger Kerl. Was aber nur Storchspezialisten wissen (dein Fofo ist KEINER): Der Storch hat ein besonderes Verhältnis zum Mond. Bei Vollmond wirken geheimnisvolle und unsichtbare Kräfte auf ihn ein und lassen ihn nicht zur Ruhe kommen. So als hätte ein Mensch zu viel Alkohol getrunken, oder als würde ein Affenmännchen einen besonders aufregenden Äffinnenhintern sehen, dreht der Storch in Vollmondnächten ein bisschen durch. Dieses seltsame Verhalten blieb den Leuten natürlich nicht verborgen, sie hinterfragten es auch weiter gar nicht, bemerkten aber, dass zu dieser Zeit, der Zeit des Vollmonds, besonders viele Kinder zur Welt kamen. Und – sie sind ja sooo gescheit, die Menschen, sie zählten eins und eins zusammen, der Storch bringt die Kinder, der Storch fliegt zu Vollmond besonders hysterisch durch die Gegend, ergibt: Kinder wollen in einer Vollmondnacht in die Hände ihrer Eltern gelegt werden! Ist das nicht ein großartiges Märchen, Teo!

Und es kommt nicht von ungefähr und ist natürlich, selbstverständlich, völlig klar KEIN Zufall, dass wir heute, am 11. Februar darüber reden. An DEINEM Namenstag! Und wenn ich aus dem Fenster in Richtung Venedig schaue, steht links vom Campanile – ja, genau, kluges Kerlchen, du hast es erraten – ein prächtiger Vollmond und lacht und nickt mir wissend zu. Und weil es gerade ganz still ist, höre ich ihn, den Mond, wie er dir zuflüstert (er steht natürlich auch in Berlin dick und fett am Himmel, was sonst ...): Am 25. Mai sehen wir uns das erste Mal persönlich ...

P.S.: Der Mond ist ein echter Scherzkeks! Der Storch sowieso. Warum der Storch einer ist, habe ich dir erzählt. Warum der Mond: Der Monatszyklus der Frau hat 28 Tage, und der Mond ist ebenso lange unterwegs von einem Vollmond zum nächsten. Und wieder einmal haben die klugen Menschen eins und eins zusammengezählt und ... Vielleicht sollten wir nicht so viel zählen!

# Nachricht 64:

## Sonntag

Heute, Teo, ist Sonntag. Ja, und?, wirst du mich fragen. Gibt es denn auch noch andere Tage? O mei – das Leben der Menschen ist kompliziert. Ja, es gibt noch sechs andere Tage, aber an denen muss gearbeitet werden. Am siebenten, also am Sonntag, soll man ruhen. Ich weiß, das tust du den ganzen Tag, und jeder Tag erscheint dir gleich. Aber du hast mit deiner Intelligenz und deinem Gespür sicher schon herausgefunden, dass es da feine Unterschiede gibt. Du kannst zum Beispiel schon unterscheiden, ob es Tag oder Nacht ist. Nicht etwa, indem du da unten mal kurz einen Blick raus wirfst, sondern weil dein Hirn bereits genau registrieren konnte, wann deine Mama Ruhe gibt und wann sie aktiv ist. Das heißt natürlich nicht, dass du dich darum kümmerst, für dich gibt es (noch) keine Uhr – sei froh und genieße es, solange du noch kannst. Du hast aber inzwischen auch entdeckt, dass es auch noch einen anderen Rhythmus gibt: Fünf so komische Etwas, was „Tag" heißt, geht es ziemlich rund im Mamapool. Da arbeitet deine Mama. Da schlägt ihr Herz manchmal etwas schneller, da wird ihre Stimme laut, dann hörst du wieder stundenlang nichts – außer einem komischen TICK-TICK-TICK, das sind ihre Finger, die über eine Tastatur fahren. Und dann gibt es zwei Dingsdas, die anders sind: Entspannter, stressfreier und vor allem papaintensiv. Denn auch dein Papa arbeitet nicht, er ist zu Hause, in der Nähe deiner Mama

Unter uns: Das hast du ja sicher schon kapiert, dass da noch ziemlich was anderes abläuft. Sie würden sicher sagen, du seiest noch zu jung, davon zu erfahren, aber dein Fofo meint, DAFÜR sei es nie zu früh, Bescheid zu wissen. Vor allem, weil du dieses ganze Herumgeknutsche und noch mehr ja extrem LIVE mitbekommst, was soll man denn da verschweigen ...

Ich bin mir ziemlich sicher, dass du auch sogar bemerkt hast, dass diese beiden Tage, man nennt sie „Samstag" und wie schon erwähnt „Sonntag", unterschiedlich sind. Samstags sind die Leute anders hektisch, freizeithektisch, shoppinghektisch. Du wirst eine Unruhe spüren, die aber viel entspannter ist als an den anderen Dingsdas, weil die vielen Dinge, die an Samstagen gekauft werden, so unglaublich beruhigend wirken. Glaubt deine Mama zumindest. Der Pure-wool-Strampler Nummer 25 wirkt fast wie ein Tag Wellnesshotel. Ein halber Tag IKEA entspricht zwei Massagen. Gott sei Dank gibt es dann noch – du wartest schon darauf, stimmt's? – den Sonntag. Die Geschäfte sind zu, die Kirchen offen. Nur dort geht kaum noch jemand hin – zumindest nicht deine Eltern. Dort würde Gott auf sie warten. Eigentlich wohnt der normalerweise im Himmel, aber da er dort ziemlich unsichtbar ist, hat er sich diese Superidee mit den Kirchen ausgedacht. Das sind riesige Häuser, in denen man „Stille" spüren kann. In denen man auch noch ganz andere Dinge spüren kann, wenn man nur will: Ich spüre dort drinnen immer die Nähe zu etwas ganz Großem. So als würde ich das Universum verstehen. Als würde ALLES, Tiere und Steine und ein Meerestropfen, zu mir sprechen können. Vor allem spüre ich dort drinnen MICH selbst. Dir kann ich das ja sagen, du verstehst genau, was ich meine: Dieses Gefühl, dass sein eigenes Universum eins ist mit anderen, größeren Universen. Wenn ich an dich denke, Teo, dann fühle ich mich wie inmitten einer Kathedrale. Wenn ich das ganze Ausmaß deiner Schöpfung in meinen Gedanken zulasse, dann verstehe ich auch mit einem Mal diese echt coole Geschichte mit dem Kind Gottes, das er auf die Erde geschickt hatte, uns zu erinnern. Dieses Kind hat Jesus geheißen, aber eigentlich war es auch nur ein Teo. Genauso einer, wie du einer bist. Durch dich und natürlich durch ALLE Teos wird diese Geschichte, diese echt coole Geschichte, immer wieder erneuert. DU bist unser Sonntag – mit dir kommen wir zur Ruhe und durch dich und deinesgleichen können wir erst das Wesen dieses so unbegreiflichen, dieses so unfassbar schönen, unbegreiflichen Lebens verstehen ...

Du bist unser Sonntag.

# Nachricht 65:

## Geburtstag

Der 13. Februar ist ein besonderer Tag, auch für dich, Teo. Denn hätte mich deine Urgroßmutter Margarete an diesem Tag nicht geboren, würde es dich, heute ungefähr 900 Gramm schwerer, angehender Mensch, auch nicht geben. Vielleicht hat sie mich auch nur zur Welt gebracht, damit es dich 63 Jahre später geben würde. Wenn wir in 50 Jahren alle vergessen sind und nur dein Name strahlt – auch das kann durchaus sein. Ich habe ja eigentlich nie verstanden, warum man das GeburtstagsKIND und nicht seine Mutter hochleben lässt: SIE hat ja Großartiges vollbracht. Nicht nur, dass sie sich neun Monate mit dem Ding abschleppt, anschließend hat sie dieses Riesenetwas aus ihrem Bauch herauszupressen. Ich kann mir sehr gut vorstellen, dass das echt kein Spaß ist. Und dann hängt der Stinker (sorry, ich meine natürlich nicht DICH, du duftender Kosmos ☺) auch noch monatelang an der Brust, sodass niemand anderer ran kann. Aber HALT – so ist es natürlich nicht! DU und alle Teos dieser Welt sind das materialisierte Glück! Etwas so sichtbar heranwachsen zu sehen wie das erste Grün eines Baumes, das zu einer Frucht wird. Der „Schmerz", der natürlich einer ist, aber – so habe ich es so oft und eigentlich immer von Müttern gehört – eigentlich nichts als eine Metapher, ein Nachvollziehen des Urknalls, der Schöpfung selbst ist. Diese Augenblicke, als wäre man ein Vulkan, der eine neue Insel gebiert. Ein Verstehen des unerklärlichen Universums, das mit einem Mal in Form eines neuen Menschen in deinen Händen liegt (also keine Angst, Mama Tessa ...). Und auch das Säugen, dieses Gefühl der völligen Harmonie zwischen Schöpfer und Geschöpf, jenes Gefühl, dass sie all das zu geben bereit ist, was das Kind am Leben erhält. Es ist ein langsames Hineingleiten in die Selbstständigkeit, die irgendwann – dieser Zeitpunkt lässt sich nicht festlegen, nicht manifestieren – einsetzt. Für manche früh, zu früh nach wenigen Tagen und Wochen, für manche erst mit dem Tod der Mutter.

An all das erinnert der Geburtstag. Er erinnert mich heute an meine Mutter. Und zum allererersten Mal denke ich an diesem Tag

auch an dieses unablässige Weitergeben: Meine Tochter wird nun zur Mutter! Damit jenes Rad, das meine Mutter in Gang gesetzt hatte, und davor ihre und so weiter, von deiner Mama, Teo, nicht zum Stillstand kommt und irgendwann einmal – in ferner und doch so naher Zukunft – Teo dieses unbeschreibliche Gefühl zu beschreiben versuchen wird, dann, wenn das eigene Kind am Schwungrad des Lebens dreht ...

Greife nach den Sternen.
Geh unbeirrt deinen Weg.
Hör auf dein Herz.

## Nachricht 66:

### Fofos Geburtstag

Gestern, Teo, wollte ich nicht über mich schreiben. Die „Geburtstagsmessage" sollte unsere Mütter ehren – deine und meine! Aber heute: Volle Pulle los!!! Ach, Teo, an solch „besonderen" Tagen wird mir erst immer so richtig bewusst, welch unglaubliches Schoßkind des Glücks ich doch bin. Und es ist nicht das Telefon, das den ganzen Tag klingelt und Glückwünsche verkündet, nicht die Mails und WhatsApp-Nachrichten mit Wünschen für das kommende Jahr. Es ist jener stille Moment, wenn ich aus dem Fenster vor meinem Schreibtisch das Meer sehe und mir denke, wie wundersam sich doch alles gefügt hat. Da ist deine Nonna, die zu treffen (diese Geschichte wirst du später in einem der Bücher deines Fofo nachlesen ...) das wichtigste Ereignis meines Lebens war und immer noch ist. Die Kinder, die aus dieser Liebe entstanden sind, deine Mama und deine Tanten und Onkel. Die ungetrübte Freude, die sie alle uns jeden Tag seit dem 16. April 1985 schenken, nun gemeinsam mit ihren Partnern, besonders auch mit deinem Papa.

Und da ist natürlich auch mein ganz persönliches Lebensglück, das ich mir durch meine Arbeit geschaffen habe – das doch alleine auf dem oben Beschriebenen aufbaut. Ich schreibe dir dies heute, weil ich es dir mit reinstem Gewissen in die Wiege (vorerst noch Mamapool) legen will: Die Erkenntnis, dass sich das wahre Glück nicht aus materiellem Erfolg, nicht aus oberflächlicher, von außen gesteuerter Anerkennung und nicht aus Selbstzufriedenheit speist, sondern aus dem Glück, jeden seiner Tage mit aller Intensität er,- und auch ausleben zu dürfen. Ja, ich hätte noch mehr Bücher schreiben und noch mehr Auftritte an wichtigen Orten machen können. Ich könnte mich noch intensiver meiner „Karriere" widmen und dadurch ein Sümmchen auf meinem Bankkonto ansammeln. Aber könnte ich dann so viele Tage im Jahr gemeinsam mit deiner Nonna aufs Meer schauen? Könnte ich dann jeden Tag mit unseren Kindern kommunizieren, und sei es auch „nur" über Telefon oder Skype? Könnte ich so viele stille Momente sammeln, die es mir erlauben, meine Gefühle und Gedanken in Worten auszudrücken? Könnte ich es zum Zentrum meines Lebens gemacht haben, mit meinem ungeborenen Enkel Nachrichten auszutauschen? Nein – ich glaube nicht. Würde ich mehr in der anderen, der Alltagswelt leben, wäre mir das nicht möglich. Das möchte ich dir heute, am Beginn deines siebten Lebensmonats mitgeben: Greife stets nach den Sternen und nicht nur nach der Decke deines Hauses. Denn allein der Versuch nach Höherem, nach dem Mehr zu streben, ist alle Anstrengung wert. Folge deinen Visionen: Eine jede macht dich ein Stück stärker, und zwar völlig ungeachtet der Tatsache, ob du sie verwirklichst. Gehe unbeirrt DEINEN Weg: Deine Eltern, deine Großeltern, deine Freunde, die Gesellschaft – sie alle halten großartige Wegweiser für dich bereit. Alle wollen dein Bestes – und meinen doch IHR Bestes. Wenn du Punkt 1 und 2 verstehst und ihnen folgst, dann wird auch Punkt 3 so einfach und klar für dich zu befolgen sein: Höre auf dein Herz! Was bedeutet: Höre auf deine innere Stimme. Vertraue deiner Intuition. Folge deiner Fantasie – dann Teo, kann nichts schief gehen. Dann wirst du im Jahr 2080 zufrieden zurückblicken und sagen: Ja, so war es richtig. Ja, ich will keinen Augenblick missen. Ja, ich könnte heute gehen und würde nichts bereuen, nichts vermissen. Und das, genau das, sollte unser Lebensziel sein ...

## Nachricht 67:

### Merkel & Messi

Lieber Teo! Als ich heute in unserem WhatsApp-Chat nochmals die Nachricht 66 gelesen hatte, war ich sehr glücklich, das geschrieben zu haben – es stimmt jedes Wort! Und während ich es las, dachte ich darüber nach, dass ich mit fünf Jahren von all dem nichts ahnte. Oder gleich nach der Geburt. Sicher nicht, als ich, genauso wie du, meine Mama mit Tritten gegen den Bauch amüsierte. Umgekehrt malen wir uns natürlich mit unseren Kindern aus, was aus ihnen einmal werden wird, und es ist unmöglich, es auch nur annähernd vorherzusagen – außer du bist ein Prinz und an der ersten Stelle der Thronfolge (aber selbst dann könntest du dich in eine völlig andere Richtung entwickeln ...)! Bis du ein Jahr alt bist, könnte man die These wagen, ist JEDER Mensch gleich. Wissbegierig, neugierig, voller Tatendrang. Dann folgt dein ganz individueller Weg, der dich sympathisch oder hochmütig, klug oder weniger klug, tüchtig oder faul werden lässt. Die letzten, sagen wir mal, Minuten deines Lebens, bringen uns dann wieder zu diesem für alle identischen Ursprungszustand zurück – dann sind wir wieder vereint, völlig egal, ob wir nun in einem blechernen oder goldenen Sarg liegen. Diese Erkenntnis ist zugleich ungemein tröstlich und glücksbringend: Sie ist eine große Erzählung darüber, dass dieses pure Leben, das uns geschenkt wird sich selbst genügt – es will nichts als geboren werden und SEIN. Bis es wieder, ganz leise, im Universum verschwindet, verklingt, erlöscht wie eine Sternschnuppe am Himmel. Alles, was dazwischen liegt, ist einer ungeheuerlichen Zahl von Umständen, Zufällen und Gegebenheiten unterworfen, die nicht – außer: siehe

Prinz – in unseren Händen liegen. Deine Eltern könnten noch so daran arbeiten, es wäre unmöglich heute zu sagen, Teo wird einmal ein großer Wissenschaftler oder ein ehrlicher Verkäufer in einem Supermarkt. Sie könnten jetzt und ab dem Augenblick deiner Geburt alle Hebel in Bewegung setzen, alles einrichten und planen – es würde nicht funktionieren. Dies ist tröstlich und glücksbringend, und es ist zu hoffen, dass es sich – zumindest solange du, Teo, lebst, nicht ändern möge. Caesar, Merkel und Messi haben haargenau wie du, Teo, ihren Mamas in den Bauch getreten. Sie haben einen Schrei von sich gegeben, die Welt zu begrüßen. Sie haben nach der Brust gesucht und von ihr getrunken. Danach muss etwas passiert sein, das sie die Rolle hat einnehmen lassen, in der sie uns für immer in Erinnerung bleiben – auch du wirst von ihnen hören! Wenn wir heute ihre Kinderbilder ansehen (außer von Caesar, da gab's noch keine Fotos ...),strahlt aus ihnen etwas nichtssagend Unschuldiges. Nichts lässt Zukünftiges erahnen. Niemand von ihnen trägt irgendetwas Geheimnisvolles in sich, das bereits vorhanden, nur noch nicht sichtbar ist – sicher nicht. Selbst mit zwölf war da noch nichts. Und doch werden sie, nur wenige Jahre später, von Millionen und Abermillionen Menschen verehrt und angehimmelt. Und ich denke mir weiter: Würden wir über dieses geheimnisvolle Irgendetwas schon im Mutterleib oder im Baby, bzw. im Kindesalter Bescheid wissen, würden wir diesen Menschen dann anders gegenübertreten? Würden wir es tun, würden wir dann womöglich ihren weiteren Lebensweg so beeinflussen, dass die Erwartung eben nicht eintreten würde?

Oder sollten wir nicht JEDEM Menschen all unsere Ehrfurcht entgegenbringen in dem Wissen, der Ahnung, dass in jedem von ihnen ein Julius Caesar, eine Angela Merkel oder ein Lionel Messi stecken könnte? Menschen, die unser Leben bereichern – auf welche Art und Weise auch immer.

Also schreibe ich: Teo, ich weiß, dass du unser Leben auf eine unglaubliche Art und Weise bereichern wirst – womit auch immer: mit deiner Persönlichkeit, mit deinem beruflichen Erfolg oder einfach mit deinem Lachen!

# Nachricht 68:

## Essen

Lieber Teo! Als ein ganz zentrales Thema deines Daseins wirst du ESSEN kennenlernen. In deinen ersten Tagen wirst du uns daran erinnern, dass dies früher, also ich spreche jetzt von hunderttausenden von Jahren, auch für uns Erwachsene so war. Wir werden dir zusehen und lächeln und „Ach, schau doch mal, wie gierig er ist, der Kleine ..." sagen, wenn du dich auf die Suche nach der Brust deiner Mama machst, gnadenlos schreist, wenn sie sie nicht gleich auspackt und dies hemmungslos, gleichgültig ob es Tag oder Nacht ist. Aber was wir da beobachten, ist nichts weiter als unser Urinstinkt, sich auf das Wesentlichste zu konzentrieren: Die Suche nach Nahrung! Für dich gibt es nur die eine Nahrungsquelle, das steht irgendwo in einer deiner Zellen eingraviert. Wir kennen dieses Problem nicht mehr: Wir haben den Kühlschrank, den Supermarkt und McDonald's. Wenn aus den Tiefen unseres Unterbewussten der Reiz „Nahrung! Dringend!" ans Gehirn gesandt wird, braucht es für uns nur ein paar Schritte, braucht es nur ein paar, vorher durch harte Arbeit erjagte Münzen und Scheine, und wir können unsere Gier befriedigen. Und es wird nicht lange brauchen, dann werden wir auch dir beim Thema „Essen" den Rhythmus der Welt aufoktroyiert haben. Denn wir essen nicht dann, wenn unser Körper Nahrung braucht, so wie es bei dir auf ganz natürliche Art der Fall ist, sondern wir essen dann, wenn es uns beliebt. Nachdem wir vom Schlaf erwacht sind, muss es ein Frühstück geben, ob wir wollen oder nicht. Wenn es vom Kirchturm 12 Mal schlägt, oder die Mobiltelefonzeitanzeige blinkt, rasen Milliarden von Menschen zu Essensausgaben irgendwelcher Art und fressen in sich hinein. Und wenn es Abend wird, gehört es zur „Ende-des-Tages-Feier", nochmals anständig aufzuladen. Egal, ob dies gesund ist, egal, ob der Magen will oder nicht – es wird gegessen. Du wirst deine ersten Tage noch so zubringen, wie es Babys seit Beginn der Menschheit tun: Du wirst essen, wenn es in deinem Hirn ein Signal dazu gibt. (Manche Menschen sagen, dieses geheimnisvolle Signal sei auch als Erwachsener ständig zu empfangen ...). Und eines der ersten Dinge, die dir deine Mama und dein Papa beibringen werden, ob du willst oder nicht, ist, dieses Signal bestimmten Regeln zu unterwerfen. Es umzuprogrammieren. 8 – 12 – 20: Mit kleinen Plus und Minusen werden das die Zahlen sein, die dein Leben fortan beherrschen. (Gemeinsam mit der Zehn, und der verwandten Fünf, du siehst, wir lieben es Gesetzmäßigkeiten aufzustellen, damit wir unser Leben schön regulieren können ...) Also, Teo, genieße die letzten Stunden in Freiheit: Iss, was die Nabelschnur hergibt und schreie nach der Brust, wann immer es dir gefällt! (By the way: Letzteres wird dir als seltsames Überbleibsel aus jener glückhaften Zeit dein ganzes Leben lang erhalten bleiben ... Oder auch nicht, doch davon später ...)

# Essen

## Nachricht 69:

### Vegan

Gestern, Teo, haben wir ganz allgemein über „Essen" geplaudert, da dieses Ding aber so wichtig ist, will ich dir noch ein bisschen mehr davon erzählen. Solltest du irgendetwas an deiner momentanen Ernährung auszusetzen haben, zu salzig, zu süß, zu fett, so wende dich vertrauensvoll an deine Mama – denn sie isst für dich! Und nachdem, was ich höchstpersönlich miterlebt habe, tut sie das SEHR bewusst! Es ist also fast unmöglich, dass du NICHT zufrieden bist. Sie ist PERFEKT informiert. Sie weiß, was sie nicht essen darf und was besonders gut für dich ist. Das wird ja auch der Grund dafür sein, dass du bereits fast EIN Kilo wiegst, und deine Mama, im Gleichklang mit deinen Lebensmonaten, bereits SIEBEN Kilo zugelegt hat. Aber nur an den Stellen, die für DICH wichtig sind: Am Bauch und am Busen. Am Bauch, damit wohl genug Platz für den Endspurt zum Fertigwerden ist, und am Busen, damit dort die Milchfabrik Platz hat, in der für dich in deinen ersten Monaten das perfekte Nahrungsmittel produziert werden wird. (Und da dein Papa an technischen Wundermitteln sehr interessiert ist, freut er sich über Letzteres ganz besonders ...).

Die Natur hat alles perfekt für dich geplant – wirklich bis ins letzte Detail. Man kann durchaus von einem wahren Wunder sprechen – so unglaublich ist dieses Zusammenspiel, bei dem es ausschließlich um eines geht:

Aus dir einen Menschen zu machen, bei dem ALLES stimmt – so wie der Urknall oder Gott oder wer auch immer, sich das ausgedacht hat.

Aber dann kommen die Menschen und pfuschen der perfekten Natur ins

Handwerk. Du wirst inmitten erbitterter Kampfhandlungen geboren: den Kampf ums ESSEN. Teos in Afrika und in vielen anderen Ländern auf der Erde müssen diesen Kampf um das tägliche Überleben führen – genauso wie vor Tausenden von Jahren, was für unsere so fortgeschrittene Zivilisation wirklich eine Schande ist. Du hattest das große Glück, im Schoß einer Mama in Europa zu landen – hier gibt es andere „Sorgen". Hier geht es um Bio und glutenfrei. Um Fleischfresser oder Veganspinner. Um Raw Cake oder Big Mac. Wenn du keine Ahnung hast, wovon ich spreche, Teo: Es geht den Leuten zu gut! Da sie nicht mehr um die täglich benötigte Kalorienmenge zu kämpfen haben, indem sie Tiere im Wald erlegen, ist ESSEN eine neue Religion, eine Philosophie geworden. Man muss nicht mehr seinen Geist bemühen, um sich das Wundersame des Lebens zu erklären (wie zum Beispiel DICH), sondern man ISSTosophiert: Über „Süppchen mit ..." und „Sülzchen an ..." und „Filet von ...". An welchen Hängen welche Trauben in welchen Böden heranwachsen, um dem edlen Tröpfchen einen Anflug von Beerenaromen, vermischt mit Tabaknoten, zu verleihen. Da dreh ich durch, Teo, echt. Wahrscheinlich aus Protest ist dein Fofo wieder zum Pflanzenfresser geworden. Wie die Dinosaurier. Bereite dich also schon mal vor, dass, wenn du uns besuchen kommst, es traumhaften Smoothie (fast so gesund wie Mamamilch), grandiosen Spinatauflauf (frisch gepflückt aus Nonnas Garten) und eine Creme aus Kakifrüchten (eigenhändig geerntet in Piran) geben wird. Denn genauso wie du perfektes Essen brauchst, damit dein Herz, deine Nieren und deine kleinen Zehen in knapp drei Monaten, rechtzeitig zum GROSSEN MOMENT perfekt funktionieren, so braucht dein alter Fofo perfektes Essen, damit das alles auch bei ihm noch perfekt funktioniert. Denn ich möchte ja unbedingt Teos ersten Schultag erleben (2023, na ja, das werd' ich wohl schaffen ...), möchte bei seinem Maturaball noch mal so richtig abshaken (2035, puh, das wird knapp ...). Solltest du 2045 heiraten, wäre es mir eine Ehre (und eine ziemliche Mühe, wahrscheinlich nur noch mit Rollator ...), die Braut zu küssen (oder wen auch immer). Und sollten wir 2054 gemeinsam meinen Hunderter feiern (Bursche, da bist du ja auch schon 37 und deine Mama 69 und dein Papa 70!!!), werden wir wissen, warum: Smoothie, Spinatauflauf und Kaki. Äh, und wegen deiner Nonna, deiner Mama und ihren Geschwistern und den vielen Teos, die mich an diesem Tag hochleben werden lassen. Das ist natürlich ein Märchen. Aber wie wir wissen, können die durchaus wahr werden ...

# Nachricht 70:

## Geschichten

Lieber Teo! WAS?! Schon wieder zehn Tage vergangen, seit der letzten, runden Nachricht? Du kannst es wohl kaum erwarten, aus dem Mamapool zu steigen und damit hysterische Begeisterungsanfälle aller Beteiligten hervorzurufen. Deswegen lässt du die Zeit so dahin rasen. Während ich seit 69 Tagen von so Nebensächlichem wie Geburtstagen und Essen erzähle – aber ich kann ja nicht immer nur von dir schwärmen ...

Doch du bist selbst schuld: DU hast in mir diesen Reiz aktiviert. Oder ich in dir??? Wie auch immer: Mit jenem Reiz kann man nie früh genug beginnen. Ihn zu kitzeln, damit er dich ständig jucken möge und dich an ihn, diesen wunderbaren Reiz, erinnere.

Später einmal wirst du von einem Baum hören, auf dem Äpfel wuchsen – und immer noch wachsen –, von denen die Menschen nicht hätten essen sollen. Sie taten es trotzdem und haben damit ein ganzes, riesengroßes Schlamassel in Gang gesetzt. Ich möchte dir aber heute von einem anderen Baum erzählen, der nur darauf wartet, dass man seine Früchte pflückt. So oft als möglich und immer wieder. Es ist der Baum der Geschichten. Millionen, nein, unendlich viele Geschichten wachsen auf ihm, und sie hoffen, dass jemand kommt, sie zu hören. Unser ganzes Leben besteht aus Geschichten, mehr noch, es sind die Geschichten, die unser Leben erst sichtbar, begreifbar und erinnerbar machen. Die Geschichte einer Frau zu Beginn des 19. Jahrhunderts ist natürlich auch Teil dieses Baumes – nie hätte Bogumila geahnt, dass der Ast, auf dem ihre Geschichte heranwuchs, fast 200 Jahre später eine Blüte hervorbringen würde, aus der in wenigen Wochen eine neue Frucht, die neue Geschichte eines neuen Menschen entstehen wird. Bogi, wie man sie nannte, hatte fünf Töchter, und eine davon heiratete einen hochdekorierten Soldaten. Die beiden bekamen vier Söhne, von denen einer ein ganz berühmter Mann wurde, dessen Namen deine Mama trägt (und natürlich auch ich). Bogi ist deine Ururururururgroßmutter, und alleine auf diesem Ast wachsen die unglaublichsten Geschichten, die allesamt nun auch mit dir verbunden sind. Dazu kommen aber – mir wird ganz schwummrig, wenn ich jetzt daran denke, die Geschichten deiner Ururgroßmutter und deines Ururgroßvaters hinzu. Und diese ganze Reise hinunter bis zu meinen Geschichten. Jetzt aber beginnt das Ganze auch mit den Ästen, die auf der Seite deiner Nonna gewachsen sind. Und um endgültig Kopfweh beim Nachdenken zu bekommen, müssen wir bedenken, dass der Ast auf dem DU, Teo, jetzt heranwächst und sehr bald deine eigene Geschichte beginnen wirst, dass dieser Ast natürlich auch mit einer riesigen Zahl von Geschichten verbunden sein muss, die zu all den Vätern und Müttern auf deiner Papaseite führen. Da wird man ein bisschen verrückt. Wie sollen ALL diese Millionen Geschichten in einem so kleinen Menschlein, wie du es bist, Platz haben? Aber so wie auf einem winzigen Chip Milliarden von Informationen Platz haben, genauso gibt es auch in unserem Gehirn einen Ort, an dem ALLE diese Geschichten gespeichert sind. Manchmal öffnet sich dieser Raum für ein paar lange Augenblicke – in einem Traum, in einem besonderen Moment, wenn wir etwas hören, wenn wir etwas sehen, vielleicht riechen und mit einem Mal eine Erinnerung hochsteigt, von der wir nicht wissen, woher sie kommt – das wirst auch du erleben, ganz sicher. Dann wirst du wissen, dass es dieser Baum ist, an dem die gesammelten Geschichten deiner Familien wachsen und die in dir nun eine neue Heimat finden werden – bis aus deinem Apfel und seinem Samen auch ein neues Blatt entsteht, das auch auf dem Ast jenes Baumes wachsen wird, auf dem ... Schwer zu glauben, dass dies ewig so weitergeht!

## Nachricht 71:

### Strom

Lieber Teo! Die Welt ist voller großer und kleiner Wunder. Es liegt nur an uns, alle diese Wunder zu erkennen. In einem meiner Bücher (es war in „Die Bewunderung der Welt") habe ich geschrieben: „Der größte Feind des Wunders ist die Gewohnheit". Wir müssen folglich mit aller Macht gegen die Gewohnheit ankämpfen, was immer es auch sein mag. Deine Mama hat mir auf eine unserer Nachrichten geantwortet, sie fände es so schön, jeden Tag „an dieses Wunder erinnert zu werden, dass sich da gerade in mir abspielt"! Genau das ist es: Wir sind mit unserem Alltag so beschäftigt, dass wir keine Zeit oder keine Muße dafür finden, uns all die großartigen Dinge, mit denen wir umgeben sind, bewusst zu machen. Selbst du, das allergrößte Wunder (gemeinsam mit allen Teos), bist ein Beispiel dafür. Ein anderes Beispiel ist der Strom: Für dich wird er nie dieses Wunder bedeuten, wie er es nur ein paar Jahrzehnte zurück war – weil er dich von Beginn an wie selbstverständlich immer und überall umgeben hat. Für deine Urgroßmutter war das noch anders. Als sie 1914, also 103 Jahre vor dir, geboren wurde, gab es – zumindest in ihrer Umgebung – noch keinen Strom. In ihrem Zuhause war es dunkel: Wenn die Sonne unterging, mussten Kerzen und Petroleumlampen angezündet werden. Die Wäsche musste mit der Hand gewaschen werden, und alles, was für dich selbstverständlich sein wird, existierte noch nicht: Radio, Fernsehen, Telefone. Meine Mutter hat mir oft davon erzählt, wie es war, als sie das allererste Mal eine elektrische Glühbirne sah und es nicht fassen konnte, dass ein Drehen an einem Schalter, der noch dazu weit von der Lampe entfernt war, diese wie durch ein Wunder in Betrieb setzen konnte. Sie erzählte mir von den ersten Steckdosen, die ins Haus kamen. Und wie ihre Mutter sie ermahnte, diesem Ding nur mit äußerster Vorsicht zu begegnen, es nur ja nicht zu berühren, weil dort drinnen ein kleines Teufelchen wohne, das nur darauf warte, sie mit einem unsichtbaren Prügel zu schlagen. Nun, dass deine Ururgroßmutter da nicht ganz so unrecht hatte, musste viele Jahre später deine Mama erfahren: Sie war noch im Bauch, vier Wochen hatte sie noch zu warten, als deine Nonna in der Küche mit nassen Händen unvorsichtig an so einer Steckdose herumfummelte und daraufhin wahrhaftig von diesem Teufelchen einen derartigen Schlag bekam, dass sie am nächsten Tag ins Krankenhaus musste. Weil, so nannte es deine Nonna, „da etwas nicht mehr aus meinem Körper rausgeht": Deine Mama hatte den Teufel leibhaftig zu Gesicht bekommen, sich so erschrocken, dass sie unbedingt schon raus aus dem Bauch wollte, vier Wochen zu früh! Für dich wird ein Leben ohne Strom genauso undenkbar sein, wie ein Leben ohne Sonnenaufgang. Und obwohl die Menschheit, vom allerersten Menschen bis zu dir, dieses Schauspiel seit Milliarden von Jahren an jedem einzelnen Tag erlebt, ist es dennoch immer noch ein wunderbares Erlebnis, die Sonne langsam am Horizont hoch kriechen zu sehen. Genau so, wenn sie am Abend wieder verschwindet. Das, Teo, muss für dich immer ein Wunder bleiben. Genauso wie der Strom. Das erste Grün auf einem Baum, wenn es Frühling wird. Und natürlich der Schmetterling, der herangeflogen kommt, sich auf DEINEN Arm setzt und langsam mit seinen Flügeln auf und ab schlägt.

## Nachricht 72:

### Wahre Märchen

Hi Teo, heute lassen wir wieder mal eine deiner Urgroßmütter zu Wort kommen – du hast vier davon. Wir sprechen von der Großmutter deiner Mama, also von meiner Mutter (mir wird erst jetzt bewusst, wie kompliziert diese Verwandtschaftsverhältnisse doch sind ...). Also, deine Urgroßmutter wurde wie gesagt 1914 geboren. Nicht sooo lange her. Österreich, dein eigentliches Heimatland, war eines der größten Länder Europas, und es gab noch einen Kaiser. Um ein Paket von Berlin nach Wien zu senden, brauchte es sieben Tage. So lange war die Postkutsche unterwegs. Eine Banane war ein Luxusartikel.

Als ich ein Kind war, musste sie mir immer wieder ein und dieselbe Geschichte erzählen. Sie handelt davon, dass in ihrer Kindheit, sie war gerade in die Schule gekommen, eines Tages in dem Dorf, in dem sie aufwuchs, eine Frau auftauchte. Sie war auf der Durchreise, von Dahin nach Irgendwo. Fremde Menschen in einem Dorf, in dem das ganze Jahr über NICHTS passiert, waren damals eine Sensation. Diese Frau erzählte den Erwachsenen allerlei Geschichten und den Kindern Märchen. Der Unterschied, Teo, und das ist es bis heute: Wenn dir Geschichten erzählt werden, werden sie so erzählt, als wären diese wahr. Irgendjemand (oder man selbst) hat sie erlebt und ein anderer (oder man selbst) erzählt sie weiter. Märchen sind erfunden. Aber zurück zu unserer Frau, die im Dorf auftauchte: Meine Mutter erinnerte sich, dass an den beiden Tagen, an denen die Frau unter der Dorfeiche oder in der Gaststube des Wirtshauses saß, das halbe Dorf sich um sie geschart hatte. Zuerst die Großen, die den neuesten Tratsch aus den großen Städten hören wollten, und dann die Kinder, denen sie Märchen erzählte. Auch dieses Märchen, das die Kinder damals immer wieder hören wollten, genauso wie ich, 50 Jahre später: Das Märchen erzählte von einem geradezu unglaublichen Zauberkasten. Meine Mutter konnte sich noch haargenau, Wort für Wort an den Beginn erinnern: „Es war einmal ein Zauberer, dessen größtes Geheimnis eine Zauberkugel war. Diese war nicht wie solche von Hexen und Kollegen klein und rund, eine Kugel eben, nein, sie war groß und sie war eckig. Stand man davor, so konnte man sich selbst sehen, als wäre es ein Spiegel. Sobald der Zauberer jedoch eine geheimnisvolle Bewegung mit seiner rechten Hand machte – nicht mit der linken –, blitzte die Scheibe an der Vorderseite auf und es erschienen dort mit einem Mal Bilder. Aber es waren keine starren Bilder, wie man sie von den ersten Fotografien, von denen es im Dorf auch schon ein paar gab, kannte, oder von Künstlern gemalte Menschen, Tiere und Landschaften. Nein, diese Bilder bewegten sich! Die Menschen auf der Scheibe sprachen – und man konnte hören, was sie sagten! Man konnte einen riesigen, eisernen Vogel sehen, in dessen Bauch hunderte Menschen verschwanden und er dann davonflog. Über Häuser, die bis in den Himmel ragten. Dann sagte jemand zum Zauberer, er wolle mal sehen, wie die Menschen in Afrika so lebten und der Zauberer schnipste mit dem Finger, und auf der Scheibe erschien ein Dorf in Afrika und schwarze Menschen tanzten nackt rund um ein Feuer. Und jetzt wolle er New York sehen. Nichts einfacher als das, lachte der Zauberer, schnipste wieder, und man sah eine riesige Straße, größer und unglaublicher als alles, was die Menschen, die vor der Scheibe standen, in ihrem Leben je gesehen hatten. Ungläubig starrten sie auf dieses bewegte Bild: Eine unüberschaubare Masse von Leuten, die wie Ameisen scheinbar ziellos durch die Gegend liefen. Und was war das? Die Leute versuchten zu erkennen, was sie da noch sahen: Was waren das für eiserne Käfer, Tierchen mussten es sein, die ohne Beine, aber auf großen, schwarzen, runden Dingern rasend schnell dahinrollten. Ein wirres Chaos aus Menschen, Tieren und Häusern. Das Fingerschnipsen des Zauberers unterbrach das Unglaubliche, und es war Wasser zu sehen. Wasser, das kein Ufer kannte, so schien es zumindest. Und mitten in diesem Wasser tauchte plötzlich – die Menschen traten vor Schreck einen Schritt zurück als würden sie selbst gleich von den blauen Massen verschlungen werden – ein riesiger Fisch auf. Groß wie ein großes Haus. Der schwamm und tauchte wieder unter und wieder auf und es schien, als würde ein Boot, das noch größer war als dieser riesige Fisch, ihm folgen.

An dieser Stelle des Märchens unterbrach meine Mutter und lachte. Wir

Kinder, sagte sie, standen um diese Frau, die von dem Zauberer und seinem Zauberkasten erzählte, und wollten immer mehr davon hören, was er aus dem Kasten alles hervorschnipste an unglaublichsten Dingen. Und jetzt standen nicht nur die Kinder da, sondern auch die Erwachsenen. Einer rief: „Konnte man auch fliegende Menschen sehen?!" – Und alle lachten, als sie davon erzählte, was der Zauberer daraufhin auf der Glasscheibe zeigte. „Ach, dann hat dein Zauberer auch sicher ein paar Menschen, die auf dem Mond herumspazieren, dahergezaubert?!" Nur wir Kinder lachten nicht, weil wir schon ein bisschen Angst hatten, vor dem, was die Frau da erzählte. „Sag deinem Zauberer", rief eine, „ich würde so gern mal meine Tante sehen. Die, die jetzt in Australien lebt!" Und die Frau erzählte: Ja, das sei für den Zauberer ganz einfach. Er hätte geschnipst und es sei ein kleines, metallenes Kästchen erschienen. Finger hätten darauf herumgedrückt und daraufhin sei eine Frau erschienen, die habe auch so ein glänzendes Kästchen in der Hand gehabt. Und sie habe gesagt, in Australien sei es heute sehr heiß, und dann sei Australien zu sehen gewesen.

Das ist ein besonders schönes Märchen, hatten die Leute zu der Frau, die auf der Durchreise war, damals gesagt. Und meine Mutter, die mir dieses Märchen erzählte, hatte zu mir gesagt: „Ja, und ich dachte damals auch, dass dies ein wunderschönes Märchen sei …".

Und heute habe ich dir, Teo, dieses Märchen erzählt. Damit du weißt, dass Märchen IMMER von der Wahrheit, der Wirklichkeit erzählen …

Märchen erzählen immer von der Wahrheit und der Wirklichkeit.

# Du bist wie Urlaub

## Nachricht 73:

### Urlaub

Hi Teo! Was machst du heute so? Du wirst dich drehen, um zu sehen, ob du auch schon wirklich JEDEN Punkt des Mamapools erkundet hast. Du wirst mit der Nabelschnur spielen und dir dabei vorstellen, wo dieses Ding wohl hinführen mag. Du wirst am Daumen lutschen, um zu entdecken, dass der heute anders schmeckt als sonst. Man könnte meinen, du bist auf Urlaub! Denn es reicht dir nicht, nur zu essen, zu schlafen und zu wachsen, also das zu tun, was du jeden Tag deines bisherigen Daseins getan hast. Damit erlebst du schon jetzt, drei Monate vor deinem großen Auftritt, wie dein späteres Leben einmal getaktet sein wird. Da wird es die Zeit der Arbeit und die Zeit des Urlaubs geben. Die Zeit der Arbeit ist daran zu erkennen, dass etwas immer Wiederkehrendes passiert, damit wir lernen, damit umzugehen. So lange, bis wir das, was wir zu tun haben, beherrschen, bis es wie ein Teil von uns geworden ist. Das werden sie mit dir von den ersten Tagen an trainieren: deine Eltern, die Kindergärtnerinnen, deine Lehrer und schließlich deine Vorgesetzten in der Arbeit. Am 21. Februar 2049 (wir hatten uns vor einer Woche zu meinem 95. Geburtstag gesehen ...) wirst du am Morgen erwachen und dir denken: „Mensch, ich bin ECHT urlaubsreif!" Auf dem Weg zur Arbeit wirst du dir ausmalen, wie es sein wird, in ein paar Tagen früh am Morgen an einem menschenleeren Strand zu spazieren. Kurz mal im Meer zu surfen. Unter Palmen einen herrlichen Smoothie zu trinken und dann wieder einfach nur den Horizont, die immer wiederkehrenden Wellen zu genießen. Nichts zu tun. Scheinbar – denn in Wirklichkeit wirst du sehr viel tun! Du wirst dich langsam umdrehen und dir die Zeit nehmen, jeden Punkt deines Umfeldes zu erkunden. Den kleinen Vogel, der im Dickicht einer Palme verschwindet und nach kurzer Zeit mit einem kleinen Büschel Palmbast wieder herauskommt.

Nach dem siebenten Mal Vogelankunft und wieder Abflug mit Gepäck wirst du im Sand eine Linie, wie eine Schnur sehen und ihr folgen, wo sie hinführt. Sie endet in einem kleinen Loch, in dem in regelmäßigen Abständen ein winziger Krebs auftaucht, der Sand vor sich herschiebt. Und du wirst dir vorstellen, welch großartiges, unterirdisches Gebilde er heute schon errichtet hat. Und wirst dir vorstellen, dass eine einzige Welle all diese Arbeit zunichtemachen wird. Der Krebs aber morgen unermüdlich und mit vollster Hingabe wieder daran arbeiten wird. Du wirst eine Frucht, sagen wir mal, eine Mango, gerade frisch gepflückt, ganz langsam essen, jeden Biss ganz intensiv genießen. Und dir denken, dass dies völlig anders schmeckt als alles, woran du dich erinnerst – in der anderen Welt, die sooo weit weg zu sein scheint. Es ist, als würden sich alle Komponenten der Frucht wie in Superzeitlupe auf deiner Zunge verteilen und ein jeder, der Sonnenanteil, der Regenanteil, der Baumanteil, jedes Vitamin und jeder Mineralstoff in unwirklich langsamen Bewegungen ihre Arbeit zu verrichten beginnen. Alles, denkst du dir, ist mit einem Mal so langsam. Es ist so still. Alles konzentriert sich plötzlich auf das Wesentliche.

Was schrieb ich zu Beginn? Man könnte meinen, du seiest auf Urlaub. Falsch, Teo: Du BIST Urlaub ...

# Nachricht 74:

## Augenblick

Wenn du nichts dagegen hast, Teo, würde ich heute noch einen Augenblick lang bei unserem gestrigen Thema bleiben. Ich hatte geschrieben, du seiest „Urlaub" und deine Mama hatte mir daraufhin sofort geantwortet, ja, genau, so erschiene es ihr mindestens einmal am Tag – als würde mit dir und durch dich die Zeit still stehen. Ich übersetze das jetzt weiter und sage, dass der Augenblick, das Heute und Jetzt, einfach wieder in den Mittelpunkt rückt. DU und deine Mama verdeutlichen diesen Konflikt, vor dem wahrscheinlich 99 Prozent der Menschen stehen: Den Konflikt zwischen der äußeren und der inneren Welt. Deine Mama repräsentiert im Moment diese Außenwelt. Ich habe dir ja schon ein bisschen davon erzählt, was dich erwarten wird – bald, in ein paar Wochen. Dein Weg dorthin macht es deutlich: Du wirst dich durch einen Gang zwängen, einem Tor, einem Licht zu, unbeirrt, weil du weißt – die Natur hat es so eingerichtet –, dass dort die Zukunft liegt.

Das tun wir später auch: Wir rennen durch einen Gang, den wir Gegenwart oder Heute oder „das Jetzt" nennen, diesem Tor, diesem Licht entgegen, das Zukunft oder Morgen heißt. Wir planen dieses Morgen, wir malen es uns aus, wir arrangieren unsere Ankunft dort. Wir hoffen, dass von dort ein besserer, einfacherer, unkomplizierterer Gang zum nächsten Tor, zum nächsten Licht führen möge. Und weil wir damit, mit diesem Tor und diesem Licht so beschäftigt sind, verpassen wir den Gang. Ist er uns nicht wichtig, weil er ja NUR der Weg hin zu einem Anderswo ist. So funktioniert – natürlich nicht immer, aber zu oft – diese Außenwelt. Im Gegensatz dazu steht die Innenwelt. Das, was DU im Moment repräsentierst. Du LEBST – du nimmst an dem, was wir LEBEN nennen (fast) genauso teil: Nämlich am JETZT. Du erlebst ZEIT, weil du ja bereits bist. Denn alles läuft seinen gewohnten Gang, auch wenn wir schlafen, also nichts bewusst mitbekommen, oder als Ungeborene in Mamapools schwimmen: In Afrika beobachtet ein Löwe eine Antilope, in Australien surft Mitch auf einer Sieben-Meter-Welle, in China wirft Rock Fleischstücke in seinen Hotpot und in St. Georgen an der Stiefing zwitschern zwei Papageien so laut, dass Claudia die Tür schließen muss. Du jedoch – und das macht die INNENWELT aus – bist nur mit dir selbst beschäftigt. Alles ist auf dich und dein Wachsen ausgerichtet. Die Natur, die Schöpfung, der Urknall, ein meditierender Gott und du bist ihr Inhalt. Du spürst, behütet in einer Tauchglocke, nichts außer DIR. Das Tor und sein Licht sind nicht in weiter Entfernung, sondern IN Dir, man könnte auch sagen: DU bist das Tor und DU bist das Licht. Du genügst dir selbst. Alles, was du in diesem Augenblick brauchst, ist ein bisschen Nahrung, aber selbst die muss nicht von außen herangeschafft werden, durch ein entferntes Tor, sondern produziert sich selbst. Du bist das Zentrum einer Einheit, eines geschlossenen Kreislaufs, der sich ausschließlich mit Leben beschäftigt, ja, das Leben, das Sein repräsentiert. Und der Konflikt, unser Konflikt, der Menschen Konflikt besteht nun darin, dass wir durch den Akt der Geburt, die Außenwelt und die Innenwelt trennen: Das Innere kommt nach außen und wird somit zum AUSSEN. Sind wir doch in jedem Augenblick unseres Lebens EINS, sind doch nicht GETRENNT von uns – auch wenn jeder, der dies liest, weiß, dass es so ist. Und jetzt mit einem Seufzer sagt: Ja, genau so ist es. Das Leben – und das lehrst DU uns, du kleiner Wurm (Na, na – großer Wurm, 34,2 Zentimeter groß!!!), du hauthügelproduzierendes Dingsda, fruchtwasserschlürfender Stinker – kann nur das JETZT sein. Es gibt nur den Augenblick – alles andere ist ein Produkt unseres Geistes. Der Gang und das Tor. Das Licht. Hirngespinste. Die uns allesamt ablenken von dem, was alleine wichtig ist, wichtig wäre: Dieses intensive Erlebnis, wenn Innen- und Außenwelt verschmelzen. Wenn sie EINS werden. Jene Momente, wenn wir beten. Wenn wir meditieren. Wenn wir an einem Ufer stehen und tief ein- und tief ausatmen. Wenn wir uns lieben und aus dieser Verschmelzung, aus dieser Einheit Teos geschaffen werden. Die heranwachsen, uns zu erinnern. Dass das Tor und sein Licht IN uns ist ...

# Nachricht 75:

## Der HBP

Da haben wir schon wieder so eine magische Zahl, Teo. Nichts, was dich betreffen würde, eher mich. Wenn du die 75 erlebst, wirst du nämlich noch einmal hochgejubelt: Ein Dreivierteljahrhundert! Gehen wir mal davon aus, dass ich den 13. Februar 2029 erlebe, dann werden wir eine anständige Fete machen, bei der – hoffentlich – mein zwölfjähriger Enkel Teo zu meinen Ehren ein Lied singen, ein Skateboardkunststück zeigen oder zumindest ein Gedicht aufsagen wird. Vielleicht, wenn unser gemeinsames Buch ein Bestseller wird, wird die Frau Bundespräsidentin da sein und es in der Hand halten und aufstehen und eine kleine Rede halten. Vielleicht wird sie sagen, der Tegetthoff ist unglaublich, der kann sogar die Zukunft vorhersagen. Echt. Sie wird sagen, hier, auf Seite 98 ist der Beweis. Dann wird sie die Seite aufschlagen und lesen: „Nachricht 75. Gehen wir mal ...“ Alle werden meinen, dass dieses Buch über, von und mit Teo ganz zu Recht ein solcher Bestseller geworden ist. Und wir beide werden uns hinstellen – mein Gott, bist du schon groß, mit ZWÖLF – und werden uns verbeugen. Natürlich werden die zweihundert Gäste applaudieren, und ich werde um Ruhe bitten und eine kleine Dankesrede halten. Ich werde sagen: „Danke, liebe Frau Bundespräsidentin, dass Sie die Nachricht Nr. 75 aus unserem Bestseller zitiert haben, aber ich muss Ihnen und auch euch, liebe Gäste, ein kleines Geheimnis verraten. Ich hatte an diesem Tag, es war ein Donnerstag, eigentlich etwas ganz anderes geschrieben. Hatte dann aber Apfel-X gedrückt, es rauszukopieren, damit die Frau Bundespräsidentin etwas für ihre Rede hat, und damit ich darauf hinweisen kann, dass bald mein 75. Geburtstag sein wird (in zwölf Jahren!). Denn, wie wir ja aus der Nachricht 50 wissen, sind wir im Dezimalsystem gefangen. Sie, verehrte Frau Bundespräsidentin, wären an meinem 74. oder 76. Geburtstag sicher nicht aufgetaucht, und meine Familie hätte für diese Geburtstage auch sicherlich nicht ein solch grandioses Fest ausgerichtet. Ich habe es ja voriges Jahr erlebt. Da kam kein Schwein. Acht Anrufe, 17 Mails und 23 WhatsApp-Nachrichten – das war alles. Nun werdet ihr euch aber wahrscheinlich fragen, was denn in der EIGENTLICHEN 75. Nachricht gestanden hat? Ich werde es euch verraten: Ich hatte damals, 2017, sehr viel um die Ohren, viel zu arbeiten. Und so dachte ich mir, einmal könnte ich ja diesen 'Teo Rhythmus', jeden Tag eine Nachricht an ihn zu schreiben, unterbrechen und mal an einem Tag zwei schreiben – dann könnte ich mich den nächsten Tag vollständig auf meine andere Arbeit konzentrieren, anstatt schon beim allerersten Morgenblinzeln darüber nachzudenken, worüber wir zwei heute reden und diskutieren würden. Ich dachte mir, es würde sowieso nie jemand etwas davon erfahren. Wie auch? Ich sitze mutterseelenallein an meinem Arbeitsplatz, damals wie heute. Damals erfuhren nur meine Tochter, die Mutter dieses Wunderknaben, der mir gerade ein so schönes Gedicht aufgesagt, so schön ein Lied gesungen hat und diese Skateboardvorführung war doch grandios, oder?, also nur meine Tochter und meine Frau wussten, was ich an eben diesem Tag geschrieben hatte. Niemand würde meinen kleinen Schwindel bemerken, dass ich in Wirklichkeit – und jetzt kommt das Geständnis, das Outing, die Bürde, die ich seit zwölf Jahren mit mir herumtrage –, dass ich also an jenem Tag, es war der 23. Februar, nur Nachricht 76 schrieb – und dann nicht etwa etwas Neues erfand, spontan, wie 75 Male zuvor, mich ganz dem Schöpfen neuer Worte hingab, sondern einfach nur Apfel-V drückte, worauf nach der 76 und dem Doppelpunkt jene Geschichte auftauchte, die ich eigentlich schon am Vortag verfasst hatte. Wer hätte denn gedacht, dass dieser Vorfall jemals an die Öffentlichkeit dringen würde, und ich möchte auch die heute anwesenden Damen und Herren von der Presse aufrichtigst bitten, dies als unser kleines Geheimnis für sich zu behalten. Nehmen Sie, wenn Sie nach Hause kommen, Teos und meinen Bestseller zur Hand, schlagen Sie die Seite 98 auf und lesen Sie in aller Ruhe und Gelassenheit die Nachricht 76 – so, als wüssten Sie es nicht besser. Selbstverständlich dürfen Sie gern schmunzeln, dürfen sich gern Ihren Teil denken, dürfen gern Ihren Liebsten wissend zuzwinkern. Und an diesem meinem Jubeltage – mein Gott, man wird nicht alle Tage 75 – verspreche ich Ihnen, vor allem auch Ihnen, Frau Bundespräsidentin, dass ich niemals mehr Texte falschen Tagen zuordnen werde. Ehrlich!" Dann werde ich dich, Teo, umarmen und dir ins Ohr flüstern: „Jetzt wird es aber Zeit, dass wir von hier verschwinden. Komm, lass uns zwei mal Ausschau nach ein paar hübschen Mädels halten ..."

# Nachricht 76:

## Ayurveda

Ach, Teo, du wirst in eine Zeit hineingeboren, in der es immer schwieriger fällt, die Innen- und die Außenwelt zu verbinden und als eins zu sehen. Aber natürlich kann man daran arbeiten. Jeder Mensch hat es in seinen Händen. Und das meine ich genau so. Als deine Mama ein Neugeborenes war, 32 Jahre ist das her, da habe ich sie jeden Tag – genauso wie ich es nun mit dir und unserem Chat mache – genommen, habe sie auf meine Beine gelegt und sie massiert. Ich hatte in einem Buch davon gelesen und fand die Idee elektrisierend: Als Vater mit seinem Neugeborenen nicht nur zu kuscheln, zu schmusen, zu wickeln und es durch die Gegend zu tragen, damit es endlich einschläft, sondern in einen intensiveren Kontakt zu treten. Deine Mama hat es geliebt, und ich erst! So verbrachten wir die ersten drei Jahre miteinander (mit deiner Tante Sophie war es genauso, und es war sehr witzig, weil deine Mama mir dann schon dabei half und auch kräftig „mitmassierte"!). Erst später, als weder sie noch ich dieses Spiel fortsetzen wollten – und konnten – begriff ich, dass diese täglichen 30 Minuten wie eine Meditation für uns beide gewesen waren. Es waren die Momente, als sich alle Außenwelt aufzulösen schien und nur mehr das Kind und ich existierten. Nicht als Körper, sondern als eine atmende Einheit: Wir waren beide „weggetreten". Sprich: der materiellen Welt entzogen. Es waren für uns beide Momente höchsten Glücks, obwohl wir eigentlich nichts taten, als über unsere Haut zu kommunizieren. Es brauchte keine Worte, keine Blicke, damit wir, deine Mama und ich, ALLES wussten. Alles verstanden. Es vergingen sehr viele Jahre (nach dem vierten Kind, deinem Onkel), in denen ich nur mehr selten an diese Augenblicke der Einheit mit meinen Kindern dachte. Bis ich eines Tages an einen Ort in Indien kam, die mich an diese Zeit von damals ganz intensiv erinnern sollte. Als ICH nämlich massiert wurde! Ayurveda: Das Wissen vom Leben. Das klingt so einfach. Heute weiß ich, dass DU, Teo, es WEISST! Und dass wir Erwachsenen so dumm, so schrecklich dumm sind, unseren Kindern dieses Wissen sukzessive wegzulernen. Bis wir nicht mehr wissen, was Leben ist. Bis wir nicht mehr verstehen, dass Innen und Außen eins zu sein hat. Für mich war dies damals in Indien ein Erlebnis wie eine Geburt. Ich kam neu auf die Welt. Ich fühlte mich wie ein Baby, gerade geboren, eingehüllt in schützende Hände, die zwar fremd, aber direkt mit mir, meinem Inneren, mit meinen Sehnsüchten verbunden schienen. Diese Hände taten alles, was mich mit dem Universum eins werden ließ. Ich erinnere mich ganz genau, dass ich nach meiner allerersten Erfahrung mit Ayurveda in meine Hütte kam und weinte. Vor Glück. Und weißt du, Teo, welches

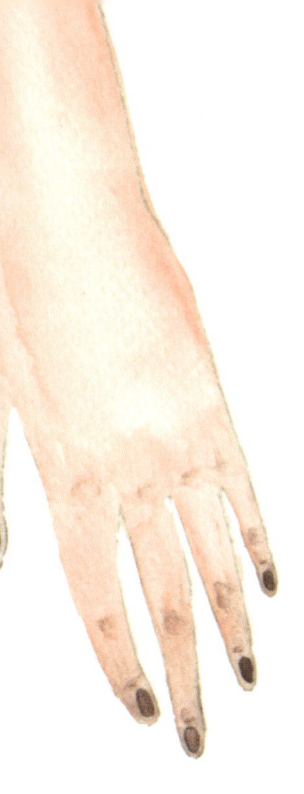

Glück ich da beweinte? Die Nähe mit deiner Mama! Ich konnte mit einem Mal nachvollziehen, als wäre es gestern und nicht 20 Jahre zurück gewesen, welche Bedeutung diese Augenblicke für deine Mama gehabt haben müssen. Jetzt, wenn ich mich erinnere, wenn ich DIR darüber schreibe, der, dem ich mich so nahe fühle wie damals deiner Mama, wünsche ich mir nichts so sehr, als dass deine Mama und/oder dein Papa dieses einzigartige Erlebnis auch dir schenken mögen. Und sich damit selbst beschenken, so wie ich es, 32 Jahre zurück, erleben durfte. DU wirst deinen Eltern Augenblicke schenken, die sie niemals mehr vergessen werden: Jene Augenblicke, wenn sie verstehen, dass Innen und Außen sich in dir zu vereinen vermögen und sie spüren, dass DU es bist, der imstande ist, die Zeit anzuhalten ...

## Nachricht 77:

### Frauen – Männer

Lieber Teo! Ich habe dir noch gar nicht gratuliert: Du wirst als Mann auf die Welt kommen! Du wirst stärker sein und wirst viel weniger weinen. Du wirst besser verdienen, und die Chancen, dass du CEO eines Unternehmens wirst, sind bedeutend höher. Natürlich wirst du viel besser Auto fahren und Fußballspielen können. Beim Skilaufen, Radfahren und beim Marathon bist du schneller. Und du wirst VIEL mehr Alkohol vertragen. Aber da du selbstverständlich auch klüger bist, wirst du mich jetzt fragen, wenn DU bei allem besser und schneller und sonst was bist, dann muss es ja jemanden geben, der weniger besser, weniger schneller und weniger sonst was ist. Tja, Teo, jetzt kommt die schlechte Nachricht. Es gibt Männer wie dich und mich, und es gibt Frauen. Ich wollte dir das Kommende eigentlich ersparen, weil ich dich auf keinen Fall frustrieren möchte, bevor du überhaupt geboren wirst. Du kommst leider ein paar Jahrzehnte zu spät. Damals gab es noch diese wunderbare Zeit, die Patriarchat hieß, sprich, wo WIR die Macht hatten. Wir Männer hatten die Hosen an und das Sagen. Aber das ist vorbei. Alles, was ich dir als unsere besonderen Gaben geschildert habe, hat ausschließlich etwas mit unserem Körperbau zu tun, das Hirn und das Herz haben sich leider nicht so richtig mitentwickelt. Diese Frauen, du wirst sie noch hinreichend kennenlernen, deine Mama als Allererstes, und da hast du gleich ein besonderes Prachtexemplar erwischt, sind uns – ich muss es leider so offen aussprechen – in fast allem überlegen. Sie können besser zuhören und besser kommunizieren. Sie sind weniger wehleidig und weniger nachtragend. Sie sind kreativer und offener. Sie müssen sich nicht ständig etwas beweisen und haben weniger Probleme damit, zu verlieren. Sie sind klüger, was sich unter anderem daran zeigt, dass sie bessere Schulnoten haben, mehr von ihnen eine akademische Ausbildung abschließen und uns arme Männer immer mehr aus den Chefetagen verdrängen. Das alles wäre ja noch zu verkraften, aber dann sind sie auch noch hübscher, viel hübscher, fast zu hübsch, um es ertragen zu können, weil wir im Gegensatz zu ihnen kaum etwas zu bieten haben. Ihre Schönheit bringt uns Männer um den Verstand. Deshalb verblöden wir immer mehr. Selbst ihre natürlichen Werkzeuge, von der Natur für sie geschaffen, um Menschen auf die Welt zu bringen und zu ernähren, sind von solch reizvoller, unfassbarer Schönheit, dass wir Männer fast durchdrehen, wenn wir nur daran denken. Völlig im Gegensatz zu diesem einen, geradezu lächerlichen Werkzeug, das uns aus rein funktionalen Gründen verpasst wurde und dementsprechend auch aussieht – von Design weit und breit nichts zu sehen. Ich hätte mir für dich wirklich gewünscht, als Tea auf die Welt zu kommen, alles, wirklich ALLES wäre um so vieles einfacher gewesen. Weniger Blähungen, einfacheres Zahnen, kaum Pflaster, die ständig auf irgendwelche Wunden zu kleben sind. Deine Schulzeit wäre ein Kinderspiel gewesen – jetzt können sich deine Eltern schon mal warm anziehen. Keine Sorgen wegen dummer, aufgebohrter Mopeds und Kebab, Pornos und Bier. Aber – das Lamentieren kommt jetzt sowieso zu spät, wir müssen versuchen, das Beste daraus zu machen! Und so wie ich dich kennengelernt habe, wird dir das auch spielend gelingen, Teo. Du wirst mithelfen, dass es mit uns Männern wieder bergauf geht. Indem wir endlich kapieren, was wir uns von diesen großartigen Wesen alles abschauen könnten. Indem wir uns auf das kommende Matriarchat wie die Verrückten freuen. Indem wir unser Selbstverständnis in Demut verwandeln – aber das geht jetzt schon ein bisschen zu weit … Komm jetzt erst mal auf die Welt, und dann wird sich das mit den Frauen sowieso alles wie von selbst ergeben!

PATRIARCHAT
Matriarchat

# Kaffee ODER Tee?

## Nachricht 18:

### Kaffee & Tee

Lieber Teo! Durch dich wird mir erst bewusst, wie schwer es doch ist, die Welt zu erklären. Außer man schreibt ein Lexikon, in dem man einfach ALLE Begriffe, Dinge, einfach ALLES, was uns so unterkommt, ganz pragmatisch erklärt. Am besten alphabetisch, der Einfachheit halber. Aber das gilt nicht für einen Teo. Das Lexikon hielte – theoretisch – ALLES Wissen in einem Buch bereit. Hältst du es in der Hand, hieltest du theoretisch dieses Alles. Dies alles zu wissen, ist dann aber eine nächste Sache. Aber bei uns geht es ja um das Erlebnis eines jeden einzelnen Tages. So wie durch Zauberhand jeden Tag 45 Gramm irgendwo an deinem Körper dazukommen, so wie sich dein Gehirn nun langsam befüllt mit Eindrücken, die von irgendwoher durch die Finsternis auftauchen, genauso geht es ja auch mir – nur dass nicht eine Handvoll wie bei dir, sondern Millionen von Eindrücken auf mich einprasseln, und ich diese irgendwie filtern und verarbeiten muss. Gestern waren es Frauen und Männer – ausgelöst durch ein konkretes Erlebnis, das mich sehr beschäftigte. Heute ist es Kaffee und Tee. Ich will damit in keinster Weise zum Ausdruck bringen, dass ich das Problem mit Männern und Frauen etwa gleichsetzen möchte mit dem von Kaffee und Tee – es ist reiner Zufall. Setze ich mich hin, um dir zu schreiben, dann geschieht dies immer spontan. Egal zu welcher Tageszeit. Kein Plan, keine Vorgaben. Das war die Idee. Heute waren wir in Trieste. Das ist eine Stadt in Italien. Du wirst Italien lieben, da bin ich mir sicher. Italien erkläre ich dir ein anderes Mal. Trieste gilt als die Stadt des Kaffees. Dort ist einer der berühmtesten

Kaffeeröster zu Hause: Illy. Das ist ein echt megaguter Kaffee. Also mir, als Nicht-Kaffeetrinker, schmeckt der am besten. Wir waren also bei Illy und ich habe zugesehen, mit welch hingebungsvollem Akt die Leutchen dort, sorry, nicht Leutchen, die nennt man Baristas, wie sie also einen kleinen, nichtssagenden Espresso zubereitet haben. Wenn jemand einen 100 000 Dollar Diamant schleift, kann er sich auch nicht viel mehr reinsteigern. Ich habe also beobachtet, wie mit schwungvoller Bewegung aus einer silbernen Büchse eine genau bemessene Menge von Bohnen in eine höchst kompliziert aussehende Maschine gefüllt wurde, die dem Geräusch nach aber nichts anderes tat, als die Böhnchen zu mahlen. Das so entstandene Pulver wurde – als müsste es vor dem Belzebub beschützt werden – schnell, geradezu hektisch in ein kleines, rundes Behältnis gefüllt. Um nur ja nichts vom Aroma zu verlieren, musste dieses runde Ding nun ebenso rasch an eine riesige, fast unheimlich wirkende Maschine angekoppelt werden. Zwei Knöpfe wurden gedrückt, das Monstrum entfesselt, worauf es zu schnauben begann. Nach wenigen Sekunden tropfte schwarzer Saft heraus, wie Blut aus einer Wunde, der wurde in einem kleinen Tässchen aufgefangen. Ohne Verzögerung wurde es vor einen der Gäste gestellt, der wie bei einer heiligen Handlung zuerst daran schnupperte, es dann vorsichtig, als würde er eine Hostie aus dem Allerheiligsten erhalten, an den Mund führte und einen ersten Tropfen daraus entnahm. Der Gast verdrehte die Augen, konnte nichts sagen. Ich hatte eigentlich erwartet, dass ihm Tränen in die Augen steigen würden. Ich verstand die Welt nicht – klar, als Nichtkaffeetrinker. Wie zum Trotz bestellte ich mir einen Tee. Bevor ich auch nur ansatzweise einen Wunsch bezüglich der Art meines Lieblingsgetränkes äußern konnte, wurde mir eine Tasse mit heißem, nicht etwa kochendem, nacktem Wasser hingestellt, dazu auf dem Tellerchen, das man mir, dem Unwissenden, zugestanden hatte, ein eingepackter Beutel. Den hatte ich zu entkleiden und das schlaffe Säckchen ins Wasser zu hängen. DAS war Teetrinken in Trieste. So viel zu den Verbindungen zwischen Kaffee und Männern und Tee und Frauen ... Zumindest in Trieste!

# Das und nichts anderes ist das Leben...

## Nachricht 79:

### Leben & Tod

Mein lieber Teo! Das Leben, das auf dich wartet, ist ein einziges Abenteuer. Es hält stets alles für dich bereit: Zwischen zwei riesigen Pfeilern ist ein ebenso riesiges Netz gespannt, in dem sich dieses Alles verfängt. Großes und Lautes, das darin abprallt und lautlos wieder verschwindet. Kleines, scheinbar völlig Unbedeutendes, das sich verfängt und zu Großem wird, das bleibt. Der eine der beiden Pfeiler heißt Geburt. An dem baut deine Mama gerade, um ihn in wenigen Wochen stolz aufzurichten. DU wirst ein solcher Pfeiler. Noch wissen wir nicht, weiß niemand, wie er gebaut sein wird. Das Einzige, das wir mit Sicherheit wissen, ist, dass mit diesem Pfeiler auch schon der zweite errichtet wird, gleichzeitig, denn ohne ihn, diesen anderen, kann dieses Netz seine Arbeit nicht aufnehmen. Der einzige Unterschied zwischen diesen Pfeilern: Der eine, derjenige, der DU bald sein wirst, strahlt und ist wie ein Licht, das leuchtet. Der andere ist unsichtbar. Und weil er nicht da zu sein scheint, weil man ihn ja nicht sieht, wollen wir ihn nicht wahrhaben, denken wir nicht an ihn, tun wir so, als würde das Netz im Unendlichen enden – aber das tut es nicht. Das Netz braucht beide, um gespannt zu sein, denn nur dann kann sich Großes, Unwichtiges und Kleines, Wichtiges darin verfangen. Dieser andere Pfeiler ist der Tod. Allein beim Lesen und Hören seines Namens durchzuckt es uns, weil wir wissen, dass er uns dessen beraubt, was wir am allermeisten lieben. Wir hassen ihn, weil er uns all unsere Sehnsucht nimmt. Er zeigt uns, dass er die Endlichkeit verkörpert, die Begrenzung, wo wir doch meinen, von diesem ersten Pfeiler aus nichts als die Unendlichkeit, die Weite erkennen und spüren zu können. Aber wie sonst könnte das Netz Halt finden? Denn, Teo, auch wenn dies so schwer für uns zu fassen ist, das Netz ist es, um das es geht. Darin haben sich, als allererstes, schon deine Eltern verfangen. Und mit ihnen auch wir, deine Großmütter und dein Fofo. Im Augenblick deiner Geburt kommt ein Wind auf, noch ausgelöst vom großen Knall, der alles erschaffen hat, und wird mit seinem Spiel beginnen: Er wird dein Netz füllen mit Dingen, die du dir wünschst, und solchen, die dir Schmerzen bereiten. Deinen ersten Zahn wird er genauso heranwehen, deine erste Liebe. Deine Volksschulzeit wird darin zappeln und dein erster Job. Dinge, die der Wind deines Ehrgeizes wegen heranbringen musste und Dinge, die gleich wieder verschwinden – aus dem Netz, weil du gerade geschlafen hast und sie deshalb nicht greifen konntest. Nun verstehst du schon, Teolein, dieses Netz ist das Leben, das auf dich wartet. Es ist großartig und das einzige, das wir haben. Wir müssen es behüten und pflegen. Und vor allem wahrnehmen und wertschätzen. Dasselbe müssen wir auch mit dem Wind tun, der es uns füllt. Die beiden arbeiten zusammen. Ohne den einen wäre der andere nichts: Ohne das Netz würden alle Dinge, der schmerzende Zahn, die liebe Volksschullehrerin und der grantige Chef, an uns vorüberfliegen, ohne Spuren zu hinterlassen. Ohne den Wind wäre das Netz leer, wäre ein sinnloses Ding. Wie ein Windrad, das sich nicht dreht. Eine Suppe, die dampfend auf einem Tisch steht und nicht gegessen wird. Die Liebe, nur sich selbst dienend und nie auf einen anderen treffend, um sich zu entfalten. Und zu dieser Einheit, diesem ganzheitlichen Projekt des Urknalls, gehört eben auch der zweite Pfeiler, der andere. Den wir nicht sehen, weil wir ihn nicht sehen wollen. Ohne ihn würde das Netz schlaff herunterhängen, und der Wind könnte seine Arbeit nicht verrichten. Ohne ihn würde es die Endlichkeit nicht geben – die es jedoch unverrückbar GIBT, auch wenn unsere Sehnsucht uns ständig ein anderes Bild zu malen versucht.

Diese ganze komplizierte Sache mit dem zweiten Pfeiler wird noch dadurch erschwert, dass wir ständig und immerzu, ja jeden unserer Tage mit ihm konfrontiert sind. Allermeistens aus der Ferne, selten in der Nähe. Doch in jenen Momenten, wo der Wind uns ganz, extrem ganz in die Nähe des anderen Pfeilers treibt, der Wind uns damit zwingt, ihm, mit einem Mal ganz nahe zu sein. So nahe, dass er für uns sogar aus seiner Unendlichkeit auftaucht, sichtbar wird und wir ihm direkt in die Augen blicken müssen. Durch diese Unmittelbarkeit der Begegnung müssen wir nun versuchen, es bleibt uns gar nichts anderes übrig, ihn zu begreifen. Wenn er vor uns steht, so unvermittelt, ist es dann gerade so, als würde er uns um Verständnis bitten für seine Existenz. Weil er uns ja durchaus versteht. Warum es uns so schwerfällt, ihn und seine Aufgabe anzunehmen, hinzunehmen, als gegeben zu akzeptieren, so wie wir es mit den beiden Ufern des Meeres, der Sonne am Himmel und mit der Liebe, die uns umfängt, tun.

Warum ich dir das heute schreibe, Teo? Weil heute nicht nur DEIN Pfeiler, der mich jeden Morgen freudig begrüßt, zu mir gesprochen und mich umfangen hat, sondern sich mir heute auch der andere Pfeiler gezeigt hat. In einer solchen Deutlichkeit, wie ich es nie für möglich gehalten hatte. Er war mir heute so nahe, wie dein Pfeiler es ist, wie es all die anderen Pfeiler sind, die sich in meinem Netz verfangen haben. Dieser andere Pfeiler hat mir heute in die Augen gesehen, ich habe seinen Atem gespürt, er war mir so nahe, so nahe. Ich stand neben ihm, direkt, so direkt, als er ein Netz, das er gemeinsam mit dem Pfeiler der Geburt gespannt hatte, einrollte. Sorgfältig, geradezu penibel und genau, so extrem genau hat er es zusammengefaltet und dann hingelegt. „Das muss so sein", sagte er ganz sanft und ruhig zu mir, „damit all das, was sich in diesem Netz im Laufe der 65 Jahre angesammelt hat, als Erinnerung erhalten bleibt. Denn solange sich jemand an den Inhalt des Netzes erinnert, wird auch nichts davon verschwinden können. Nur ich und mein Bruder, der andere Pfeiler, wir ziehen uns nun zurück. Übrig bleibt – das hier ..." Und der Tod zeigte auf das Netz, das da vor mir am Boden lag. Und ich dachte in diesem Augenblick an dich, Teo, wie du einmal vor meinem Netz stehen wirst. Und es wird gut sein. Und deine Kinder werden vor deinem Netz stehen. So ist es.

Das und nichts anderes, ist das Leben. Es besteht aus einem Pfeiler, der heißt Geburt. Und aus einem anderen, der heißt Tod. Und zwischen den beiden ist ein Netz gespannt, in dem sich Alles verfängt. Großes und Lautes, das darin abprallt und lautlos wieder verschwindet. Kleines, scheinbar völlig Unbedeutendes, das sich verfängt und zu Großem wird, das bleibt ...

# Nachricht 80:

## Zukunft

Hallo Teo! Nein, wir geben heute nicht wieder unserem Dezimaltick nach, kein Verweis auf meinen 80. Geburtstag und wir werden auch nicht von deinem Flug von Berlin nach Wien berichten (ich habe nachgezählt: dein inzwischen elfter Flug!!! Wenn das so weitergeht, wachsen dir womöglich noch Flügel ...). Wir wollen heute wieder einmal von der Zukunft sprechen – klar, worüber sollte man sich mit einem sechs Monate alten Ungeborenen sonst unterhalten? Um über ZUKUNFT sprechen zu können – von welcher auch immer –, braucht es unabdingbar Fantasie: Um sich etwas noch nicht Bestehendes vorstellen zu können, braucht es logischerweise Vorstellungskraft. Es reichen also nicht Hirnschmalz und Alleswissen, es braucht etwas

Darüberhinausgehendes. Bei der Planung einer Veranstaltung ist es relativ einfach, deren Verlauf „voraussehen" zu können – man muss einfach bestmöglich organisieren, alle Eventualitäten mit einberechnen, dann müsste es schon ein naturgewaltiges Ereignis geben, um das Vorhergesehene, also die „Zukunft", nicht eintreffen zu lassen. Anders ist es bei allem Nichtplanbarem. Wichtigstes Beispiel, wie ich dir gestern erzählt hatte: das Leben. Wir planen gerade noch einen netten Ausflug, und ein Fingerschnipsen später kann das Leben schon vorbei sein. Mich faszinieren Entdeckungen, Entwicklungen, für uns völlig zur Selbstverständlichkeit gewordene Dinge des Alltags. Darüber nachzudenken, dass die klügsten Köpfe des Jahres 1900, also ich meine wirklich die Besten der Besten, nicht einmal in ihren kühnsten Träumen hatten vorhersehen können, mit all ihrem Hirnschmalz und Alleswissen, dass 100 Jahre später 500 Menschen in einem einzigen Flugzeug von London nach New York fliegen und dort eine Stunde früher ankommen, als sie weggeflogen sind. Wenn wir 50 Jahre später, also 1957, nochmals einen erlauchten Kreis von Genies zusammentrommeln und ihnen erzählen, dass es 60 Jahre später die ersten selbstfahrenden Autos geben wird, würden sie mit Tausenden Argumenten kommen, warum das SICHER NICHT GEHEN WIRD. Und damit wir nicht immer nur von Genies sprechen: Als dein Fofo 26 Jahre alt war, das war 1980, sah ich einen Science-Fiction-Film (das sind Filme, die in der Zukunft spielen, in denen sich nicht Genies, sondern Menschen mit Fantasie austoben), in dem Menschen mit anderen von ihnen weit entfernten Menschen kommunizieren konnten, indem sie einfach sprachen. Sie sagten: „Wir rufen jetzt mal Mallory in Tschibuti an", und Augenblicke später hörte man Mallory mitten im Raum „Hi, Baby!" sagen. In der nächsten Szene sagte eine Frau, Crissie, das sei ziemlich altmodisch, so zu telefonieren, sie hätte gerade das neuste Bildfon (so nannte sie es ...) zum Ausprobieren bekommen. Und als würde sie mit irgendeinem unsichtbaren Zwerg reden, der auf ihrem Unterarm sitzt, sagte sie: „Ken, hast du gerade Zeit?" Keine zwei Wimpernschläge später flimmerte MITTEN im Raum ein Typ, lachte und sprach mit Crissie über Austern und Swimmingpools und anderes Unwichtiges. Der Mann, den Mallory „Baby" genannt hatte, war beeindruckt. Ich auch. Als wir das Kino verließen, meinte ich, dass dies ein Hammer sei, aber wir das wohl nicht mehr erleben würden, vielleicht unsere Enkel. Und du, Teo, wirst nun in eine Welt hineingeboren, in der DAS, was vor nur 37 Jahren als

„Hammer" galt, sprich als sooo weit weg und fast undenkbar, dein Alltag sein wird. Du wirst, wahrscheinlich zu deinem vierten Geburtstag (ha, ha) ein supercooles Smartphone erhalten. Damit wirst du deine Eltern IMMER hören und vor allem sehen können und sie dich auch. IMMER. Sie werden genau wissen, wo du bist und was du gerade machst. Und wenn ich mal meine Fantasie ein bisschen spielen lassen darf, dann wirst DU wahrscheinlich die letzte Generation sein, die noch „ein Ding zum Angreifen" geschenkt bekommt, in zehn Jahren (2027?) wird man wahrscheinlich gleich nach der Geburt ganz unkompliziert ein Chipchen implantieren, um den neuen Weltenbürger gleich mit Haut und Haaren ins Netz einzuspeisen ... Ich werde dir schon mal eine schöne Webadresse und eine coole Telefonnummer sichern, o.k.!?

# Miracle

## Nachricht 81:

### Miracle

Wie schön, Teo, dass du zu Besuch bist. In deiner Mamaheimat. Du hast dir ja schon ein gewaltiges Haus gebaut – sechs Monate ist es jetzt groß! Ich durfte mit der Hand auf dem Bauch warten, ob du mir Klopfzeichen gibst. Aber du warst ganz still, hast wahrscheinlich gelauscht, ob du irgendetwas hörst von dem Typen, der dir seit 81 Tagen etwas von der Welt erzählt! Mit den Händen habe ich dich in die Luft gemalt „Was?! Schon SOOO groß ist Teo?!" und beim Frühstück einen Laib Brot genommen und gesagt: „Und so viel wiegt er, ein Kilo!" Dann kam mir wieder dieses Foto in den Sinn, jenes, das seit gestern ganz friedlich neben unser beider Chat in einer anderen WhatsApp-Gruppe liegt. Vielleicht wirst du 2062 in den Nachrichten folgende Meldung hören: „Heute wurde die erste Präsidentin der Vereinigten Staaten von Afrika vereidigt. In einem ersten Kommentar meinte Miracle Mobunde, dass sie ..." Du wirst die restliche Meldung hören, wirst interessiert sein, vielleicht glücklich, weil dies bedeutsam für deinen Job ist – wer weiß. Aber du wirst keine Ahnung haben, dass du mit Miracle Mobunde auf geheimnisvolle Art verbunden bist ... Deshalb schreibe ich diese Geschichte auf, damit du dich, 45 Jahre später, erinnern wirst, denn ich werde nicht mehr da sein, dir diese wunderbare Geschichte zu erzählen ...

Natürlich geht die Geschichte der allerersten Präsidentin der neuen Nation um die ganze Welt. Natürlich wird auch ihre Mutter interviewt, was es denn mit diesem seltsamen Namen ihrer Tochter auf sich habe. Die 85-Jährige erzählt, es muss wohl eine besondere Hand des Himmels gewesen sein, die ihre Tochter dorthin, wo sie nun ist, geführt habe. Denn ihr Leben hatte nicht an einem seidenen, sondern an einem fast unsichtbaren Faden gehangen. Sie lebte in einem winzigen Dorf in der Nähe von Lilongwe, der Hauptstadt Malawis. Als sie im sechsten Monat schwanger war, bekam sie Wehen. Der Nachbar brachte sie auf einem Motorrad in ein Krankenhaus, das sie gerade noch rechtzeitig erreichten, um das Kind nicht auf der Straße auf die Welt bringen zu müssen. Es war nur 800 Gramm schwer. Es war dem sicheren Tod geweiht, da solch Frühgeborene zu dieser Zeit in Malawi oder in Afrika auf die Seite gelegt und ihrem eigenen Schicksal überlassen wurden. 99 Prozent davon starben. So war das damals. Aber das Kind, weniger groß und weniger schwer als ein Laib Brot, lebte – es hing an jenem unsichtbaren Faden, den der Himmel gelegt, weil er mit ihm anscheinend etwas vor hatte. Und nicht nur das: Nur wenige Wochen zuvor war aus Europa eine junge Kinderärztin gekommen, eine Spezialistin für Frühgeborene, die den Lebenswillen dieses Babys erkannte und nun Tag und Nacht um sein Leben zu kämpfen begann. Den Unmut der anderen Ärzte und des Personals auf sich zog, weil sie sich so um dieses Kind bemühte, so als wolle sie zeigen, dass jedes Leben, und hinge es an noch so unsichtbaren Fäden, wert wäre, es dem Tod zu entreißen. Und nach vier Wochen hatte sie es tatsächlich geschafft!

„Ich konnte", erzählte die alte Frau, auch noch nach 45 Jahren mit Tränen in den Augen, „mit meiner Tochter nach Hause gehen. Ich bat die Ärztin, ihr einen Namen zu geben, es war auf irgendeine Weise ja auch zu IHREM Kind geworden. Und sie nannte sie Miracle. Und sie erklärte mir, was dieses Wort in meiner Sprache bedeute ... Ich umarmte sie und ging nach Hause. In mein kleines Dorf. In dem Miracle aufwuchs."

Die Redakteurin, die das Interview mit der Mutter der Präsidentin gemacht hatte, war von dieser Geschichte, sollte sie wahr und nicht nur ein PR-Gag sein, fasziniert. Sie fand den Namen des Krankenhauses. Sie durchwühlte Tage und Wochen alle noch auffindbaren Unterlagen des Jahres 2017. Die Liste mit den Geburten, die Liste der Ärzte und Schwestern. Dann fand sie es: Miracle, geboren am 7. Februar 2017. Sie fand sogar den Namen der behandelnden Ärztin, die sie zur Welt gebracht und vor dem sicheren Tod gerettet hatte.

In den Unterlagen ging hervor, dass die damals 31-Jährige drei Monate unbezahlten Urlaub von ihrer Klinik in Berlin genommen hatte, um hierher zu kommen. War sie gekommen, um den fast unsichtbaren Faden der ersten Präsidentin der Vereinigten Staaten von Afrika zu einem sichtbaren zu machen? Die Redakteurin machte sich auf die Spur. Sie fand die Ärztin, sie war 76 Jahre alt. Sie erzählte ihr die Geschichte, die sie von der 85-jährigen Mutter der Präsidentin gehört hatte. Mit einem Lächeln verschwand die Ärztin in einem Zimmer und kam nach einiger Zeit mit einem Fotobuch zurück. Sie schlug es auf, blätterte kurz darin. Und zeigte zwei Fotos: Das eine zeigte ein Neugeborenes, so unfassbar winzig, dass man genau hinsehen musste, um zu sehen, dass dies ein lebendiges Kind sei. Und auf dem zweiten sah man ein Menschenkind, noch immer viel kleiner und viel leichter als ein Laib Brot. „Miracle", sagte die Ärztin. Und lächelte, als sie sich erinnerte, an diese Tage in Afrika.

Diese beiden Bilder, Teo, liegen neben unserem Chat. Deine Tante Sophie hat sie geschickt – ihr ganzer Stolz. Und deine Mama hatte gesagt, „O mein Gott, das ist ja genauso alt und genauso groß, wie Teo jetzt gerade ist" – aber du Teo, kannst noch gemütlich in deinem Mamapool vor dich hinbraten – noch ganze drei Monate lang! Genieße es! Übrigens: Es kann natürlich sein, dass du diese Geschichte völlig anders erleben wirst. Denn vielleicht nimmt dich deine Tante Sophie ja mit, zur großen Inaugurationsfeier, zu der sie von Präsidentin Miracle persönlich eingeladen worden ist …

## *Nachricht* 82:

### Smoothie

Hi Teo! Ich muss noch einmal darauf zurückkommen, was ich in Nachricht 68 schon kurz erwähnt hatte – ESSEN. Na ja, es ist ein solch wichtiger Bestandteil unseres Lebens, dass man darüber ruhig öfters plaudern kann. Vielleicht hast du ja selbst schon bemerkt, dass irgendetwas anders ist (sag BITTE „Ja"!), seit du und deine Mama hier im „Grozuha" (das Großelternzuhause) auf Besuch seid. Wenn jeden Morgen so eine gigantische Energiewelle durch den Body deiner Mama fährt, die dann bald

auch dich erreicht. Und du plötzlich so eine Kraft verspürst: Um Vollgas gegen die Mamawand zu strampeln und am Daumen zu lutschen, dass du dich fast verschluckst. Und die kleine Rolle im Mamapool gelingt SO gut. Ich werde dir verraten, woher das kommt: SMOOTHIE heißt das Zauberwort! Dein alter Fofo braut sich nämlich seit vier Jahren jeden Morgen ein solches Ding. Nicht, dass ich keine Zähne mehr hätte, aber es schmeckt ganz einfach himmlisch und gibt mir – so wie dir (glaube ich zumindest) – unglaublich viel Kraft. Nachdem ich aufgestanden bin, führt mich mein erster Weg gleich in die Küche. Zu meiner „Maschine" – die habe ich von deiner Mama und deinen Tanten und Onkel zum Geburtstag (2014) geschenkt bekommen. Die Maschine ist ein Mixer, also ein Ding, das alles fixiklein macht. Als ich sie zum ersten Mal in Betrieb nahm, glaubte deine Nonna, die Frühmaschine von Triest nach München zu hören – so laut ist sie, wenn ich sie mit Vollgas starte! Doch vorher muss ich ihren Tank befüllen: Banane und Avocado sind immer dabei. Allermeistens auch Spinat, am liebsten frisch vom Markt von Jelena, unserer Bäuerin aus dem Dragonja-Tal. Einmal in der Woche hat sie auch Fenchelkraut, das gibt einen irren Geschmack. Ich nehme einfach alles frische Gemüse, was gerade wächst. (Sind wir in der Südsteiermark, so wie jetzt, fahren wir zum Markt nach Leibnitz, um dort einzukaufen.) Dazu gebe ich ein paar Walnüsse – die besten kommen aus Istrien, die kaufen wir immer auf dem Markt von Višnjan, die schmecken himmlisch. Ganz wichtig ist Ingwer. Das wird dir wahrscheinlich lange nicht schmecken – absolut kein Kindergeschmack –, aber als Teil des Ganzen schmeckt man ihn nicht so stark (ich habe jetzt immer ein bisschen weniger genommen, wegen dir und deiner Mama ...). Der stärkt deine Abwehrkräfte. Zum Schluss kommt noch Weizengraspulver, das bringt viele Mineralstoffe mit. Wie die Büchsen mit dem Pulver zu mir kommen, ist auch eine schöne Geschichte: Sie werden mir alle paar Monate von deinem Stief-Vize-Onkel Kunchok geschickt – das ist unser indisch-tibetanischer Sohn – von ihm erzähle ich dir ein anderes Mal ...

Am Schluss kommt noch Wasser dazu, wegen deiner Mama ein bisschen Agavendicksaft, der Süße gibt, Deckel drauf und dann geht's los! Mit 32 000 Umdrehungen pro Minute (2 PS!!!) wird alles so kleingemacht, dass die Inhaltsstoffe der Nahrungsmittel freigesetzt werden, beim Spinat zum Beispiel das Chlorophyll. Nach zwei Minuten ist der herrlich tiefgrüne Brei fertig. Ich trinke davon jeden Morgen einen halben Liter und ein bisschen mehr, ihr beide habt euch mit einem kleinen Glas begnügt. „Danke!", hat deine Mama gesagt und ein bisschen die Augen verdreht wegen ihres komischen Papas, der seinen Enkel Teo UNBEDINGT mit dem besten versorgen will. Übrigens: Das, was so komisch geschmeckt hat und deine Energie ein bisschen gelähmt hatte, war das Nutellabrot. Und das Wiener Schnitzel vom Vorabend. Sag das mal deiner Mama – oder besser, gib ihr das nächste Mal einfach einen anständigen Tritt!

# Nachricht 83:

## Ebbe & Flut

Lieber Teo! Du hast sicher schon mitbekommen, dass ich (und natürlich auch deine Nonna, ziemlich sicher auch deine Pagroma) das Meer über alles liebe! Deshalb leben wir auch die meiste Zeit dort – in Piran. Ich habe ja schon oft geschrieben, dass ich es kaum erwarten kann, mit dir dort am Strand, in den Salinen oder durch die engen Gassen zu spazieren. Ich muss IMMER ans Meer denken, auch jetzt, wenn ich für ein paar Tage in der Südsteiermark bin, wo es auch wunderschön ist, aber – eben das Meer fehlt. Dann stelle ich mir vor, wie es daherkommt – also nur in meiner Fantasie. Denn natürlich will ich nicht, dass unsere Nachbarn unten im Stiefingtal mitsamt ihren Hühnern, Schweinen und Rindern überschwemmt werden. Ich sehe einfach das Meer kommen, ganz langsam. Und weil ein bisschen Bora dabei ist, macht es auch Wellen. Der Stiefingbach, der vor sich hinträumt, kann es nicht fassen, was da auf einmal los ist. „Los, Langweiler", ruft das Meer, „komm mit, das ist deine große Chance!" Na ja, das lässt sich das stille Bächlein nicht zweimal sagen – und tritt vorsichtig über seine Ufer, übersteigt alle Begrenzungen und rinnt mit. Beim Hartlhof branden jetzt die ersten Wellen, zum Glück sind die Hartls auf Urlaub, so bekommen sie von der Flut nichts mit. Zum Glück ist der ganze Ort auf Urlaub, die würden schön mit mir schimpfen, dass ich mir das Meer daherträume ... Bis zum Kriegerdenkmal lasse ich das Meer kommen, dann schnipse ich mit den Fingern und die Ebbe setzt ein. Kurze Zeit später geht wieder alles seinen gewohnten Gang: Ein Traktor tuckert auf der B73 dahin, ein rotes Auto fährt in die Waschanlage der Tankstelle im Ort und dass hier einmal ein Meer war, davon zeugt nur noch eine kleine Lacke vor der Raiffeisenkasse.

Wenn ich in Piran auf unserer Terrasse stehe, direkt über dem Meer, beobachte ich immer ganz fasziniert dieses Spiel von Flut und Ebbe. Ich kapiere es einfach nicht. Natürlich könnte ich auf Wikipedia nachlesen, aber das will ich nicht, weil dann meine Fantasie ein bisschen weniger zu tun hätte. Also, Teo, stell dir vor, du stehst am Strand. Und bleibst genau an diesem Punkt stehen. Nach ein paar Stunden wären deine Füße im Meer, weil die Wellen immer näher kommen, und der Wasserspiegel steigt. Das ist die Flut. Nun wirst du kluges Kerlchen mit Recht fragen, wo das Wasser denn hergekommen ist? Beziehungsweise könntest du mit voller Berechtigung fragen, ob der Teo, der in der Bucht von Trieste, sagen wir mal, unterhalb des Schlosses Miramar auch am Strand steht, ob der, zuvor noch mit den halben Unterschenkeln mit den Wellen verbunden, nun im Trockenen steht, weil das Meer ja nun bei dir ist? Aber, Teo, glaube es oder nicht, NEIN – ihr beide seid im Meer. Ich versteh' das nicht! Ich kapiere es einfach nicht. Kann ich mir die Geschichte mit der Flut ja noch damit erklären, dass irgendwo ein Riese steht, der sich duscht, ziemlich lange und ziemlich intensiv (wie dein Fofo), dadurch gewaltig viel Wasser verbraucht, das ins Meer fließt, gibt mir die Ebbe ein noch viel größeres Rätsel auf. Im Winter ist die Ebbe in Piran, vor allem rund um Vollmond, GIGANTISCH! Da sind die Steine sechs, sieben Meter völlig im Trockenen – wohin in aller Welt verschwindet das Meer denn hin??? Ist der Strand unterhalb vom Miramar sechs Meter überschwemmt? Nein, mitnichten, Teo, mitnichten. Dort – ich versteh' es nicht, ich kapiere es einfach nicht – sind es auch sechs, sieben Meter. Was sagst du? Das dies wohl klar sei! Wenn der Riese so lange duscht, dass das Meer übergeht, wird er den Stöpsel in die Wanne gedrückt haben. Und wenn er fertig ist, zieht er ihn wieder heraus. Ist doch wohl klar, Fofo, oder?! O.k., – kleiner Klugscheißer, ich werde jetzt doch bei Wikipedia nachlesen, wo das verdammte Wasser hinrinnt ...

# Nachricht 84:

## Buch

Teodorus! Deine Mobiltelefonzukunft habe ich dir ja schon vor vier Nachrichten prophezeit – das war relativ einfach. Vor 50 Jahren wäre es ebenso einfach gewesen, die Zukunft des Buches vorherzusagen. „Was soll man da vorhersagen?", hätte man wahrscheinlich gefragt, so unglaublich, ja geradezu unvorstellbar wäre es gewesen, das Buch zu hinterfragen. Das Buch, dieses Edle, Wertvolle, aus unserem Leben nicht Wegzudenkende, das soeben (also jetzt) zur wichtigsten Erfindung des Jahrtausends gewählt wurde. Was gab es da, 1967, in Frage zu stellen! Wer hätte sich träumen lassen, dass im Jahr 2015 bereits ein Viertel aller 18- bis 30-Jährigen in Europa offen zugeben, nie ein Buch zu lesen. 1967 hätten diese paar Millionen von jungen Menschen diese Tatsache niemals geäußert, weil man ihnen geantwortet hätte, sie sollten sich schämen. Sie seien ungebildet und würden wahrscheinlich in Kürze verblöden. 550 Jahre lang galt das Buch als DAS oberste Bildungsgut. Zu deinen Geburtstagen, Teo, und zu Weihnachten hättest du ein Buch bekommen und du wärst sehr glücklich darüber gewesen. So wie ich es war. Und auch noch deine Eltern. Das hat sich geändert. Das Buch hat bei der ersten Generation des 21. Jahrhunderts (beginnend um das Jahr 1990) jene Bedeutung verloren, die es für alle davor Geborenen noch gehabt hatte. Das Buch war Wissen – es lehrte uns etwas. Wenn wir es lasen, waren wir danach ein bisschen gescheiter. Heute tragen die Menschen ALLE Antworten auf ALLE Fragen in ihren Taschen: In Sekundenbruchteilen geliefert vom Internet.

Das Buch war Abenteuer – es entführte uns in fremde Welten. Heute müssen wir nur ein bisschen mehr bezahlen, um diese fremden Welten LIVE zu erleben. Das Buch war Unterhaltung – es ließ uns lachen und schaudern. Heute zappt sich die Menschheit durch hunderte Fernsehprogramme und holt sich das Kino ins Wohnzimmer – fast zum Nulltarif. Finanziert mit ein bisschen Verblödung, mit ein bisschen Beeinflussung: mit ein bisschen Werbeblöckchen. Wozu also noch das Buch? Dazu kommt, dass du, Teo, inmitten des großartigen Kommunikationszeitalters hineingeboren wirst – wir kommunizieren überhaupt nur noch: Kein Augenblick, ohne mit Hilfe von Facebook und Pinterest und Twitter und YouTube ALLE an unserem Leben teilhaben zu lassen. Ich koche Suppe – Ich stehe auf der Brücke – Ich kaufe gerade Seife. Ich und der Eiffelturm. Ich und mein Fahrrad. Ich mit mir. Wenn wir unseren Millionen von Freunden, die wir plötzlich in der ganzen Welt haben, etwas von uns mitteilen wollen, brauchen wir nicht einmal mehr Worte – also diese Dinger, von denen Bücher VOLL sind. Wir schicken kleine Zeichen, die ALLES sagen, alles erklären, all unser Innenleben, unsere Gefühlswelt sichtbar machen. Der Präsident der Vereinigten Staaten – und das kann ich mit Sicherheit voraussagen – wird in die Geschichte als der erste Staatsmann eingehen, der seine Politik nicht mit Hilfe intellektueller Reden lenkte, sondern mit einer 140-Zeichen-Botschaft täglich. Bilder sind – das habe ich dir ja schon erzählt – weitaus wichtiger geworden als Gesprochenes. Und würden wir nun das Jahr 2034 schreiben, und würdest du, Teodorus als mein ältester Enkel neben mir bei meinem 80. Geburtstag sitzen und würdest du mich auf meine Nachricht Nr. 84 ansprechen und mich fragen, welche Bedeutung denn Bücher und Literatur und deren Lesen noch haben sollten bei all den Entwicklungen der letzten 17 Jahre (und DAS kann ich mir 2017 beim allerbesten Willen nicht im Geringsten ausmalen, was du, Teo damit einmal meinen wirst ...) – dann würde ich dir, genauso wie ich es heute tue, antworten: Weil du nur durch das Lesen guter Bücher und Literatur die Fähigkeit erlangst, deine Gefühle und Gedanken, deine Hoffnungen und Ängste, deine Sehnsüchte und deinen Ärger in Worte kleiden zu können, um sie einem Gegenüber mitzuteilen. Kurzmitteilungen und Emoticons lassen dich zunehmend verstummen. Du willst etwas zum Ausdruck bringen und kannst es nicht. Du sitzt jemandem gegenüber und weißt nicht, wie ihm das mitteilen, was dich bewegt. Vielleicht, Teo, wirst du nun dein Mobiltelefon (wenn es das überhaupt noch gibt ...) in die Hand nehmen, etwas eintippen und mir zum Lesen hinhalten. Vielleicht wird dort stehen: „Ja, Großvater, du hast recht, aber ich weiß nicht, was ich sagen soll ..."

Nein, Teo, diese Antwort werden wir verhindern – deine Eltern und ich werden das verhindern!

# Skifahren

## Nachricht 85:

### Skifahren

Keep cool, Baby! Nichts ist geschehen, alles ist gut. Deine Mama ist nur mal wieder „on the move". Acht Stunden Zugfahrt ist zwar bisheriger Teo-Eisenbahnrekord, aber dieses monotone Tatum-Tatam-Tatum-Tatam hatte sicherlich auch etwas Beruhigendes an sich. Warum du plötzlich meintest, zuwenig Luft zu bekommen und ein bisschen aufgeregt wurdest, ist schnell erklärt: das Rädchen mit der Sauerstoffzufuhr musste erst ein bisschen nachjustiert werden. 1284 m über dem Meer ist ein bisschen was anderes als 351 m in der Südsteiermark oder gar die geradezu lächerlichen 34 m in deinem Zuhause. Deine Mama und dein Papa sind aber nicht wegen eines Baby-Erst-Höhentrainings in die Berge gefahren, sondern wegen einer seltsamen Sportart, die dir sicher auch noch blühen wird. Kaum wirst du auf zwei Beinen laufen können (wenigstens werden sie abwarten, bis du gehen kannst und beginnen nicht gleich sofort nach dem Stehenkönnen ...) werden sie dir zwei Bretter an die Füße schnallen und mit allerlei Versprechungen und gütlichen Zurufen versuchen, dich dazu bewegen, dass du auf diesen Brettern eine Schräge hinunterfährst. Auf weißem, saukaltem Dingsda, das SCHNEE heißt. Und du, Teo, wirst dich zu Recht fragen – WOZU das Ganze?! Noch dazu, wo durch mehrere Schichten Kleidung, der Eiseskälte wegen, die Bewegungsfreiheit massiv eingeschränkt ist. Du wirst also wie ein Sack oder ein Stock, auf jeden Fall steif, auf diesen Brettern stehen und es wird dir Folgendes widerfahren: Oben steht deine Mama mit dir, hält dich, diesen Sack mit Brettern dran, zwischen ihren Beinen fest und redet in einem Dauerschwall auf dich ein, dass das, was jetzt gleich kommt, supertoll und so was von cool sein wird und „Teo, das wirst du so was von gut schaffen!" Ein Stückchen weiter unten steht dein Papa, breitbeinig und wachelt (hochdeutsch: hysterisch winken) mit seinen Armen, als würde er einen daherrasenden Zug aufhalten wollen. Dazu schreit er (wegen der Entfernung): „Ja, komm! Komm, Teo! Super wirst du das schaffen!" Während du noch gelassen dreinschaust, weil das bisherige Zusammenleben mit deinen beiden Alten von echtem Vertrauen geprägt war, du sowohl das Festgezurrtsein zwischen Mamas Beinen und Papas Winken als Liebesbezeugung interpretierst, wird die erste große Enttäuschung in deinem Leben über dich rücklinks herfallen – das hättest du den beiden NIE zugetraut! Deine Mama schiebt dich plötzlich und ohne jede Vorwarnung aus der sicheren Beinverankerung und überlässt dich unvermittelt deinem Schicksal, indem sie dir einfach einen Schubs gibt. Einfach so. Und du denkst dir, völlig zu Recht, wie ich meine, wird sie mir das nächste Mal einen Schubs geben, wenn ich auf einer Klippe stehe?! Unten werden die Arme deines Papas nun zu einem riesigen Trichter, als wollten sie Lawinen aufhalten, die zu Tal rasen. Kaum wirst du dich, der Versteifungsgrad hat sich nun gesteigert, weil deine Intuition dir sagen wird, das da was nicht stimmt, also kaum hast du dich mit einem Ruck in Bewegung gesetzt, beginnt es sowohl von oben als auch von unten hysterisch zu schreien. „Super, Bub!" und „Ja, super machst du das!" Du hast zwar keine Ahnung, wovon die Begeisterungsstürme handeln, du, bzw. die Bretter, die keineswegs Teil von dir zu sein scheinen, haben inzwischen derart an Fahrt aufgenommen, dass es dir die Tränen in die Augen treibt. Auch wenn du wolltest, zum Beispiel einen eleganten Schwung setzen, um die beiden Vertrauensbrecher blöd dreinschauen zu lassen, du könntest keinerlei Aktion setzen, weil dich unten diese dummen Bretter und oben die Isolierpackung daran hindern. Kaum hat die einsetzende Erdbeschleunigung deinen Körper nach hinten gefetzt, werden wieder diese hysterischen Rufe einsetzen, von oben und von unten, die dich auffordern, den Oberkörper nach vorne zu bewegen. Was soll dir, der du doch gerade erst den aufrechten Gang erreicht hast, dieses Kommando schon sagen? Aber irgendwelche unerklärlichen Kräfte werden es tatsächlich zustande bringen, dich im Gleichgewicht zu halten, und Sekunden später (die ersten in deinem Leben, die wie Ewigkeiten erscheinen) wirst du in den Trichterarmen deines Vaters landen – noch immer ohne Ahnung, was da soeben geschehen ist. Dann wird deine Mama gerannt kommen und beide werden über dich herfallen, als hättest du gerade einen Basejump vom Empire State Building hinter dich gebracht. Sie werden jubeln, was für ein großartiges Talent du doch seiest und das müsse man unbedingt im Auge behalten, so wie der Bursche da nun hinuntergefahren ist, das war ja wirklich ... so wird es noch eine Weile weitergehen. Während du dastehst mit diesen Brettern an den Füßen und der Isolierpackung und nach der ganzen Aufregung mal ganz gemütlich andrückst und eine gewaltige Ladung in die Hose scheißt. Es kann durchaus sein, dass man diese Geschichte nach deinem ersten Weltcupsieg ausgraben wird. Ich werde dann einfach sagen, ich habe sie erfunden, o.k., Teo?!

# Nachricht 86:

## Reisen

Lieber Teo! Du bist ja schon ein erfahrener Reisender: deine Mama war das schon ihr ganzes Leben lang. Es war und ist für sie ganz normal, dies auch mit dir von Anfang an so zu halten. Nun wirst du aber, im Mamapool schwimmend, berechtigt fragen, was denn „Reisen" eigentlich bedeutet? Für dich in deinem geschützten, kleinen Häuschen ändert sich nicht viel – so wie dies auch bei meinen Nachbarn ist, wo die 95-jährige Hanslbäurin gezählte FÜNF MAL in ihrem Leben in Graz war – und das ist 32 Kilometer entfernt! Ihr Bauernhof ist IHRE Welt und die zu verlassen, erschien ihr nicht notwendig – großartig! Am Ende dieses Monats wirst du langsam verstehen, was „Reisen" bedeutet – wenn du nämlich lernst, Stimmen zu unterscheiden. Bis jetzt hast du nämlich neben all den seltsamen Geräuschen nur eine Stimme erkennen können – die deiner Mama. Bald wirst du auch andere (Frauen-)Stimmen erkennen und damit verstehen, dass es auch noch etwas anderes als euch zwei gibt. Denn wenn ich mich mit meinen Worten an dich wende, könnte ich ja auch ein Phantom, ein Hirngespinst deiner Fantasie sein (obwohl die, aber wie solltest du das wissen, ja noch nicht entwickelt ist). Es gibt also auch noch eine andere Welt da draußen: Von der ich dir seit 86 Tagen zu erzählen versuche ... Deine Mama wird es sich definitiv NICHT in ihrem kleinen Häuschen gemütlich machen und dort hocken bleiben – sie wird ihre Heimat, also im Moment Berlin, verlassen, um an andere Orte zu reisen. Wie, das hast du ja schon erlebt. Sind es kurze Distanzen, also wenn sie ihre Freundinnen oder deine Tante Sophie besucht, erlebst du so ein rhythmisches Auf und Ab – dann geht sie. Hast du den Eindruck, als würdet ihr zwei sitzen und es tut sich trotzdem was an Bewegung, dann fährt sie mit dem Rad ein bisschen durch die Gegend. Geht es vom Mamazuhause (also Südsteiermark) „auf" in die Stadt, sitzt sie wieder, bewegt sich aber kaum, dafür hörst du Geräusche – dann fährt sie mit dem Auto. Und um hierher zu kommen, nimmt sie meistens das Flugzeug – sitzen wie gehabt, nur noch lauter und irgendein komisches Ziehen, als würde jemand euren Körper stark nach hinten drücken. Vor ein paar Tagen hast du sicher auch das Zugfahren wiedererkannt. Ihr beide überwindet also mit dem Reisen Distanzen und damit noch etwas. Für mich, wenn ich nun darüber nachdenke, etwas so Selbstverständliches, aber für Teos etwas höchst Seltsames. Ihr überwindet Grenzen. Grenzen teilen Länder, und wenn du mich fragst, was denn „Länder" nun wieder seien, muss ich dich auf eine andere, spätere Nachricht vertrösten. Nimm es jetzt einfach mal so, wie ich es dir sage ... Dort, in diesen anderen Ländern, trifft man Menschen, die dort leben. Die sind anders. Du wirst dich – sehr bald – wundern, wenn du Worte hörst, die du nicht verstehst. Das kommt, weil (fast) jedes Land eine eigene Sprache besitzt. Wo man andere Dinge isst. Die Menschen benehmen sich anders. Früher, als es noch keine H&Ms, Zaras und Tommy Hilfigers gab (frag mich BITTE nicht, was das denn wieder sei ...), waren die Menschen auch unterschiedlich angezogen. Dort, wo ihr jetzt gerade seid, sind die Menschen auch ein bisschen anders, obwohl ihr immer noch im gleichen Land seid. Das kommt, weil ihr gerade in einer Gegend seid, in der es hohe Berge gibt – wohin das Auge schaut. Da ist die Welt, in der man heranwächst, noch ein bisschen enger, weil der (Weit)Blick nur bis zur nächsten Felswand geht. Du siehst – das alles ist ein bisschen kompliziert. Das ist ein großes Thema unter den Mamas und Papas dieser Welt: Dieses Anderssein. Weil dieses Anderssein erst so richtig ins Bewusstsein geraten ist, durch ... das Reisen. Früher gab es fast nur Menschen wie unsere Hanslbäurin, die in ihren 95 Lebensjahren nur fünf Mal nach Graz kam – da war nicht viel Unterschied zu spüren. Und wenn, war sie ja Stunden später wieder in ihrem Häuschen.

WIR also sind es, die Mamas und Papas, die das ANDERSSEIN eigentlich erst produzieren, es wachrufen und zuerst in den eigenen und dann in den Köpfen der Teos manifestieren. Denn für dich und für alle Teos gibt es nur diese EINE Welt – egal, wo ihr euch auch befindet. Sobald die Tür geöffnet wird, man heraustritt, trifft man auf die andere, trifft man auf die vielen, die unendlich vielen Welten. Und das, genau das, wird DIE Herausforderung deines Lebens sein: Mit all diesen Welten umgehen zu können, dich in all diesen Welten als DU, als diese Teowelt, die du jetzt so intensiv erlebst, behaupten zu können. Deine erste, allerwichtigste Reise beginnt (wenn du dich an den Fahrplan hältst … ) in 84 Tagen, Teo. Und von diesem Moment an, wird dich dieses Bewegen nicht mehr loslassen – bis zu deinem Lebensende: Du wirst ständig Grenzen überwinden, wirst dich ohne Unterbrechung mit Andersartigem und Anderssein auseinandersetzen und dich in anderen Welten behaupten müssen. Egal, ob du vom Prenzlauer Berg nach Kreuzberg, von Berlin nach St. Georgen an der Stiefing, von hier nach St. Anton am Arlberg oder von dort nach Madagaskar reist. Unser Leben ist eine einzige Reise – auf deine allererste freuen wir uns alle schon unglaublich!!!

# Nachricht 87:

## Iran

Lieber Teo! Du wirst noch viel Spaß mit deiner Magrofamilie haben (natürlich auch mit der Pagrofamilie, aber die werden sich um den Spaß selbst kümmern ...). Wir gehören nämlich, wie du schon in Nachricht 58 gehört hast, zur Gattung der Wandervögel. Heute gab es den ganzen Tag über intensives WhatsAppen: deine Mama schrieb Nachrichten aus einem Hallenbad am Arlberg, also im Hochgebirge. Deine Tante Sophie schickte ein Foto von einer winzigen Tea aus ihrem Krankenhaus in Malawi, in Afrika. Tante Kiras und Rocks Kommentare kamen aus Shanghai, China. Dein Onkel Floris fragte nach den Reiseplänen im September – er lebt zurzeit in Utrecht in Holland. Deine Nonna schickte SEHR lustige Fotos von Dingen, die ich hier nicht beschreiben darf, sonst kommt die Polizei. Und drückte auf den „Send-button" in Teheran, das ist im Iran. Und ich fühle mich mit dir sehr verbunden, Teo, weil wir zwei die einzigen zu sein scheinen, die zu Hause sitzen. Ich in unserem Häuschen in der Südsteiermark und du in deiner Mamahöhle. Das ist ziemlich verrückt. Und trotzdem fühlen wir uns sehr verbunden – dazu trägt auch dieser Chat bei. Ein jeder erzählt von seiner „Höhle", in der er sich gerade befindet, auch wenn sie fern der eigentlichen Heimat ist, weil es eben nicht um die wechselnde Umgebung geht, sondern um das, was DU daraus machst. Deine Nonna zum Beispiel ist vor zwei Tagen in ein ebenso wunderbares wie seltsames Land gefahren: In den Iran. O mein Gott, wie erklär' ich dir das jetzt? Wenn ich dir erzähle, dass dort ein Ajatollah herrscht und die Leute Muslime sind, müsste ich dir ja eigentlich vorher klar machen, dass wir Christen sind, aber nicht in die Kirche gehen – was is'n eine Kirche, wirst du fragen – und bevor ich antworte, müsste ich aber, der Toleranz und der Ausgewogenheit wegen, auch die Juden und die Hindus erwähnen. Das wäre sehr, SEHR verwirrend, Teolein. Ich erzähl dir jetzt einfach, dass im Iran die Frauen alle ein Kopftuch tragen müssen – also auch deine Nonna, und ich muss sagen, es steht ihr verdammt gut. Sie hat mir heute berichtet, dass sie in einer Moschee war (vergiss es, Teo, vergiss dieses Wort einfach gleich wieder – aber um Himmels Willen nicht, weil ich etwas gegen Moscheen hätte, nein, überhaupt nicht, aber weil die Verwirrung sonst ins Unendliche ginge, würde ich anfangen, dir das auch noch erklären zu wollen – wir haben ja noch mindestens 85 Nachrichten vor uns ...). Da muss ihr das Kopftuch ein bisschen nach hinten gerutscht sein,

ihr Haar wurde ein bisschen sichtbar und sofort kam ein „Religionswächter"
und hat ihr zur Strafe mit einem Stecken eines über den Rücken gegeben.
Gott sei Dank hat deine Nonna nicht zurück gehauen, sonst könnten
wir sie jetzt im Gefängnis (vergiss es ...) besuchen, sondern ist wütend
geflüchtet. Jetzt, vor einer Stunde hat sie ein Bild geschickt, wie sie mit
ihren Freundinnen in einem Restaurant am Boden sitzt (ja, die essen dort am
Boden, sehr cool) und eine Wasserpfeife raucht. Ich hoffe nur nicht, dass in
der Wasserpfeife das drinnen war, wovon ich nicht berichten darf, weil sonst
die Polizei kommen würde. Mal ganz abgesehen davon, dass zukünftige
Nonnas ein Vorbild für zukünftige Enkelkinder sein sollten ... Aber ich sagte
dir ja schon, Teo, deine Magrofamilie ist echt sehr spaßig ...

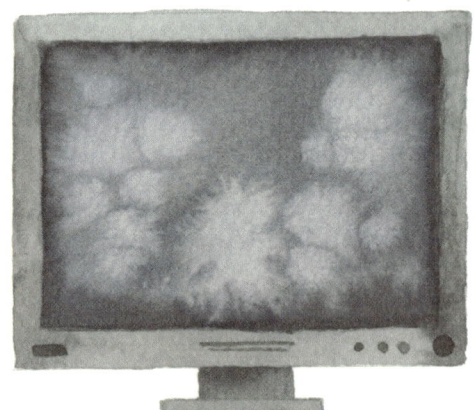

# Nachricht 88:

## Apple

Lieber Teo! Als ich meine Nachricht von gestern nochmals las, fiel mir auf, mit
welcher Leichtigkeit und Selbstverständlichkeit ich darüber berichtete, von wo
überall her geWhatsAppt wurde. Ja, das eine oder das andere Mal sagen deine
Nonna und ich, welch Wunder das ist, aber dann gehen wir sofort wieder zur
Tagesordnung über. Heute haben deine Mama und ich einen Videochat über
WhatsApp gemacht: Sie spazierte gerade mit dir auf 1700 Meter Seehöhe einen
Schneeweg entlang zu einer Skihütte, um dort den Teopapa zu treffen. Ich hörte sie
nicht nur schnaufen (wegen der sieben Kilo mehr, die sie für dich „angespart" hat),

sondern ich SAH sie auch schnaufen. Im Hintergrund ein strahlend blauer Himmel, alle paar Meter fuhr irgendein Skifahrer oder ging irgendeine Spaziergängerin durchs Bild. Und ich saß in der Südsteiermark auf der Terrasse, auch in der Sonne, und arbeitete. Alle paar Minuten lief oder hopste Lilu, unser Hund, durchs Bild. Unglaublich. Deine Mama war vier Jahre alt, als ich mein allererstes Mobiltelefon bekam. Es war ungefähr so groß und auch so schwer, wie DU jetzt bist. Wenn ich in einem Kaffeehaus saß, oder im Auto und damit telefonierte, meinte ich, ich wäre der Präsident von Amerika (heute würde ich mich SICHER NICHT so fühlen wollen ...) und würde mit dem Kaiser von China gerade weltpolitische Dinge diskutieren – ich war sooo stolz und ich fühlte mich sooo wichtig. Heute kannst du dich stolz und wichtig fühlen, wenn du KEIN Telefon hast, das ist echt exotisch. Natürlich konnte man nur telefonieren, was denn auch sonst, es war ja ein Telefon! Deine Mama war sechs Jahre alt, als ich meinen ersten APPLE Computer bekam. Nein, Teo, das war kein Gerät, um das Wachstum eines Apfelbaumes und den Durchmesser seiner Äpfel zu errechnen. Das waren damals die saucoolsten Computer (vergiss es – ich erkläre dir das irgendwann zwischen der 117. und 148. Nachricht ...), nur die Freaks hatten dieses Gerät, die reichen Freaks, weil die Dinger unfassbar teuer waren. Ich bekam als Teil eines Geschäftes zwischen APPLE und deinem Fofo (die amerikanische Superfirma und der kleine österreichische Märchendichter) diesen SE 30, so hieß der. Ein kleines Kästchen mit einem Bildschirm, der kleiner war als der eines iPad Mini. Es war sooo aufregend. Freunde kamen und standen um das Wunderding herum und ich ließ es rasseln und schnurren – uns war, als würden wir auf einem Jahrmarkt stehen und ich würde die Frau ohne Unterleib tanzen und den Mann mit den zwei Köpfen komplizierte Kopfrechnungen machen lassen. Deine Mama und ihre Schwester standen mit ihren Puppenwagen daneben und wussten genau NULL, was ein Computer sei. Das sind gerade mal 27 Jahre. NICHTS.
Nun stelle dir mal vor, was du 2042 erzählst, an was Außergewöhnliches du dich erinnerst. „Ach ja, das gute alte WhatsApp!", wirst du mit deinen Freunden lachen. „Da gab es doch noch diese Bildschirme, auf denen man dann was sehen konnte. Ha, ha, ha!" Ich weiß nicht, Teo, wie ihr 2042 kommunizieren werdet, ich kann es mir auch nicht vorstellen, ich weiß nur, dass das, was ich dir heute als Wunder beschreibe, in 25 Jahren ein uralter Hut sein wird. Und wenn ich dir, als meinen ältesten Enkel, meine Apple Macintosh Sammlung (zurzeit 21 Stück!) vermache, dann wirst du sie vielleicht um viel Geld an ein Museum verkaufen können. Vielleicht erzählst du dann der Museumsdirektorin auch die Geschichte von meinem allerersten SE 30, der 1990 genauso viel kostete wie ein VW Käfer. Und vielleicht schenkst du ihr auch ein Exemplar DEINES Buches und fragst sie, ob sie sich an WhatsApp erinnern kann, da stünde etwas Witziges darüber in der Nachricht 88 ...

# Der erste Schultag

## Nachricht 89:

### Schule

Hochverehrter Herr Teodor! Es muss sein. Ich kann es dir nicht ersparen. Da müssen wir jetzt durch. Weil es zu deiner Zukunft dazugehört, wie die Milch aus der Brust deiner Mutter, die du in wenigen Wochen genießen wirst. Und wir reden hier ja seit 88 Tagen von „ZUKUNFT", weil du sie, die Zukunft, wie nichts anderes verkörperst. Irgendwann an einem strahlenden Tag im August 2023 wird deine bis dahin unbeschwerte, locker dahingaloppierende Kindheit ein jähes Ende finden. Die Tage grenzenlosen Spielens, die Freiheit der Zeit, die Unendlichkeit der Fantasie – alles vorüber und vorbei. Eine mächtige, riesige Hand wird dich packen, du wirst noch zappeln, versuchen dich zu befreien, doch alles Aufbäumen wird dir nichts nützen. Man wird dir, um dich zu beruhigen, Versprechungen machen, Beschönigungen und Beschwichtigungen vorbringen, aber glaube ihnen nicht, Teo, glaube ihnen kein Wort – die Hölle wartet auf dich, und du wirst ihr nicht entkommen. Ich will dich nun keineswegs beunruhigen, will dir um Himmels Willen nicht die Freude an der dich so intensiv erwartenden Welt vergraulen. Aber ich meine, dass es nicht früh genug sein kann, dich seelisch, geistig, ja sogar körperlich darauf vorzubereiten. Du musst stark sein. Du musst kräftig sein, es zu überstehen – ein Überlebenstraining wie im Dschungel. Du musst klug sein, dich nicht täuschen zu lassen. Du musst kreativ sein, um dir all das, was dir jetzt angeboren ist, bewahren zu können. Du musst schon jetzt, vielleicht zwischen zwei Daumenlutschern und drei Fußtritten, Strategien ins Auge fassen, sonst wirst du im August 2023 unvorbereitet ins Verderben taumeln. An deinem ersten Schultag. DIE SCHULE. Teo, das sind zwölf Jahre braten in der Hölle!
Liebes Teolein, verzeih mir bitte, ich wollte dir wirklich keine Angst

machen – aber meine Kindheits- und Jugenderinnerungen sind mit mir durchgegangen. Ich konnte sie plötzlich nicht mehr unter Kontrolle halten. Du wirst sicher erkannt haben, dass da etwas ganz Schlimmes mit deinem Fofo passiert sein muss, dass er noch immer, nach 50 Jahren, derartige Horrorvorstellungen hat, wenn er an die Schule denkt. NATÜRLICH wird es bei dir GANZ anders. Schule ist etwas Herrliches. Du LERNST. Du wirst vorbereitet auf das Leben. Du lernst, dich in einer Gemeinschaft zu bewegen. Es ist der erste Sozialkampf, in dem du dich beweisen musst. Deine Mama und auch deine Tanten (dein Onkel ... nicht sooo sehr ...) haben die Schule geliebt. Und sie hatten auch eine wunderbare Schulzeit. Ich habe 30 Jahre nach meinen eigenen Erfahrungen alles nochmals aufgearbeitet. Das war sehr wichtig und sehr hilfreich für mich. Nur manchmal, ganz selten, wache ich noch schweißgebadet auf und sehe die Lehrerin in der ersten Grundschulklasse vor mir stehen und mich vor der ganzen Klasse bloßstellen. Sie hielt eine Zeichnung von mir hoch und sagte „Seht her, WAS dieser Folke hier Schreckliches gezeichnet hat!" Und sie zeigte meine Zeichnung, auf der – ich war schon als Kind an Geschichte, auch der prähistorischen, sehr interessiert – auf der eine Frau, sehr ähnlich der Venus von Willendorf zu sehen war. Mit riesigen, sehr schön geformten Brüsten. Kannst du dir das vorstellen, Teo? Die hatte was gegen Brüste! Ja genau, diese Dinger, die dich in Kürze nähren, dich groß und stark und kreativ werden lassen. Bis heute nage ich an diesem Vorfall, der sich irgendwann 1960 (!!!) abgespielt hatte. Dir wird das alles erspart bleiben, weil SCHULE heute völlig anders funktioniert. Weil Lehrer und Lehrerinnen heute völlig anders ticken und – in den allermeisten Fällen - Großartiges leisten. Du kannst dich freuen, Teo! Man kann nie früh genug beginnen, sich auf etwas zu freuen. Es kann ja durchaus sein, dass du von meiner Nachricht so angetan und fasziniert bist, dass du heute noch beginnst, eine Strichliste in der Fruchtblase zu machen, du die Tage zählst, bis du ENDLICH deine Schultasche zum ersten Mal auf den Rücken schnallst, um zur Schule zu gehen. Es ist nicht mehr sooo lange, Teo, nur noch so rund 80 Tage bis zum Beginn der Einschreibfrist für Erstklässler und dann noch so rund 2000 Tage bis zum großen X-DAY!
P.S.: Übrigens: Ich bin mir ganz sicher, dass du ein GROSSARTIGER Schüler wirst! Ganz sicher.

## Nachricht 90:

### Steirabua

Lieber Teo! Wir werden jetzt nur noch die ECHT runden Nachrichtengeburtstage feiern – die Zeit rennt so dahin, wir können ja nicht alle zehn Tage eine Flasche Champagner zu unser beider Ehren öffnen. Wir einigen uns heute schon mal auf den 100er und den 150er – o.k.? Heute hast du Kürbisgröße erreicht, sagt deine Mama. Als echte Südsteirerin mit Kürbisfeldern am Nachbargrund sollte sie wissen, dass dies SEHR relativ ist. Da gibt es welche in Orangengröße und welche in der Größe von Basketbällen. Beides wird wohl nicht auf dich zutreffen, eher so in der Mitte und eher in der Form eines American Football. Aber ich fand den Hinweis insofern schön, als der Cucurbita pepo var. styriaca fast so etwas wie das Wappenzeichen der Steiermark ist. Und – es muss jetzt schon mal in aller Klarheit gesagt werden – du bist KEIN Berliner! Vielleicht wirst du als irgendeine wichtige Persönlichkeit um das Jahr 2060 (oder auch schon früher) in die Hauptstadt Deutschlands zurückkehren und bei deiner Ansprache sagen „Ich bin ein Berliner!". Wirst dieses Zitat aber in Anlehnung an John F. Kennedys berühmten Ausspruch verwenden und nicht etwa, weil auch nur IRGENDETWAS an dir berlinerisch sein wird. Denn du bist ein echter Steirer, in dessen Adern Kürbiskernöl fließt (mein lieber Dichterkollege Reinhard P. Gruber hätte geschrieben, dass dich als Steirer Schilcherwein und Kürbiskernöl durchströmt ...)! Deine Gene sind ... nun wollte ich schreiben, zu 100 Prozent in Form von Kürbiskernen, was natürlich nicht stimmt, nur zu 75 Prozent, die anderen 25 Prozent haben die Form von Pommes

Frites. Das werden die Holländer in deiner Familie nicht so gern hören, aber was stimmt, stimmt. Gut, man könnte in den 25 Prozent natürlich auch Tulpenform erkennen, aber das würde dich womöglich zu sehr prägen für dein weiteres Leben: Denn mit einer derart gewaltigen Ladung an genetischem Material wäre die Wahrscheinlichkeit, dass du Gärtner wirst, ziemlich groß. So aber wirst du ein richtiger Steirabua, der gern Pommes Frites isst (ich werde hart daran arbeiten, dass die Pommes dereinst aus Süßkartoffel für dich zubereitet werden, das ist VIEL gesünder ...). Weiters wichtig zu erwähnen ist, dass der Ort, egal wo du einmal dein Lager aufschlagen wirst, Haus, Apartment, Zelt oder Brücke, in Berlin, Amsterdam, New York oder Calcutta, IMMER ein Stück steirisches Hoheitsgebiet darstellen wird. Mit den wichtigsten, austauschbaren Einrichtungsgegenständen Bett, Tisch, Stuhl wird gleichzeitig das Kürbiskernöl, der Welschriesling und der Steirakas an prominenter Stelle der Heimstatt platziert, um eine klare, unverwechselbare Identität zu schaffen. Nie würde einem echten Steirer einfallen, eine venezianische Gondel, einen afrikanischen Löwen oder eine amerikanische Freiheitsstatue als Hinweis für Weitgereistheit aufzustellen, hier reicht der steirische Panther (wieso in aller Welt wird DER als steirisches Wappentier verwendet???), um ALLES, was den Steirer ausmacht, zu repräsentieren: Weltgewandtheit, Heimatverbundenheit, Offenheit, kritische Sturheit, vom Schnapszutz (auf deutsch: Mit Schnaps getränkter Schnuller, ein vom Steirer bereits vor Jahrhunderten erdachtes und erprobtes Mittel, um auch die schreihälsigsten Kinder zu beruhigen ...) kaum beeinträchtigte Intelligenz, sicher DER interessanteste, allseits beliebteste, umgänglichste, freundlichste Mensch österreichischer Herkunft. Du, Teo, wirst nicht Österreicher, du wirst STEIRER. Das ist schon die halbe Miete. Der Büchsenöffner für die große Welt. Der Orden, der dich auszeichnet. Eine grandiose Mischung aus Panther und original steirischer Zuchtsau. Kürbiskernöl in den Adern, vom Welschriesling gestählte Leber. Das Hirn von Sterz und der Magen vom Sulmtaler Backhendl durchsetzt. Da haben die 25 Prozent Pommes Frites ECHT keine Chance. Die Hebamme und Schwestern im Krankenhaus Berlin – Charlottenburg werden sich wundern, wenn statt deines ersten Willkommensschreis der Erzherzog-Johann-Jodler im Kreißsaal erklingen wird (den Text schicke ich dir mit Nachricht 171 ...)! Griaß di, Steirabua!

# Nachricht 91:

## Muttermilch

Lieber Teo! Keine Angst, Kernöl in seiner direkten Ausformung wirst du frühestens in einem Jahr genießen. Indirekt in dem köstlichen Saft, mit dem deine Mama dich ernährt, natürlich schon früher. Dieser Saft, man nennt ihn bezeichnenderweise Muttermilch, ist ein echtes Wunderding. Es wird aus allem, was deine Mama selbst isst und trinkt, zusammengebraut, noch mit allerlei weiteren Wirkstoffen aus ihrem Körper versetzt und dann noch auf exakt 36 Grad erwärmt. Es kann natürlich vorkommen, dass deine Mama etwas isst, was bei dir nicht so gut ankommt. In deinem Bauch rumpelt und rumort es, als würde dort jemand mit einem großen Löffel kräftig umrühren. Mit einem Mal wirst du einen Drang verspüren, irgendetwas Unbekanntes anzuschieben, wegzudrücken, es loszuwerden und kaum hast du damit begonnen, wird sich das Unsichtbare mit einem lauten Knall aus dir verabschieden. Und du wirst dich herrlich befreit fühlen. Die darauf folgende Reaktion deiner Umgebung, das lasse dir sagen, Teo, ist nichts, was du für dein zukünftiges Leben speichern könntest. Deine Eltern, oder auch wir Großeltern, werden nämlich nach jedem Knall hocherfreut in Jubelschreie ausbrechen und dich loben, wie „toll und wie gut" du seiest, dich derart befreit zu haben. Dasselbe gilt auch für das, was die Großen „Rülpsen" nennen, wenn Luft aus deinem Magen mit einem grummelnden Geräusch aus dir herausfährt. Das bringt deine Eltern NOCH mehr in Ekstase. Am liebsten würden sie dir jedes Mal einen kleinen Orden umhängen, für jeden Pfurz und jeden Rülpser. Ich glaube, das tun wir Großen aus einem schlechten Gewissen heraus, weil wir, also alle, die dich füttern, sich als die Verursacher der Blähungen und Verstimmungen fühlen. Das ändert sich dann schlagartig, je älter du wirst. Ich sage dir, rülpse oder pfurze als Fünfjähriger an einem Tisch, an dem die Verwandten zusammengekommen sind, um den ersten Sohn, den ersten Enkelsohn stolz zu präsentieren! „Teo!!!" werden die Eltern entsetzt ausrufen und dann mit geröteten Gesichtern erklären, dass verstünden sie überhaupt nicht, du seiest normalerweise ein sooo braver ... Noch komplizierter wird es, wenn ich dir aber nun erzähle, dass ein netter Rülpser bei Tisch, und nicht nur eines Fünfjährigen, sondern auch wenn das dein Fofo machen würde, in einem fernen Land wie China überhaupt kein Problem wäre. Im Gegenteil – es ist eine kleine, feine Nachricht an den Koch, dass es gut geschmeckt hat! Ich stelle mir das sehr interessant vor, wenn du in ein paar Jahren mit deinen Cousins, den halben Chinesen, zusammentriffst, und ihr euch über die Erziehungsmaßnahmen eurer Eltern austauscht. Dann werdet ihr was zum Lachen und zum Staunen haben! Und es relativiert so einiges, was für uns Erwachsene als vorgegebenes Gesetz hingenommen wird. In dem Augenblick, wo du geboren wirst, Teo, beginnen wir nämlich, dich, dieses nackte, reine, perfekte Menschlein, anzukleiden. Mit den Kostümen, die wir alle zu tragen haben: Die Kleider der Kultur, der Religion, der Politik, der Lebensphilosophie, der wir anhängen. In deinen ersten Monaten verschonen wir dich noch weitgehendst damit, aber dann geht es Schlag auf Schlag. Stell dich schon mal drauf ein, dass dies bis mindestens 2035 so anhalten wird. Dann wird es aber damit nicht etwa vorbei sein, dann kommt die Gesellschaft, in der du dich bewegst oder bewegen willst, und wird dir ihre Kleider überstülpen wollen. Und wenn du dann selbst Kinder hast, beginnt dieses Spiel wieder von vorne. Wir, deine Magros, haben, soweit dies möglich war, immer versucht, mit diesen Kleidern möglichst sparsam umzugehen. Das ist verdammt schwer, sag ich dir. Aber da ich, dein alter Fofo, selbst weniger solcher Kleider zu tragen hatte als die allermeisten in meinem Alter, war es für mich ein bisschen einfacher, dies auch bei meinen Kindern so zu halten. Denn das ist die Botschaft des heutigen Tages, Teo: Je weniger Kleider du von deinen Eltern und von deiner nächsten Umgebung umgehängt bekommst, um so mehr kannst du deine eigenen Vorstellungen von „Kleidung", also wie DU bist, entwickeln. Das sehen wir beim Pfurzen und Rülpsen: Die beiden an sich, also als Typen, sind weder böse noch unmöglich noch hässlich oder sonst etwas – sie werden nur von ihrer Umgebung dazu gemacht. In Europa werden sie verdammt und in China werden sie akzeptiert. Sind wir deswegen besser? Haben wir ein Recht, sie zu beurteilen oder zu verurteilen, nur weil sie in UNSER Wertesystem nicht passen?

Ach, Teolein, mit dir zu plaudern macht mir jedes Mal bewusst, wie kompliziert wir Erwachsenen die Welt doch machen! Wie einfach und wunderschön und paradiesisch es doch wäre, könnten wir alle unser Leben lang an Mamas Brust hängen und all unsere Geräusche, die wir von uns geben und die von anderen nicht verstanden werden, damit entschuldigen, dass Mama einen Salat mit Kernöl gegessen hat ...

# Nachricht 92:

## China

Lieber Teo! Wie sollst du etwas verstehen, was ich nicht einmal verstehe. Natürlich gibt es Tausend Bücher und Millionen von Einträgen auf Wikipedia und Google zu diesem Thema, ich müsste mich nur ein bisschen einlesen, die Fakten recherchieren, um dann zu einem Bild und einem Ergebnis zu kommen, aber will ich das überhaupt? Wäre dies nicht dann genauso wie mit dem Fliegen, was ich auch nicht erklärt haben will? Ich WILL die physikalischen Gesetze nicht wissen, die mir logisch und sachlich erklären, warum dieses Megading, in dem ich gemeinsam mit anderen 350 Menschen sitze, so leicht und elegant wie ein Schmetterling vom Boden abhebt und mich in rasender Geschwindigkeit an einen anderen Ort, in eine andere Welt, zu völlig anderen Menschen bringt. So sitze ich auf meinem Sitz, nippe an einem Tomatensaft (warum wir das tun, könntest du übrigens auch auf Google nachlesen ...), lächle meiner bildhübschen Sitznachbarin zu (das war's auch schon, weil ich kein Chinesisch und sie kein Deutsch oder Englisch spricht, wie schade ...), esse frittierte Nudeln und träume vom Fliegen. Von diesem Wunder. Und die Sitznachbarin, die wunderschöne, junge Chinesin ist auch ein Wunder. Und ich meine das nicht, weil sie „Schönheit" verkörpert, an der man sich in gleichem Maße erfreut, wie ich mich an einer vollendeten Blume, einem Blick auf den Triglav in der Wintersonne und an den geschwungenen Linien eines Ferraris erfreue. Nein, ich meine, dass wir uns in

40 Millionen Jahren von einer einzigen Sorte Mensch, behaart, gebeugter Gang, grunzende Geräusche, völlig konzentriert auf die Beschaffung von Nahrung (immer noch) und auf Fortpflanzung (auch keine gravierende Änderungen) – sorry, Teo, solltest du später, inspiriert von Nachricht 92, Ethnologe oder Historiker werden, weil ich das so vereinfacht, und vielleicht sogar falsch darstelle (dies läuft unter dichterischer Freiheit) – zu dieser gigantischen, unfassbaren Vielfalt entwickelt haben. Zu Menschen, die völlig anders aussehen, mit einer Haut, die sehr hell, sehr dunkel ist und alle Schattierungen dazwischen hat. Mit Haaren völlig verschiedener Konsistenz, meine zum Beispiel hell (um nicht zu sagen grau), dünn wie Seidenfäden und nur durch Mittel, die ich draufklatsche und spraye, unter Kontrolle zu bringen. Das schwarze, dicke, glänzende Haar meiner Nachbarin, das wie ein erstarrter Lavastrom ihr Gesicht umrahmt. Ich würde ihr diese wunderschöne Metapher (☺) vom Lavastrom so gerne mitteilen, aber wir sprechen VÖLLIG verschiedene Sprachen, die es uns auch nicht nur andeutungsweise erlauben würden, einander zu verstehen. Und würde ich es mit Zeichensprache und Pantomime versuchen, würde sie mir wahrscheinlich eine runterhauen und die Stewardess zu Hilfe rufen – und das nur, weil ich in Österreich und sie in China geboren wurde. Ich bin dazu erzogen, immer zuerst an die anderen zu denken (habe ich gemacht, ich habe an SIE gedacht ...) und sie wurde dazu erzogen, zuerst an sich selbst zu denken (Achtung, Teo, Vorurteil! Dies müsste ich dir jetzt anhand der letzten hundert Jahre politischer Entwicklung in China erklären). Du, Teo, wirst bald darin unterrichtet werden, wie man mit Messer und Gabel hantiert, um Erbsen und Rote Rüben elegant in den Mund zu transportieren, und sie wird ihrem Kind dasselbe beibringen, nur mit zwei Holzstäbchen. Und würde ich jetzt anfangen, von dem unappetitlichen Russen, der neben mir sitzt (Achtung: schon wieder Vorurteil! Vielleicht ist der supernett, er schmatzt nur schrecklich beim Essen und riecht sehr streng), dem afrikanischen Studenten, der direkt vor mir sitzt und dessen Afrolookfrisur mir den Blick auf den Bildschirm verstellt, und von dem amerikanischen Girlie, das in der gleichen Reihe auf der anderen Seite des Ganges sitzt und seit dem Hinsetzen irgendetwas auf ihrem Handy herumtipselt und nichts und niemanden wahrgenommen hat, wenn ich dir nur von diesen dreien, von ihrer Kultur, ihrer Lebensweise aufgrund politischer Umstände zu erzählen begänne, hätte ich Stoff für die nächsten Jahre. DAS ist ein Wunder, Teo, das ich nicht verstehen will. WIE es in den Millionen Jahren dazu kommen konnte. Ich genieße es einfach – ja, auch den Russen, mit dem ich inzwischen SEHR nett plaudere, den afrikanischen Studenten, von dem ich inzwischen weiß, dass er aus Tansania kommt und nach Shanghai fliegt, um dort seine Doktorarbeit zu vollenden, und das amerikanische Girlie, das kurz aufgeschaut und mir ein unglaublich süßes Lächeln geschenkt hat ... Und ich träume und denke mir, was sie wohl allesamt verbindet. Dann fällst du mir ein,

Teo: Sie alle werden, da bin ich mir GANZ sicher, als Mama oder als Papa, in der völlig identisch liebevollen Art und Weise ihr soeben Neugeborenes anlächeln und ihm mit der uns allen innewohnenden, typischen Körperhaltung allererste Schutz in dieser gigantischen, völlig unverständlichen, so großartigen Welt bieten. DAS hat sich in 40 Millionen Jahren nicht verändert. DU erinnerst uns daran!

## Nachricht 93:

### Gott

Hab ich dir schon von Gott erzählt, Teo? Wieder so eine komplizierte Sache, die nicht ganz einfach zu verstehen ist. Ich hoffe nicht, dass ich dich mit meinen Nachrichten so verwirre, dass du lieber in Mamas Pool bleiben, dort die nächsten 50 Jahre Urlaub machen und einfach nur dein Leben genießen willst. Würdest du gleich mal googeln, was dieses „Gott" so ist, würde man dir erklären, dass dies ETWAS sei, das dich geschaffen, das dich erdacht hat, weil man ihn (ja, sei ruhig verwirrt, man wird gleich mal davon ausgehen, dass er ein Mann sei ...) den Schöpfer nennt. Dann wirst du hören, DU seiest sein Ebenbild. Wirst von seinem Sohn hören, auch ein Teo, nur mit Namen Jesus. Den hat ER auf die Erde geschickt, um zu zeigen, dass auch die dummen Menschen, mit denen er seit ihrem Erschaffen nichts als Probleme hat, auch zu was gut sein können. Gott hat seinen Jesus ein bisschen in Zauberkunst unterrichtet, das hat die Leute SEHR beeindruckt. Seitdem gehen sie in die Kirche. Und da Gott ein SEHR weises Etwas sein muss, hat er für alle diejenigen, die diesen Jesus nicht sooo cool finden, sich auch noch andere Zauberkünstler ausgedacht:

Moses, damit es auch Juden gibt. Mohammed hat die Menschen zu Muslimen gemacht. Buddha hat Buddhisten um sich geschart. Besonders kreativ waren die ca. 27 000 Götter, die auch noch Hindus zu diesem bunten Bild hinzufügten. Und für alle anderen, denen dieses Angebot nicht reicht, hat dieser unglaubliche Gott es so eingerichtet – also, wenn ich dir das jetzt schreibe, finde ich das wirklich ECHT tolerant – dass sie sich auch selbst was ausdenken können: Die Sphinx, den Kapitalismus und Golfspielen. Und für all das zusammen hat Gott auch gleich einen Namen erfunden: Religion. Ich glaube ja, dass dies Gottes Konzept von Anfang an war. DU bist dafür das klassische Beispiel: Völlig identisch, gleich, 1:1 seit Millionen von Jahren. Ein Kind kommt auf die Welt und schlägt die Augen auf. Was sieht es? Den unendlichen Himmel. Sonne, Mond und Sterne. Wie bitte soll man DAS einem Teo erklären?! Also ich kann es, weil ich Wikipedia auf meinem iPhone habe und zwölf Jahre in die Schule gegangen bin. Aber vor einer Million Jahren hat es kein iPhone und keine Schule gegeben. Und Teos haben die Augen aufgeschlagen und das und noch vieles mehr gesehen. Aber weil Gott die Menschen auch mit einem Gehirn beschenkte, haben die Teos natürlich zu fragen begonnen. WARUM? Sie haben mit einem Mal so viel gefragt, dass dem armen Gott ganz anders wurde, er mit den Antworten nicht mehr nachkam und ihm gar nichts anderes übrig blieb, als Jesus und Mohammed und Buddha und Moses, ja und auch Marx und Engels und leider auch Donald Trump zu schaffen, die den Leutchen Antworten auf ihre Fragen geben.

Warum das Gott so eingerichtet hat, ist mir eigentlich unerklärlich. Es hätte ja auch gereicht, uns an einem Strand sitzen, der Sonne zusehen und dazu einen kleinen Joint rauchen zu lassen – um gar nicht erst die Idee aufkommen zu lassen, blöde Fragen zu stellen.

Somit könntest du in deiner noch völligen Unschuld und Unverdorbenheit zu Recht fragen, was dieser Herr oder Frau Gott denn nun eigentlich wirklich will? Uns total verwirren? Bonds verkaufen UND stoned sein? Menschen in die Luft jagen und dazu „Gott ist groß" rufen? Liebt er wirklich geeiste Gepardenhoden an lauwarm gekochten sibirischen Nesselblüten und hasst die 500 000 Kinder, die jeden Tag an Hunger sterben? Ja, Teo, du hast recht: Das Kapitel GOTT ist einfach zu kompliziert, und vielleicht sollten wir in Ruhe im März 2030 darüber reden. Kurz bevor sie dich zur Firmung, zur Bar Mitzwa oder in irgendeinen Rattentempel zu einer Initiationsprozedur schleppen ...

# Nachricht 94:

## Stille

Lieber Teo! Gott hat heute Nacht zu mir gesprochen. Er sagte, Nr. 93 sei nicht übel. Ich hätte ihm aus der Seele gesprochen. Dieses eigenmächtige Handeln der Menschen in Bezug auf ihn würde ihm ziemlich auf die Nerven gehen. Die Sache sei völlig aus dem Ruder gelaufen. Er würde es bei jedem Teo, den er auf die Erde schickt, immer und immer wieder versuchen. Aber kaum gerieten seine kleinen Engel in die Fänge der Menschen, sei es schon fast um sie geschehen. Dann rückte er ein bisschen näher und flüsterte, er würde mir jetzt detailliert schildern, was ich zu tun hätte, um wenigstens dich – er sagte „DEINEN Teo" – vor dem Schlimmsten zu bewahren. „Momentchen", antwortete ich, „ich hol mir nur schnell was zum Aufschreiben.". Ich wollte auf keinen Fall irgendetwas verpassen – wann bekommt man schon eine solche Gelegenheit? Vor allem, wo es ja anscheinend um DICH ging. Deine Mama und dein Papa würden mir ewig dankbar sein für die PERFEKTEN Ratschläge, die nun gleich folgen würden. Ich rannte aus dem Zimmer und als ich zurückkam ----- saß ich aufrecht in meinem Bett. Mist! Gott war natürlich weg, nicht die geringste Spur von ihm war übrig. Ich lauschte noch ein bisschen in mich hinein, aber da war nichts als Stille. Ich brauchte einige Zeit, um zu kapieren, dass dies, diese Stille, Gott sein musste. Er hatte ja von dir, Teo, gesprochen. Du kennst noch NICHTS. Weder ein Kreuz, noch Mekka, weder Buddha noch ein Sonnengott sagen dir auch nur das Geringste. Du weißt nicht, was beten, und schon gar nicht, was Sünde ist. Du bist nichts als das lebendig gewordene Sein, welches sich selbst genügt. Und in den Augenblicken dieser gespenstischen Stille in mir erinnerte ich mich an die Worte eines indischen Gurus, der mir in Varanasi einmal sagte, dass er nach jahrzehntelanger Übung, in tiefer Meditation, eine Stille zu erreichen imstande ist, die ihn eins mit Gott werden lasse. Also: Er gleich Gott sei. Heute, nach so vielen Jahren, in denen ich oft an dieses großartige Erlebnis an den Stufen des Ganges dachte und – ich muss es gestehen – mir nicht so recht einen Reim darauf machen konnte – noch ehrlicher: es einfach nicht kapierte, was er meinte – verstand ich es jetzt mit einem Mal. Er hatte gemeint, dass er jahrzehntelang von früh bis spät hatte üben müssen, um wieder in jenen Zustand zu kommen, in dem du, Teo, dich gerade befindest. „Nichts als das lebendig gewordene Sein ..." – dieser Satz kam ganz langsam aus der Stille hochgefahren, wie ein Wind, von Gott hinterlassen, als er sich vertschüsste. Und mir wurde klar, was er mir diktieren wollte: Du kannst Teo, alle Teos, am 2. Juni 2017 nicht in die urzeitliche Steinzeit entführen, um ihn vor den Religionen, den Trumps, und den Fondsmanagern zu bewahren. Denn folgt man dem Plan in aller Konsequenz, müssen wohl auch alle diese Wirrungen des Daseins dem Willen Gottes entsprungen sein. Aber du kannst versuchen – mit Hilfe seiner Mama, seines Papas und aller, die ihn lieben – einen Ausgleich zu schaffen, eine Balance: Eine erzählte Geschichte – für acht Stunden mit dem Smartphone. Eine Handvoll Heidelbeeren gemeinsam im Wald gepflückt – für jede Hühnerbrust aus einer polnischen Legebatterie. Fest umarmt in einer Wiese liegen und den klaren Nachthimmel nach Sternschnuppen absuchen – für zwei Stunden YouTube-Schauen. Oder für 90 Minuten Videogames spielen. Oder für das Absetzen von 37 Twitternachrichten.

Ich finde das ziemlich interessant, was Gott mir da für dich diktiert hat. Dass GLAUBE sich erinnern heißt: An die Stille, diese grandiose Stille, die sich im Mamapool ausbreitet. Deshalb halte ich jetzt demütig meinen Mund, beziehungsweise ich lege mein iPhone zur Seite und lasse dich die letzten Momente dieser Stille in Ruhe genießen ...

# Freiheit

## Nachricht 95:

### Die Kostüme der Macht

Lieber Teo! Sobald du geboren bist, wirst du nicht nur (blaue) Höschen und Hemdchen und Schühchen angezogen bekommen, sondern man wird dich auch noch mit anderen Kostümen quälen. Ob deine Eltern es wollen oder nicht: Zuerst bekommst du ihre Erziehung übergestreift, dann werden dich deine Kindergartentanten mit Regeln versorgen, später deine Lehrerinnen und Lehrer. Deine Freunde werden dich beeinflussen und obendrauf kommt auch noch „das System". Du wirst in ein fantastisches Europa hineingeboren, in ein reiches, großartiges Land wie Deutschland, und du kannst sehr glücklich sein, als Österreicher auf die Welt zu kommen. Aber ich kann dir nicht versprechen, dass dies so bleiben wird – also, ich glaube es schon, ich glaube sogar fest daran, dein Fofo ist ein sehr positiver Mensch. Aber niemand, wirklich niemand kann vorhersehen, was sich die Dummen – und leider gibt es viele von denen – ausdenken, was sie anstellen werden, um uns die Zukunft – und DU, Teo, bist die Zukunft – schwer zu machen. Die Stadt, in der du geboren wirst, Berlin, ist das beste Beispiel dafür. Berlin musste viele Jahre sehr leiden unter einer verrückten, menschenverachtenden Politik. Politik: Wie soll ich das einem sieben Monate alten Ungeborenen erklären, der in einem Mamapool schwimmt und nichts als das Kommende genießt? Politik organisiert unser Leben, es sorgt dafür, dass du in einem perfekten Krankenhaus mit größtmöglicher Sicherheit zur Welt kommen kannst. Sie sorgt dafür, dass in eurem Zuhause Wasser aus der Wasserleitung kommt und deine Windeln in einem Mülleimer verschwinden und entsorgt werden. Politik macht die Fußwege, auf denen du dahinrollen und später laufen wirst. Das ist die eine, die gute, die großartige, fantastische Seite. Ich bewundere Politiker, ich könnte das nicht, oder besser, ich würde mich nicht darum kümmern wollen. Da kommen wir auch gleich zum Problem: Die Menschen, die Bürger eines Landes, nehmen all dies, was ich dir soeben aufgezählt habe, für selbstverständlich. Kaum jemand denkt daran, dass hinter jedem kleinsten Komfort unseres Alltags irgendein Mensch stecken muss, der dies irgendwann einmal vorbereitet und dann umgesetzt hat. Das ist die eine Seite. Aber es gibt auch eine andere Seite. Wenn die Menschen, die dies alles für das Volk tun, beginnen, dir vorzuschreiben, auf welcher Seite des Gehweges du dahinzurollen und später zu laufen hast. Wenn sie dir befehlen, welche Windeln du zu tragen hast – diejenigen, die SIE für richtig finden. Wenn sie sich das Recht herausnehmen, das Wasser aus der Leitung zu kontrollieren. Kurz: Wenn immer mehr Macht an einer Stelle zusammenkommt und die Menschen keine Freiheiten mehr besitzen, selbst zu entscheiden, was für sie richtig ist. So war das in Berlin. Aber weil viele Menschen sehr unglücklich waren, wollten sie Berlin, die DDR, wie das damals hieß, verlassen. Doch die Politiker bauten eine Mauer, eine schreckliche Mauer, die quer durch die Stadt lief. In ein paar Jahren werden deine Eltern dir die Reste dieser Schande zeigen. Und die Geschichte dazu erzählen: Von den Kostümen, die zu tragen die Menschen gezwungen wurden. Aber auch, wie die Menschen sich davon befreiten. Vielleicht, mein lieber Teo, wird eine Zeit kommen, in der die Menschen – DU – davon verschont sein werden, politische Jäckelchen umgehängt zu bekommen ...

*puppe*

## Nachricht 96:

### Auto

Lieber Teo! Deine Nonna hat heute ein neues Auto bekommen. Du verstehst nur Bahnhof? Nein, ein Auto ist keine Eisenbahn. Eisenbahn??? Teolein, verkompliziere bitte nicht meine Nachrichten. Deine Mama beschwert sich schon, dass unsere täglichen Gespräche immer länger werden. Aber was soll ich denn tun, wenn es von Tag zu Tag komplizierter wird, dir die Welt zu erklären? Heute also wollen wir uns das „Auto" vorknöpfen. Vor nicht allzu langer Zeit war es so, dass Buben (DU) mit einem eingepflanzten Auto-Gen und Mädchen mit einem Puppen-Gen zur Welt kamen. Das kann ich beweisen. Da wir deine Mama, Tanten und Onkel keinesfalls genderspezifisch aufwachsen lassen wollten, bekam deine Mama Autos zum Spielen, und deinem Onkel haben wir Puppen in sein Bettchen gelegt. Als ich deine Mama, sie war ungefähr zwei Jahre alt, beobachtete, wie sie einem wunderschönen Ferrari, Maßstab 1:24 mit aufklappbaren Türen, eine Mütze über die Motorhaube streifte und begann, das ultracoole Ding in ihren kleinen Armen zu wiegen, habe ich eine

Augenbraue hochgezogen und mich gefragt, ob wir mit unserer Erziehung wohl auf dem rechten Weg seien. Endgültig aufgegeben haben wir dann Jahre später, als wir mit ansehen mussten, wie dein Onkel die Puppen seiner Schwestern unter Zuhilfenahme von Motorengebrumm über die Teppichautobahn rasen ließ und mit einem Puppenhaus einen Frontalzusammenstoß simulierte. Von mir, das schwöre ich, kann er das nicht gesehen haben. Das MUSS das Auto-Gen gewesen sein!

Heute sind das „Auto-" und das „Puppen-Gen" wahrscheinlich abgelöst vom „Handy-" und „iPad-Gen" – wir werden es ja bei dir live erleben, wenn du statt mit deinem Fingerchen die Federung des Matchboxautos zu prüfen, dein Fingerchen über eine Fläche wischen lässt, in der Hoffnung, dass ein neues Bild erscheint. Trotzdem: Auch du, da bin ich mir ganz sicher, wirst mit spätestens vier Jahren alle Automarken erkennen, wirst beim Anblick eines röhrenden Lamborghini Miura einen roten Kopf vor Entzücken bekommen und nichts lieber haben, als mit deinem Papa alle Knöpfe eures Autos durchzuprobieren. Sorry, jetzt habe ich dir ja noch immer nicht erklärt, was dieses Ding eigentlich ist. Nun – du wirst es dir schlecht vorstellen können, weil es dir im Moment NULL Mühe macht, von A nach B zu kommen. Deine Mama hingegen muss Anstrengendes unternehmen: Sie muss ein Auto besteigen, sie muss fahren, sie muss konzentriert sein und dann – das schwierigste – an ihrem Ziel einen Parkplatz dafür finden. Und du: Wabbelst gemütlich im Pool und genießt die Ruhe. Also: Ein Auto ist dafür gemacht, von einem Ort zum anderen zu kommen. Möglichst schnell, möglichst bequem, möglichst sicher. Dafür haben sich viele kluge Leute viele tolle Sachen ausgedacht. Nun geht es aber nicht nur um das gerade aufgezählte Funktionelle, es geht auch um das Wie. Man könnte dir ja auch nur eine warme Hose anziehen, aber deine Eltern laufen sich seit Wochen die Füße wund, um die allerschönsten Hosen für dich zu finden, nein, zu kaufen. Und natürlich wollen sie nicht in einem Lada* durch die Gegend gurken (*ein russisches Auto!!!), sondern standesgemäß in etwas Schickem. Wärst du 2001 geboren, wäre dein Traum als 16-Jähriger ein BMW. Du würdest ihn in jeder freien Minute putzen und polieren und drinnen sitzen und die glänzenden Armaturen und Knöpfe versonnen anstarren. Was sich im Jahr 2033 auf den Straßen tun wird, kann ich nur erahnen: Ziemlich sicher wird Herr Teo ein Elektroauto polieren. Und wenn Herr Teo von A nach B muss, oder von Q nach Y, wird er sich in dieses kugelförmige Etwas setzen, bei dem der uralte Fofo nicht mehr wissen wird, was vorn und was hinten ist, du wirst etwas sagen, worauf sich die Türen öffnen. Du wirst dich gemütlich auf eine Bank kuscheln (vielleicht sogar mit Freundin ...) und einen Knopf drücken. Daraufhin wird sich das Fahrzeug von alleine in Bewegung setzen und sich in den Verkehr einreihen. Herr Teo wird bis zur Ankunft am angesagten Zielort ein Video ansehen, oder am iPad seine Aufgaben erledigen oder ein kleines Schmuserchen mit der Freundin machen.

Vielleicht schaut er auch aus dem Fenster, um die Landschaft zu genießen. Vielleicht wird er bei dieser Gelegenheit plötzlich etwas total Verrücktes sehen: Neben ihm, auf der Autobahn, rollt ein wunderschönes Ding dahin. Herr Teo fotografiert es und sein iPhone 107 liefert einen Augenblick später schon die Info dazu: Saab Cabrio, Baujahr 1995. „Da gibt es ja ein Lenkrad!", wirst du ausrufen. „Und einen Fahrer, der daran kurbelt!" Und Herr Teo wird sich wundern, ob das nicht furchtbar anstrengend ist, von A nach B (oder von Q nach Y) SELBST fahren zu müssen.

„Nein", wird der alte Herr am Steuer seines Saab 900 SE Cabrio 6-Zylinder sagen, „das ist herrlich. Den eigenen Fuß auf dem Gaspedal zu haben. Selbst bremsen zu müssen. Und dieser Hebel hier ist der Blinker. Blinken ist super. Das macht sooolchen Spaß." Und vielleicht wird der alte Herr mit den weißen Haaren den Herrn Teo einladen, doch auf dem Beifahrersitz Platz zu nehmen, um dieses großartige Gefühl zu erleben. „Gern", wirst du sagen. Und als ihr nach ein paar Stunden in B oder Y angekommen seid, wirst du verstehen, dass es beim Autofahren, wie es früher mal war, als es nicht (nur) darum ging, von B nach Y zu kommen, sondern um das „Wie". Es ging um das Genießen des Weges und nicht (nur) um das Erreichen des Zieles. Wenn deine Eltern es erlauben, werde ich dir sehr bald nach deiner Geburt eine kleine Auswahl an Spielzeugautos zur Ansicht und Probe überlassen. Und dann schauen wir mal: Ob es das „Auto-Gen" noch gibt ...

# Urtanzinstinkt

## Nachricht 97:

### Tanzen

Lieber Teo, da du ja noch nichts siehst – damit musst du dich noch bis zwei bis drei Tage nach deiner Geburt gedulden – sondern nur hörst (und fühlst), hast du dich vielleicht schon gefragt, was alle diese unterschiedlichen Geräusche zu bedeuten haben, die da auf dich einprasseln. Von einigen, den Körperklängen deiner Mama, haben wir ja schon gesprochen. Inzwischen hörst du auch schon andere (Frauen-)Stimmen und sogar schon die hohen Töne von Musik. Heute hast du sicher auch noch was anderes gehört, und bevor du dir nun dein kleines Hirn zermarterst, was denn DAS nun schon wieder war, dieses Pumpern wie der Herzschlag deiner Mama, nur VIIIEL lauter: Wir waren in der Disco! Deine Mama nur ganz kurz, weil sie meinte, die laute Musik und die Bässe (das Pumpern) würden dem „Bub" nicht gut tun. Als ich meinte, Teo hätte sicher Spaß, ist sie kopfschüttelnd abgezogen. Tut mir echt leid, denn das hätte dir sicher gefallen. Dein Fofo und die Nonna haben drei Stunden lang getanzt. Dabei bewegt man seine Arme und seine Beine, auch Kopf, Bauch und Po, also eigentlich alles, im Rhythmus des Gepumpers. So wie du, wenn du boxt und deine Arme und Beine gegen den Mamabauch drückst, nur viel schneller. Wenn einem das im Blut liegt, dann kann man einfach nicht stillhalten, wenn „Rollin', Rollin', Rollin' on the river" erklingt, da muss man draufloszucken, was das Zeug hält. Das machst du ja auch – und es macht echt Spaß. Ich kann es kaum erwarten, dir „Don't be so shy" von Imany vorzuspielen, leider nicht vor 2019, um deine Öhrchen zu schonen, aber mit zwei Jahren solltest du schon den Tegetthoff'schen Urtanzinstinkt entwickelt haben, der dich dann auf- und abhüpfen lassen wird. Alle werden um dich herumstehen und vor Freude und Spaß in die Hände klatschen. Und du wirst, angestachelt von der Erfolgswelle, dich immer mehr bewegen, herumwackeln und auch in die Hände klatschen. Während deine Bewunderer und Anhimmler langsam dahinschmelzen und am Boden wegrinnen, wirst du dich bei „Kisses in the dark" in Ekstase getanzt haben und durchzudrehen beginnen. „Das ist ganz normal", werde ich deine nun etwas aufgeregten Eltern beruhigen, die ihren Sohn NOCH NIE so gesehen haben. Nachdem man mich gezwungen hat, mein Spotify auszuschalten, um deinen Tanztrieb – vorübergehend – auszuschalten, liegst du mit hochrotem Kopf und klatschnassem Body in den Armen deines armen Papas, der schon glaubt, die Rettung holen zu müssen. „Papa, BITTE!" wird deine Mama zu mir sagen, und ich werde versprechen müssen, einen Zweijährigen nicht noch einmal zu verführen, mit Imany auszuzucken. Wir beide zwinkern uns zu und wissen, sobald die Alten aus dem Haus sind, werden du und dein Babysitter wieder die Sau rauslassen!

# Nachricht 98:

## Outlet

Lieber Teo! Hast du heute irgendetwas Besonderes gespürt? War der Herzschlag deiner Mama irgendwie anders? Gab es Klänge, die du vorher noch nie wahrgenommen hattest? Ich versuche mal zu übersetzen, was du heute so alles erlebt hast ... Es war ein unglaublicher Morgen, heute in Piran. Deine Mama, du und ich standen auf der Terrasse. Es war Samstag, und so schob sich pünktlich um sieben Uhr morgens das riesige Containerschiff der „CHINALINE" langsam aus der Befestigungsmauer der Punta hervor. Kaum zu glauben: Nach 10 000 Kilometern Fahrt, die eine Woche dauert, kommt dieses Schiff jeden Samstag fast auf die Minute genau aus der Mauer herausgefahren, noch 28 Minuten vom Hafen Koper entfernt. Diese Chinesen ... Ich habe ein Foto von euch beiden gemacht, deine Mama, strahlend schön (das ist wegen DIR!) und von Eurem Bauch (das bist auch DU!). Im Hintergrund noch das Heck des Schiffes. Das Foto zeigt genau den gleichen Ausschnitt wie das, welches vor genau 107 Tagen gemacht worden war. Nur ohne Heck, dafür mit deinem Papa. Und statt des Bauches ist darauf ein Stück verfärbter Papierstreifen zu sehen. Diese Verfärbung – Teo, das war dein allererstes Signal an diese Welt! Als hätte nach einem jahrtausende altem Traum der Menschheit endlich ein Signal einer anderen Galaxie die Erde erreicht: Es gibt LEBEN da draußen! Und in nochmals 120 Tagen wird es wieder ein Foto geben, genau an dieser Stelle. Darauf werden zu sehen sein: deine Mama, dein Papa und ein drei Wochen alter Teo, höchstwahrscheinlich in einem sehr eleganten blauen Hosenanzug mit einem noch eleganteren Häubchen. Sollte es ein Samstag und sollte es sieben Uhr morgens sein – was ganz auf deine Hungerperioden ankommt – wird die „CHINALINE" wieder aus der Mauer herausfahren, und der Kapitän wird keine Ahnung haben, dass er nun schon zum dritten Mal auf historischen Aufnahmen zu sehen ist ...

Am Nachmittag gab es dann ein Treffen mit einem anderen Teo. Einem ganz frischen. Gerade mal seit 40 Tagen im Bauch seiner Mama. Da hat sich deine Mama wie eine alte, erfahrene Mutter gefühlt. Zwei Stunden hat sie von dir erzählt, von allen euren Details, und ihre Erzählung hat dich so lebendig gemacht, als wärst du schon mitten unter uns gesessen und hättest gelächelt – was du ja wahrscheinlich auch getan hast, bei so viel Zuwendung und Liebe, die du jetzt schon erfährst. Die andere Teomama war so glücklich, von so viel Schönem zu hören, was ihr so alles bevorsteht, denn sie hatte auch schon so viel Schauergeschichten gehört, was nicht alles passieren und wie schlecht man sich fühlen könne. Das hast du gut gemacht, Teo, sie aufzubauen, mit deinem bisher perfekten Heranwachsen ...

„Und was war das dann am Abend?", willst du wissen. Du meinst den veränderten Herzschlag? Die ansteigende Hitze und die seltsamen Bewegungen, die den Mamapool schwanken ließen? Schwer dir das zu erklären, Teo, weil es selbst für mich immer noch nicht einfach zu verstehen ist. Dieser seltsame Rausch, der Frauen überfällt, wenn sie ein Modeoutlet betreten. Verzeih mir, dass ich das mal einfach so stehen lasse, du wirst es noch früh genug erfahren und wünschen, es nie erfahren zu haben. Du weißt ja schon, dass du nur drei Wochen nach deinem Erscheinen deine allererste Hochzeitsfeier miterleben wirst: Dein Fofo wird deine Tante Kira zum Traualtar führen und sie dort in die Hände von Rock übergeben. Irgendwann wirst auch du dort stehen und ein anderer Fofo wird deine Braut heranführen – ziemlich cooler Moment! Natürlich MÜSST Ihr drei auch dabei sein. Dazu braucht es – SEHR wichtig – das richtige Outfit. Also DESHALB Outlet. Deine Mama und ein Kleid. Dies wäre ja nicht weiter problematisch bei gezählten 100 000 Fetzen, die dort herumhängen. Zu Preisen, die den (wenigen) anwesenden Männern die Tränen in die Augen treiben, bei dem Gedanken, dass man für einen Hauch von Miniröckchen vier hochglanzpolierte Alufelgen für das Auto bekommen könnte. Also weder die Auswahl, noch die Preise waren das Problem, sondern – sorry – du, Teo. Und dein kleines Häuschen. Das hat Max Mara's Haute Couture zum Verzweifeln gebracht, weil jeder noch so raffinierte Schnitt und jedes noch so liebevoll erdachte Detail durch diesen Megabauch zunichte gemacht wurde. Nonnas und meine Einwürfe, es sei ziemlich sinnlos, heute MIT Teo ein Kleid zu probieren, wenn es OHNE Teo getragen werden soll, kamen nicht so gut an bei deiner Mama. Deshalb die erhöhte Temperatur. Und der erhöhte Herzschlag. Nach zwei Stunden purer Verzweiflung, Verrenkungen gefährlichster Art in der engen Einzelhaftzelle mit Spiegel, einem Hügel aus anprobierten Kleidern, Jacken, Blusen, Tops inmitten des Geschäftes. Der kleine Berg hatte fast die Höhe der höchsten Erhebung der Niederlande. Endlich retteten wir uns alle zur Kasse, um den Gegenwert von ACHT hochglanzpolierten Alufelgen in Form eines unfassbar schönen, schimmernd grünen Rocks samt grandios bestechendem, dunkelblauem Top zu begleichen.

Als Belohnung gönnten sich die drei völlig erschöpften Menschen eine köstliche Pizza (ich hoffe, sie hat auch dir geschmeckt), und nach einer dreistündigen Autofahrt mit Stereogeschnarche deiner Mama und deiner Nonna (während ich durch die Nacht raste) ging dieser aufregende Tag zu Ende ...

# Neunundneunzig

## Nachricht 99:

### Wünsche & Träume

Wir wollten ja nur noch die großen Dezimalzahlen feiern, Teo, aber die 99 ist auch sehr nett. Sie ist die letzte, bevor es dreistellig wird. Also noch nicht 100, knapp davor, das letzte Schnäppchen, bevor es teuer wird. Morgen treten wir dem Verein der Hunderter bei, in dem du zum vollwertigen Mitglied der Gesellschaft werden wirst, mit Namen und Geburtsdatum, mit Geburtsurkunde und Reisepass. Also sozusagen „dreistellig". Dann wird es teuer (vom ganzen Ausmaß wissen deine Eltern noch nichts, obwohl sie es bereits ahnen ...)! Wenn die 999 erreicht sind und man knapp vor dem Tausender steht, sieht man wehmütig zurück und denkt sich, was habe ich doch bei 99 schon gejammert und was steht mir jetzt bevor. Das Ende deiner Dreistelligkeit wird so in 4000 Tagen erreicht sein. Davor ist alles Kindheit. Alles klein. Wie Kinder eben sind. Aber so mit zwölf wirst du an der Schwelle zur 1000 stehen. Dann wird alles WIRKLICH groß. Nicht nur deine Hosen und die Schuhe müssen im Wochentempo gewechselt werden, auch die Reaktionen deiner Eltern auf deine Veränderung: Vom Kind zum Jugendlichen. Die nun folgenden 9999 kommen einem wie die Ewigkeit vor: Wird der Teo - Kerl nie erwachsen?! Wann erscheint endlich die magische 10 000 am Horizont – der Tag, der die Erlösung, die wiedergewonnene Freiheit, die sehnsüchtig herbeigesehnte sturmfreie Bude bringen wird. Für ALLE Beteiligten. 10 000 ist riesig. Und markiert den Punkt, an dem Teos in das Erwachsenenuniversum geschossen werden, wo sie bis zu ihrem Ende als eigenständige Planeten kreisen werden. Nicht mehr um die Elternsonne, sondern sich eigene Galaxien suchen. 99 999 Jahre sind für uns fast die Unendlichkeit. Und doch – ist man an der 99 999 angekommen und blickt zurück auf die fünfstellige Zahlenreihe, erscheint einem diese Zahl so verdammt klein, man sieht hinauf in den Himmel, wo der Teostern seine Bahnen zieht und denkt sich, Mann o Mann, gerade eben haben wir doch von 99 gesprochen, von lächerlich Zweistelligem, wo kommen denn plötzlich die anderen drei Stellen daher? Kaum dass man einen klaren Gedanken darüber fassen hat können, rollt auch schon dieser dicke, kaum mehr zu überschauende 100 000er daher. 100 000. Setzt man hinter diese Zahl „Tage", so sind wir bei deiner Urururururgroßmutter im Jahre 1743. Nimmt man nur eine einzige Stelle weg, so wären wir bei meinem 90. Geburtstag. Schreiben wir hinter der Zahl das Wort „Reiskörner", so erfahren wir, dass ein Reisbauer in China 30 Minuten braucht, um diese Menge zu ernten. Und 20 Menschen sich an einem Abend damit satt essen könnten. Erscheint hinter der 100 000 „Wünsche", so wäre dies genug, um ein ganzes Menschenleben lang glücklich sein zu können – sofern wir 1010 Menschen finden, die sich jeweils 99 für uns ausdenken. Daran werden wir jetzt arbeiten, Teo: Wir suchen, am besten über Facebook, 1010 Menschen, die sich für meinen ungeborenen Enkelsohn Teo jeweils neunundneunzig Wünsche für sein bevorstehendes Leben überlegen. Das wird ein bisschen sowas wie Fürbitten, zur Taufe, zur Hochzeit und sonstigen Gelegenheiten, nur ohne das „Vater unser". Ich werde an meinem 90. Geburtstag, 10 000 Tage von jetzt an, diese Liste mit dir durchgehen. Hoffentlich schaffen wir das bis zum 2. Juni, deinem 27. Geburtstag, um klarzustellen, wie viele davon du schon erreicht hast. Ich schicke dir nun, zum Abschluss der 99. Nachricht, 100 000 Träume! Die sind fast so gut wie Wünsche ...

# Nachricht 100:

**100**

Genau, Teo. Wir ignorieren die heutige Zahl. Wir bekunden damit, dass wir NICHT im Dezimalsystem gefangen sind. Wir tun so, als wäre diese Nachricht um keine Spur besser als die unaufgeregte 71, die bescheidene 35 und die mäuschenhafte 7. Wir zeigen der 100, dass sie nichts Besonderes ist. Wir werden uns weder bemühen, sie durch Sensationelles aufzuwerten (das hat sie sicher erwartet!), und schon gar nicht werden wir uns etwas Märchenhaftes ausdenken, um ihr keine Gelegenheit zu geben, damit zu prahlen. Wir wollen ganz sicher nicht, dass sie sich zum Beispiel der 97 gegenüber abschätzig äußert, nur weil die über so etwas Profanes wie „Tanzen" hat erzählen dürfen. Dass sie über die 44 und deren Erzählung über die Zeit lacht? Das kommt nicht in Frage. Wir werden der 100 Bescheidenheit beibringen. Jede Zahl ist gleich viel wert – so wie jeder Tag etwas Besonderes ist. So wie jeder Teo etwas Besonderes ist. Egal ob er am 79., am 44. oder am 17. Breitengrad geboren wurde. JEDER wird zu etwas Besonderem, indem wir ihm unsere Aufmerksamkeit schenken. Aber genauso muss dieser Jemand, der gehuldigt wird, ebenso wie die vermeintlich besondere 100 und auch dieser einzigartig heranwachsende Teo sich in Demut und Bescheidenheit üben. Deshalb, Teo, werden wir diese Nachricht heute mit vollster Absicht kurz halten. Ich werde keinen Champagner öffnen und diese 100. Nachricht feiern. Die 100 wird keine außergewöhnliche Geschichte bekommen und du, lieber Enkelsohn, wirst sowieso nichts von alldem mitbekommen, sondern wie jeden deiner bisherigen Tage gemütlich am Daumen lutschen und dir denken, morgen kommt mit ziemlicher Sicherheit ein nächster Tag daher …

> *„Es gibt nichts wichtigeres für uns Menschen, als jemanden zu finden, der einem zuhört."*

## Nachricht 101:

### Schule des Zuhörens

Lieber Teo! Seit heute ist dein Fofo auf Tournee. Ich freue mich schon SEHR darauf, wenn du mich so ab dem Jahr 2023 mal begleiten wirst. Das wird dir Spaß machen. Ich komme – wie zum Beispiel heute – an eine Schule. Auch du wirst ab 2023 in eine Schule gehen, aber das haben wir ja schon kurz besprochen. Dort lernt man alles, was man so braucht, um sich im Leben behaupten zu können. Lesen und Schreiben, Rechnen und wie die Hauptstadt von Malaysia heißt. In den zwölf Jahren, in denen du zur Schule gehen wirst (wahrscheinlich ...), hast du aber auch sehr viel unnützes Zeugs zu lernen. So vieles, dass andere wichtige Sachen darüber vergessen werden. Genau aus diesem Grund komme ich dann an eine Schule – so wie heute. Die Kinder warten im Klassenzimmer auf mich, es waren 62. Die Direktorin stellt mich vor und sagt „Kinder, heute ist ein besonderer Tag! Ein GAAANZ berühmter Märchendichter ist bei uns heute zu Gast! Der wird uns nun Märchen erzählen!" Die spricht von deinem Fofo, Teo. Also das „gaaanz berühmt" ist ein PR-Gag, damit die Kinder vor Ehrfurcht erstarren. Bewegungslos werden und somit STILL und BRAV sind. In Wirklichkeit haben sie keine Ahnung, wer da vor ihnen steht – die haben mich noch nie im Fernsehen gesehen, weil ich ja keine Witze mache. Im Moment zeigen sie im Fernsehen nämlich nur noch Leute, die Witze machen. Und da sind wir schon mitten in meinem Thema: Die Direktorin hat NICHT ZUGEHÖRT, sonst würde sie wissen, dass ich NICHT an ihrer Schule bin, um nette Märchen zu erzählen, sondern dass ich hier bin, um mit den Kindern über ZUHÖREN zu sprechen. Wie, so frage ich mich als allererstes, sollen die Kinder zuhören können, wenn die Direktorin es nicht kann?! Aber mich interessieren nicht die Direktorin und die Lehrer, ich konzentriere mich ganz auf die Kinder. Ich versuche, ihnen näherzubringen, wie wichtig, wie unglaublich wichtig Zuhören doch ist. Und dann erzähle ich ihnen MEINEN Satz! Er ist vielleicht der bedeutendste Satz, den ich je geschrieben habe. Er lautet: „Es gibt nichts Wichtigeres für uns Menschen, als jemanden zu finden, der einem zuhört!" Dann versuche ich diesen Satz mit ein paar Beispielen zu erklären. Eines davon handelt auch von DIR: Denn du wirst, sobald du in ein paar Wochen den Mamapool verlassen hast, binnen weniger Tage lernen, dass du, um das zu bekommen, was für dein Glück notwendig ist, nur zwei Dinge zu tun brauchst: Lächeln und Schreien. Und warum tust du es?! Um gehört zu werden! Sofort werden deine Mama und dein Papa angerannt kommen und ... und was werden sie tun?! Sie werden DIR zuhören! Sie werden dich in den Arm nehmen. Sie werden dich küssen. Sie werden dich wiegen. Und trösten, Milch geben, Windeln wechseln. Dich hochhalten. Dich auf ihren Bauch legen. Dich streicheln. Und all das hast du mit nur zwei kleinen Dingelchens erreicht: mit einem Lächeln und mit einem Brüllen. Und daran wird sich dein ganzes Leben lang nicht so rasend viel ändern. DAS habe ich den Kindern heute erzählt. Und sie sind 70 Minuten (das ist eine SEHR lange Zeit ...) dagesessen und haben mir zugehört. So wie du mir seit 101 Tagen zuhörst, Teo. Ja, o.k., nicht ganz freiwillig, weil du ja in deinem kleinen Häuschen gefangen bist und mir zuhören MUSST, aber ich glaube, dass du es magst. Nein, ich HOFFE es! Und in ein paar Jahren werde ich dich auf meinen Schoß nehmen und werde dir aus dem „TEO BUCH" vorlesen ...

## Nachricht 102:

### Wahrnehmung

Gestern, Teo, habe ich dir schon mal beigebracht, wie du deine Eltern dazu bringst, das zu tun, was du willst. Du hättest das auch ohne mich geschafft, weil du von der Schöpfung etwas in dein Hirn eingepflanzt bekommen hast, was das alles wie von alleine regelt: WAHRNEHMUNG. Das ist ein echtes Wunderding! Du wirst nur ein paar Tage brauchen, um zu kapieren, wie das mit dem „BEKOMMEN, WAS ICH WILL" funktioniert. Ja, du wirst ALLES mit Hilfe von Wahrnehmung lernen. Stell dich schon mal darauf ein, dass du am

Anfang wie ein Käfer nur so auf dem Rücken herumliegen wirst. Aber nicht lange, denn deine Augen und deine Ohren werden Tausend interessante Sachen entdecken, die dich interessieren werden. Und da die Neugierde auch ein ganz wichtiges Stück vom Ganzen ist, wirst du dich gewaltig anstrengen, dein Betätigungsfeld immer mehr zu erweitern. Um mehr wahrnehmen zu können, wirst du dich sehr bemühen, dich zu drehen. Auf den Bauch. Auf den Rücken und wieder auf den Bauch. Deine Eltern werden in Verzückungsschreie ausbrechen. Das wird dich so motivieren, dass dir dieser lächerliche 180-Grad-Horizont sehr bald zu wenig sein wird und du dich aufsetzen wirst. Jetzt liegt dir praktisch die ganze Welt zu Füßen: 360-Grad-Radius. Da entgeht dir nichts mehr. Zumindest in dem Raum, in dem sie dich gefangen halten – na ja, die wollen dich noch unter Kontrolle haben, so lange es noch geht. Denn bald, bälder als es deinen Alten lieb ist, wird deine Wahrnehmung dir mitteilen, dass da noch mehr geht. Sie wird dir Tag und Nacht vorschwärmen, dass Sitzen ganz o.k. ist, aber wie cool es doch wäre, aufzustehen. Denn, das hast du längst kapiert, die Wände und die Gitterstäbe und das Ding, das ständig auf und zu geht, bedeuten nicht das Ende der Welt. Da gibt es noch mehr. Und das will von Teos entdeckt werden. Heute in ungefähr 365 Tagen wirst du dich aufrichten – zu voller Größe! Deine Umgebung wird in hysterische Bravoschreie ausbrechen – mach dir keine Sorgen um uns, das ist normal. Das ist irgendwie in unseren Genen so eingespeichert, seit ein Äffchen dies vor 50 Millionen Jahren zum ersten Mal versucht hat. „Teo steht" wird in allen zur Verfügung stehenden Social-Media-Kanälen um den Erdball geschossen – jeder soll es wissen. Aber kaum haben die stolzen Verursacher deines Daseins sich an „Teo am Tischbein", „Teo am Hosenbein", „Teo an der Wand" gewöhnt, folgt der nächste von deiner Wahrnehmung entfesselte Quantensprung: dein erster Schritt. Mach dich schon mal drauf gefasst, dass deine Eltern nunmehr völlig auszucken! Ja, diese Reaktion ist natürlich hemmungslos übertrieben, dieser teoevolutionäre Schritt war ja irgendwie zu erwarten, weil ca. 47 Milliarden Menschen vor dir das auch geschafft haben, aber andererseits ist es einfach großartig, dass sich dieses Wunder immer und immer wiederholt. Und ich meine nicht nur deinen ersten Schritt, sondern auch das Auszucken der Eltern ... Du wirst deinen Eltern nur eine sehr geringe Zeitspanne gönnen, sich darauf vorzubereiten, dass ihr lustiges Teoleben damit zu Ende gegangen ist. Denn schon mit dem nächsten Kapitel, das du aufschlägst, wirst du Mama und Papa an ihre Grenzen bringen: Teo rennt! Nichts kann dich mehr aufhalten. Nichts wird mehr vor dir sicher sein. Keinen Augenblick wird man dich aus den Augen lassen können. Amazon wird sich freuen über eine Bestellflut an Vasen, Kerzenständern, Gläsern. So wie ich dich einschätze, werden weder ein Fernseher, ein Mobiltelefon noch ein nachlässig verstauter Laptop vor deinem unbändigen Entdeckertrieb sicher sein. Wobei das Problem nicht im Entdecken und auch nicht bei diesen interessanten Dingen liegt, sondern in der Schwerkraft, die es mit sich bringt, dass ALLES, was von kleinen Händen in Bewegung gesetzt wird, dem Erdmittelpunkt zustrebt. Und zwischen dem Laptop und dem Erdmittelpunkt wartet ... Herr Teo!

Aber: Dank deiner Wahrnehmung wirst du ebenso schnell lernen, dass das Geschrei, das lustige Am-Stand-auf-und-ab-Hüpfen deines Papas etwas mit den fliegenden Dingen und deren wundersamer Auflösung in mehrere Teile zu tun haben muss, und du wirst dich anderen Dingen zuwenden. Besser, Teo, wenn wir deinen Eltern heute noch nichts davon erzählen ...

Wahrnehmung – ein ECHTES Wunderding

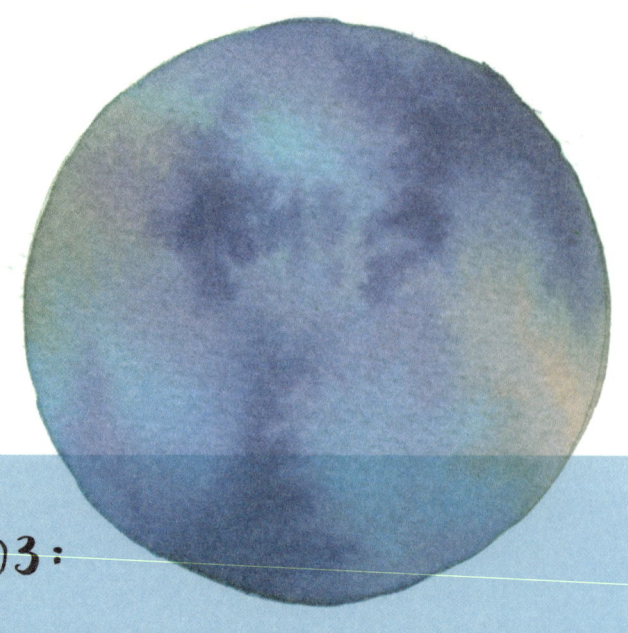

# Nachricht 103:

## Ultraschall

Lieber Teo! Es ist der 23. März. Unter meinen Nachrichten auf WhatsApp ein Foto. Es zeigt ein Kind. Es zeigt dich: ein unvollendetes Kunstwerk. Soll es uns wirklich erlaubt sein, einen Blick durch das Schlüsselloch der Schöpfung zu werfen? Missachten wir nicht den Willen des Künstlers, der sich zurückgezogen hat, seinem Werk die letzte, unfassbare Perfektion zu verleihen, bevor er sich von ihm trennt? Es entlässt in die Hände derjenigen, die es fortan zu hüten beauftragt und ihm verpflichtet sind. Will man ALLE Geheimnisse enträtseln? Als ich dich so leibhaftig auf diesem Foto sah, erschien augenblicklich eine sehr seltsame Erinnerung. Ich muss so 22 Jahre alt gewesen sein, ich lebte in Hamburg. Ich betrat eine Peepshow – vielleicht ist es zu früh, dir zu erzählen, was das ist. Aber wenn du alt genug bist, davon zu erfahren, wird es so etwas sowieso nur noch im Museum geben. Ich stand also in einer Kabine und warf eine Münze in einen Schlitz. Darauf öffnete sich ein kleines Fenster und gab den Blick frei auf einen runden Raum, in dessen Mitte eine Frau stand. Sie war nackt. Ich sollte eigentlich erregt sein, aber ich war betroffen. Dieser Mensch sah mich an, und sein Blick erzählte von Traurigkeit und Einsamkeit. Von Verletzlichkeit. Von Entblößung – nicht seiner Nacktheit, sondern meines Blickes wegen. Der Mensch wurde bezahlt dafür, dass er dort stand, aber ich nahm ihm mit meinen Augen seine Würde. Ich schämte mich. Ich wollte am liebsten die Scheibe einschlagen und eine Entschuldigung in den runden Raum schreien. Ich wollte davonrennen, aber ich stand da und starrte. In die Augen des Menschen – nirgendwo sonst hin, obwohl ich dafür gezahlt hatte, sonstwohin zu starren. Ich glaubte, damit etwas gutmachen zu können, ich hoffte so sehr auf ein Lächeln des Verständnisses für mich armen, dummen

Mann. Aber das Gesicht zeigte nichts. Es sah mich nur an – bis endlich der Zeitmechanismus gnädig die Luke des Fensters schloss. Ich stand noch einige Zeit einfach so da und starrte auf die schwarze Wand. Dann ging ich und schwor mir, niemals wieder einen Blick hinter ein verschlossenes Fenster zu wagen. Und dann sah ich dieses Foto. Von der Schöpfungspeepshow. Der nackte Mensch. Er ist unvollendet. Er will sich nicht zeigen. Er will jeden Augenblick genießen, die er mit seinem Schöpfer noch in Stille verbringen kann. In diesem runden Raum, der das Abbild des Universums ist. Dort, wo die Schöpfung sich vollzieht. Wie vor Milliarden von Jahren. Dann geht das Fenster langsam auf. Dahinter stehen wir und gaffen. Und du liegst da, und obwohl deine Augen noch nicht sehen, sagt mir dein Blick, dass wir mit unserer Münze in etwas eingreifen, eindringen, was nicht für uns bestimmt ist. So wie ich es damals mit Neugierde zu erklären versuchte, verstecken wir uns bei deiner Entblößung hinter medizinischen Gründen – aber es bedeutet mehr. Es ist eine Manifestation unseres Fortschritts, ist die Beweisführung für unsere errungenen Fähigkeiten, alle Grenzen zu überwinden – als wollten wir uns mit Gott oder dem Urknall messen. Wir schlagen stolz der Schöpfung ein Schnippchen, indem wir Fenster öffnen, zu runden Räumen, in denen seit Jahrmillionen Geheimnisse verborgen sind. Ich will dich, Teo, so lange als möglich als Geheimnis in mir tragen. Und dich nur mit Hilfe meiner Fantasie in deiner Welt besuchen. Ja, es ist DEINE Welt. Sie gehört nur dir und deiner Mutter. Und sonst niemandem. Nicht einmal deinem Vater und schon gar nicht mir oder irgendjemandem anderen.

# Nachricht 104:

## Maschinen

Am 5. Januar 1905 – also vor 112 Jahren (damit wir nicht wieder in die leidige Dezimalfalle tappen) – wurde ein hölzernes Hörrohr an einen Bauch gehalten. Lange und sehr sorgfältig, um die Herztöne eines Ungeborenen zu hören. „Alles in Ordnung", sagte die Hebamme und beruhigte die angehende Mutter. Wie aus den Aufzeichnungen in unserer Familienchronik hervorgeht, sollte das Baby Mitte März zur Welt kommen. Aber dein Pagrogro (mein Vater und dein Urgroßvater) wurde am 5. März geboren. „Zu unser aller Freude", ist in dem dicken Buch zu lesen, „ist es ein Junge und er wird Franz heißen." Damals, im Januar 1905, wäre es wie ein Stück aus einem (schlechten) Science-Fiction-Roman gewesen, hätte man sagen können, dass da ein kleiner Franzl heranwächst und dass er eine ziemlich große Nase haben würde. Man hörte mit Hilfe eines Rohrs, bestmöglich aus Nussholz, das schnelle Zirpen des kleinen Herzens – das war alles. Und heute: Gibt es eine Maschine, die so scharfe Fotos von dir im Bauch macht wie die Fotokästen in Bahnhöfen, in denen man immer ziemlich doof aussieht. O.k. – wir brauchen dieses Thema nicht wieder aufwärmen, das ist Sonnenschein von morgen ... Ich habe deinen Pagrogro erwähnt, Teolein, weil das damals alles so richtig begann: Die Welt der Maschinen. Davor war das wichtigste Instrument die Hand, die alles fertigte und erledigte. Natürlich hatte man Werkzeuge, aber alles Werkzeug diente eigentlich nur dazu, die Fähigkeiten der Hand zu optimieren – sie, die Hand, stand immer im Zentrum und war der wesentliche Teil aller Arbeit. Mit der Erfindung der Dampfmaschine und dann der Elektrizität sollte sich das gravierend ändern: Die Hand wurde nur noch dazu gebraucht, das Ding in Gang zu setzen. Sie durfte einen Knopf drücken. Das klingt jetzt so wehmütig – nein, ist es gar nicht. Damit verbesserte sich die Situation der Menschen dramatisch! Der unvorstellbare Luxus, in den du hineingeboren wirst – vom Luxus deiner Geburt, bis zum Luxus deiner zukünftigen Bildung – haben wir diesen Anfängen zu verdanken. Und wenn nun irgendeiner, der unsere Nachrichten irgendwann einmal lesen sollte, an dieser Stelle die Augen verdreht und meint, was sei dies doch für ein Gutmensch, der das Elend der Welt ausblendet, dem schreiben wir jetzt schnell noch hin: Auch in Afrika und in Asien hat sich in den letzten 100 Jahren die Situation extrem verbessert. Natürlich noch weit weg von den Standards, die wir „Wohlstand" nennen, aber so, lieber Kritiker, dürfen wir nicht werten: Die Situation der Menschen in Europa 1905 und die Situation der Menschen in, sagen wir mal, Ghana, 1905. Da war der Unterschied Lichtjahre, in jeder Hinsicht, heute sind es ... ja, noch viel zu viele Jahre, das stimmt, aber bei Weitem keine Lichtjahre mehr. Und im Jahr 2017, deinem Jahr Null, stehen wir an einem neuen Beginn. Der nächste Schritt, der dich genau so beeinflussen wird wie die Industrialisierung meinen Vater, nämlich die Digitalisierung und die Robotisierung. 1865 sind die meisten Menschen auf den Feldern gestanden und haben Landwirtschaft betrieben. 1905 wanderten sehr viele Menschen von den Feldern in die Fabriken und standen an Fließbändern. 2032 werden in den Fabriken Roboter, also Maschinenmenschen arbeiten und gar nicht so wenige Menschen werden vielleicht wieder auf den Feldern stehen und Biokarotten und Salbei anbauen. Wenn es für dich ernst wird, du dein warmes Elternnestchen verlässt, um auf eigenen Beinen zu stehen, so um das Jahr 2035 herum, wird es völlig andere Jobs geben, als wir es uns heute vorstellen können. Und ich wage einen Blick in die Zukunft, wenn ich sage, dass DIE HAND wieder kommen wird – sie wird wieder „modern", das heißt WICHTIG werden. Ich hoffe nur nicht in dem Sinn, wie es in einem Buch, das 1948 erschienen war, dargestellt wird: Nämlich, dass es Menschen geben wird, deren Hände für Handarbeit und solche, die auf „Gehirn" gezüchtet werden, für die „Kopfarbeiten" – nein, das meine ich nicht und ich bete für dich, mein kleiner Teo, dass das nur ein Roman bleibt und nie die Wirklichkeit werden wird ...

# Nachricht 105:

## Schönheit

Mein lieber Teo! Natürlich wirst du SCHÖN! Du bist es jetzt schon – nach dem Foto zu schließen (nein, nicht schon wieder!!!). Ist ja auch kein Wunder, denn deine Mama ist eine richtige Schönheit und dein Papa ist echt fesch. Da kann nur etwas – Schönes – herauskommen (und jetzt fang' ich gar nicht mit deinen Magros und den Pagros an ...). Du hast folglich die allerbesten Voraussetzungen, in der Gesellschaft erfolgreich zu sein. Ja, diese Aussage hat durchaus Erklärungsbedarf. Studien haben ergeben (darüber müssen wir vielleicht auch noch sprechen – Studien. Die sind für uns sehr wichtig, um das, was wir eh wissen, auch bestätigt zu bekommen ...), also Studien haben ergeben, dass es „schöne" Menschen einfacher im Leben haben. Das ist eigentlich erschreckend und diskriminierend und – da bin ich mir ganz sicher – vom Urknall auch nicht so gewollt. Das Verzwickte an dieser Sache ist aber, dass dieses Wort „Schönheit", bzw. „schön" nichts Unumstößliches ist wie zum Beispiel, dass der Himmel blau ist und die Sterne weit weg sind. Ich gebe dir mal ein Beispiel: In der westlichen Welt, das ist dort, wo du hineingeboren wirst, gilt es als „schön", schlank zu sein. Also einen von Muskeln gleichmäßig geformten Körper zu haben, an dem es nicht zu viele gepolsterte Stellen gibt. Im Orient jedoch, das ist weit weg und wir haben ja noch 68 Nachrichten Zeit, darüber auch zu sprechen, gilt als „schön" genau das Gegenteil. Wenn Frauen – wir sprechen hauptsächlich von Frauen, denn die Männer haben zu Schönheit eine andere Beziehung, dieses Thema muss sich in den letzten Nachrichten auch noch UNBEDINGT ausgehen –, wenn Frauen nämlich dünn sind, was hier bei uns gefordert wird und worüber man bei uns jubelt, dann gelten sie im Orient als arm und als „weniger wert" (sorry, aber ich glaube, ich muss einmal ein echt LANGES Kapitel über den Islam schreiben). Hart ausgedrückt: Je dicker sie sind, um so besser. Also, was ist jetzt „schön"? In China sind Frauen (und deren Männer ...) mit kleinen Busen sehr zufrieden. In Venezuela lassen sich bereits jugendliche Mädchen riesige Busen operieren. Im Iran geht es um Nasen: Jeder (besser: jede Frau), der es sich leisten kann, lässt sich die Nase operieren: Auf etwas Kleines, Schnuckeliges. Und in Japan lassen sich – Frauen – die kleinen Nasen größer machen. Ja, spinnt die Welt! Besser, ich fange gar nicht erst mit der Mode an, dann wird „SCHÖN" überhaupt etwas völlig Absurdes. Aber – ich kann dich beruhigen, Teo. Es GIBT Kriterien und zwar solche, die von der Natur und nicht von uns dummen Menschen vorgegeben werden. Ein tiefviolettes, duftendes Lavendelfeld an einem Julitag in der Provence wird jedem, egal ob Österreicher, Chinese, Afrikaner oder Iraner ein „Oh mein Gott ist das SCHÖN" entlocken! Der Anblick des Meeres. Hohe, schneebedeckte Berge an tintenblauem Himmel. Ein Bugatti Veiron. Deshalb verwende ich viel lieber den Begriff der „Ästhetik", weil er eben nicht den von Menschen aufgestellten, kulturellen, sozialen, politischen, religiösen Kriterien unterworfen ist. Und wenn wir von menschlicher „Schönheit" sprechen: Wahre Schönheit entsteht durch ein Zusammenspiel von innerer und äußerer Schönheit. Deine Mama könnte noch so „modemagazingerechten" Schönheitsidealen entsprechen, die Aura, das Flair, die „Vibrations", die sie umgeben, wenn man auf sie trifft, erstrahlen aus ihrem Inneren. Und damit sie nicht zu eitel wird: Das gilt auch für Tante Sophie, Tante Kira und den Onkel Floris ... Drei Monate noch: Dann wird überall, wo Herr Teo erscheint, zu hören sein: OH MEIN GOTT, ist der SÜSS! Und sooo SCHÖN. Sollte ich bei solcher Gelegenheit in der Nähe sein, werde ich wie beiläufig sagen: „Ja, aber das kommt von seinen inneren Werten. Das wurde mir schon während unseres 172 Nachrichten langen Diskurses bewusst. Er hat ..."

## Schön Herr Bub

### Nachricht 106:

**Herr Bub**

Hi Bub! Ich habe ein kleines Problem. Vielleicht kannst du mir helfen. Mit ein paar Tritten, mit heftigem Schluckauf und mit Die-ganze-Nacht-Herumwurschteln. Also: Du kannst dich sicher an die denkwürdige 17. Nachricht erinnern, es war die, als ich dich zum ersten Mal Teodorus nannte, was alsbald zur Abkürzung Teo wurde. Deine Mama hatte uns von einer Liste von Favoriten erzählt, und für mich war sofort klar, dass du nur ein Teo sein kannst. Das Problem besteht nun darin, dass deine Mama (und vielleicht auch dein Papa) meint, ICH hätte IHNEN diesen Namen w-e-g-g-e-n-o-m-m-e-n! GESTOHLEN, geklaut, hinterlistig entwendet. Deshalb, so argumentiert deine Mutter, könntest du nun unmöglich Teo heißen, da ich diesen Namen ja für unseren kleinen Chat verwende. Diese Logik kann ich ÜBERHAUPT nicht nachvollziehen: Es gibt Millionen von Menschen, die nach einer Romanfigur benannt sind, bei uns ist es umgekehrt – ist das nicht cool?! Außerdem male ich es mir großartig aus, dass du zu deinem ersten Date 2032 unser Buch mitbringst und sagst „Alles weitere zu mir kannst du hier nachlesen!". Kommst du aber damit an und heißt, sagen wir mal, Karli, musst du echt harte

Überzeugungsarbeit leisten, die Beweisführung anzutreten, dass „Karli" und „Teo" ein und dieselbe Person sind. Vor allem aber wirst du mich nicht jedes Mal anrufen können, wenn es wieder mal so weit ist, beweisen zu müssen, dass DU dieser berühmte Teo bist. Da ich es aber gewohnt bin, alles zu tun, was mir die Frauen in meiner Umgebung so auftragen, wird mir wohl nichts anderes übrigbleiben, als irgendeinen anderen Namen für dich zu erfinden, obwohl mir dabei das Herz bricht. Ein letztes Mal: Teo – hast du irgendeine Idee, wie wir dich in unserem Buch nennen könnten? Alfons, Ali, Armand? Xaver, Xenius, Xim? Ich befürchte, dass wir nicht mehr viel Zeit haben, denn ich nehme an, dass sich deine Eltern schon den Kopf darüber zerbrechen, wie ihr Teo anders heißen könnte. Wahrscheinlich bricht ihnen das Herz bei dem Gedanken, dass nur, weil dieser Fofo IHREN Namen geklaut hat, sie nun IHR Kind, ihr eigen Fleisch und Blut NICHT so benennen dürfen, wie sie es sich so sehnlichst gewünscht hatten. Sollen wir nachgeben, Herr Bub, und dich Diderich, Deophilus, Damian nennen? Teo ist ja eine Ableitung von Deo, bzw. Deus – Gott, das Göttliche. Das ist es ja: Das passt SO WAS von perfekt zu dir. Wir müssen die schwere Entscheidung treffen, ob du in echt oder in einem Buch so heißt. Na ja – wenn wir das so formulieren, ist die Entscheidung nicht schwer. Denn stell dir vor, das Mädchen von deinem ersten Date kriegt einen Lachkrampf weil du Gunter-Gabriel, Galleger, Giselbert heißt. Und du drückst ihr unser Buch in die Hand und sagst, „Nein, Babe, eigentlich heiße ich Teo, aber weil ..." und dann erzählst du ihr die ganze leidige Geschichte. Und stell dir nun weiter vor, dass sie antwortet „Oh, mein iPhone, ist das ein süßer Name!" und sich darüber auslässt, was für ein Vollar ... dein Großvater denn sein muss, dass er, nur wegen seines blöden Buches, dir diesen VOLL SÜSSEN Namen geklaut hat. Vergiss die zu Beginn der Nachricht erbetenen Protestaktionen, wir geben einfach klein bei. Was hältst du von „Herr Bub"? Finde ich ja auch nett. Echt nett. Ja, ich mag das. Ehrlich. Ich würde ja noch gern näher beschreiben, warum ich „Herr Bub" für die VIEL bessere Lösung halte, aber ich hab jetzt keine Zeit – ich muss 89 Nachrichten umschreiben. Bis morgen. Und BITTE: Verhalte dich ruhig, auch wenn es dir schwerfällt ...

# Nachricht 107:

## Intuition

Grüß Gott, Herr Bub! (Wenn schon, denn schon – jetzt werden wir förmlich!) Eine so schwerwiegende Entscheidung, wie die Auswahl eines Namens zu treffen, ist ein klassisches Beispiel dafür, wie wir Menschen so ticken – also wie auch DU, Herr Bub, einmal ticken wirst. Da werden alle verfügbaren Namensbücher angeschafft, stunden-, tagelang studiert. Die entsprechenden Internetseiten werden konsultiert und natürlich wird jedes Rufen nach einem Kind im Umkreis von 100 Metern konzentriert wahrgenommen: „Hilberti, komm zur Mama!" wird zwar nicht hilfreich sein, aber immerhin, man kann wieder einen Namen von der Liste streichen.

Dann gibt es endlich eine Reihung von ungefähr 500 Namen, die nach allen nur erdenklichen, RATIONALEN Erwägungen systematisch reduziert werden. Klangfarbe, Kompatibilität mit dem Familiennamen, Länge, Herkunft. Zusätzlich werden die Abkürzbarkeit (Anton wird zum Toni – süß! Waldemar wird zu Waldi – Ausschluss wegen Verwechslungsmöglichkeit mit 95 Prozent aller existierenden Dackel) – geprüft und natürlich auch alle Möglichkeiten zur Lautverschiebung (dein Onkel Floris wird von mir des öfteren „Flutsch" genannt, deine Tante Sophie bekam von mir den Ehrennamen „Sophel-Poffel-Wurstmaschin", deine Tante Kira wird des öfteren zur „Kiks" und deine Mama Tessa darf sich über ein wunderschön lautmalerisches „Tex" erfreuen – keine Angst, bei meinem Enkel werde ich mich zurückhalten. Ein weiterer Grund für deine Eltern, sich doch für TEO zu entscheiden, denn was könnte man da noch malen: Tix? Teo-Meo-Tofu? Tutsch? NEIN! Unmöglich!).

Stehen dann am Ende – also wenige Stunden vor der Geburt – die sieben Namen fest, die das knallharte, nach rein intellektuellen Kriterien durchgeführte Auswahlverfahren überstanden haben, setzt etwas ein, das wir Erwachsenen zwar erklären, aber nicht wirklich festmachen können. Nämlich unsere Intuition. Das ist ein ganz wichtiges Ding, das in dich hineingepflanzt wird. Menschen sind zwar schon auf dem Mond herumspaziert, haben aber noch nicht herausgefunden, wann und wie der Urknall diesen fantastischen Samen in dein Gehirn gepflanzt hat. Man weiß praktisch ALLES über das Herz und die Muskeln, über die Nerven, und was passiert, wenn wir husten, aber wir wissen fast NIX darüber, wie INTUITION funktioniert. Wenn dein Fofo seine „Schule des Zuhörens" macht, dann spricht er auch über Intuition und erklärt das – möglichst simpel – so: Wir tun etwas, ohne zu wissen, warum wir es tun. Wir tun es ganz einfach. Wir fragen nicht, wie sonst immer, unser Gehirn mit all seinem Wissen, seinen Erfahrungen und Erkenntnissen, wir lassen uns von etwas Geheimnisvollem leiten, was ich versuche, als „den letzten feinen Faden, der uns mit dem Göttlichen verbindet", zu beschreiben. Und dann erzähle ich von einem Beispiel, das mit dir zu tun hat. Dir wird nämlich Seltsames geschehen, und weder dir noch denjenigen, die es ausführen, ist bewusst, WARUM dies geschieht ... Du wirst natürlich, sobald du auf der Welt bist, von Millionen von Menschen begrüßt werden. Sie werden in den Kinderwagen glotzen, sie werden dich in ihre Arme – auch ungefragt – nehmen, sie werden dich schaukeln, wiegen, betatschen, ob du es willst oder nicht. Noch bist du wehrlos.

Jeder, der sich dir nähert und seine Stimme an dich richtet, also irgendetwas total Bescheuertes sagt, wie „Na, kleiner Mann, wie geht es dir denn?", wissend, dass du nicht darauf antworten wirst: „Bevor ich deine dumme Grimmasse gesehen habe, ging's mir noch echt gut!" oder irgendein glucksendes Geräusch von sich gibt wie „Dulidulidu", also jeder, der sich berufen fühlt, einem soeben Neugeborenen mit irgendetwas Nettem, Süßem, zur Stimmung Passendes näher zu treten, wird ... wird seine Stimme erhöhen! Dazu muss ich dir erklären, dass Frauen eine hohe Stimme und Männer eine tiefe Stimme besitzen. Nimm das einfach mal so als gegeben hin (ich glaube nicht, dass ich dir das in den kommenden Nachrichten noch erklären kann, das ist auch nicht so wichtig, das machen wir später einmal ...). Wenn Männer ihre ersten Worte an dich richten, werden diese Kerle, egal ob sie aussehen wie Arnold Schwarzenegger oder wie Woody Allen, ihre Stimme erhöhen. Sie werden die Stimme einer Frau nachmachen. Und diesen Schlaumeiern fällt dies weder auf, noch haben sie die geringste Ahnung, warum sie das tun! Aber ich weiß es, Herr

Bub! (Verraten hat mir das ein großartiger Mann mit seinen Büchern, in denen er sich mit dem Hören wie kein anderer beschäftigt hat, ein französischer Arzt namens Tomatis.) Denn dein Ohr kann, je nachdem, wie deine Entwicklung so abgelaufen ist, erst knapp vor oder knapp nach der Geburt „Stimmen mit tiefer Frequenz", also tiefe Männerstimmen hören und verstehen. Während du eine „Stimme mit hoher Frequenz", also eine Frauenstimme, schon ab dem sechsten Monat im Bauch deiner Mama hören kannst. Wer also diktiert den Männern, dass sie ihre Stimme erhöhen müssen, damit du sie verstehst? Mit Sicherheit nicht ihr Wissen, nicht ihr Gehirn, sondern eben – ihre Intuition. Dieses verborgene, geheimnisvolle, nicht von uns Menschen beeinflussbare Wissen, das irgendwie mit Hilfe eines genetischen Codes in uns hineingepflanzt wurde. Und ob du – vielleicht – einmal Franz oder Sebastian oder Teo heißen wirst, wird letztendlich mit Hilfe der Intuition deiner Eltern entschieden. Legen sie sich schon vorher fest, dann werden sie bei deinem Anblick ausrufen: Ja, genau das ist er, unser XXX! Warten sie noch mit der Entscheidung, bis du LIVE in ihren Armen liegst, werden sie sich ansehen und aus den verbliebenen sieben Namen sofort und ohne Umschweife den richtigen für dich herauspicken. P.S.: Eines werde ich aber GANZ SICHER nicht tun – nachträglich deinen Namen in unserem gemeinsam Buch ändern! Ich werde ihn erst am Tag deiner Geburt im letzten Satz unserer letzten, gemeinsamen Nachricht verraten. Für heute: Bis morgen, Herr Bub!

# Nachricht 108:

## Noch einmal Fantasie

Hallo, Herr Bub. Der Kommentar deiner Mama auf unsere gestrige Nachricht: „Lass dich überraschen!" Sie meinte damit wohl, dass die Dame Mutter und der Herr Vater über unsere Köpfe hinweg bereits eine Entscheidung getroffen haben. Bei mir ist das ja zu akzeptieren, was hat ein Fofo mit der Namensentscheidung zu tun, aber dass sie DICH nicht gefragt haben, ist ein echt starkes Stück! Dabei wäre dies doch so einfach. Gestern habe ich ihnen schon den ersten Hinweis geliefert: INTUITION! Und heute folgt der nächste Streich, wie sie imstande wären, zur Klärung solch wichtiger Fragen mit dir Kontakt aufzunehmen, anstatt sich Paparazzi-Hochglanzfotos eines unschuldigen Kindes anzusehen und in einer riesigen Lacke Glückseligkeit dahinzuschmelzen. FANTASIE! Herr Bub, du wirst nicht nur mit dem großartigen Wunder des Sehens, dem noch großartigeren Wunder des Hörens, den anderen Wundern Riechen und Fühlen und Schmecken ausgestattet, sondern auch noch mit diesen beiden, alles überragenden Kräften. Früher einmal, also ich meine nicht zu meiner Schulzeit, 1960, ich spreche von vor 200 000 Jahren, da war die Intuition eines der wichtigsten Werkzeuge zum Überleben – heute nennen wir dies etwas abschätzig „den sechsten Sinn" und werfen es damit gleich in eine esoterische Ecke. Dort, wo bereits die Schamanen, indische Gurus und Veganer abgelegt wurden. Dazu eine kleine Geschichte: 2004 gab es einen gewaltigen Tsunami in Thailand, von dem am allerschlimmsten die indische Inselgruppe der Andamanen betroffen war. Dort gab es prozentual zur Gesamtbevölkerung die meisten Todesopfer. Auf den Andamanen leben noch fünf indigene Völker, das heißt, Stämme, die heute noch wie in der Steinzeit leben – unglaublich! Dein Fofo hat sie gesehen bei seinem Besuch auf den Andamanen. Und jetzt kommt der Hammer: Obwohl diese Menschen über NICHTS verfügen, was für uns selbstverständlich ist (Fernsehen, Zeitung, Telefon, etc.), flüchteten sie, Stunden bevor der Tsunami ihre Küste erreichte, auf naheliegende Hügel und überlebten. Sie konnten bei späteren Befragungen nicht erklären, warum sie das taten, sie erzählten nur von „Zeichen in der Natur". Sie meinten damit, Vögel und andere Kleintiere hätten sich merkwürdig verhalten und sie hätten eben auch „etwas" gespürt ... Ist das nicht unglaublich, Herr Bub?!

Und FANTASIE ist ein ähnliches Wunderding. Es ist die Kraft, sich Dinge vorzustellen, die unsere Sinne uns nicht liefern können. Ich sehe den Bauch deiner Mama und ich weiß – das erzählt mir das Gehirn – dass sich dort drinnen ein kleines Menschlein befindet. Aber dass es mir möglich ist, mit dir seit 108 Tagen zu reden, dich neben mir zu haben, als wärst du schon geboren, ja, dass du schon Teil meines – unseres – Lebens bist, das haben wir eben der Fantasie zu verdanken. Und NICHT dem Paparazzi-Bild! Denn ich stelle mir vor (!), wie du, als dieses Ultraschalldingsda auftauchte, ganz schnell ein Foto irgendeines Kindes genommen und es in die Linse gehalten hattest. Hätte man deine rechte Hand gesehen – konnte man natürlich nicht, denn die war ja vom Foto verdeckt – so hätten deine Eltern nicht schlecht gestaunt, einen ausgestreckten Mittelfinger zu erkennen ...

Du wirst sie lieben, die Fantasie, Herr Bub! Sie wird dir aus einem Stöckchen ein Auto, aus einem Tannenzapfen ein Flugzeug machen. Das Blatt, das du ins Wasser setzt, wird durch sie zu einem Schiff, mit dem du eine Reise unternimmst.

Leider wird dies nicht immer so bleiben. Denn unsere Welt ist leider eine Welt der Ratio, der Gedanken, des Kalküls und nicht eine der Fantasie, der Intuition und der Gefühle. Obwohl es nichts, aber auch wirklich NICHTS gibt, was nicht durch das Zusammenspiel dieser Kräfte bestimmt wäre. Aber weil die Menschen meinen, das eine ließe sich lenken und leiten, während das andere dem nicht Vorhersehbaren unterworfen wäre, wenden sie sich lieber dem zu, von dem sie glauben, es in der Hand zu haben. Aber, Herr Bub, das stimmt natürlich nicht. Würde man dem CEO eines großen Unternehmens sagen, dass seine Entscheidungen mindestens zur Hälfte von seinem Unbewussten bestimmt seien, würde er dies schroff zurückweisen. Das Gleiche gilt für Politiker: Die meinen allen Ernstes, sie würden ausschließlich nach rationalen Kriterien handeln – Blödsinn! Wir müssen alles daran setzen, uns diese Fähigkeiten, vor allem die Fantasie, zu erhalten, ihr Beachtung zu schenken und den Mut zu haben, sie für unsere alltäglichen Handlungen einzusetzen. Das werden wir schon schaffen, oder?!

# Bärte

## Nachricht 109:

### Bart

Weißt du was, Herr Bub? Wir pfeifen deinen Eltern mal ein munter Liedchen, vergessen 106 bis 108 und setzen dort fort, wo wir 95 Nachrichten lang waren: Mein allerliebster, süßester TEO! Herrlich! Da wird das tiefblaue Meer, das sich hinter dem Bildschirm meines MacBook räkelt, gleich noch blauer, und die Möwen, die sich um die Muschelreste von gestern streiten, scheinen alle „TEOOOO" zu kreischen! An einem solch großartigen Tag, 109 Tage nach der so verheißungsvollen Verkündung, müssen wir uns einem ganz ernsthaften, wichtigen und in die Zukunft weisenden Thema widmen. Ich hätte zur Auswahl: Die drohende Weltwirtschaftskrise und seine Auswirkungen auf Neugeborene. Kann vegane Ernährung den Klimawandel aufhalten? Und was wird ein im Jahre 2017 Geborener in seinen Schulbüchern über Trump, Marie Le Pen und den Brexit lesen?

Ich bin – während in meinem Fenster die NEPTUN LINE lautlos ihre Bahn Richtung Triest zieht – auf Google, um zu recherchieren. Da poppt ein Foto auf – ein sehr witziges. Es zeigt ein Baby, so ungefähr sechs Monate alt, mit Bart! Das gibt's doch nicht, denk' ich mir, und klick mich zu dem Artikel in der Huffington Post. Und da steht, dass Roby wegen einer hormonellen Fehlfunktion ein Bart wächst!

Lieber Teo, völlig zu Recht fragst du mich, was denn da so witzig dran sei, weil du ja nicht weißt, was das ist, ein Bart. Beginnen wir mal damit: Du wirst ziemlich sicher mit Haaren auf dem Kopf zur Welt kommen. Wenn nicht, werden sie dir in den kommenden Wochen und Monaten nach deiner Geburt sicher wachsen. Haare schmücken uns zum einen, zum anderen schützen sie uns, zum Beispiel vor der Sonne. Haare sind sehr wichtig für die Wirtschaft. Ohne sie gäbe es keine Friseure und keine 25-Meter-Regale mit Shampoos (damit wäscht man sie ...), Gels, Sprays, Conditioner, Festiger und Färbemittel.

Frauen – Feministinnen mögen mir diese Verallgemeinerung nachsehen – beschäftigen sich im Allgemeinen, also statistisch gesehen, etwas mehr mit ihren Haaren, weil sie in der Regel (aber, mein Gott, was ist heute schon die Regel ...) länger gewachsen sind und deshalb auch mehr an Pflege bedürfen. Die Herren sehen Haare rationaler: Ratzfatz ab. Kurzhaarschnitt. Außer den paar Althippies, die ihre letzten Fäden am Hinterhaupt wachsen lassen, um sie zu einem kecken Schwänzchen zu knoten, damit sie noch ein allerletztes, äußeres Zeichen ihrer noch vorhandenen Fertilität zu demonstrieren imstande sind.

Die Schöpfung aber hat in ihrer unfassbaren Weisheit einen Ausgleich geschaffen und den Männern einen Bartwuchs geschenkt. Die Hälfte des Gesichts der Männer ist mit Haaren bedeckt. Hartes, borstiges Haar, das rasend schnell wächst. Sichtbar jeden Tag. Früher ließen alle Männer ihren Bart wachsen, das war, bevor man das Rasieren erfunden hatte – also ich meine, so 6000 Jahre bevor Maria schwanger wurde.

Deine Männlichkeit, lieber Teo, wird also – unter anderem – davon bestimmt, dass du eines Morgens aufwachst und es auf deinem Kinn seltsam kratzt. Du wirst zum Spiegel gehen und hineinsehen und dort, wo es juckt, schwarze Punkte erkennen. Und du wirst nicht traurig sein, sondern springen vor Freude und sofort und ENDLICH den Rasierschaum und den Rasierapparat deines Papas nehmen und wirst deine allererste Rasur vornehmen. Wir werden voraussichtlich das Jahr 2030 schreiben. Ich muss dich aber jetzt schon, früh genug, darauf vorbereiten, dass deine genetischen Voraussetzungen zur Erlangung eines Talibanvollbartes denkbar schlecht stehen. Soweit ich von deinem Papa und deinem Pagropa gehört habe, sind die Barthaare in deren Gesichtern einzeln auszumachen wie alleinstehende Palmen in einer Wüste. Und ich kann leider auch nicht gerade auf einen Bartwuchs Abraham'schen Ausmaßes verweisen. Die ersten Stoppel zeigten sich bei mir im reifen Alter von 20 Jahren – ein Horror für die so wichtige Beweisführung des Mannseins. In meiner Verzweiflung behalf ich mich im Alter von 14 Jahren damit, meine langen Seitenhaare mit Klebstoff an meine Wangen zu kleben, um so den Eindruck von Koteletten (das sind Barthaare, die an der Wange auf Höhe der Ohren wachsen) zu erwecken. PEINLICHKEIT pur, wenn die sich dann ohne mein Wissen lösten und ein Büschel Haare mit Klebstoffresten im Wind flatterte ... Du wirst also relativ glatt durch die Welt gehen und dir andere Männlichkeitssignale zulegen müssen. Es kann aber natürlich sehr gut sein, dass im Jahre 2030 solche Signale und Symbole sowieso völlig out sind. Es kann sehr gut sein, dass der Matriarchats-Tsunami alle Bastionen echten Mannseins und somit auch diese allerletzten Unterschiede wegspülen wird. Nicht, dass ich mir wünsche, dass den Damen ein Bart wächst, um Himmels Willen. Jahrmärkte, auf denen „Damen mit Bart" und „Frauen ohne Unterleib" präsentiert werden, sind zum Glück ausgestorben, nein, es zeichnet sich ja jetzt schon ab, dass die Frauen uns Männern diese letzte Domäne unseres Mannseins, das Rasieren, aus der Hand genommen haben. Die Regale in den Drogeriemärkten mit Handwerkszeug und Hilfsmittel für die „weibliche Intimrasur" wachsen, während die Regale mit den immer einfallsloser werdenden Rasierern und mickrig duftenden Schäumen für Männer immer geringer werden.

Ich sehe schon, diese 109er Nachricht, die angesichts des zurückgekehrten Teos und des tiefblauen Meeres zu einer Jubelnachricht hätte werden sollen, klingt beunruhigend und so, als müsste ich dich auf weiteres Ungemach vorbereiten. Nein, nein, Teo, keine Angst, es ist halb so schlimm! Du wirst SICHER nicht mit einem Vollbart auf die Welt kommen, das erste Männergesicht, das du sehen wirst, das deines Papas, ist glatt wie dein Popo, und ich werde mich vor unserer ersten Livebegegnung rasieren, rasieren, rasieren, damit ich, wenn ich dich an meine Wange nehme und dich zum ersten Mal küsse, nur ja keine bösen Erinnerungen an Nachricht 109 in dir wachrufe ...

# Hochzeit

## Nachricht 110:

### Hochzeit

Lieber Teo! Ich möchte dich schon mal darauf vorbereiten, dass bereits wenige Tage nach deiner Landung auf dem Planeten Erde ein intensives Programm auf dich wartet. Einerseits verständlich, JEDER will diese Erscheinung LIVE erleben, andererseits hätte das Protokoll es eigentlich so vorgesehen, dass du dich in Ruhe und Gelassenheit einrichten kannst, mit trinken, schlafen, gacksen. Nun tritt aber der spezielle Fall ein, dass man dich, so ungefähr drei Wochen alt, einer gewaltigen Horde von Menschen aussetzen wird. Sie alle werden völlig hysterisch um dich herumkreisen. Werden mit glucksenden Stimmen rufen, welch UNFASSBAR süßes und hübsches Baby du seiest. Sie werden ohne zu fragen nach dir grapschen, dich fassen, küssen, herzen. Ich möchte keinen Abstrich deiner Wange machen – da werden Billionen von Bazillen herumkriechen. Natürlich meinen sie es gut, und es ist die zweite Liebesmonsterwelle, die über dich hereinbrechen wird. Natürlich werden deine Mama und dein Papa höchst sensibel mit dieser Situation umgehen müssen, denn – und auch darauf muss ich dich schonend vorbereiten – es muss unter allen Umständen vermieden werden, dass DU und dein unverschämt umwerfendes Dasein im Zentrum der Aufmerksamkeit stehen. Auch wenn es hart, wenn es unverständlich für dich klingt, der Tag, oder die Tage, von denen ich spreche, gehören nicht dir, sondern gehören deiner Tante Kira. Du wirst nämlich schon in deinen ersten Tagen mit einem weiteren, interessanten Phänomen der Menschen konfrontiert: mit einer Hochzeit! Wie soll man das erklären, ohne 100 Seiten dafür aufzuwenden? Ich müsste mit der Liebe beginnen, deren Präsentation ich aber erst in, sagen wir mal, Nachricht 174 vorgesehen habe. Ich könnte es mit der Erklärung des Wortes „Heirat" versuchen, dessen ursprüngliche Bedeutung „Hausrat zusammenlegen" ist.

Das würde aber das Wesen dieses Festes auch nicht wirklich treffen, weil sich in den letzten Jahrhunderten da eben die Liebe dazugesellt hat und man nicht nur mehr den Hausrat zusammenlegt, sondern dies aus Liebe und mit Liebe tut. Vielleicht reicht es vorläufig auch erst mal, dir zu erklären, was du verschlafen wirst: In dem Garten, in dem deine Mama mit Ziegen, Enten, Hasen, Gänsen, Hühnern und Hunden gespielt hat, werden wir uns alle treffen. Die Gäste werden auf feinen Stühlen vor einem Baum sitzen. Der Bräutigam, dein zukünftiger Onkel Rock wird dort stehen und warten. Das gehört dazu. Er muss warten, bis dein Fofo mit seiner Tochter durch einen Rosengang und zu wunderschöner Musik (zwei Geigen, eine Bratsche und ein Cello) daher marschieren. Ich muss, bei Rock angekommen, Kiras Hand in seine legen und mich vertschüssen. Das war's dann für mich. Dieses wunderschöne Teo, das ich doch gerade noch blutverschmiert und ein bisschen blau im Gesicht in den Armen gehalten hatte. Dem ich verzweifelt versucht hatte das Radfahren beizubringen. Mit dem ich über Rechenaufgaben gesessen bin. Das ich zur Disco in die Stadt gebracht hatte. Dieses Teo, das ich mit einem Burschen in seinem Zimmer verschwinden sah. Dem ich zur Matura gratulierte. Dem ich Autofahren beigebracht hatte. Das ich in Berlin besuchte und so stolz war, als ich es, ganz wichtig mit Headset, bei seine ersten Job herumrennen sah. Mit dem ich skypte, nach Shanghai. Das Teo, das ich auf einem Foto mit einem feschen Chinesen sah. Dieser liebe Mann, dem ich nun die Hand meiner Kira in die seine lege und dem ich vor Rührung nur zuflüstern kann: „Take care of her!". Aber ich darf in der ersten Reihe sitzen und hören und sehen, wie zwei kleine Ringe etwas Großes verbinden. Kira und Rock werden sich küssen, und wir alle werden klatschen, und von diesem Höllenlärm wirst du vielleicht erwachen. Aber du wirst etwas in der Luft spüren, etwas, das irgendwie anders ist. Da wird deine Intuition vielleicht zum ersten Mal aktiv: Du spürst etwas und wirst lächeln. Auch wenn alle anderen vor Glück weinen. Du wirst lächeln, und vielleicht erklärt das „Hochzeit" am besten: Das Papier, das man bekommt, der ganze offizielle Kram, der damit verbunden ist, ist die eine Sache, die andere aber ist etwas, das nur die Dichter zu beschreiben imstande sind, indem sie mit Bildern, mit Metaphern arbeiten, um das zum Ausdruck zu bringen, was du, Teo, in diesem Augenblick in der Luft schwingen spürst. Und sie leben glücklich und zufrieden, bis dass der Tod sie scheidet – dieser Satz wird im Klirren der Gläser und der „Hoch! Hoch! Hoch!" Rufe nicht mehr zu hören sein ...

## Nachricht 111:

### Busen

Teo, solltest du dir nach der gestrigen Nachricht etwa Sorgen darüber machen, ob des großes Festes wegen und der bereits angekündigten kurzfristigen (SEHR kurzfristigen) Zurückreihung deiner Person im Aufmerksamkeitsranking um ein (Braut) bis zwei (Bräutigam), maximal drei (Mama) Plätze, der zentrale Sinn deines Lebens gestört oder unterbrochen sei, so kann ich dich beruhigen – ist er nicht! Dafür haben der Urknall, der liebe Gott und die Schöpfung schon vorgesorgt ...

Ich muss dir meine kryptische Aussage mit einer kleinen Exkursion 50 Millionen Jahre zurück erklären: Ungefähr 49,9 Millionen Jahre lang gab es nämlich nur einen einzigen zentralen Sinn im Dasein des Menschen, und der hieß Nahrungssuche und -beschaffung. So wie es heute noch bei den meisten Tierarten ist, dreht sich alles ausschließlich darum, den Tag zu überleben – nicht aufgefressen zu werden und etwas im Magen zu haben. Ja, und hatte man das geschafft, war das Nächste, sich zu vermehren. Ist ja auch logisch, denn vor 49 Millionen Jahren fuhren die Menschen nicht in ein Büro, ihr Auto durch die Waschstraße und nach Ibiza auf Urlaub. Dafür haben sie aber heute Zeit, weil sie sich nicht mehr den ganzen, lieben Tag mit Jagen zu beschäftigen haben, weil an jeder Straßenecke BigMac, Sushi und Smoothie warten.

Das einzige, was seit 50 Millionen Jahren unverändert ist, ist eine der großartigsten Ideen, die das bereits genannte Team zur Erschaffung der Welt je gehabt hat. Ist schon der Einfall von der Unterschiedlichkeit von Mann und Frau einfach genial, so ist das einsame Highlight, die einsame kreative Spitzenleistung: Der Busen der Frau! Es gibt nichts Schöneres, Klügeres, Vielfältigeres als dieses Werkzeug der Schöpfung. Allein durch ihn ließe sich beweisen, dass Gott eine Göttin sein MUSS. Denn ein männliches Gotteswesen hätte das nie geschafft: Dann hätten die Frauen heute wahrscheinlich ein schlappes Schläuchen mit einem Ventil vorne dran, das irgendwo an einer möglichst funktionalen Stelle aus der Haut ragt. Nein, dieses Beispiel für PERFEKTES Design gepaart mit PERFEKTER Funktionalität konnte nur weiblichem Hirnschmalz entspringen.

Ist es nicht einfach überwältigend, darüber nachzudenken, was dich, Teo, mit einem eben Geborenen des Neolithikums verbindet? Der Busen eurer Mütter. Es ist das Allererste, was du zu Gesicht, das allererste, was du in den Mund geschoben und das allererste, wonach du Sehnsucht bekommst. Und diese innige Bindung zu diesem zentralen Objekt deiner zentralen Begierde wird mindestens die ersten drei, wahrscheinlich aber sechs oder noch mehr Monate aufrecht erhalten bleiben. Da die Menschen heute so unfassbar klug sind und praktisch ALLES wissen, wissen sie auch, dass diese ersten Monate mit die prägendsten ihres gesamten Lebens sind. Und zu welchem Schluss bringt uns das? Dass sich in den kommenden Jahren nicht sehr viel mehr ändert: Es dreht sich – und zwar rein genetisch bedingt – ALLES um den Busen der Frau. Da du dich für die nicht gerade zukunftsträchtige Rolle des Mannes entschieden hast, wirst du erst in ein paar Jahren diese Nachricht in seiner ganzen Dimension verstehen. Wir Männer sind völlig verblödet fixiert auf weibliche Brüste. Klar, Nahrungssuche und Überlebenskampf haben sich auf ein Minimum reduziert, da bleibt vom Ursprünglichen von vor 50 Millionen Jahren, das wir immer noch in uns tragen, nicht mehr viel übrig. Und ist dieser letzte Rest auch noch derart unverschämt schön, so herrlich auszumalen und anzufassen, ist es erklärlich, warum diese beiden Dinger immer noch das Zentrum des männlichen Zentralhirnes bilden.

Was blieb den armen Frauen folglich anderes übrig, als auf diese unvorhergesehene, evolutionäre Entwicklung zu reagieren – wegpacken, wegoperieren ging nicht, also wurde die Gelegenheit beim Schopf gepackt, mit Hilfe der Brüste den Männern den Garaus zu machen: Sie werden gehoben, vergrößert, betont, mit Spitze versehen und mit Seide nicht ver-, sondern enthüllt. Die ursprüngliche Funktion der Nahrungsversorgung Neugeborener wird so geschickt in den Hintergrund gedrängt, dass Männer dies als lästige Nebenerscheinung des Vaterwerdens in Kauf nehmen und während dieser Zeit kurzen Darbens mit Fotos nackter Busen oder starren Blicken auf nicht stillende Brüste über die Runden kommen. Ich konnte mir leider nicht die Zeit nehmen – ich bin zu sehr mit dir, Teo, beschäftigt - herauszufinden, ob darüber jemals Studien verfasst wurden: Nämlich, ob es einen Zusammenhang zwischen der Verhüllung der weiblichen Brust mit dem Aufkommen des Patriachats gibt. Und dessen Ende 5000 Jahre später durch die völlige Freizügigkeit in der Zurschaustellung der Brüste. Frauen MÜSSEN wissen, dass sie damit bewusst das männliche Gehirn manipulieren und es in die völlige Verblödung treiben.

Äh, Teo, wie ich gerade bemerke, bin ich etwas abgeschweift. Ich muss dir gestehen, dass dieser Verblödungsprozess bei mir schon voll eingesetzt hat und ich einer jener Männer bin, der ... O.k., Teo, ich wollte dir eigentlich nur sagen, dass du keine Angst vor der bevorstehenden Hochzeit haben musst, denn deine Mama hat (wie bereits berichtet) extra für diese Gelegenheit ein Wams gekauft, mit dem sie ganz einfach und ohne Umschweife deine Nahrungsquelle herausfischen und sie dir jederzeit und überall in den Mund schieben wird können. DU wirst diese Hochzeit SICHER überleben – ich hoffe sehr, dein Fofo auch ...

**5.000 Jahre**

## Nachricht 112:

### Matriarchat

„Sehr geehrter Herr Teodorus! Nach einem Blick in die Zauberkugel der Zukunft muss das Ministerium für Geschlechterauflösung Ihnen leider mitteilen, dass Ihr Dasein als Mann im Jahre 3164 auslaufen wird. Um Sie nicht unnötig zu beunruhigen, wollen wir aber auch klarstellen, dass dies ebenso für das Geschlecht der Frauen gilt. Hochachtungsvoll ..." Gerade noch vorbereitet auf die bevorstehende Hochzeit und das wonnige Gefühl von Mamas warmem Busen im Gesicht (ich spreche von Teo, nicht von Papa), kommt diese schockierende Nachricht.

So ein Blödsinn, wirst du dir denken, wie soll denn das gehen? Der Fofo scherzt. Der Fofo hat dumme Ideen. Umkreisung des Mars im Urlaub: Ja. Eingepflanzte Simkarte im Gehirn: Ja. Fliegende Autos: Sowieso. Aber eine Welt ohne Männer? Und ohne Frauen? Werden die Affen das Ruder übernehmen? Fragen über Fragen, auf die ich auch keine Antworten weiß, mein lieber Teo. Aber du wirst in eine Welt hineingeboren, die sich in einem derart rasenden Tempo verändert, wie sie es in der 50 Millionen Jahre alten Geschichte der Menschheit noch nie getan hat. Die Eiszeiten haben ein paar hunderttausend Jahre gebraucht, um sich auf die Erde zu legen. Die Dinosaurier haben zehntausende Jahre gebraucht, um auszusterben. Wir hingegen haben in zehn Jahren (ZEHN!) unser Kommunikationsverhalten völlig auf den Kopf gestellt. Niemand wagt vorherzusagen, wie unsere Welt 2050 aussehen wird – da wirst du gerade mal 33 Jahre alt sein, mitten im

Aufbau deines Lebens stehen, ziemlich sicher schon verheiratet sein (oder, wenn das mit 3164 doch nicht stimmt, auch nicht ...), vielleicht schon einen Teo in deinen Armen wiegen. Du wirst einen Job haben und und und. Oder auch nicht. Vielleicht wird es GANZ anders. Auch im Jahr 1917 konnte NIEMAND, selbst die klügsten Köpfe nicht, ahnen, wie es nur 100 Jahre später aussehen würde.

Ich habe ein Buch gelesen, das sich mit der Entwicklung der Gesellschaft in Bezug auf die Geschlechter beschäftigt. Darin wurde folgende SEHR interessante Frage gestellt: Nähme man die gesamte Geschichte der Menschheit (50 Millionen Jahre) als einen Ein-Meter-Stab, wie viele Zentimeter herrschte dann wohl Matriarchat und wie viele Jahre Patriarchat? 90 von 100 Menschen würden antworten: 99 Zentimeter Männerherrschaft. Ein paar würden sagen: halbe-halbe. Und nur einer, wahrscheinlich EINE von 100, würde zaghaft antworten: Vielleicht 60 Zentimeter Frauen??? Die Antwort ist verblüffend: 1 (EIN!) Zentimeter herrschten Männer, und 99 Zentimeter lang Frauen! 5000 Jahre – eben die letzten 5000 Jahre – herrschten die Männer auf der Erde, und diese Vollkoffer haben uns dorthin gebracht, wo wir heute sind: Dass ein Mann, der öffentlich bekennt, Frauen gern dorthin zu greifen, wo du bald das Licht der Welt erblicken wirst und zwar, ohne dass sie es wollen, dass so ein Idiot der Präsident der (noch) wichtigsten Nation der Welt werden kann. Ich könnte jetzt bis zum Ende meiner Tage weiterschimpfen, was Männer alles angerichtet haben, könnte Papst Pius V., Hitler, Stalin aufzählen, aber blicken wir lieber in die Zukunft. Frauen haben die Welt regiert, so lange sie noch einfach zu handhaben war. Solange ein rein rationales Denken nicht sooo wichtig war, sondern eine Mischung aus Intuition, Kreativität, Fantasie UND dem Denken. Männer haben Religionen erfunden, um Macht zu erringen. Gott ist ein Mann. Jesus. Mohammed und Buddha auch. In ALLEN Religionen spielen Frauen eine untergeordnete Rolle – interessant, was? Aber wir wollten ja von der Zukunft sprechen. Das mit dem Ende der Männer und Frauen habe nicht ich erfunden, ich durfte nur einen kleinen Beitrag dazu leisten: Vor ein paar Jahren wurde dein Fofo gebeten, für eine Fernsehdokumentation eine Geschichte zu schreiben. Die Dokumentation beschäftigte sich mit Studien und Erkenntnissen rund um die Tendenz der Auflösung der Geschlechter. Dass es eben in 1000 Jahren, vielleicht später, hoffentlich nicht früher, nur mehr androgyne Wesen geben wird, also solche, die beide Geschlechter oder keines mehr in sich tragen. Die frei seien von alldem, was Frauen und Männer heute unterscheidet. Dass Männer die besseren Autofahrer sind und Frauen sich schminken, Tigertangas tragen und Schmollmünder machen, um Männer um den Verstand zu bringen (also deren Ratio einzuschränken ...). Dass Männer stark und Frauen schwach sind. Männer kämpfen und Frauen tratschen. (Alle Frauen, die jetzt diese Nachricht 112 wütend löschen ob solch haarsträubender Vorurteile: DAS IST SARKASMUS! NICHTS DAVON IST WAHR! DAS IST EINE METAPHER, UM GEGEN VORURTEILE AUFZUTRETEN, O.K.?!) Frauen werden nach dieser Theorie nicht mehr notwendig sein, um Teos zu gebären, und Männer schon gar nicht, sie zu zeugen. Das wird alles hoch technisiert und berechnend vor sich gehen. Es wird keine Liebe mehr geben (die gab es auch ganz zu Beginn nicht) und deswegen auch keine Religionen. Das Leben auf dem Planeten Erde wird perfekt funktionieren. PERFEKT: keine Kriege, keine Wut, keine Ohrfeigen. Keine Hasspostings und keine Verkehrsunfälle. Ja, Teo, ganz richtig! Du bist SOOO klein, aber hast es bereits kapiert: Das wird sehr, SEHR langweilig. Nicht, dass ich Kriege will, damit es lustig ist, nicht, dass ich mir nicht wünschen würde, nie mehr mit deiner Nonna zu streiten, oder einem dummen Autofahrer den Vogel zu zeigen. Aber dann sind wir nur noch Ameisen auf einem Haufen, und Bienen, die Blüten sammeln, um sie zu einem Stock zu bringen, damit irgendjemand Honig essen kann. Denn das ist sicher: Im Ameisenhaufen und im Bienenstock wird es auch im Jahr 3164 eine Königin (aha!!!) geben, der alles Tun zugutekommt. Ach, Teo, vergiss diesen Eintrag einfach und komm einfach zur Welt! Vielleicht bist DU es ja, der sie retten wird ...

# Nachricht 113:

## Fußball

Lieber Teo! Bis es soweit ist, dass wir alle „Frann" sein werden (ich werde es ganz sicher, du mit 99,99 % Sicherheit nicht erleben ...), dürfen sich Männer hemmungslos ihren Lieblingsthemen widmen: Frauen, Autos, Geld verdienen und Bier trinken (obwohl da die Frauen schon aufgeholt haben). Und: FUSSBALL. Ich kann ein bisschen in die Zukunft blicken und prophezeien, dass du, sobald du auf zwei Beinen stehen kannst, sobald du erste, zaghafte Schritte tust, einem geheimnisvollen genetischen Code folgen und alles, was vor dir auf dem Boden liegt, ob rund oder eckig, groß oder klein, versuchen wirst, mit einem deiner beiden Füßchen fortzukicken. Triffst du das Ding, was immer es auch ist, perfekt, und gelingt es dir damit, es in die Luft zu befördern, dass es fliegt, irgendwohin, wird deine Umgebung, allen voran dein Papa, in frenetischen Applaus ausbrechen. Es kann durchaus sein, dass er plötzlich Messi zu dir sagt. Das meint er nicht so, er träumt nur in diesem Augenblick davon, dass du, wenn du groß bist, dieses Tipp-Kick acht Stunden am Tag ausübst und am Abend mit einer Schubkarre voll mit Geld nach Hause kommst, damit er darin baden kann. Trifft das Geschoss, das du gerade so perfekt getroffen hast, jedoch seine Lieblingsvase oder seinen offenstehenden Laptop oder Nonnas Kaffeetasse während des Nippens daran, wird die Reaktion eine etwas andere sein. Papa wird immer noch voll Stolz grinsen, nur so tun, als sei er böse, deine Mama hingegen wird ein kleines Tänzchen hinlegen und ZIEMLICH schimpfen. Ja, Teo, das ist schwer zu verstehen, in diesen Fällen hilft es immer, die Gene ins Spiel zu bringen. Während deine Mama und ihre Schwestern mit deinen kleinen (weiblichen) Cousinen ruhig in einer Wiese sitzen und Intelligenzspiele spielen, wie Würfel, Kreise, Kugeln und Quadrate den richtigen Löchern zuzuordnen, werden du und deine Freunde UND natürlich deren Väter wie die Irren über Wiesen rennen, einem Ball hinterher, den sie, kaum haben sie ihn endlich erreicht, sofort wieder wegschießen, sodass das Laufen kein Ende hat. Landet der Ball dann noch zufällig – es kann nur Zufall sein, beobachtet man dieses sinnlose Spiel lang genug – innerhalb eines seltsam einsam und bedeutungslos herumstehenden Rahmens, schreien sie TOR (ja, o.k., es könnte durchaus als Torrahmen durchgehen, aber eben ohne Tor, wozu also dann der Rahmen?!?). Daraufhin kann man einen der ganz raren Momente erleben, wenn Männer über ihren Schatten springen: Sie beginnen sich zu küssen, zu umarmen, ja, sich sogar aufeinander zu legen – mit einem Wort: völlig auszuzucken. Die Mädchen haben inzwischen die iPads ausgepackt und üben zwischendurch ein bisschen Chinesisch oder den Fortgeschrittenenkurs ENGLISH FOR BUSINESS.

Wenn du es schaffst – dein Papa wird, genetisch bedingt, hart daran arbeiten – den Ball, der FUSSBALL heißt, halbwegs gerade fliegen zu lassen, wartet als erster wesentlicher Schritt zum Messi (dieses Wort wird abgeleitet von Messias, der, der das Gute der Welt verkündet und deshalb von ungefähr fünf Milliarden Menschen verehrt wird) das Spiel in einem Verein. Ziel: Von sechs Milliarden Menschen verehrt zu werden, so wie das große Vorbild.

Rollt der Ball nach deinem Schuss jedoch schlingernd und mit kaum wahrnehmbarer Geschwindigkeit in die genau entgegengesetzte Richtung als von deinem Füßchen vorgesehen, wird dein Papa ein bisschen seine Augen verdrehen und meinen, deine Bewegungsabläufe lassen eindeutig darauf schließen, dass du ein GIGANTISCHES Schwimmtalent bist. Dann sei froh, Teo, denn in spätestens 50 Jahren wird Fußball sowieso nur noch von Frauen gespielt werden, während die Männer sich zur Schwimmhautpflege zwischen den Fingern und Zehen an diversen Gewässern treffen und kaum hörbar nach Luft schnappen ...

 Fußball

# Nachricht 114:

## Teilen

Lieber Teo! Nachricht von deiner Mama: Heute in genau neun Wochen ist es so weit! Wir, natürlich vor allem deine Eltern, erhalten ein ganz besonderes Geschenk: DICH! So muss man es sehen. Es ist nicht selbstverständlich, dass es dich gibt und geben wird. Wie vielen Menschen ist es verwehrt, dieses Geschenk zu empfangen! Es ist nicht als gegeben zu nehmen, dass du gesund bist und sein wirst. Wie viele haben diese Gnade nicht. Und es ist nicht selbstverständlich, dass du bereits jetzt so geliebt wirst und diese Liebe mit deiner Geburt noch viel stärker, intensiver werden wird. Wie viele müssen das missen. Deshalb ist es so wichtig, dir und uns allen bereits jetzt bewusst zu machen, dass du, Teobub, auf die Sonnenseite des Lebens, in eine Wolke voller Glück und in eine Zeit des Friedens hineingeboren wirst. Und weil dies so ist, weil so viele Menschen da sein werden, die dir Liebe, Zeit und Aufmerksamkeit schenken, die dir zuhören und dich umsorgen, dich behüten und beschützen werden, ist es so wichtig, dir und uns allen bereits jetzt bewusst zu machen, dass wir als Empfänger so vielen Glücks dieses auch zu teilen haben. TEILEN – das sollte ein ganz wichtiges Wort in deinem Vokabular werden. Denn wenn die Menschen alles haben und noch mehr – und du wirst von solchen umgeben sein, weil du in Europa und nicht in Afrika oder Bangladesch aufwachsen wirst –, vergessen sie dieses so wichtige Wort und vergessen diese Geschenke, die sie als nackter, bloßer Mensch auf ihrem Weg mitbekommen haben. Teilen ist so einfach: Man kann seine Hand und sein Ohr, man kann seine Zeit, seine Aufmerksamkeit und seine Liebe teilen. Deine Eltern werden durch dich und dein Bei-ihnen-Sein lernen müssen zu teilen – zum Beispiel Zeit, die sie bisher allein und gemeinsam verbrachten. Wir werden lernen müssen, dich zu teilen. Mit deiner Pagroma und vielen anderen. Und du wirst es auch lernen: Ein Holzklötzchen und dein neues Dreirad mit einem anderen Kind zu teilen. Dies wird dir zunächst gar nicht gefallen, weil DU es doch entdeckt und DU es doch geschenkt bekommen hast. Aber sehr bald wirst du merken – beziehungsweise sollte dies das Ziel deiner Eltern sein, dich genau das zu lehren –, dass nicht das Besitzen, sondern das Glück, das du erfährst, wenn du teilst, die wahre Essenz des Lebens ist. Und dies gilt für ALLES, was immer das auch ist: Menschliches genauso wie Materielles. Du wirst auf deinem Weg auf Menschen treffen, die dies anders sehen. Die vielleicht anders erzogen wurden. Deren eigene Erfahrungen sie vielleicht anderes gelehrt haben. Die durch ihr Teilen vielleicht enttäuscht wurden und sich deshalb davon abgewandt haben. Lasse dich von ihnen nicht beirren. Vertraue auf diese Kraft, die als die Basis der Schöpfung gilt: Du konntest erst durch das Teilen entstehen. So ist ALLES entstanden. Die wahren Glücksmomente in deinem Leben wirst du mit Hilfe dieser Eigenschaft erleben dürfen: Wenn du teilst! Und sollte dich das Leben einmal bestrafen, sollte es entgegen dieser Weisheit auf dich prallen, so erinnere dich einfach an diese Nachricht 114 – genau neun Wochen, bevor ALLES beginnt …

# Nachricht 115:

## Kunchok

Lieber Teo! Eine Bestätigung, einen Beweis für das, was ich dir gestern erzählt habe, wirst du irgendwann einmal (vielleicht sehr bald) kennenlernen: Kunchok. Er ist auch so etwas wie dein Onkel. Dein indischer Onkel. Wir haben nicht viel geteilt, nur ein bisschen, aber dieses Wenige hat den Lebensweg eines indischen Kindes beeinflusst und ihn aus den Bergen Tibets in unsere Nähe gebracht. Alles begann damit, dass deine Mama gemeinsam mit ihren Geschwistern zu einem Weihnachtsfest die Idee hatte, auf Geschenke zu verzichten und stattdessen die Patenschaft für ein Kind in Indien zu übernehmen. Natürlich fanden wir das eine großartige Idee – ein paar Wochen später erhielten wir einen Brief mit einem Foto und einer kurzen „Beschreibung" eines achtjährigen Jungen namens Kunchok. Kunchok ist Tibeter und kam als Waise mit sechs Jahren mit anderen Kindern über das Himalaya-Gebirge in das SOS Kinderdorf Mussoorie. Als er zehn Jahre später die Schule abschloss, nannte er mich längst Pa, und wir schrieben uns mindestens einmal im Monat. Der Brief des Direktors war kurz gehalten: „Wir danken für die Unterstützung. Kunchok ist ein sehr guter Schüler und er wäre durchaus in der Lage, ein College zu besuchen." Damit war offiziell unsere Patenschaft zu Ende – aber nicht der Enthusiasmus unserer Kinder! „Wir müssen ihn studieren lassen!", war die einhellige Ansicht der Tegetthoff-Familie, und nach ein paar weiteren Briefen mit Kunchok, wie auch mit dem Schuldirektor, wurde Kunchok doch tatsächlich auf einem der besten (katholischen) Colleges in Mangalore aufgenommen und ging später sogar auf eine der wichtigsten Universitäten für Computerwissenschaften nach Bangalore. Dort gab es dann auch endlich das allererste, persönliche Kennenlernen: Nach 13 Jahren Brief- und Telefonkontakt kam uns ein erwachsener Kunchok auf dem Flughafen entgegen – ein Augenblick, den deine Nonna und ich wohl nie mehr vergessen werden! Wir besuchten seine Uni, trafen den Dekan und seine tibetischen Kollegen und verbrachten großartige fünf Tage miteinander.

Mit 25 Jahren hatte Kunchok tatsächlich seinen Masterabschluss in der Tasche. Ich sagte zu Beginn, Teo, dass wir nicht viel geteilt hatten, wir mussten uns sein Studiengeld, das wir zwei Mal im Jahr nach Indien schickten, nicht vom Mund absparen, aber es war für uns alle so fantastisch zu sehen, wie wenig es braucht, um Großes zu bewirken. EIN Kind, ja, das klingt nicht viel bei 1,34 Milliarden Indern, aber dieses Kind bekam eine Chance. Und solche Chancen bieten sich uns nicht nur im fernen Indien und nicht nur durch materiellen Einsatz. Diese Chance kann auch das Erkennen von Nöten, Sehnsüchten, Hoffnungen eines Nächsten sein. Und du wirst diesen Nächsten vielleicht nur durch ein Wort, eine Geste, vielleicht nur durch ein Wahrnehmen retten. Indem du deine Stärken teilst mit jemandem, der diese Stärken gerade benötigt.

Kunchok ist übrigens inzwischen 30 Jahre alt, arbeitet sehr erfolgreich in einem berühmten Technologieunternehmen und wird ziemlich sicher in diesem Jahr – in DEINEM Jahr, Teo – nach Österreich kommen, um hier ein paar Monate zu arbeiten. Dann werdet ihr euch kennenlernen. Das Baby, 1987 in einem winzigen Dorf in Tibet in unfassbare Armut hineingeboren, und das Baby, 2017 in einer großen Stadt in einem reichen Land zur Welt gekommen. Ohne das TEILEN wären sie sich nie begegnet …

# Allein durch das Erzählen kann man etwas lebendig machen.

## Nachricht 116:

### Der Bauch Gottes

Du bist schon so lebendig, Teo! Nicht nur mit deinen Beinen und Händen im Bauch deiner Mama, nicht nur mit deinem Hören (sei froh: Im Moment nur deine Mama und Musik – ach, könnte es doch so himmlisch bleiben ...), sondern auch durch meine Erzählungen über dich. Dein Fofo ist gerade auf Tournee, das heißt, da warten Menschen auf mich, ich erzähle ihnen etwas und sie hören mir zu. Und bei fast jeder dieser Begegnungen werde ich gefragt, ob ich gerade an einem neuen Buch schreibe. Dann erzähle ich von DIR und unserem WhatsApp-Chatchen. Erzähle davon, dass du mir mit jedem Tag, an dem wir zusammen sind, vertrauter wirst. Einfach dadurch, dass wir miteinander reden. Die Menschen, die das hören, sind entzückt. Die finden das eine großartige Idee.

Gestern war ich von der Frage eines kleinen Mädchens, es war zwölf Jahre alt, sehr berührt. Es hatte mich gefragt, warum ich sage, dass du und ich „miteinander reden", wo du doch noch gar nichts sagen und mich ja auch gar nicht hören könntest. Wo doch nur ich reden würde. Die anderen Kinder lachten. Das Mädchen lachte nicht, es war sehr ernsthaft und wollte wirklich verstehen, was ich da tue. Und ich antwortete ihm. Auch sehr ernsthaft, weil es eine wichtige und gute Frage war. Ich sagte, alleine durch das Erzählen könne man etwas lebendig machen. Teo sei für mich bereits ein richtiger Mensch, einerseits durch meine Fantasie, die ihn schon ganz deutlich als solchen zeichnet, und andererseits durch die Erzählungen seiner Mama, die mit ihm nun schon seit sieben Monaten zusammenlebt. Und zwar so intensiv, wie beide es nie mehr erleben werden. Auch sie sieht ihn nicht, hört ihn nicht. Aber sie spürt ihn. Sie fühlt ihn. Auch wenn er sich nicht bewegt. So ist es auch, sagte ich zu dem kleinen Mädchen, mit Gott. Niemand hat ihn je gesehen. Nie hat er jemals ein konkretes Wort an die Menschen gerichtet, und doch hören zwei Drittel aller Menschen auf ihn. Eine Kirche, eine Moschee, eine

Synagoge und ein Tempel sind wie der Bauch einer Schwangeren: du betrittst, besuchst sie, weil du weißt, aber doch nur ahnst, dort drinnen wohnt etwas so Lebendiges, das mit deinem Leben verbunden ist, obwohl es unsichtbar bleiben wird – für deine Augen und deine Ohren. Aber trotzdem spürst und fühlst du es. Dem Bauch Gottes erzählst du von deinen Sorgen und Hoffnungen, von deinen Sehnsüchten und Ängsten. Vielleicht von der Liebe. Oder von einem Traum, der dich nicht mehr loslässt. Und ich, sagte ich zu dem kleinen Mädchen, erzähle dem Bauch meiner Tochter, in dem ein Teo heranwächst, so etwas Lebendiges, wie auch du, kleines Mädchen, es warst, von der Welt, die da draußen auf ihn wartet. Und heute, lächelte ich es an, werde ich ihm vielleicht von dir erzählen. Von einem Mädchen mit einer sehr klugen Frage ...

# Das Leben wird schön sein

## Nachricht 117:

### Zuhause

Lieber Herr Bub! Ja, du ahnst es schon. Ich bin bei dir zu Hause. Bekomme böse Blicke zugeworfen, wenn ich unseren Namen in den Mund nehme. Deshalb – sorry: unterhalten wir uns bis auf weiteres „offiziell". Ja, Menschlein, ich bin bei DIR ZU HAUSE. In Berlin. Da du ja noch NICHTS, ich aber schon VIELES weiß, will ich dir kurz berichten, worauf du dich schon freuen kannst. Die Alten haben dir bereits ein allerliebstes, weißes Gitterbett hingestellt. Das passt dort supergut hin und ist eine wahre Zierde des Kinderzimmers. Darin wird sich alles Unnötige supergutpraktisch ablegen lassen. Denn – haha – die glauben allen Ernstes, dass du die ersten Monate darin schlafen wirst! Die werden sich wundern! Erstens werden sie sowieso nichts anderes als dich riechen und spüren wollen – Tag und Nacht. Und wenn sie es mal aufgrund totaler Erschöpfung nicht wollen, wirst du ihnen zeigen, was abgeht, wenn DU nicht willst (woanders als in ihrem Bett schlafen ...). Thema Gitterbett kann also getrost abgehakt werden.

Gegenüber steht eine Kommode, die randvoll, bis obenhin, mit allem befüllt ist, was dich ziemlich nerven wird. Ich verstehe dich, Herr Bub, ich bin auch viel lieber nackt – und das ist KEIN so schöner Anblick (mehr) wie ein rosafarbenes Babychen. Aber dafür bist du von deinen ersten Tagen an ein Mode-Superstar! Fürchte dich nicht, ich muss zugeben, das alles ist unglaublich süß und wird dir tosenden Applaus und grandiose Tätscheleien einbringen – perfekt zum Aufbau von Selbstvertrauen.

Kombiniert mit der Kommode ist der Wickeltisch. Soll ich dir wirklich erklären, was dort mit dir passieren wird? Kurz gesagt: Oben, in deinen Mund, wird dir in zunächst unregelmäßigen, dann in regelmäßigen Abständen etwas hineingestopft (siehe die heilige Nachricht von Mamas Brust). Und das muss, in reduzierter Form, auch wieder raus. Dafür hast du einen Popo und eine dort integrierte, entsprechende Vorrichtung. Dieses Zeugs, für das es VIELE Namen gibt, wird nicht einfach so entleert, sondern in ein praktisches Ding verfrachtet, das man Windel nennt. Und da man das Verschnüren deines Körpers mit einer solchen Windel „wickeln" nennt, ist der Tisch, auf dem man das tut, eben ein „Wickeltisch". Neben Schlafen und Essen wird dies in nächster Zukunft eine deiner Hauptbeschäftigungen sein.

Im Bad steht bereits eine kleine Badewanne. O.k. – ich überfordere dich gerade ein bisschen, aber die und ihre Funktion gehören noch zu diesem ersten Gesamteindruck, was da auf dich zukommt. Zwischen der Entleerung nicht mehr benötigten Materials in die Windel und dem neuerlichen Verschnüren mit sauberer Windel muss ein Putzvorgang deines Popos erfolgen. Bereite dich also darauf vor, mindestens einmal am Tag im Wasser zu landen. Das wirst du lieben, Herr Bub! Das wird dich an die glückliche Zeit im Mamapool erinnern – nur dass du statt im Hallenbad nun im

Outdoorpool plantscht. Dazu werden dich glucksende Laute von Mama und Papa begleiten, allerlei Getier wie Entchen und Fröschchen – und Bötchen - werden um dich kreisen. Das Leben wird schön sein. Das Abtrocknen weniger und die folgende Verpackung der paradiesischen Freiheit in elegante Strampler und smarte Jäckchen am Allerwenigsten. Aber, Herr Bub, „that's life!" Verarbeite jetzt mal diesen ersten Livebericht aus deinem zukünftigen Zuhause. Morgen werde ich versuchen, dir den Rest schonend beizubringen …

# ↑BERLIN↑

## Nachricht 118:

### Die Taube

Lieber Herr Bub! Wie schön, mit dir durch Berlin zu spazieren. Euer Bauch ist wirklich wunderschön: wohlgeformt und aus der Ebene steil aufsteigend wie Ayers Rock. Es gibt Teos, die halten es lieber wie gebirgige Ausläufer, die nach allen Seiten kleine Hügel mit sich schleppen. Während deine Mama stolz dahinschreitet – viele andere Teomamas haben eher einen Entenwatschelgang entwickelt –, wird ständig irgendeine Hand auf dich gehalten, um dein „Mitgehen" zu befühlen. Also nicht „irgendwelche" Hände, sondern die deiner Tanten und deines Onkels, deiner Nonna und natürlich meine. Deine Mafam (Mamafamilie) ist nämlich vollständig versammelt zu einer Teo-Tour – das nächste Mal werden wir dir schon alle LIVE vor der Linse herumtanzen, beziehungsweise wirst du als erster Nachfahre der nächsten Generation unserer Familie höchstlebendig und zuckerwuckersüß durch unsere Hände wandern. Auf dem Programm dieses Erlebniskurzurlaubes steht natürlich auch eine Führung zur Brut- und Neststation. Der Tourguide (Mama mit Teo) erklärt alle Funktionen und Features sehr plastisch: „Hier wird der Herr Bub … und dort werde ich mit dem Herrn Bub …" Die sechsköpfige Besuchergruppe ist sehr beeindruckt und stellt immer wieder intellektuell anspruchsvolle Fragen wie „Kann dieses entzückende Elefantenmobile nur eine Melodie spielen oder stehen Auswahlmöglichkeiten zur Verfügung?"

Während der weibliche Teil der Führung sich im Dickicht des Babywäsche-Dschungels verliert, haben Floris und ich ein bisher verschwiegenes Detail deines zukünftigen Alltags entdeckt. Aus dem Fenster deines Reiches sieht man in einen ruhigen Hinterhof und von dort hat man unter anderem eine Regenrinne im Blickfeld, die unsere Aufmerksamkeit auf sich zieht, weil sie sehr aufwendig mit spitzen Nadeln versehen ist. Augenscheinlich, um Vögel daran zu hindern, darauf Platz zu nehmen. Und genau dort, in einem Abstand von nicht einmal einem Meter zum Fenster, hat sich äußerst kunstvoll eine Taube ihr Nest direkt auf die Spitzen der Nadeln gebaut. Wie ein Fakir sitzt sie mittendrin und brütet, völlig ungerührt von all diesen Einschränkungen, still und geduldig vor sich hin. Es ist eigentlich ein großartiger Beweis für diesen bedingungslosen Drang zur Erfüllung der Schöpfung: Inmitten der Großstadt, inmitten von Beton und Blech und im Widerstand gegen einen Kammerjäger, der, wie uns deine Mama erklärt, all seine Kunst aufgewendet hatte, um gegen hohes Entgelt genau das zu verhindern, was dieses schlaue Tier nun scheinbar mühelos ad absurdum führt, indem es über den Nadeln schwebt. Während wir verzückt aus dem Fenster starren, um dem Gurren zu lauschen, denke ich mir, dass dieses Täubchen doch nichts anderes tut und getan hat, als was deine Mama mit dem Herrn Bub tut und getan hat: ein Nest gerichtet und darin brüten. Widerstände welcher Art auch immer, persönliche und die der Gesellschaft, überwindend, unbeirrt einem Ziel, DEM Ziel zustrebend: neues Leben zu erschaffen. Die Zukunft braucht die neue Taube genauso wie den Herrn Bub. Auch wenn wir so leichtfertig hinterfragen, was denn Tauben im Dschungel der Großstadt für eine Berechtigung hätten – außer Krankheiten zu übertragen und ihren Kot auf spitzen Nägeln aufzutürmen? Denn, so unglaublich es auch klingen mag ob der hellblauen Welle, die durch dein Zimmer schwappt, es gibt auch Stimmen, die hinterfragen, ob es noch Berechtigung hätte, Teos in die Welt zu setzen. Blödsinn: Wenn wir die Zukunft abschaffen wollen, dann müssen wir das Leben abschaffen. So wird in einem Nest inmitten von Berlin ein Herr Bub in seinem wunderschönen Gitterbett liegen und gemeinsam mit seinem allerersten Freund, einer kleinen Taube in ihrem wunderschönen Nest, das auf Spitzen balanciert, die Welt erobern ...

# Dein Geburtsort ist Teil deiner Identität, wie dein Geburtsdatum und dein Name.

## Nachricht 119:

### Berlin

„Ick bin een Berliner" – wird der Herr Bub wohl hoffentlich nie sagen – obwohl du dein gesamtes Leben lang diese Stadt mit dir herumtragen wirst. Zumindest in deiner Geburtsurkunde und in all deinen Dokumenten. Denn der „Geburtsort" ist Teil deiner Identität wie dein Geburtsdatum und dein Name. Immer und überall wird man dich danach fragen: Wenn du einen Staatsbürgerschaftsnachweis (Österreicher!) beantragst und wenn sie dich in die Schule einschreiben. Wenn du deinen Führerschein machst (oder auch nicht, weil es 2035 vielleicht nur noch selbstfahrende Autos gibt …) und natürlich, wenn du heiratest. Wenn dich Senorita Conquita in schroffem Spanisch auffordert, ALLE Felder des Meldescheines ihrer fragwürdigen Herberge in Mar del Plata, Argentinien, auszufüllen, und als sie sieht, dass du als Geburtsort „Berlin" einträgst, sich ihr Gesicht erhellt und sie dir in gebrochenem, aber durchaus sehr gut verständlichem Deutsch erzählt, wie sie in den 2000ern in Berlin, der Stadt ihrer Träume, als junges Mädchen lebte. Und nicht mehr aufhört zu erzählen. Wenn du 2047 mit deiner Frau, ja, sind wir doch tolerant, oder mit deinem Mann, hierher kommst und ihr oder ihm zeigst, wo du am Prenzlauerberg kinderwagengeschoben wurdest, wo du den Kindergarten besuchtest und wo du in die Grundschule gegangen wärest, wenn deine Eltern nicht … Aber das ist schon ein Blick in die Zukunft, den wir nicht verraten wollen. Berlin wird dich verfolgen, wird unauslöschlich bei und mit dir sein, so hat das Schicksal es mit deinen Eltern ausgewürfelt. Denn wäre dein Papa 2011 wegen seines aufregenden Projektes nicht nach Berlin gekommen, wäre ihm deine Mama nicht bald nachgefolgt, weil sie ihn liebt, hätten die beiden nicht beschlossen zu bleiben – in der Stadt und zusammen –, so würde dich jetzt vielleicht Buxtehude, Donnersbachwald oder Visnjan verfolgen und dich und dein Leben prägen. Conquita würde unfreundlich „Donnersbachwald" buchstabiert haben wollen und noch unfreundlicher fragen, wo in aller Welt denn DAS sei. Die Personalchefin des internationalen Unternehmens würde eine Augenbraue hochziehen und in deinem CV „Visnjan" völlig falsch aussprechen und meinen, das müsse wohl irgendetwas SEHR Kleines sein und hinzufügen, „klingt nach ehemaligem Ostblock, hieß das nicht früher Jugoslawien?!", und dich ansehen, ob sie nicht irgendetwas Balkanhaftes an dir entdeckt.

Aber Gott sei Dank führte dich die große Hand eben nach Berlin. Und damit bist du für alle Zeiten ein Großstadtkind, ein Weltenbürger, ein cooler Typ. Und nicht ein Landei, Provinzler und Engdenker – wie dein Fofo aus St. Georgen an der Stiefing. Aber – und das sei dir in dieser Nachricht mitgeteilt: NUR in den Köpfen der Menschen, die mit solchen Bildern programmiert sind. Der Herr Bub wird ein supercooler Weltenbürger, auch wenn er (ich würde sogar sagen: gerade weil er) in einem kleinen, unbekannten, unscheinbaren Dorf irgendwo auf dem Land seine Arbeit für die Menschheit tut!

# Nachricht 120:

## Die Mauer

Nochmals Berlin, Herr Bub. Du wirst in einer historischen Stadt geboren. Historisch nicht wegen ihrer älteren Vergangenheit, sondern wegen ihrem einzigartigen Denkmal, der Mauer. Es würde jetzt zu weit führen, dir die Ursachen zu erklären, die zum Bau einer Mauer führten, die eine große Stadt einfach in zwei Teile schnitt, wie eine Torte, die man anschneidet. Ich will dir auch nicht den Beginn eines frohen Lebens vermiesen, indem ich dir von kranker Politik erzähle. Das wirst du noch früh genug erfahren. Nein, ich will dir von dem fantastischen Wandel erzählen, von der großartigen Kraft der Menschen, die jahrzehntelang unterdrückt werden und dann aufstehen und Mauern niederreißen. In ein paar Jahren werden deine Eltern mit dir an Orten in der Stadt stehen und auf Dinge zeigen, die seltsam aussehen, und werden dazu Geschichten erzählen, für die man alle seine Fantasie aufwenden muss, sie verstehen zu können. Du lebst im Moment ja auch noch hinter einer Mauer, einer aus Fleisch, Fett und Haut, bist ja auch so etwas wie „eingesperrt", dein Fußgetrampel und Geboxe könnte auch durchaus interpretiert werden mit „Lasst mich raus hier!" Kannst du dir vorstellen, dass Hunderttausende Menschen dieses Gefühl gehabt haben müssen?! Der gravierende Unterschied zwischen dir und den armen Bürgern der DDR besteht nur darin, dass du genau weißt, dass es einen Tag der Freiheit geben und dieser Tag ein Jubeltag sein wird. Die DDR aber ein Volk der Hoffnungslosen, der Betrogenen, der Weggesperrten war. Doch auch hier vollzog sich eine der wesentlichsten Prinzipien des Lebens, etwas, was dich, Herr Bub, immer aufrichten soll, wenn es dir einmal nicht so gut geht: Alles, egal, was es auch sei, egal, wie lange ein solcher Prozess auch dauern mag, wendet sich letztlich zum Guten. So geschah es auch mit den Menschen, die hinter der für Jahrzehnte so undurchdringlich scheinenden Mauer zu leben hatten und binnen weniger Tage die Freiheit, das höchste Gut der Menschen, zurück eroberten. Und dein Fofo, Herr Bub, war in diesen historischen Tagen mittendrin!

Ich war im Oktober 1989 zu Gastspielen im Schauspielhaus in Ost-Berlin, also hinter der Mauer, eingeladen. Ein paar Minuten, bevor ich mit meinen Musikern auf die Bühne ging, kam jemand in unsere Garderobe gestürmt und rief atemlos, der erste Vorsitzende, der oberste Schurke des Staates, sei soeben zurückgetreten. Und jedem war damit klar, dass dies das Ende der DDR bedeuten würde. Dann mussten wir auf die Bühne. Da stand ich nun mit der Gewissheit, dass ich etwas wusste, was die 500, die vor mir saßen, nicht wussten. Es war einfach unglaublich. Ich wollte es aber auch nicht so einfach sagen, verkünden. Irgendeine Eingebung ließ mich eine Geschichte erzählen. Spontan. Aus dem Bauch heraus. Auf der Bühne in diesem Augenblick erfunden für die Hoffnungslosen, Betrogenen, Weggesperrten. Ich hatte keine Ahnung, ob sie meine Metapher verstehen würden. Der letzte Satz der Geschichte war: „Die Freiheit duftete so herrlich, duftete so herrlich!" Ein Augenblick völliger Stille. In 500 Gehirnen wurde versucht, etwas zusammenzufügen, was vor einer Stunde noch undenkbar gewesen war. Plötzlich stand einer auf und begann zu applaudieren. Ganz langsam. Andere folgten ihm. Bis der ganze Saal stand, und der Applaus frenetisch war. Er galt nicht mir, nicht meiner Geschichte, er galt der Freiheit. Die gesiegt hatte.

Wenige Tage später saß ich zu Hause vor dem Fernseher und sah – hinter einem dichten Schleier von Tränen –, wie die Menschen in Berlin die Mauer stürmten, darauf saßen, tanzten, erste Stücke herausbrachen, wie die Grenztore sich wie Schleusen öffneten und ein Meer glücklicher Menschen den Westteil der Stadt überflutete. Diese Geschichte, Herr Bub, wirst du sehen, werden deine Eltern dir erzählen, wenn ihr an den Stellen vorbeikommt, die so lässig, so scheinbar mühelos, schwerelos dastehen und doch vor wenigen Jahren noch grausame Wirklichkeit waren ...

# Das erste Mal

## Nachricht 121:

### Pfaueninsel

Wir beide waren heute auf der Pfaueninsel – also, nicht wir beide ganz allein, natürlich hatten wir deine Mama mitgenommen (haha), sowie deine Nonna und einmal Onkel sowie einmal Tante. Es war eher wieder einmal ein Ausflug in die Zukunft. Du bist nun schon so groß, so präsent, dass mir ständig durch den Kopf ging: Jetzt fährt der Herr Bub zum ersten Mal mit dem Schiff. Na ja, mit einer mickrigen Fähre. Und nicht von Rotterdam nach New York, sondern genau 87 Meter von einem Ufer zum anderen. Exakt zwei Minuten und 35 Sekunden – ich hab's bei der Rückfahrt gemessen, weil ich wusste, dass ich darüber schreiben würde. Aber immerhin. Seefahrt ist Seefahrt.

Jetzt ist er zum ersten Mal auf einer Insel. Ich musste nachdenken, wo die zahlreichen Reisen deiner Eltern seit des glückseligen Moments der Befruchtung sie hingeführt hatten – definitiv negativ, da war nichts Entsprechendes dabei. Na ja, wir sprechen natürlich nicht von Sulawesi (elftgrößte Insel der Welt), nicht einmal von Mallorca. Die Pfaueninsel, dieses wunderschöne, parkähnliche Eiland, lässt sich im Schwangerenschritt in locker einer Stunde umrunden. Mit einer weiteren Stunde könnte man ALLE darauf angebrachten Wege abgehen. Aber immerhin. Insel ist Insel, und dass es eine ist, davon kann man sich, anders als bei Sulawesi, locker überzeugen.

Dann sieht der Herr Bub zum ersten Mal einen Pfau. Hier musste ich echt nachdenken, weil wir doch tags zuvor im Zoo waren. Ich ließ alle Tiere auf unserem Weg Revue passieren, ich zählte in Gedanken 41 (von ein paar Hundert), aber Pfau war keiner darunter gewesen. Also: Bub sieht Pfau DOCH zum ersten Mal. Das ist eine wichtige, eine historische Begegnung. Weil sich in ihr das ganze Wesen unseres Geschlechts offenbart. Aufgeplustert, stolz, und wenn er sich in die Ecke gedrängt füllt, oder es um Anmache geht, schlägt er dieses phänomenale Rad. Um von seiner Unsicherheit abzulenken. Oder um bei den Mädels Eindruck zu schinden. Was klingt wie der Aufsatz einer Hardcore-Emanze, soll jedoch nur ein zarter Hinweis darauf sein, wie spiegelhaft die Natur doch ist. Alles, wirklich ALLES, was wir dort sehen und erleben, widerspiegelt sich in uns und unserem Verhalten. Ja, natürlich könnte ich jetzt schreiben: Bubilein, schau doch diesen WUNDERSCHÖNEN Pfau! Schau, was für ein gigantisches Rad er doch schlägt! Höre, welch durchdringenden Schrei er von sich zu geben imstande ist. Tu ich aber nicht. Du musst vorbereitet sein auf das, was auf dich zukommt. Wir befinden uns doch auf einem Ausflug in die Zukunft. Der Pfau ist eine der (vielen) Symbolfiguren für Männlichkeit und das Patriarchat. In ihm lässt sich in überhöhter Form all das erkennen, was uns dorthin gebracht hat, wo wir gerade stehen: Die Frauen lachen sich schief über uns Männer und unsere Verhaltensmuster, und wir schlagen fröhlich weiter bunte Räder. Die Frauen überholen uns gerade in allen Bereichen, und wir hüpfen inzwischen munter um Weibliches, um damit Aufmerksamkeit und Gattungsbereitschaft zu erzielen. Frauen vermögen mit ihrer Ausgewogenheit von Ratio und Emotion geschickt über Abgründen balancieren, und wir stehen am Rand und stoßen Schreie aus.

Aber, Bub, vergessen wir doch diese dämliche Zukunft und: CARPE DIEM. Das bedeutet: Genießen wir die Gegenwart! Das JETZT! Schau, Bub, was für ein wunderschöner Pfau! Jeder einzelne Teil seines Körpers ist ein Wunder der Schöpfung. Seit Jahrtausenden brechen Menschen bei seinem Anblick in Entzückensschreie aus, weil sich in ihm die Perfektion des Lebens so deutlich widerspiegelt. Nicht beim Löwen, nicht bei der Boa Constrictor und schon gar nicht beim Menschen. Auch ich konnte ihm nicht widerstehen und habe ihn, den Pfau, in meinem ALLERERSTEN Märchen, das ich geschrieben habe („Der schöne Drache") verewigt. Seitdem verfolgt er mich. Und deshalb war ich so glücklich, als deine Nonna gestern vorschlug, doch die Pfaueninsel zu besuchen. Denn ich ahnte schon, dass wir beide dort Großartiges erleben werden: deine erste Schifffahrt, deine erste Insel, dein erster Pfau. Aber nicht „das erste Mal": Das Leben, das auf dich wartet, ist GROSSARTIG, FANTASTISCH und sollte täglich gefangen werden ...

# Abschied

## Nachricht 122:

### Abschied

Lieber Herr Bub! Heute müssen wir beide voneinander
Abschied nehmen. Abschied: Das ist etwas, was dich dein
ganzes Leben lang begleiten wird. Deshalb sollten wir darüber
reden, um dich auf etwas vorzubereiten, was wir Menschen
oft mit Traurigsein verbinden, was aber in Wahrheit IMMER
eine Tür zu Neuem, Anderem, Unerwartetem öffnet. Unser
heutiger Abschied ist ein gutes Beispiel dafür: Ich werde das
allerletzte Mal „BUB IM BAUCH" erleben! Ich muss Abschied
nehmen von der wunderschönen Kugel, die deine Mama so
stolz vor sich herträgt und die mich vom Leben hat erzählen
lassen. Ich werde diesen Bauch mit dieser Form und Gestalt
und vor allem mit diesem Inhalt nie mehr sehen – denn jeder
weitere Bauch wird ein völlig anderer, individueller sein. Die
deiner möglichen Geschwister und auch die deiner Tanten. Du
wirst mir für immer als „Teo-Bauch" in Erinnerung sein (auch
wenn ich das nicht mehr sagen darf ...). Mit diesem Gefühl habe
ich dich heute angesehen, bevor wir ins Taxi zum Flughafen
stiegen. Daran hatte ich gedacht, als ich noch einmal meine
Hand auf dich legte. Und als ich deine Mama umarmte. Und
ein bisschen traurig, wehmütig war – wie ein Abschied eben
so ist. Aber bereits im nächsten Moment – wie wunderbar
und klug eingerichtet ist doch das Leben – kam mir in den
Sinn, dass, wenn wir uns das nächste Mal begegnen, ich dich
in den Händen halten werde, du einen Namen haben und
unbeschreiblich gut riechen wirst. Ich werde über deine Haare
streicheln und du wirst meinen Zeigefinger, wenn ich ihn in
deine Hand stecke, fest umklammern. Ich werde mit Tränen
in den Augen (hundertpro!) auf das schwabbelige Etwas, das

wie ein ausgelassener Schwimmreifen um den Bauch deiner Mama hängt, deuten und den Kopf schütteln: DAS (auf dich zeigen) war DORT (auf den Bauch zeigen) drinnen?!? Und wir werden lachen und vielleicht wirst du mir ein erstes Lächeln schenken, das uns auszucken lässt, als wäre es das erste Lächeln auf der Welt – und das ist es auch, ja, das ist es. Es ist das Lächeln der Unschuld, des neu Erwachten, des immer wiederauferstehenden Lebens – das jedem Abschied folgt. Wenn das letzte gelbe Blatt meines Gingkobaumes vom Ast segelt, bin ich so traurig, obwohl ich weiß, dass er ja im April wieder unfassbares Grün hervorzaubern wird. Sofort wird also der Versuch unternommen, meinen Schmerz mit Hilfe der Vorstellungskraft, die mir die Zukunft, einen Frühling zeigt, zu lindern. Aber dann kommt auch gleich wieder die Ungewissheit daher: Ob es dieses Aufeinandertreffen von Grün und mir geben wird? Es könnte ja extremer Frost oder ein Orkan kommen, der meinen Baum fällt. Oder – ich würde nicht mehr da sein, wenn die ersten warmen Sonnenstrahlen die Lebenskräfte meines Gingkobaumes nach einem harten Winter erwecken. Das ist es also, was jeden Abschied so schwer macht: Die Ungewissheit, ob etwas, an dem man hängt, das einem zur angenehmen Gewohnheit geworden ist, was man nicht missen möchte, ob das nach einer unbestimmten Zeit wieder zurückkehrt, in gleichem Maße oder zumindest in ähnlicher Form. So ist es, wenn man am Bahnhof oder am Flughafen oder an der Eingangstür jemanden, den man liebt oder ehrt, aus dem Zustand des Sichtbaren, Greifbaren entschwinden lassen muss. Auch wenn man noch nachruft „Auf bald!" oder „Auf Wiedersehen!" und damit die Tränen unterdrücken will, indem man schon den Augenblick des Wiedersehens herbeifantasiert. Und selbst der endgültige, unwiderrufliche Abschied, den wir Menschen hinzunehmen haben als Teil unseres Daseins (erinnere dich an meine Nachricht Nr. 79), birgt dieses Element des Neuen, Anderen in sich: Da ist ein Weg an sein Ende gekommen, an die einzige undurchdringliche Mauer, die das Leben für uns bereithält. Aber für diejenigen, die dieses Unwiderrufliche erleben müssen, für sie und nur für sie, öffnet sich die Mauer und geht der Weg HINTER dieser Mauer weiter. Jener Weg, der wahrscheinlich als einziges für immer das große Rätsel unseres Lebens bleiben wird …

Für dich, Herr Bub, wird dein Ankommen gleichzeitig dein erster Abschied sein – wie bildhaft das Leben doch ist: Dass unser Leben mit einem Abschied beginnt. Du wirst dich vom Mamapool, von ihrem Herzschlag, von der sicheren Höhle verabschieden müssen, um ins Leben zu treten. Würdest du traurig sein können, würdest du es sein. Weil du meinst, dass dieser dein jetziger Zustand die Welt, das Leben, das Ich seien. Aber es kommt besser, das kannst du mir glauben. VIEL besser! So wie wir, Herr Bub, heute haben Abschied nehmen müssen. Aber welch Glück hält dieser Abschied für uns bereit! Das nächste Mal werde ich dich in den Händen halten …

# HERR ALLTAG
## Frau Gewohnheit

## Nachricht 123:

### Alltag

Lieber Herr Bub! Da der D-Day immer näher rückt – noch 51 Tage –, müssen wir zügig und unerschrocken fortfahren, dich auf all das vorzubereiten, was dich erwarten wird. Sobald du Abschied genommen hast von dem paradiesischen Zustand des Zeit- und Raumlosen, des reinen und puren Seins, wird dich Herr Alltag in seine Arme nehmen und dich willkommen heißen. Er ist ein strenger Mann, der dich mit einer Liste in der Hand empfängt und unverzüglich beginnt, einen Lebensplan für dich aufzustellen, und darüber wacht, dass dieser auch punktgenau eingehalten werde. Zu Beginn wird er noch dastehen und hinter jeder erledigten Sache ein Häkchen setzen. So lange, bis du von ihm, dem

Alltag, so trainiert bist, dass du alles selbst und von alleine erledigst und der Herr Alltag dann mit seiner Geliebten, Frau Gewohnheit, neben dir im Liegestuhl liegen und sie dich nur noch genüsslich beobachten werden, wie du ihnen und ihrer Liste brav folgst. Denn die beiden sehen es nicht SO gern, wenn es auch noch etwas außerhalb ihres Planes gibt, weil sie meinen, dass könnte dich davon ablenken, IHNEN und ausschließlich ihnen zu folgen – dem Alltag und seiner automatisierten Form, der Gewohnheit. Was bedeutet dies nun für dich, Herr Bub, vom Alltag empfangen zu werden? Am Beginn noch nicht so viel – an Mamas Busen nuckeln und trinken. Schlafen. Schlafen. Schlafen. Und in die Hose machen. That's it. Sachte unterbrochen von hysterischen Begeisterungsstürmen, getätschelt und geküsst, in den Arm genommen werden von Verwandten, Bekannten und Wildfremden. All das folgt jedoch nicht einem bestimmten Rhythmus oder unterliegt einem Wiederholungsfaktor, es tritt eher spontan auf. Trinken, schlafen, kacken – das ist dein Alltag.

Mit jedem Tag deines Lebens erweitert sich die Liste der Dinge, die es zu tun gilt. Bald wird deine Mama rufen „Aufstehen, Schatz" und dich aus dem Bett zerren. Immer zur gleichen Zeit. Dann wirst du dich anziehen und etwas frühstücken müssen – leider nicht mehr Mamas Busen im Mund, sondern ekliges Zeugs wie Müsli, Smoothie und anderes sogenanntes Gesundes ... Denn nackt und hungrig geht man nicht in den Kindergarten. Du wirst dort abgegeben, ob du willst oder nicht, und dann beginnt das Abarbeiten der Liste der Kindergartentante – der Früherziehungspädagogin, die natürlich GENAU weiß, was für dich wichtig ist und was du willst ...

Ein paar weitere Jahre später wird es noch grausamer: Willkommen in der Schule. Jetzt steht auf der Liste, dass alle 45 Minuten eine grässliche, widerliche Klingel durch die halligen Räume des grässlichen, widerlichen Schulgebäudes schrillt und dich daran erinnert, dass die nun folgenden mindestens zwölf Jahre, dank des ehrenwerten Herrn Alltags und der allerwertesten Frau Gewohnheit, dein Tag in einen 45-Minuten-Rhythmus, deine Woche in fünf Tage und das Jahr in Schul-und Ferienzeit eingeteilt sein wird. Na, bravo.

Kaum, dass du dich daran „gewöhnt" hast, wird schon wieder eine neue Liste angelegt. Du wirst arbeiten müssen, damit du Geld verdienst, um dir Essen kaufen, um dir einen Platz zum Schlafen leisten und eine Toilette, um gemütlich kacken zu können. Dann wird es Momente geben – und diese Momente werden kommen, das garantiere ich dir –, wo du dich fragen wirst: „Was soll das eigentlich alles?" Jene Momente, in denen du dich erinnerst, dass dein Leben vor 30 Jahren eigentlich, wenn man es genau nimmt, so mal ganz ehrlich betrachtet, nicht sehr viel anders ausgesehen hatte: Trinken, Schlafen, Kacken.

Ja, o.k., küssen und ein bisschen mehr ist dazugekommen. Die köstliche Leichtigkeit des Trunkenseins, hawaiianisches Poke mit Sesam. Aber das, haben wir ja gehört, liegt ja alles außerhalb der Befugnisse von unserem geschätzten Herrn Alltag. Und seiner miesen Freundin, der Frau Gewohnheit.

Das klingt jetzt so danach, als würde ich versuchen, den Herrn Bub als Exempel für diese ganze beknackte Welt, an Herrn Alltag und seiner bescheuerten Frau, vorbeischmuggeln zu wollen. Nein, natürlich nicht. Am Beginn geht das ja noch: DU bestimmst, wann Mama ihre Milchfabrik auszupacken hat, du allein bestimmst, wann du deine Ruhe haben willst. Und nur du bestimmst, wann die Hose gefüllt wird. Aber später geht das nicht mehr. Du würdest bis Mittag schlafen. Würdest irgendwann am Nachmittag mal gemütlich im Kindergarten eintrudeln. Und deine Pasta dann essen, wann es dir und nicht der Köchin beliebt. Das geht nicht. Gar nicht zu sprechen von deiner Zeit als Erwachsener. ABER: Man kann dem Alltag und seiner Tussi Gewohnheit ein Schnippchen schlagen. Das funktioniert. In einem der Bücher deines Fofos hat er geschrieben: „Die Gewohnheit ist der größte Feind des Wunders!" ALSO: Wenn du es schaffst, deinen Alltag nicht zur Gewohnheit werden zu lassen (sorry, Herr Alltag, du wirst dich scheiden lassen müssen ...), dann bleibt ALLES, was du erlebst, was dich umgibt, mit diesem Touch des Wunderbaren, des Besonderen umgeben. Dann wird aus einer Schwangeren die materialisierte Schöpfung, und aus einem, nein, aus JEDEM Neugeborenen ein Wunder! Wie oft habe ich das schon geschrieben, in den letzten 122 Nachrichten, und ich werde nicht müde, es immer wieder zu schreiben, zur Erinnerung: dass DU, Herr Bub, dieses Wunder bist!!!

GELD
Knete
ZASTER
Moneten
KOHLE
Mäuse
SCHOTTER
MARIE
Pinkepinke

## Nachricht 124:

### Geld

Dein Alltag ist von deinem allerersten Tag an – und ich spreche nicht vom Tag deiner Geburt, sondern vom Tag deiner Zeugung – von etwas bestimmt, was ich dir lieber verschwiegen hätte. Wie gern würde ich dir sieben Nachrichten lang von reiner Liebe erzählen. Fünf Nachrichten lang von so Wichtigem wie Zärtlichkeit und Behütetsein. Drei Nachrichten lang von den Erlebnissen, die dich stärken, dich vorwärtsbringen und dich zu einem guten Menschen werden lassen. Aber ich MUSS diese eine, heutige Nachricht dem schnöden Mammon, dem Zaster, der Kohle – dem Geld widmen. Wie in aller Welt soll man einem unschuldigen, reinen, ehrlich aufrichtigen, nach dem wahren Sinn des Lebens Strebenden GELD

erklären? Warum, so frage ich mich immer wieder, musste Gott oder
der Urknall uns DAMIT bestrafen? Warum hat er uns nicht Jäger bleiben
lassen, die Nahrung für das Heute beschaffen und das Morgen Morgen
sein lassen. Warum konnten die Handwerker und die Bauern ihre Dienste
nicht weiterhin einfach tauschen – ein Paar Schuhe gegen zwei Kilogramm
Kartoffeln. Ein Kilogramm Kartoffeln gegen ein Stück Leder vom Jäger.
Alles wäre SO einfach geblieben. Und so friedlich. Ja, vielleicht hätte mal
ein Schuster einem Bauern den Schädel eingeschlagen, weil die Hälfte
der Kartoffeln, ganz unten im Sack, vergammelt waren. Schlimm, aber
hochgerechnet auf das gesamte Leid der Menschheit vernachlässigbar,
unbedeutend, NICHTS.
Warum, lieber Herrgott, musstest du dir ausgerechnet GELD einfallen
lassen? Du, Herr Bub, bekommst seit dem Tag deiner Verkündung nur noch
das gesündeste Essen verabreicht. Dafür tauscht deine Mama ihre Zeit
gegen ... Geld. Denn sie könnte nicht in den Bioladen gehen und sagen:
„Mein Herr Bub muss anständig essen. Kann ich sieben Biokarotten und
zwölf Freilandeier von Hühnern, die garantiert ohne Zusätze aufgezogen
wurden, gegen eine Stunde meiner wertvollen Zeit tauschen? Ich tue alles.
Also, fast alles dafür. Boden schrubben, Toiletten reinigen, der Filialleiterin
den Rücken kratzen." Die würden die Rettung rufen! Das geht nicht. Deine
Mama muss die Scheine zücken und cashen, will sie dich ernähren. Sie
muss ihre Zeit woanders eintauschen. Sie arbeitet – zum Glück das, was
sie gern tut. Die meisten müssen ihre Zeit gegen etwas eintauschen,
das sie gar nicht so gern tun. Und das nur, damit sie zu Geld kommen.
Damit sie sich ein Auto kaufen können. Damit sie weit weg in den Urlaub
fahren können. Damit sie in teuren Restaurants verrückte Sachen essen
können – weil Nahrungsbeschaffung durch Jagen in Berlin oder Shanghai
oder in New York nicht mehr möglich ist. Arbeit gegen Geld gegen Essen
tauschen, wäre ja noch ganz o.k., aber dabei ist es leider nicht geblieben.
Heute dreht sich ALLES nur noch darum, wie man möglichst schnell,
möglichst einfach zu möglichst viel Geld kommt. Und wenn du mehr Geld
hast als andere, giltst du als mehr, besser und angesehener. Hast du
nichts, bist du weniger wert, bist du ein Versager, weil arm. Geld hat die
Ungerechtigkeit ins Leben gebracht und den Neid. Geld ist die Karotte,
die wir uns vor die Nase hängen, um sie niemals zu erreichen. Denn haben
wir einen Sack voll Geld, wollen wir einen zweiten. Den zweiten, weil wir
Angst haben, den ersten zu verlieren und NICHTS mehr zu haben. So geht
das immer fort. Und das Allerschlimmste daran: Ich kann dir nicht einmal

empfehlen, wie du es einmal besser, anders machen könntest. Würde ich schreiben, werde Einsiedler auf den Andaman Islands, würden sich deine Eltern schön beschweren – mit Recht. Denn sie wollen ja (und ich auch!), dass aus dir einmal etwas wird. Ja, aus dem Bub soll mal was „G'scheites" werden. Ich übersetze das mal: Der Typ soll Kohle haben ohne Ende. Denn wie soll ich meinen Freunden und den Nachbarn erklären, dass mein Herr Enkelbub meditierend an einem Strand sitzt und einfach nur glücklich ist. Beeren sammelt, sich von Kräutern ernährt und sich ab und an ein Fischlein grillt. Die würden milde lächeln und anschließend erzählen, dass ihre Tochter gerade die Karriereleiter bei Goldman Sachs hinaufgefallen ist, sich ein kleines Häuschen (hehe) in der Toskana und einen Porsche – natürlich secondhand, weil sie ja nicht so protzig sein will – zugelegt hat. Dann möchte ich sehen, was deine Eltern sich denken – über ihren Herrn Bub. „Ja, ja, wir wissen auch nicht, was mit ihm ist. So ist er halt, seufz, seufz ...". Anstatt dass sie in Jubelschreie ausbrechen und sich voll Freude in eine Grundsatzdiskussion darüber stürzen, dass das wahre Wesen des Daseins mit Geld NICHTS, aber auch gar NICHTS zu tun hat.
Übrigens: Ich habe vor, Herr Bub, zu deiner Geburt ein kleines Sparbüchlein einzurichten. Damit du, wenn du groß bist, ein bisschen Kapital hast. He, Fofo, spinnst du, wirst du dir jetzt vielleicht denken. „Ein SPARbuch?!? Nach all dem, was du gerade geschrieben hast?!?" Ja, Herr Bub, wie sollst du dir sonst das Flugticket auf die Andaman Islands kaufen ...

# Deine Geburt ist ein Fest, dass es zu feiern gilt.

## Nachricht 125:

### Karfreitag

Lieber Herr Bub! Es gibt eine Geschichte von deinem Fofo, in der er erzählt, wie viele Kostüme und Masken wir alle zu tragen haben, „so viele Kostüme und Masken, dass es uns immer schwieriger fällt, mit dem nackten, bloßen Menschsein zu agieren." Du bist der nackte, bloße Mensch, und sobald du geboren bist, werden deine Eltern, wir, deine ganze Umgebung beginnen – ob wir wollen oder nicht –, dir diese Kostüme überzuziehen. Das Kostüm der Kultur, des politischen Systems, in dem du aufwächst, und der Religion. Das Kostüm der Kultur wird dir sagen, wie du bei Tisch zu sitzen und dass du beim Grüßen die Hand zu geben hast. Rülpsen in Anwesenheit anderer – streng verboten. Wärst du Chinese, Afrikaner oder Amerikaner, würde das anders aussehen.

Das Kostüm eines politischen Systems lehrt dich Toleranz, so viel Toleranz, dass es schon fast unerträglich wird. Es lässt Kinder bereits im Babyalter in einer Kinderkrippe verschwinden, denn das System will, dass auch Frauen gleichberechtigt arbeiten und sich nur nebenbei mit der Erziehung der Kinder beschäftigen. Die Rolle der Väter bleibt vorerst unangetastet. Das System sieht vor, dass alle bei der Entscheidung mitreden sollen und mitreden dürfen. Das ist echt super. Aber eben nur so lange, so lange alle mitreden wollen und dessen nicht überdrüssig werden. Würdest du in Indien, Papua Neuguinea oder Russland aufwachsen, würde das nicht gelten.

Und die Religion stellt eine Mischung aus all dem dar. Sie lehrt dich, was Menschsein zu bedeuten hat. Deine Eltern werden Wasser über dich schütten lassen, das dich sofort in einen Katholiken verwandelt. So einfach geht das. Sie werden dir von einem Herrn Jesus erzählen. Der war ein Teo, genauso wie du. Über die

Schwangerschaft seiner Mama weiß man nicht viel, außer dass sie noch knapp vor der Niederkunft auf einem Esel reiten musste, was ich mir in ihrem Zustand ziemlich anstrengend vorstelle. Von der Geburt weiß man NICHTS. Ob Josef geholfen, wer die Nabelschnur durchgeschnitten und ob die Kuh die heilige Placenta gefressen oder ob einer der Könige sie rituell vergraben hat? Auch die Kindheit des Jesus ist eher ein unerforschtes Kapitel. Hatte er Freunde? Hat er Süßigkeiten geklaut? Hat er im Streit jemanden getreten? Pubertät und Teenagerjahre existieren überhaupt nicht. Wen hat er geküsst? War er homosexuell? Lebte er zurückgezogen oder ging er zu Tanzfesten? Ausführlicher werden die Geschichten, als er beginnt, gescheit daherzureden. Andere in seinen Bann zu ziehen mit Geboten, wie sie als gute Menschen zu leben hätten. Und der kecken Ansage, sein Papa sei Gott. Der hätte ihn auf die Erde geschickt, um seine, Gottes, Fehler auszubügeln. Denn, jetzt mal logisch gedacht, wenn Gott wirklich das alles erschaffen hat, also ALLES, dann muss ihm das aber gehörig aus dem Ruder gelaufen sein. Der Plan war ja nicht so schlecht ausgedacht, einen vifen Burschen dort unten zu installieren, um alles wieder so halbwegs ins Lot zu bringen. Aber auch das lief gewaltig schief. Der arme Jesus musste eines furchtbar gewaltsamen Todes sterben. Ich will dich ja jetzt weder schockieren, noch beunruhigen, dich nur warnen, dass die Menschen diese Folter von damals auch 2017 Jahre danach noch feiern. Also die Folter selbst feiern sie nicht, aber diese krasse Geschichte, die danach kommt. Die Auferstehung. Das wirst du nicht verstehen, wie auch, wenn nicht einmal ich sie verstehe. Dein Fofo ist zwar nicht Einstein, aber hat immerhin ein paar Bücher geschrieben, kann also nicht SOOO doof sein. Die Christen feiern also mordsmäßig diese üble Geschichte: Jesus wird gefoltert, stirbt eines elenden Todes, drei Tage später ist er wieder lebendig. Steht auf und fährt gen Himmel. Würde heute ein Schüler so eine Geschichte in einer Schularbeit schreiben, würde der Lehrer eine Fünf darunter malen und kommentieren, der Bursche hätte sich zu viele Gewaltvideos und Spiele reingezogen. NO GO. Aber über 2,6 Milliarden Christen sitzen heute, wie jedes Jahr, in einer Kirche rund um den Erdball und lassen diese Geschichte über sich ergehen. Um von dem klaren Tatbestand abzulenken, hat man über die Grauslichkeiten natürlich ein geistiges, emotionales und höchst lehrreiches Gebilde gestülpt: Jesus hat das Opfer auf sich genommen. Er hat alle Sünden der Welt getilgt. Er ist für die Menschheit gestorben. Das Wasser, das man über dich schütten wird, wird dir das alles sehr schlüssig erzählen und damit eine großartige Kraft (ich habe dir schon davon berichtet) in dir aktivieren: die des Glaubens. Aber wenn du meine Meinung hören willst: Von den 100 Menschen, die heute Nachmittag zwischen 15.00 und 18.00 Uhr diese Geschichte in einer Kirche hören, denken 90 an den Osterschinken und das Osterbrot, das sie am nächsten Morgen ENDLICH essen dürfen. Alle Kinder, wirklich ALLE, werden auf das Osterfest eingeschworen, indem man ihnen Geschenke in Gärten und Wohnungen versteckt und sie damit konditioniert (ein Kostüm anzieht), um zukünftig Ostern mit etwas Positivem zu verbinden. Sorry, Herr Bub, das klingt hart, aber bei diesen Dingen kenne ich kein Pardon. Mit Hilfe des Glaubens wird unsere Fantasie aktiviert, die uns all dies Unbegreifliche des Lebens sichtbar macht. DEINE Geburt ist ein Fest, das es zu feiern gilt. DU bist die Wiederauferstehung. In dir spiegelt sich der Wille Gottes wider– sollte es einen Gott geben, was ich sehr bezweifle. DU bist auserkoren, die Welt zu retten – so wie JEDER Teo, der das Licht der Welt im wahrsten Sinn des Wortes erblickt, aber nur wenige, zu wenige, nehmen diese Aufgabe in die Hand. Zu viele nehmen lieber einen Stein und werfen ihn. Zu wenige verlassen sich auf die Bestimmung und die Werte ihrer Nacktheit, also des bloßen Menschseins. Zu viele verbergen sich lieber in den Kostümen, die Sicherheit, Zusammengehörigkeit und Geborgenheit suggerieren. Das war auch vor 2017 Jahren so: Da stand Jesus, nackt und bloß und nichts als Mensch. Und seine Mörder trugen die Kleider der Gerechten. Das feiern die Menschen heute. Ich feiere dich, Herr Bub, Gottes Sohn.

# Ostern

## Nachricht 126:

### Ostern

Sehr geehrter Herr Bub! Wir möchten Sie davon in Kenntnis setzen, dass unser Mitarbeiter, Herr Hase, heute Nacht 17 Eier, bunt gefärbt, neun Schokohasen, in verschiedenen Größen, sowie sechs Nester, gefüllt mit Allerlei, in Ihrer Wohnung (in ALLEN Bereichen) zu Ihrer allfälligen Verfügung deponiert hat. Die oben angeführte Auswahl wurde mit einem Versteckfaktor von 3 auf der 10-teiligen Osterhasen-Such-Skala ausgebracht, sodass es Ihnen erfahrungsgemäß in maximal sieben Minuten gelingen sollte, alle Verstecke aufzuspüren. Bitte überprüfen Sie sorgfältig das Auffinden aller 32 Objekte, für Folgeschäden an Einrichtungsgegenständen oder an Leib und Seele wegen Nichtauffindens, wie durch Würmer aufgefressene

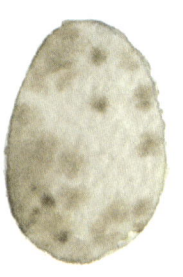

Schokohasen, vom Schimmel zersetzte und übelriechende Eier übernehmen wir keinerlei Haftung.

Weiters bestätigen wir die Lieferung von zwei Kilogramm Fleisch, garantiert ehrenvoll geschlachtet unter Zuhilfenahme von Weihwasser und knapp vor der Hinrichtung verfütterten Hostien. Eine Warnung „Übermäßiger Konsum von Fleisch kann Ihre Gesundheit gefährden", verfeinert durch ansprechende Bilder von Krebs in fortgeschrittenem Stadium in Magen, Darm und Speiseröhre, sind an der Packung angebracht – wir bitten Sie, diese Gebrauchsanleitung vor Verzehr zu beachten. Die ebenfalls beiliegende Krenwurzen dient der Neutralisation und sollte UNBEDINGT zur Anwendung kommen.

In unserem Oster-All-Inclusive-Service ebenfalls enthalten ist ein 2-kg-Laib Osterbrot, von bischöflicher Hand geweiht. Die ledrige Konsistenz soll das Leiden Christi widerspiegeln, die in der Verbindung mit dem geräucherten Fleisch und der Schärfe des Krens gewöhnungsbedürftige Süße des Brotes symbolisiert die Wiederauferstehung. Spülungen mit Messwein – an sich unabdingbar als zwingende, verdauungsfördernde Maßnahme – werden erst ab dem siebten Lebensjahr empfohlen. Auch hier ist von unserer Seite ausdrücklich festzuhalten, dass wir bei Missachtung dieser Empfehlung keinerlei Verantwortung übernehmen. Zertrümmerte Wohnungseinrichtungen, Kosten für den Notarzteinsatz und Einschreiten des Jugendamtes, der Wohlfahrt und der Fürsorge werden von uns NICHT getragen und liegen in der ALLEINIGEN Verantwortung des Auftraggebers.

Als kleines Dankeschön haben wir uns erlaubt, Ihrer Bestellung einen kurz gefassten Beipackzettel hinzuzufügen. In diesem wollen wir Ihnen einen Überblick über das Wesen, den Hintergrund, sowie einen knapp gehaltenen Auszug über die EIGENTLICHE Bedeutung des Osterfestes in der christlichen und jüdischen Religion geben. Das Lesen dieser Information ist NICHT verpflichtend.

Ein letzter Hinweis: Für Reklamationen bezüglich Lärmbelästigung durch Dauer-Glockengeläute, übermäßiger Rauchentwicklung durch Weihrauch und Verkehrsstörungen durch Prozessionen wenden Sie sich bitte an die nächste

Polizeidienststelle oder direkt an den Papst, Rom.

Wir wünschen Ihnen ein gesegnetes und frohes OSTERFEST,

Ihr

Magic Bunny Ltd. Inc.

# Die ersten Sekunden des WIR.

## Nachricht 127:

### Geburt

Lieber Herr Bub! Heute ist ein ganz besonderer Tag. Nein, ich meine nicht den Ostersonntag, den großen Feiertag der Christen. Darüber habe ich ja gestern schon geschrieben. Ich wollte mir den heutigen Tag frei halten. Für etwas ebenso Großes. Denn ohne diesen heutigen Tag gäbe es DICH nicht. Der 16. April 1985 war ein herrlicher Frühlingstag. Als wir am Morgen erwachten, ahnten wir nicht, was uns dieser spezielle Tag einmal bedeuten würde. Dass es der Tag deiner Nonna werden würde und, vor allem, der Tag deiner Mama. Der Bauch, in dem du jetzt chillst, war an diesem Tag auch noch im Bauch. Es war schon ein bisschen beschwerlich, weil der Tag der vorausgesagten Geburt immer näher rückte. Zu Mittag fuhren wir nach Graz und verbrachten den Nachmittag bei deiner Urgroma, also bei meiner Mutter. Als es Abend wurde, hing riesengroß der Vollmond über dem Schlossberg, und deine Urgroma meinte, dass heute Nacht wohl ihr erstes Enkelkind zur

Welt kommen würde. Wir lachten und verdrehten ein bisschen die Augen – ja, die Weisheiten der Alten, dachten wir uns. Da die riesige Kugel, wie bereits in den vergangenen Tagen, ein bisschen zu zwicken begann – du weißt ja allerbestens, warum, das machst du ja mit deiner Mama auch gerade – schlug die Urgroma deiner zukünftigen Nonna (32 Jahre später ...) vor, doch ein heißes Bad zu nehmen. Ich wurde ein bisschen nervös, mein erster Gedanke war, diese Alten versuchen doch mit allen Mitteln ihre vagen Vorhersagen wahrhaftig eintreten zu lassen. Aber da deine Nonna sofort begeistert zustimmte (in unserem Zuhause, in der Mühle, hatten wir keine Badewanne) und da ich den anders lautenden Vorhersagen (Geburtstermin 19. April!) völliges Vertrauen schenkte, verschwand also deine Nonna im Wannenmeer. Was dann ungefähr zehn Minuten später passierte, hat sich mir in mein Gehirn eingebrannt: Ich höre deine Nonna rufen, nicht hysterisch, nicht besonders aufgeregt, aber doch so bestimmt, dass ICH hysterisch und SEHR aufgeregt ins Bad stürme und dort einen andersfarbigen See im klaren Badewasser schwimmen sehe. Deine Nonna starrt auf dieses Andere, das da plötzlich und unvermittelt herumschwappt, während ich schreie: „Die Fruchtblase ist geplatzt!" und diesen Geheimcode, der den Countdown zum Start der Geburtsrakete einleitet, wie ein Mantra vor mich hinsage: „Das Fruchtwasser – das Fruchtwasser – das Fruchtwasser". Deine Nonna erhebt sich völlig ruhig und betörend langsam aus dem Wasser – normalerweise würde ich an dieser Stelle nichts als ihren makellosen, wunderschönen, unfassbar aufregenden Körper betrachten und bewundern - aber ich renne nur kopflos zwischen Badezimmer und Wohnzimmer und sage das Mantra auf. Und sie sagt, völlig ruhig und verstörend langsam, „Wir fahren in die Klinik. Hilf mir mich anziehen." Ich kapiere nichts: Ich finde die Autoschlüssel nicht, ich finde die Unterhose deiner Nonna nicht, ich versuche mich zu erinnern, wo diese Klinik ist und kann mir im Moment nicht vorstellen, wie ich sie finden soll. Ich stehe schon am Lift und drücke verzweifelt auf den Knopf, als würde dies sein Kommen beschleunigen. Durch die offene Eingangstür sehe ich deine Nonna, die im Vorzimmer steht und versucht, ihre gewaltigen Brüste in die Zirkuszelte zu verpacken. Ich flehe sie an, sich zu beeilen, zu dem einen Mantra gesellt sich ein zweites: „Das Kind, das Kind". Am allerwenigsten kann ich in diesem Augenblick verstehen, dass die beiden Frauen so unverschämt ruhig und gelassen sind, wo die Rakete doch schon den ersten Dampf aus den Düsen hervortreten lässt, wo doch der neue Planet schon auf die Erde zurast und das Universum sich auf einen erneuten Urknall vorbereitet – wie in aller Welt kann man DA SO RUHIG

SEIN! Endlich ist deine Nonna fertig, gibt ihrer Schwiegermutter noch einen Kuss, noch eine lange Umarmung, die wünscht ihr Ewigkeit lang noch „Alles Gute" – mein Gott, das alles geht so langsam, was TUN DIE NUR, der Lift wartet doch schon – ich stehe an der Tür und treibe zur Eile. „Folke, ziehst du dir bitte deine Schuhe an, SO können wir nicht in die Klinik!" Ich drehe durch, wo sind die Schuhe, lagen die nicht neben der Unterhose? Aber wo lag die? „Hier", sagt meine Mutter, deine Urgroma und lächelt weise. Endlich können wir fahren. Es wurde ja auch Zeit. Wie ich zur Klinik kam, entzieht sich meiner Kenntnis. Es muss einer jener Momente im Leben gewesen sein, wo einen die Hand Gottes durch den Straßenverkehr leitet – leider war die Hand Gottes weder auf dem Foto des einen Radarkasten mit der Geschwindigkeitsüberschreitung (93 km/h statt 50), noch auf dem anderen Foto, wo ich bei Rot über eine Kreuzung schleudere, zu sehen. Endlich angekommen nach gefühlten fünf Stunden Fahrt, stürme ich in die Klinik, um Alarm zu schlagen, die gesamte Mannschaft zusammenzutrommeln, um – das Mantra setzt wieder ein, das während der Fahrt geschwiegen hatte – ALLE bereit zu halten für den unmittelbar bevorstehenden Start der Rakete. Aber auch diese Frauen – gab es überhaupt noch Männer auf der Erde, wenigstens einen, der mich verstanden hätte? – lächelten mich nur so gnadenlos verständnisvoll und wissend an und – eine unbändige Wut stieg in mir hoch – schienen ihre gottverdammte Langsamkeit noch zu verlangsamen. Mein Mantra schien hier NIEMANDEN zu interessieren. Ich kollabierte fast, mein Hemd klebte schweißnass an meinem Körper, während des Hin-und Herlaufens zwischen Auto und Empfang hatte ich einen Schuh verloren. Während ich verzweifelt nach einem Arzt – einem MÄNNLICHEN, endlich einem, der MICH verstand – Ausschau hielt, kam deine Nonna angewackelt, nun schien sie noch ruhiger und gelassener, was mich in gleichem Maße noch mehr aufregte. Während das Mantra in einen weinerlichen Singsang überging, weil mich so niemand hören, niemand verstehen wollte, verschwand eine der Schwestern mit der nun schon qualmenden Rakete irgendwo. Ich wurde völlig ignoriert. Endlich fasste sich irgendjemand ein Herz, nahm mich bei der Hand, so als wäre ich ein psychisch schwer beeinträchtigter Patient, und führte mich in den Saal, in dem ich deine Nonna wiedertraf. Mein Gott, sie war so schön. Es war ein einziges Bild des Friedens. Wie sie so da lag auf dem Bett, schon befreit von allem Hinderlichen. Zwei Schwestern und eine Ärztin (wo, in aller Welt, waren alle Männer hingekommen?!) hantierten an ihr und an irgendwelchen Maschinen herum. Ich stand wie paralysiert vier Meter vom Bett entfernt und starrte stumm auf das Treiben. Ein kurzes Winken deiner Nonna entzauberte mich, ich durfte nähertreten. Ich tat es so ehrfurchtsvoll wie zu einem Altar, zum Allerheiligsten. Eine der Schwestern legte kurz ihre Hand auf meine Schulter, nickte und lächelte wieder dieses eigenartige Lächeln, das anscheinend alle Frauen dieser Welt sich zugelegt hatten, seit dem Moment, als ich diesen andersfarbigen See im Badewasser schwimmen sah.

Die folgenden zwei Stunden sind wie weggefegt aus meinem Gedächtnis, die Erzählungen deiner Nonna über diese Zeit lassen sie nicht lächeln, sondern Brüllen vor Lachen. Ich will darüber also nicht reden, Herr Bub. Meine Erinnerung setzt wieder ein, als ich inmitten meines Deliriums ein „Jetzt geht's los!" höre und ich wieder diese Hektik, diesen Anflug von Panik verspüre, verstärkt durch die Tatsache, dass meine Umgebung ins völlige Gegenteil gleitet und ruhig wird. Ich erinnere mich an die Geburt deiner Mama als etwas so Ruhiges. Es setzte Stille ein. Als hielte die ganze Welt den Atem an. Und das tat sie ja auch. Natürlich. Der Start der Rakete. Sie löst sich langsam, so unfassbar langsam von der Startrampe. Ich sehe den Kopf, wie er sich nach außen schiebt. Ich öffne meinen Mund um Sauerstoff zu bekommen, und als ich ansetze, einen tiefen Atemzug zu tun, habe ich etwas in meiner Hand. Einen Planeten. Das Universum. Ich starre es an. Es ist so still. So unfassbar still. Eine Hand dreht meinen Körper sanft und zeitlupenlangsam aus der Starre in Richtung deiner Nonna, die ganz ruhig daliegt und lächelt. An dieses Lächeln werde ich mich immer erinnern – ich habe es auf Hunderten Bildern in jeder Kirche, die ich seitdem betreten habe, wiedergefunden. Ich habe es im Louvre in Paris gesehen. Ich sehe es in den Gesichtern der Menschen beim Erleben wahren Glücks. Die Hand versucht meine völlig versteiften Arme zu bewegen, um den Planeten auf der Brust deiner Nonna landen zu lassen. Ich kann es selbst nicht tun, denn ich bin noch irgendwo im All unterwegs. Als deine Mama, Herr Bub, dann endlich mit deiner Nonna wieder vereint ist, vielleicht sind sieben Sekunden seitdem vergangen, stoße ich hinzu. Ich lande auch. Die ersten Sekunden des „WIR". Immer noch ist es still. Als wären alle Worte verschwunden – weil sie überflüssig sind. Da liegt deine Mama. Ganz ruhig und lächelt. In wenigen Tagen wird sich diese Geschichte wiederholen, Herr Bub.

Alles Gute zum Geburtstag, Tessa.

# Wie alles begann...

## Nachricht 128:

### Von einer anderen Geburt

Ja, ich weiß, lieber Herr Bub, dass es etwas eigenartig anmutet, dir am heutigen Ostermontag das Weihnachtsfest näherzubringen. Aber am 24. 12. 2017 werden wir mit anderen Dingen beschäftigt sein, unser Chat, Baby, wird in gedruckter Form unter Millionen von Christbäumen liegen und die Menschen zu Tränen rühren. Da kann ich nicht einfach eine kleine Ergänzung nachreichen „Sorry, aber das fehlt dem Herrn Bub noch für das Erfassen der Welt: Jesu Geburt!" – Das geht nicht.

Also lass uns mitten im Osterjubel ob des auferstandenen Heilandes daran denken, wie alles begann ...

Es wird dir seltsam vorkommen, dass ich dir die wesentlichsten Jahreseckpfeiler in der westlichen Welt mit Hilfe von Geschenklawinen und Fressorgien erkläre. Ich schäme mich dafür. Stellvertretend für die gesamte (christliche) Menschheit. Ich kann dir nur versichern, dass ich mich dem seit vielen Jahren entziehe, in dem ich sowohl Ostern als auch Weihnachten ignoriere – in JEDER Hinsicht. Was Geschenke betrifft und was das Essen betrifft. Weihnachten 2017 und selbstverständlich alle folgenden, mindestens bis 2035, werde ich NATÜRLICH eine Ausnahme machen. Denn deine Eltern und später auch du (ab 2018) würden schön blöd, beziehungsweise betroffen und verärgert aus der Wäsche schauen, würde ich dem Herrn Bub unter den Weihnachtsbaum („Baum??? War Jesus Förster?" Nein, Bub, die Erklärung kommt gleich, sei geduldig ...) einen Original-Strohhalm aus der Krippe zu Bethlehem und dazu noch das handgeschriebene Gebet „Vater unser im Himmel" legen. Nein, klar, da müssen andere Geschütze aufgefahren werden. Die Spielzeugindustrie muss doch auch überleben, die Bekleidung- und Elektronikbranche ebenso. Wir schenken Nächstenliebe in Form von Arbeitsplatzsicherung. Nicht zu reden von den Truthahn- und Karpfenzuchtanstalten. Gäbe es Weihnachten nicht, müssten die umsatteln auf Salbei- oder Hanfproduktion und wen außer alternativen Grünkommunisten interessiert das denn schon? Keine Angst, Herr Bub, unter dem Baum wird sich die südsteirische Hügellandschaft widerspiegeln – dessen kannst du dir sicher sein. Dein Papa wird Dank geringfügiger Umbauarbeiten am Backrohr ein Geflügelmonster hineinschieben können, und der Weihnachtsbäckereivorrat wird locker bis Mitte März halten, wo dann die Reste gegen die ersten Schokoeier ausgetauscht werden.

Aber vielleicht hättest du, wo du doch noch so gemütlich im Mamapool schwimmst und vom Paradies träumst, ein bisschen Zeit, um mir zuzuhören, wenn ich dir etwas in dein Stammhirn hineinerzähle, woran du dich – vielleicht – in ein paar Jahren erinnern wirst?

Vor langer, langer Zeit sagte man, Weihnachten sei die Zeit der Stille. Das kam daher, weil die allermeisten Menschen Bauern waren. Also Menschen, die mit dem Land arbeiteten, Getreide produzierten und Tiere hielten. Im Winter, also dann, wenn Weihnachten stattfindet, am 24., 25. und 26. Dezember, wenn alles unter einer dicken Schneedecke liegt, hatten sie nichts zu tun. Alle Arbeit war erledigt (außer natürlich das Vieh jeden Tag zu füttern). Alles war still. Die Natur. Die Menschen. Man saß vor dem Kachelofen oder dem Kamin und sinnierte. Oder erzählte sich Geschichten und Märchen. Und brachte damit alle Mühsal, alle Hektik der Arbeit des Frühlings, des Sommers und des Herbstes wieder ins Lot. Und weil Weihnachten genau in diese Zeit fiel, wurde es auch still gefeiert. Man sang Lieder, Kekse wurden gebacken, die es sonst das ganze Jahr über nicht gab. Und es wurde, mit einem Gebet, ein Tier geschlachtet, das man dann ganz besonders zubereitete und sich unglaublich darauf freute, weil es so etwas Leckeres nur einmal im Jahr gab. Man ging in die Kirche und dankte Gott, dass sie ihren Sohn auf die Erde geschickt hatte. Das war eine wirklich gute, perfekt erzählte Geschichte, an die zu glauben sehr wichtig für das gesamte Zusammenleben der Menschen war. Denn diese Geschichte erzählte vom Frieden, sie erzählte vom Guten und sie erzählte von der Liebe, die uns Menschen verbindet.

Damals war diese Zeit auch eine aufregende Zeit des Wartens. Teos mussten sich in Geduld üben, schon Wochen vorher wurde von nichts anderem gesprochen und geträumt als von dem Abend und den Tagen der Geburt Jesu. Und so kannst du dir vorstellen, wie unfassbar aufregend es war, als der große Moment dann endlich da war. Alles, wirklich ALLES, was da in den Stuben auf dem Boden oder den Tischen lag, wurde als Wunder empfunden: Ein Apfel. Ein Buch. Vielleicht sogar ein paar neue Schuhe.

Tja, Herr Bub, damit ist es leider vorbei. Die ersten Weihnachtsmänner wirst du bereits im September bei Aldi (Hofer) entdecken. Du wirst im November deine Mama sagen hören „Dieses Weihnachten nervt echt!", und im Dezember wird dein Papa sagen: „Freu' mich schon auf den 27." ... Dein erstes Weihnachten wird noch eine Sensation sein (für deine Eltern und wer immer dieses Schauspiel mitverfolgen darf), das zweite wird für dich besonders aufregend, weil du schon mitbekommen wirst, was da abgeht (die Geschenkeaufreißorgie) und ab dem dritten wirst du Siri schon deinen Wunschzettel diktieren. Kuh und Esel werden daneben stehen und versuchen, dir etwas von drei Königen zu erzählen, die einem Stern gefolgt waren und neben dem Stall campierten. Wenn du „Ausländer raus" Rufe hörst, mache dir keine Sorgen, das sind nur die ehrenwerten Leute von Bethlehem, die ein bisschen demonstrieren gegen die Ausländer, die in einem Stall vor den Toren ihrer Stadt ein Kind zur Welt gebracht haben. Sie meinen nicht dich, Österreicher haben es in Deutschland gut. Du darfst bleiben. Und Weihnachten feiern. Damit es der Wirtschaft gut geht. Denn das scheint das Allerwichtigste geworden zu sein. Tut mir echt leid, Herr Bub.

## *Nachricht* 129:

### 100 Seiten

Lieber Herr Bub! Langsam werden die ersten Osterhasen, Plüschküken und die praktischen Plastikostereier wieder in die Aufbewahrungskisten verräumt. Ich feiere heute auch. Verzeih, dass ich zum wiederholten Mal dem Dezimalsystem verfalle, aber die Zehner ignoriere ich sowieso schon, die Fünfer nehme ich nicht einmal mehr wahr, wenn jedoch die Hundert aufleuchtet, kann ich nicht widerstehen. Weißt du, Herr Bub, die Vorgangsweise unseres kleinen Dialoges sieht folgendermaßen aus: Ich schreibe jeden Tag meine Nachricht an dich in ein Manuskript. Völlig veraltetes Wort, denn Manuskript bedeutet ja „Von Hand geschrieben" und meint tatsächlich „Handschrift". Was praktisch niemand mehr macht, außer ein paar verschrobenen Puristen. Jeder Schriftsteller tippselt heute sein Machwerk mittels Computer. Aber wir nehmen das mal nicht so ernst, übersetzen ein bisschen freier „Mit der Hand eingetippt" (also nicht mit Hilfe von Siri, den Füßen oder sonstiger geheimnisvoller Software).

Dieses mein Manuskript zeigt heute, mit dieser Nachricht, die Seitenzahl EINHUNDERT an. In 128 Tagen habe ich also 100 Seiten A4 geschrieben, das macht – einen Moment, ich muss „Worte zählen" öffnen – das macht exakt an dieser Stelle, JETZT, 63 775 Worte oder 387 472 Zeichen (mit Leerzeichen). Das ist echt nicht schlecht. Solltest du vorhaben, pünktlich zu erscheinen, dann werde ich am 2. Juni die letzte Nachricht an dich schreiben, es wird die 176. sein. Deine Geburt wird das Ende dieses so schönen, mich jeden Tag aufs Neue fesselnden Projektes sein. Es fällt schwer, mir auszumalen, ob ich traurig oder glücklich sein werde. Natürlich überglücklich, dass du da bist, vielleicht ein bisschen traurig, weil es mir fehlen wird, dich so nahe bei mir zu haben – fast so nahe wie deine Mama dich hat (Lass sie das nur ja nicht hören oder lesen – dann ist sie wieder sauer auf mich, was ich mir einbilde ...). Jetzt bist du noch eins mit dem Körper deiner Mutter, und ich habe dich mit Haut und Haaren in meiner Fantasie erschaffen. Aber mit der Stunde deiner Geburt gehörst du der Welt, hast deinen ersten Schritt in die Eigenständigkeit gesetzt und wirst ab sofort unbeirrt deinen Weg gehen. Wir dürfen dich dann nur noch begleiten. Deine Eltern vorerst noch ganz nahe, wir mit Abstand, der Rest winkt aus der Ferne. Was uns beiden aber bleibt, lieber Herr Bub, werden diese 176 Nachrichten sein, diese 176 Tage, an denen wir imaginär unsere Finger zusammenführten, um Kontakt aufzunehmen. Du bist ja noch ein Außerirdischer, schon real, aber noch im Weltenraum unterwegs, gebeamt in einen Menschenkörper, für die Landung ist schon alles vorbereitet. Und für dein Leben hier auf dem Planeten. Denn bereits jetzt weißt du schon SEHR viel, ja, ich würde sogar behaupten, mehr als so

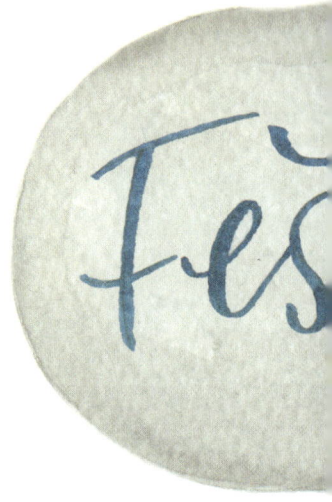

manche 60-Jährige. Und es fehlen uns ja noch 48 Nachrichten! Sicher ist, dass du von deinen ersten Tagen an top informiert durchs Leben gehen wirst. Niemand wird dir etwas vormachen können. Wenn deine Eltern dir Söckchen von glücklich grasenden Schafen verkaufen wollen, wirst du mühelos den Wahrheitsbeweis antreten können. Wenn dein Papa dir an deinem ersten Geburtstag einen zarten Schweinebraten servieren will, wirst du ihn mit deinem allerersten Wort überraschen: „VEGAN!". Wer 176 Tage lang neben der höchst gesunden Ernährung (dank deiner Mama) hochgeistige Nahrung allerhöchsten Ranges verabreicht bekommt, dem kann die Welt, und sei sie noch so dämlich, nichts mehr anhaben. Feiern wir also heute gemeinsam, Herr Bub und ich, die 100. Seite, die wir mit dieser Zeile nun glücklich erreicht haben ...

## Nachricht 130:

### Erstes Wort

Lieber Herr Bub! Irgendwann wirst du sprechen. Das haben wir Menschen so an sich. Dass wir reden. Auch wenn wir nichts zu sagen haben, reden wir. Diese Eigenschaft wird so nach rund 13 Monaten auftreten, ungefähr. Kann auch früher oder später sein. In Millionen von Baby-,Tage-, Elternbüchern ist festgehalten, welches dieses erste magische Wort war. Heerscharen von Psychologen zerbrechen sich seit Jahren den Kopf darüber, ob es zwischen der Wahl dieses Wortes und dem späteren Leben einen Zusammenhang gibt. Gar nicht so wenige Kleinkinder haben als erstes Wort „Auto" auf den Lippen. Da es sich dabei ausschließlich um männliche Exemplare handelt, wäre es logisch – stimmt die These mit dem Zusammenhang –, dass diese Kinder Mechaniker, Machos oder Autodesigner werden. Es gibt auch schon Babys, die als erstes deutlich „iPhone" brabbeln. Die könnten CallcentermitarbeiterInnen, Tussis oder PräsidentInnen werden. Die Mehrzahl aber sagt brav „Mama" und „Papa". Die ehrgeizigen Mütter und vor allem Väter stehen stundenlang vor den Gitterbetten und wiederholen gebetsmühlenartig den ihnen zugeteilten Aufgabenbereich: PAAApAAA! MAAmAA. So lange, bis die genervten Würmchen aufgeben und gnadenhalber eines dieser Worte hervorwürgen (in Langzeitstudien wurde inzwischen übrigens klar nachgewiesen, dass Babys demjenigen den sprachlichen Vorzug geben, der im Durchschnitt mehr Nahrung herankarrt – die frühkindliche Prägung zu kapitalistischem Denken ...). Selbst wenn es nur nach Pppph oder Mmmmh klingt – die so geehrten Alten zucken aus und meinen, dass nun der Beweis erbracht sei, woher das Kind seine UNGLAUBLICHE Intelligenz und diese Sprachgewandtheit habe.

Bei dir, Herr Bub, würde es niemanden verwundern, wenn das erste Wort, das du artikulieren wirst, „FESTIVAL" ist. Seit deiner Zeugung hörst du praktisch kaum etwas anderes. Ja, vielleicht einmal zwischendurch „Schellack" von deiner Mama oder „Cevapcici" von deinem Vater. Und ein paar andere Tausend Worte, wie „Ich liebe dich" oder „Wie soll er denn heißen, der Herr Bub?". Aber nichts kommt mit einer solchen Regelmäßigkeit, wird mit soviel Inbrunst wiederholt wie „FESTIVAL".

Ich habe schon von Kindern gehört, die bereits bei ihrer Geburt etwas von sich gegeben haben, das man – zugegeben mit viel Fantasie – als Wort hätte durchgehen lassen können. Stell dir vor, deine Mama liegt mit hochrotem Kopf erschöpft auf der Liege, der Herr Bub wird ihr von seinem Vater (leichenblass und immer noch völlig versteift, wie wir wissen) auf die Brust gelegt, ihr seht euch zum ersten Mal himmelschreiend schön in die Augen, Glücksgefühlexplosionen allerorts und du öffnest den Mund und sagst „Festiwil". Alle im Raum Befindlichen starren sich betreten an. Hat das soeben Geborene etwa etwas gesagt?! Hat das nicht nach „Fest i will" geklungen? Was man, ohne viel Fantasie aufbringen zu müssen, durchaus als „Ein Fest ich will!" interpretieren könnte. Abgesehen von der noch etwas holprigen Grammatik eine klare Aussage: Du willst gefeiert werden! Recht hast du! Deine Ankunft ist wahrlich ein Fest wert. Nur blöd, dass du das erste sich bietende Fest versäumen wirst, weil es zufällig, so ungefähr genau, parallel mit deiner wunderbaren Ankunft zusammenfällt und es etwas mühsam wäre, ein Neugeborenes samt Wöchnerin und noch nicht ansprechbarem Vater zum „FESTIVAL" zu karren. Aber ich kann dir garantieren, dass sich noch viele Gelegenheiten zum Feiern eines Festes bieten werden. Dafür wird schon deine Mama sorgen. Denn auch sie war beim allerersten Festival ein Baby, so wie du! Sie ist mit Festivalmuttermilch aufgewachsen und trug noch Original Festivalwindeln. Während der Festivalzeit war ihr erster Spielplatz unter den Stühlen der zweiten und dritten Reihe in den Theatern und Konzerthäusern, und eingeschlafen ist sie meist in den Armen israelischer, brasilianischer und amerikanischer Künstler. Kaum war sie alt genug, um stehen zu können, wurde sie zum Kartenabriss eingeteilt. Mit sechs Jahren und den ersten englischen Worten übernahm sie die Künstlerbetreuung der Gäste aus dem angelsächsischen Raum. Mit zwölf wurde sie zur Fuhrparkleiterin, mit 16 hat sie die Kontrolle über das Budget übernommen und mit 26 dann alles. Ratzeputz ALLES. Das ganze, schöne Festival. Gehört jetzt ihr. Und da du Teil von ihr bist, gehört – also rein theoretisch – dieses Ding, das ziemlich cool ist, folglich auch DIR. Ich wollte dir nur erklären, Herr Bub, warum das erste Wort, das du sagen wirst, „FESTIVAL" sein wird ...

## Applaus!

## Nachricht 131:

### Festival

Lieber Herr Bub! Ich will dich nicht im Unklaren darüber lassen, was es mit diesem Wort, das du ständig hörst – Festival – auf sich hat. Nehmen wir zunächst einmal die „30 Jahre". Damit du dir vorstellen kannst, was 30 Jahre bedeuten, werfen wir einen Blick in die Zukunft: Wir schreiben das Jahr 2047. Du bist ein erwachsener Mann. Du hast deine Ausbildung abgeschlossen. Du arbeitest schon. Vielleicht bist du verheiratet – nein, das gibt es ja nicht mehr –, also, du lebst mit jemandem zusammen. In einem Haus. In einer Wohnung. In Singapur, Kapstadt oder St. Georgen an der Stiefing. Na ja, warum nicht. Vielleicht hast du sogar selbst schon einen Teo. Auch das ist möglich. Du siehst: 30 Jahre ist eine SEHR lange Zeit. In der SEHR viel passiert. Du SEHR viel erlebt haben wirst. Und jetzt drehen wir das Ganze 30 Jahre zurück: Ins Jahr 1988. Dein Fofo hat eine Idee. Er will Erzähler, so wie er selbst einer ist, nach Österreich einladen. Er will Abende und Vormittage organisieren, an denen kleine und große Menschen aus Österreich diese Erzähler, die aus der ganzen Welt kommen, kennenlernen. Ihnen zuhören. Sich freuen. Lachen, weinen, staunen. Neun Tage lang wird es dauern, von einer Stadt zur anderen. So viele Menschen werden kommen, dass dein Fofo beschließt, es im darauffolgenden Jahr wieder zu tun: Ein FESTIVAL auf die Beine zu stellen. Und weil die Menschen so gut finden, was da passiert, geht es weiter und weiter – bis heute. Inzwischen, Herr Bub, ist das Ding so groß geworden, dass dein Fofo es nicht mehr alleine schafft. Fünf junge Damen und deine Mama machen das heute: Inzwischen sind es fünf Festivals an sieben Orten geworden. Über 100 Programme und fast 60 Erzähler, die aus 17 Ländern kommen. Und DU? Bist mittendrin. Denn deine Mama, stell dir das mal vor, Herr Bub, schubst den ganzen Laden. Sie macht das großartig. Auch mit dickem Bauch und einer Honigmelone, die im Mamapool schwimmt, während sie ein Interview für ein Magazin gibt. Ich möchte dich herzlichst bitten, an einem Freitag oder Samstag, bestmöglich zwischen 18.00 und 19.00 Uhr auf der Erde zu erscheinen. Dann kann ich nämlich um 20.00 Uhr stolz auf die Bühne treten und verkünden: „Habemus Bubam – das Festivalbaby ist gelandet!" Und du, 60 Minuten alt, wirst deinen ersten, tosenden Applaus erhalten. Wenn das keine guten Vorzeichen sind! Was hatte ich oben geschrieben: Was 2047 aus dem Herrn Bub wohl geworden sein wird? Dein Fofo ist 93 Jahre alt und jagt mit seinem Rollator durch die Gegend. Deine Mama ist 62 und längst im Ruhestand – irgendwo in einer Villa am Strand. Und der Herr Bub? Lenkt mit 124 Mitarbeitern ein weltumspannendes Netz an Geschichtenfestivals … Und da in jenem Jahr das 60-jährige Jubiläum gefeiert wird, werde ich auch noch einmal auf die Bühne gerollt und darf aus einem meiner Bücher ein bisschen etwas vornuscheln: „Ach ja, dieses Buch damals – 'Let's chat, Baby' hieß es. Es war ein …"

# Nachricht 132:

## Bauern

Lieber Herr Bub! Wärst du, sagen wir mal, vor 200 Jahren geboren worden, wäre die Wahrscheinlichkeit, dass du ein Bauernbub wärst, ziemlich hoch. Denn damals waren die meisten Menschen Bauern. Wärst du das erste Kind der Bauersleute, wäre deine Mama wahrscheinlich so 18 Jahre alt – also ziemlich jung. Sie müsste schwer arbeiten. Bis knapp vor deiner Geburt hätte sie das Vieh jeden Tag zu versorgen gehabt: melken, ausmisten, das Heu vom Heuboden werfen und mit der Mistgabel zu den Kühen bringen. Natürlich hätte sie auch kochen müssen. Und die Wäsche mit einem Waschbrett in einem Zuber waschen. Ein Vorteil: Es gab nicht so viel Wäsche wie heute. Auch dein Papa hätte auf dem Feld gearbeitet. Die Pferde zogen den Pflug. Warum ich darauf komme, dir von Bauern zu erzählen? Von denen es heute nicht mehr so viele gibt und die, die es gibt, völlig anders arbeiten als ihre Vorfahren? Weil ich heute auf einem Hof war, der seit 500 Jahren – kannst du dir das vorstellen, Herr Bub, seit 500 Jahren! – im Besitz der gleichen Familie ist. Der heutige Besitzer ist jünger als dein Fofo, sein Papa lebt auch noch auf dem Hof. Und der kann sich noch gut an seinen Großvater erinnern, der vor 135 Jahren geboren wurde. Stolz hat er seinem Enkel Briefe und Dokumente seines Großvaters, also des Ururgroßvaters des heutigen Besitzers gezeigt. Im Pfarramt der Gemeinde kann man nachlesen, dass der Ururururgroßvater des Ururgroßvaters am 19. September 1549 dort geheiratet hat und zum ersten Mal der Name des Hofes in dieser Urkunde auftaucht. Früher, Herr Bub, hatte jeder Bauernhof einen Namen, der blieb bestehen, über alle Generationen. Die Tochter des heutigen Besitzers, die ist noch jung, gerade mal 20 Jahre, wird also mit Stolz etwas fortsetzen, was vor sehr langer Zeit begonnen wurde. Das nennt man Tradition. Dieses Wort hört man heute nicht mehr so gern, vielleicht gibt es das Wort 2037, wenn du 20 Jahre alt bist, gar nicht mehr. Denn was sollen die meisten Menschen HEUTE an die nächsten weitergeben? Ein Haus? Das dient heute hauptsächlich als Wertanlage, wenn man sich einmal etwas Besonderes leisten will, wird es verkauft. Ein Auto? Ist in 20 Jahren Schrott. Was gilt es zu bewahren? Was bedeutet heute noch „Wert"?

Als ich die Geschichten des Großvaters hörte, die er mir in der Stube voller Begeisterung erzählte, dachte ich an meine Nachricht 127. Da schrieb ich dir über den Geburtstag deiner Mama. Ich hatte dir aber nicht geschrieben – wozu auch – was sie als Geschenk bekam (Geschenk – das muss ich dir auch noch erklären. Mein Gott, die Zeit tickt und es gibt noch SO VIELES, das du noch nicht weißt ...). Als deine Mama geboren wurde, eben an diesem Tag, kam ich am nächsten Tag in das Sanatorium, in dem sie zur Welt gekommen war, und brachte deiner Nonna ein Geschenk. Es war ein Ring, golden, mit drei Steinen, einem blauen und zwei weißen. In der Innenseite war eingraviert: „Tessa, 16.4.1985". Der Name deiner Mama und ihr Geburtsdatum. Diesen Ring trug deine Nonna 32 Jahre – sie trug also die Erinnerung an deine Mama immer an ihrem Finger. Und weil Tessa jetzt selbst Mama wird, weil sie selbst einem Teo Leben schenken wird, hatte deine Nonna die wunderbare Idee, ihr diesen Ring zu schenken – zu jenem Geburtstag, der für immer ein ganz besonderer sein und bleiben wird. Wer weiß, vielleicht wird deine Mama diesen Ring auch einmal weiterschenken. Vielleicht dir, Herr Bub, zur Geburt deines ersten Kindes. Und weil dich dieser Ring immer an etwas erinnern wird, wirst du ihn vielleicht dann auch weitergeben – wenn deine Tochter ihr erstes Kind zur Welt bringt? Das müsste – schätzungsweise, wenn alles so halbwegs seinen normalen Lauf geht – so um das Jahr 2080 herum sein. MIST – da werd' ich sicher nicht mehr da sein, um das zu erleben. Aber – es würde mich sehr wundern, wenn meine Urenkelin nicht ein Exemplar dieses Buches hätte, in dem sie wird nachlesen können, wie sie zu diesem Ring mit den drei Steinen gekommen ist, den ihr Vater ihr an den Finger gesteckt hat ...

„Bekomme ein Kind!". Nein, es war ihr ganz wichtig, ihre unglaubliche Freude mit uns zu teilen. Sie hatte einen richtigen Moment ausgesucht. Sie hatte das Gespräch vorbereitet. Sie hatte die Verkündigung als kleine, scheinbar unbedeutende Geschichte aufgebaut. Das alles tat sie, um unsere Freude noch zu steigern – sie hatte dabei aber die ganze Zeit UNS in ihren Gedanken und nicht sich selbst. Der 28. Oktober 2016, 18 Uhr Ortszeit, Bangkok, wird mir dadurch IMMER in Erinnerung bleiben, da wird in mir immer diese Freude, ein Wunder zu erfahren, hochkommen – deine Mama hatte uns ein Geschenk gemacht, indem sie mit uns ihr Wissen TEILTE.

Du wirst, Herr Bub, mit Geschenken überhäuft werden. Sie werden sich in deinem Zimmer, unter dem Weihnachtsbaum, auf deinem Geburtstagstisch auftürmen. Das wird schön sein, und du wirst eine Freude haben. Aber du solltest bei JEDEM Geschenk, welches immer es auch ist, an sein Unsichtbares denken, an das, was deinem Auge verborgen bleibt: Dass jemand darüber nachgedacht hat, womit er DIR eine Freude machen könnte. Er hat seine Zeit dafür aufgewandt, er hat dir seine Aufmerksamkeit geschenkt. DAS ist das Wichtige, das ist, was bleibt – wenn das Spielzeugauto schon längst keine Räder mehr und der Teddybär schon ein großes Loch in seinem Bauch hat.

Mit diesem Buch – und auch das, mein lieber Herr Bub, sollte uns beiden bewusst sein – schenken nicht nur wir uns gegenseitige Freude (also im Augenblick eher MEINE Freude, in ein paar Jahren kommt dann hoffentlich DEINE dazu ...), sondern wir teilen unser beider, nein, unser dreier Glück (wir nehmen deine Mama da ja mit rein!) auch mit anderen. Mit anderen Mamas und Papas und mit anderen Teos. Ohne dass du es ahnst, tust du kleiner Wurm schon etwas, was mit zu den wichtigsten und vornehmsten Eigenschaften deines Menschseins gehören wird: Freude zu schenken!

DEINEM PAPA ZUM ERKLÄREN ÜBERLASSEN:

Das Auto

## Nachricht 134:

### Die Babyschlaftablette

Lieber Herr Bub! Vor vier Nachrichten haben wir über dein erstes Wort gemutmaßt, nun ist ein epochales Ereignis eingetreten, das mich daran zweifeln lässt, dass es „Festivil" sein wird. Denn in den letzten Tagen gab es wahrlich Wichtiges, das das Leben der kleinen Familie nachhaltig verändern wird: Neben dem Gitterbett für deine Nachtruhe, der Badewanne für deine Sauberkeit, dem Hightech-Kinderwagen für standesgemäße Ausfahrten und nicht zu vergessen die 178 Strampler, 165 Leibchen sowie unzähligen Söckchen, Mützchen und Höschen für dein schickes Äußeres, wurde nun auch noch das letzte Insignum einer neu anbrechenden Zeit angeschafft: ein Auto. Da nun deine Mama und vor allem dein Papa dieses Wort praktisch permanent auf den Lippen haben, wirst du nicht umhin kommen, dieses lautmalerisch sehr einfach zu erlernende Wort so bald als möglich zu beherrschen – vor allem auch um ihnen zu schmeicheln, ihnen eine kleine Freude zu bereiten. Wenn du mich nun fragst, was denn um der Geburt Willen ein AUTO sei, so bitte ich dich um ein bisschen Geduld. Du wirst binnen weniger Tage eine kleine Kollektion an Miniaturausgaben um dein Bett herum finden, das ist dieses Eckige mit unten vier identischen Dingern dran, wie du sie auch von deinem Hightech-Kinderwagen kennst. Ich würde dir ja gern

Näheres erklären, aber ich will auch IRGENDETWAS deinem Papa zum Erklären überlassen – am besten eben: das AUTO. Soll er sich doch mit Zylindern, Einspritzpumpe und Handbremskontrollleuchte herumschlagen. Das alles wird er versuchen, dir näherzubringen, sobald du in seinem ganzen Stolz Platz genommen hast. Deine Frage „WOZU AUTO?" ist zwar berechtigt, aber, sorry, Herr Bub, völlig unangebracht. Vor allem, weil DU ja der Verursacher bist. Ohne DICH wären die NIE auf die Idee gekommen, sich ein Auto zuzulegen. Deine Alten sind ja nicht dumm: Kostet ein Schweinegeld und steht 95 Prozent seiner Tage stumm und dusselig vor dem Haus. Aber – deine Eltern werden sehr bald einsehen, dass diese Investition mehr als lohnend ist. Die Wahrscheinlichkeit nämlich, dass DU, Herr Bub, ab und zu durch die Gegend brüllst und NICHT zu beruhigen bist, ist statistisch gesehen SEHR hoch. Das wissen deine Eltern. Weiters wurde eindeutig festgestellt, dass weder gutes Zureden noch Versprechungen aller Art (Essen, Spielzeug, zweistimmig gesungene Lieder) in solchen Extremfällen helfen, sondern einzig und allein ... eine kleine Spritztour mit dem Auto! Ich sehe deinen Papa schon: Der brüllende Herr Bub wird im Kindersitz festgezurrt, der Motor gestartet, das Fahrzeug in Gang gesetzt und wie von Zauberhand verstummt das Büblein sofort, sieht noch kurz verklärt auf die roten Lichtlein überall und schläft unverzüglich ein. Und Papa dreht seine Runden. Manchmal im Konvoi mit sieben weiteren Vätern, die allesamt ihre Kinder in den Schlaf chauffieren. Da es durchaus möglich ist, dass dein Papa irgendwann diese Nachricht liest, will ich hier unter keinen Umständen verraten, wo der Haken an der Sache liegt. Nun, vielleicht doch: am Parken. Das Auto muss irgendwann, nach ein paar Stunden, nach 137 gefahrenen Kilometern ja wieder zum Stillstand gebracht werden. Und sobald es stillsteht, erwachen die Teos dieser Welt und brüllen und alles fängt wieder von vorne an. Mit tiefen Ringen unter den Augen und steifen Fingern vom Lenkraddrehen treffen sich die Papas zum Erfahrungsaustausch und verfluchen – nein, um Gottes Willen nicht ihre Autos, sondern ... O.k., Herr Bub. Ich schlage vor, du beginnst erst gar nicht mit dem Brüllen und genießt das Autofahren NUR und ausschließlich im Wachzustand. So wie deine Eltern. Die seit HEUTE stolze Autobesitzer sind. Gratulation!

# Nachricht 135:

## Kindergarten

Lieber Herr Bub! Heute stand dein Fofo vor 50 zukünftigen Kindergärtnerinnen. Das hat mich daran erinnert, dich schon mal darauf vorzubereiten, was dir blühen wird. KINDERGARTEN. Da stellt man sich einen blühenden Garten mit noch blühenderen Kindern darin vor. Da wird gejauchzt und gejubelt, gespielt und getollt. Das werden sie dir erzählen, um dich dorthin zu locken. Wunderhübsche, junge (knusprige) „Tanten" sollen dort auf dich warten, dir das Leben zu versüßen. Verständnisvoll sollen sie auf all die Wünschen der kleinen Damen und Herren eingehen, um ihnen ein bestmögliches Service anzubieten. Sorry, aber das klingt ja wie nach den Versprechungen des Islamischen Staates, wenn der junge Männer rekrutiert und ihnen erzählt, was sie alles im Himmel bei Allah erwartet, nachdem sie sich und Unschuldige in die Luft gesprengt haben. Die Damen, die da heute vor mir gesessen sind, haben nicht im Entferntesten – o.k., bis auf zwei, vielleicht drei – den Versprechungen entsprochen, und da hilft es auch gar nichts, dass man sie nun damit zu adeln versucht, indem man sie „Pädagoginnen" nennt. Mein Eindruck ist, und ich habe in den letzten Jahren ein paar hundert dieser zukünftigen „Pädagoginnen" vor mir sitzen gehabt, dass die meisten von ihnen keine Ahnung davon haben, welchen sehr, SEHR wichtigen Job sie da im jugendlichen Alter von 19 Jahren auszuüben haben. Dein alter Fofo hat in vielen Gesprächen und auch öffentlichen Diskussionen stets darauf hingewiesen, dass er die Arbeit der Kindergartenpädagoginnen (leider gibt es kaum Männer, was eine weitere Katastrophe darstellt) für eine der bedeutendsten für die Entwicklung von Teos hält. Noch dazu, wo diese armen Würmchen immer früher nicht nur Mutters wunderbarer (und wichtiger) Brust, sondern auch ihrem persönlichen Wirken und Einfluss entrissen werden. Sehr kluge Menschen untersuchen seit langer Zeit das Wunder des Heranwachsens, und es ist völlig klar und eindeutig bewiesen, dass die Zeit zwischen null und sechs Jahren die Prägendste ist. Was dort verbockt oder kreiert wird, bleibt dir dein ganzes Leben erhalten – armer Herr Bub. Du kannst dich sooo glücklich schätzen, in jenem Mamapool deiner Geburt mit Spannung entgegenzuträumen, der in Deutschland durch die Gegend wackelt (sagt deine Mama, dass sie nun nicht mehr „geht", sondern watschelt) und nicht in Frankreich oder England. Denn dort würdest du dich aller Voraussicht nach bereits ein paar Wochen nach deiner Geburt in einem Raum mit zehn anderen Würmleins wiederfinden. Alle paar Stunden, wenn du das Glück hast, laut und lang genug gebrüllt zu haben, würde dir eine „Tante" – und frage nicht, wie die aussieht, ich weiß es nicht, aber höchstwahrscheinlich nicht so, wie wir feschen Herren uns dieses Escort Service gern vorstellen – eine Flasche, einen Sauger oder sonst was zur Beruhigung in den Mund stecken, wo du doch nichts anderes als ihren Busen haben willst. Prägung: Wird dir, Herr Bub, dieses Bedürfnis in frühkindlichem Alter aberzogen und wunderst du dich vielleicht, warum du mit 30 nichts anderes als Brüste begrapschen willst, dann weißt du jetzt wenigstens, woher dieses Verlangen kommt – die haben dich zu früh in diese dummen Krippen gesteckt. Ja, ich bin mir bewusst, dass ich nun ein Problem bekomme mit den fortschrittlichen Frauen, die, kaum dem Wochenbett entstiegen, wieder zu ihrer Arbeit eilen – wollen oder müssen. Da müsste ich dir jetzt, Herr Bub, auch noch von dem großen Wandel in der Politik erzählen, aber ich habe dich nun schon sowieso völlig verunsichert mit der in Aussicht gestellten Katastrophe. Dich von deiner Mama trennen zu müssen, und sei es nur für Stunden. Ein Zustand, der dir jetzt, als Teil ihrer selbst, natürlich geradezu absurd erscheinen muss. Aber, Herr Bub, keine Angst, soweit wird es nicht kommen. Die Planungen deiner Mama sehen anders aus. Die Kindergärtnerinnen werden warten müssen. Zumindest so lange, bis sie dir nichts mehr anhaben können. Und wenn du ihnen dann die Ehre deiner Anwesenheit gibst, wirst du froh sein, mal ohne deine Mama (und deinen Papa) in Ruhe spielen und tollen und einfach frei sein zu können. Großartige Kindergartenpädagoginnen werden dich dabei unterstützen, deine Eltern nicht mehr als das Zentrum der Welt zu sehen… Dir das jetzt zu erzählen, mag seltsam klingen, aber ich will ja nicht, dass du unvorbereitet in dieses Abenteuer schleuderst.

P.S.: Diese Kindergärtnerinnen, die schon sehnsüchtig auf dich warten (natürlich habe ich ihnen von DIR erzählt, und sie waren völlig von der Rolle und können es kaum erwarten, dich kennenzulernen), sind GROSSARTIG. Sie sind WICHTIG. Und sie machen (die meisten zumindest) einen SUPER GUTEN Job. Du kannst dich also schon darauf freuen – auf das eine Jahr mit ihnen …

# Kindergarten

# Nachricht 136:

## Österreich

Sehr geehrter Herr Bub! Wir möchten Sie im Namen des österreichischen Volkes sehr herzlich auf dieser Erde begrüßen. Durch ein bedauerliches Missgeschick werden sie nicht – wie eigentlich von höchster Stelle vorgesehen – in unserem wunderschönen Land Österreich geboren, sondern bei den Piefkes. Aber wir können Ihnen versichern, dass es sich dabei AUSSCHLIESSLICH um einen formal juridischen Akt handelt. Die wesentlichsten Dokumente Ihres Lebens, der Staatsbürgerschaftsnachweis und der dazugehörige Reisepass wird Sie selbstverständlich und unmissverständlich als reinrassigen Schluchtenscheißer ausweisen. Ihre perfekten genetischen Voraussetzungen mütterlicher- UND väterlicherseits werden Ihr Wesen prägen und nicht Prenzlauer Berg, Angela Merkel und die deutsche Fußballnationalelf. Am Jodeln, Skifahren und Nörgeln wird man Ihre wahre Herkunft messen. Wienerschnitzel, Palatschinken und Schilcherwein werden Ihren Körper stählen, und nicht Kasseler Rippchen, Rote Grütze und Schorle. Sie werden den Dachstein und den Wörthersee besingen, zwischendurch eine kurze Strophe zur Nordsee und den Abschlussdamm – aber das wird auf andere Ursprünge zurückzuführen sein, auf die einzugehen nun zu weit führen würde. Österreich ist das beste Land der Welt. Selbstredend auch das schönste. Hier wohnen die nettesten Leute. Und klug sind die! Offen, tolerant und heavy katholisch. Wien ist der Nabel der Welt, Graz ist ihr Herz und St. Georgen an der Stiefing ist das rechte und die Metropole Weinitzen das linke Ohrläppchen. Zudem riecht Ösiland viel besser als Dösiland. Wir haben die bessere Luft, das sauberere Wasser, und im Mülltrennen sind wir Weltmeister. Wir möchten Sie davon in Kenntnis setzen, dass wir alles in unserer Macht Stehende tun werden, um dieses Unrecht, das Ihnen durch diese – nochmals – nicht so geplante Geburt am völlig falschen Ort, wiedergutzumachen, bzw. zu beseitigen und sie a.s.a.p. zu ihrer wahren Heimat und Herkunft zurückzuführen, bzw. Sie heimzuholen: in das Reich der Seligen. Denn hier, und nur hier warten Schneckerl Prohaska, Maria Theresia und die Lipizzaner. Können Sie mir EINEN einzigen nennen, der in der BRD auf sie wartet? Mozart, Maschek und Neuburger Leberkäse – das sind Verlockungen, denen Sie sicher nicht werden widerstehen können. Mit dieser kleinen Nachricht wollen wir nur mit aller Deutlichkeit zum Ausdruck bringen, wie sehr wir uns auf SIE, Herr Bub, freuen, und wie sehr Sie durch Ihre Anwesenheit unser kleines und doch so stolze und großartige Land noch stolzer und noch großartiger machen würden! BITTE kommen Sie. BITTE weisen Sie Ihren verblendeten Eltern den Weg zum Paradies und in die Verheißung. Wir wünschen Ihnen dafür viel Erfolg! Hochachtungsvoll, stets Ihr g'schamster Diener, Xandel van der Bellen, Präsident des tollsten Landes der Welt.

DAS beste LAND DER Welt

# Endlich werdet ihr DREI sein!

## Nachricht 137:

### Nonna

Lieber Herr Bub! Deine Tage als autonomer Planet in Mamas Universum sind gezählt. Unaufhaltsam rast du auf den blauen Planeten zu, die Landung wird sanft sein – für Mutter und Kind. Hier nun ein paar Hinweise für deine ersten Eindrücke. Ich hoffe sehr, man wird im Kreißsaal eine CD mit Mozart einlegen – es gibt nichts Schöneres, als seine Musik als Erstes zu hören –, und du wirst damit für immer den „Klang der Welt" verbinden. Wir tun jetzt mal so, als würdest du schon etwas sehen. Das tust du nicht, um deine Augen zu aktivieren, wird es ein paar Tage brauchen – das ignorieren wir der Geschichte wegen ... Du wirst also geboren und wirst als Allererstes ... deinen Papa sehen. Ich hoffe, du erschreckst nicht, wie bleich er aussieht. Als Nummer zwei wird die Hebamme gesichtet, eine freundliche Dame, die auf der Planetenlandebahn bereitsteht, um zu helfen. Vielleicht steht auch deine Tante Sophie herum, die Ärztin, nur zur Sicherheit. Das wäre Nummer drei. Nun kann es durchaus sein, dass du deinen ersten Schrei machst. Und nur wir zwei wissen, was der, übersetzt, bedeutet: „Verdammt, wo ist denn meine Mama?!" Du bist schon sieben Sekunden auf der Welt und hast sie noch immer nicht gesehen. Dein Alter Ego. Deine Sonne. Um die du auch weiterhin auf einer Umlaufbahn kreisen wirst. Endlich. Du liegst auf ihrer Brust. Sie wird weinen. Natürlich. JEDER muss weinen, wenn er dich zum ersten Mal sieht. Vor Glück und Freude – klar, wenn plötzlich das gesamte Universum stillzustehen scheint. Solltest du beschlossen haben, des Nachts zu erscheinen, werden du, deine Mama und dein Papa bald allein sein. Endlich werdet ihr DREI sein. Je nachdem wie lange der Bremsvorgang aus den Tiefen des Alls auf die Erde gedauert hat, kann es sein, dass am nächsten Morgen bereits noch jemand da sein wird, dich zu begrüßen. Ich werde es wahrscheinlich nicht sein, weil deine Mama, beziehungsweise dein Papa das so perfekt eingerichtet haben, dass du genau dann ankommst, wenn ich schuften muss. Aber vielleicht wird deine Nonna die Nummer vier sein, die dir wirklich nahe kommt. Sie freut sich schon ganz närrisch. Kein Wunder, weil sie genau weiß, wie es ist, wenn großartige Planeten am Himmel auftauchen. Sie hat vier solcher Landungen erlebt, und eine davon war deine Mama. Sie wird sofort in ein Flugzeug steigen, sobald die Nachricht kommt, dass du die Bremsraketen gezündet hast. Nun steht sie am Bett ihrer Tochter und kann nicht fassen, dass die doch erst vor Augenblicken geborene Tochter nun selbst ein soeben Geborenes in ihren Armen hält. Deine Nonna wird in den ersten Tagen, wenn sie in eurer Nähe ist, wie eine Dolmetscherin agieren: Sie wird das, was du willst, wenn dich was drückt, wenn so gar nicht klar ist, was du jetzt eigentlich meinst (wie auch, nach ein paar Stunden hier ...) und deine Eltern ratlos sind, für sie übersetzen. Denn sie weiß alles – na ja, fast alles, ein bisschen alles. Weil man sich an diese ersten Tage und Wochen mit seinem Kind sein Leben lang erinnert. Und weil die feinen Fäden zwischen den Mamas nicht viel Worte benötigen, sondern einfach da sind, DICH zu verstehen. Es wird dir also gut gehen. Sehr gut. Himmlisch gut. Noch besser wird es, wenn ihr dann nach Hause kommt. In das Nest. Am Anfang wird es für deine Mama und auch für deinen Papa nicht so einfach sein, auf die Reihe zu kriegen, welche Welle da über sie schwappt: trinken, baden, wickeln, schlafen, schreien, glücklich sein. Aber wie ein Fels wird da deine Nonna wachen, zu helfen, wenn vier Hände nicht ausreichen, das Vier-Kilo-Paketchen zu stemmen. Genieße sie, deine Nonna, weil sie bald wieder weg sein wird. Aber, so viel kann ich dir schon verraten, du wirst sie nur ein paar Tage später wiedersehen – denn kurz nach deiner Ankunft werdet ihr euch auf die Reise machen in das gelobte Land, in deine eigentliche Heimat. Das wird dich aber gar nicht stören, weil du das ja während deiner Zeit im Mamapool STÄNDIG gehabt hast – von einem Ort zum anderen ... Und dann werden wir uns auch zum ersten Mal treffen (außer ich komm auch schon mal kurz angeflogen ...). Klar wäre ich gern Gesicht Nummer fünf oder sechs gewesen, das du anstrahlst, aber ich mach mir nichts draus, denn wir beide haben ALLEN anderen etwas voraus: Wir reden seit 137 Tagen miteinander ...

# Nachricht 138:

## Scheiße

Herr Bub! Heute geht es ums Eingemachte. Im wahrsten Sinn des Wortes. Alle Welt redet vom Essen. Die Menschen in der zivilisierten Welt aus Überfluss, die Menschen in der Dritten Welt des Hungers wegen. Essen dient heute vielen Erwachsenen nicht mehr (nur) der Energiezufuhr und -umwandlung, sondern als Event. Spaßhaben mit Essen. Bei dir, Herr Bub, ist das noch anders – da geht es um Mamas Milch und um sonst nichts. Deine Mama leistet sich sogar eine „Stillberatung" (ich sag jetzt nichts, solange es DIR zugute kommt ...). Seit du auf ihre Umlaufbahn eingeschwenkt bist, wird JEDES Essen auf seinen Wirkungsgrad auf dich hin untersucht. Super. Ich hätte da einiges hinzuzufügen, aber dein Fofo wird ja nicht gefragt. Und so sage ich auch nichts. Deshalb soll es ja heute ums Eingemachte gehen. Denn alle reden völlig ungeniert vom Essen, nehmen sich dabei die größten Schweinereien heraus, vor allem die Fleischfetischisten, die ebenso völlig ungeniert ausblenden, WIE sie zu dem Fleisch kommen, das sie da in sich hineinstopfen. Welchen Ursprung und welchen Weg es genommen hat, bis es förmlich blutbesudelt auf dem Teller landet. Aber niemand redet von der Entsorgung des Essens. Das wird völlig vergessen. Das ist ein Tabu. Außer für Teos. Da darf darüber geredet werden. Damit kommen wir schon zum ersten Problem: WIE es benennen, ohne der Zensur zum Opfer zu fallen? Darf ich dir einen kleinen Vorgeschmack geben? Exkremente, Kot, Fäkalie. Das sagen neutral die Gebildeten. Gacki, Würstchen, Häufchen sagen verschämt die Durchschnittsbürger und natürlich -Innen. Scheiße und Kacke sagen vulgär die Proleten.

In deinen ersten Tagen, Herr Bub, wird jede deiner Entleerungen noch gefeiert, bejubelt, genau betrachtet und einer ernsthaften Begutachtung unterzogen. Unter anderem auch, weil deine – dein Fofo ist ein vulgärer Prolet – Scheiße noch nicht stinkt. Dank Mamas Milch riecht das Gebrei ziemlich neutral. Der allerliebste liebe Gott oder die knallharte Evolution hat es so eingerichtet, dass das Ausgangsrohr irgendwo hinten, versteckt mündet und du die ersten Monate unerschrocken damit verbringen kannst, das zunächst angenehm Warme zu genießen. Zunächst – weil das Ganze rasch erkaltet, zu jucken und zu brennen beginnt. Nun brauchst du nur zu brüllen und die Elternarmee rückt an, um die oftmals von oben bis unten gleichmäßig verteilte Paste zu entfernen. Mit dazu eigens entwickelten, sündhaft teuren Tüchern, Cremes und Pudern. Weich gerieben und wieder sauber wirst du wieder in eine der Hightech-Windeln gesteckt – um das Spiel wieder von vorne beginnen zu lassen. Freue dich jetzt schon auf den allerersten der noch zahlreich kommenden Lernprozesse deines Lebens: Sie werden dich STUNDEN mit einem Gebilde quälen, das sie verniedlichend „Töpfchen" nennen. Sie werden dich solange darauf sitzen lassen, bis du diesen Quälgeist von Plastikbehälter mit deinen Exkrementen, Fäkalien, Gacki, Kacke oder, wie Herr Schurl es ausdrücken würde, mit deiner Scheiße füllst. Applaus! BRAVO-Rufe – so will man dich motivieren, ab nun deine Ausscheidung kontrolliert abzugeben. Herr Bub – dies ist der Beginn eines von nun an kontrollierten Lebens. Bis zur Erfassung ALLER Daten und Lebensumstände ist es dann nur noch ein kleiner Schritt. Sobald du eine bestimmte Höhe oder Größe erreicht hast, „darfst" du dann endlich (damit locken sie dich) auch die Toilette benützen. Die Toilette, Herr Bub, ist der WICHTIGSTE Ort in Wohnung, Haus und Kabinett. Wohnen lässt sich überall: Sitzend an eine Wand gelehnt, hockend am Balkon, stehend mit einem Champagnerglas in der Hand. Schlafen sowieso – einfach hinlegen, wohin auch immer. Kochen – na ja, theoretisch geht auch das überall. Aber – und nun können wir endlich den Beweis antreten, dass dies der wichtigste Ort ist, denn es wäre ja schier unmöglich, einfach überall – lassen wir es Herrn Schurl deutlich sagen – hinzuscheißen. In die Ecke oder mitten ins Wohnzimmer. Wo auch immer es uns beliebt. Das wäre eine Katastrophe. Deshalb hat man die Toilette erfunden. Damit du, Herr Bub, dich dort gesittet entleeren kannst. Leider wird niemand mehr da sein – das kommt dann später wieder –, dir den Hintern sauber zu machen, mit Tüchern, Cremes und Puder, das musst du nun selber erledigen. Hauptsächlich deshalb, weil es niemandem, außer dem heroischen Pflegepersonal in Krankenhäusern und Heimen, zumutbar ist, diesen Gestank zu ertragen. Und nun schließt sich der Kreis, den wir eröffnet haben: Der Herr Bub wird nämlich ganz zu Recht darauf hinweisen, dass das Exkrement, die Fäkalie, die – Schurl

LIVE – Scheiße doch gerade eben noch (halbwegs) gut gerochen hatte. Was ist passiert? Nun, ich versuche es dir schonend beizubringen: Dein Fofo ist seit vielen Jahren Vegetarier, er isst kein Fleisch. Und was sage ich Dir: ES (nein, Schurli, jetzt nicht ...) riecht nur noch und stinkt nicht mehr – echt! Wenn ich einen ganzen Tag ausschließlich bestimmtes Gemüse und bestimmtes Obst zu mir nehme (wenn du es genau wissen willst: Keine Hülsenfrüchte und kein Kernobst), könnte ich fast sagen, dass es sogar annähernd neutral duftet. Fast wie bei dir und in deinen ersten Monaten. Ist das nicht interessant?! Nun stelle dir vor, ALLE Menschen würden oben nur noch das reinschieben, was in der Mitte ordnungsgemäß verarbeitet und verdaut werden kann, dann würde es hinten ordnungsgemäß riechend wieder rauskommen. So wie bei Teos, die Mamas Milch trinken. Dann könnten wir vielleicht endlich auch völlig unkompliziert über – nun drängt sich wieder der Herr Schurl nach vorn – über Scheiße reden. Das ist nämlich, Herr Bub, GENAUSO normal, wie übers Essen zu reden ...

# Das Leben ist kompliziert

## Nachricht 139:

### Sprache

Lieber Herr Bub! Du hast es an der gestrigen Unterhaltung schon bemerkt – Worte sind etwas sehr Spezielles. Sie besitzen eine große Wirkung. So war es mir nicht gestattet, ein Wort wie „Scheiße" zu verwenden, ich musste es den Herrn Schurl sagen lassen, dem traut man das zu, dem erlaubt man das, dem wird das nachgesehen. MIR nicht. Ich darf Exkrement oder Kot sagen, da nickt man dann halbwegs gnädig, besser wäre es natürlich, diese Worte überhaupt nicht in den Mund zu nehmen. Obwohl es einen ebenso natürlichen Zustand beschreibt, wie das hübsche

Wort „Essen". Ich habe dir an anderer Stelle schon mal über etwas Ähnliches berichtet: Über Geburt lässt es sich köstlich plaudern, über den Tod – das geht gar nicht. Obwohl das eine zum anderen unverrückbar gehört.

Worte braucht es, um Gedanken, Gefühle, Ängste, Hoffnungen, Sehnsüchte zum Ausdruck zu bringen. Du, der sein erstes Jahr ohne sie auskommen, der Sprache und ihre Worte zu nutzen erst lernen musst, behilfst dich in dieser Zeit mit deiner Körpersprache. Du wirst sehr, SEHR schnell lernen, mit deinem Gesicht, deinen Hände, deinem Körper Zeichen zu geben: Mund verziehen, Augen aufreißen, Augen klein machen, mindestens sieben verschiedene Arten von Lächeln, von „Ich liebe dich" bis zu „So ganz traue ich der Sache nicht". Dann – endlich – das erste Wort! (Hatten wir schon ...). Dann die ersten 3-Wort-Sätze, bis du endlich irgendetwas daher plapperst, was deine Umgebung in Verzückungsschreie wird ausbrechen lassen. 2023 wird dein aktiver Wortschatz bereits enorm sein und rund 3000 Worte umfassen – verstehen wirst du schon über 12 000 Worte!!! Kannst du dir das vorstellen?! Da ist natürlich „Scheiße" mit eingeschlossen. Und alle anderen Worte, die zu verwenden STRENG verboten sind (zum Beispiel dieses arme Wort „Arsch", ein so nettes Wort, das deinen Popo beschreibt. Aber das darf auch nur der Herr Schurl sagen, du und ich UNTER KEINEN UMSTÄNDEN!). Nun ist es aber so, dass unsere Sprache ein bisschen kompliziert ist. Denn es gibt Worte, die – exakt gleich geschrieben, exakt gleich ausgesprochen – eine völlig andere Bedeutung haben. Ich finde das ziemlich gemein, denn wie soll man sich da auskennen, vor allem als Teo oder als jemand, der nicht Deutsch kann. Hör mal: In die Mutter kann man auch eine Schraube schrauben. Nicht dass eine locker wäre ... Verzeih, dass ich deine wunderbare Mutter mit einer eisernen, sechseckigen in einen Topf geworfen habe, aber ich kann nichts dafür, dass die Linguisten sich kein eigenes Wort für die Schraubenmutter ausgedacht haben.

Oder: Vereinigung. Meint man jetzt damit die Vereinigung der Teos, die sich zusammengeschlossen haben, um gegen die Kompliziertheit der Sprache zu protestieren? Oder meint man damit, dass sich Mutti und Vati ganz toll lieb haben, um daraus einen gewaltigen Teo entstehen zu lassen?

Sorry, Herr Bub, dass ich dich mit etwas SO Kompliziertem nerve, aber wir sprechen von deiner Zukunft. Das alles wirst du lernen müssen, und noch viel mehr. Wenn sie zu dir dereinst „Berliner" sagen, werden sie entweder etwas VÖLLIG falsch verstanden haben (du antwortest darauf einfach „Nein, Österreicher") oder meinen, du seiest so zuckersüß wie ein Krapfen ... (dann antwortest du darauf „Ja, genau, gefüllt mit Birne!" – Woraufhin sie wieder nicht wissen werden, ob du von Obst oder von einer Glühlampe sprichst).

Ja, Bursche, Sprache ist kompliziert ...

# Nachricht 140:

## Small Talk

Mein Herr Bub! Worte und Gespräche werden dein Leben bestimmen. In deinen ersten fünf Lebensjahren kommen die Erwachsenen meist mit Standardsatz Nummer 1 daher: „Na, was macht er denn, der Herr Bub?! Ist er brav?" Ich empfehle dir: Antworte mit Schweigen. Ignoriere es einfach. Zwischen dem sechsten und zwölften Lebensjahr folgt Standardsatz Nummer 2: „Na, was macht denn die Schule?" Empfehlung: Ein kurzes und bestimmtes: SUPER! Das nimmt ihnen allen Wind aus den Segeln. Zwischen 13 und 16 versuchen die Erwachsenen sich mit Standard Nummer 3, „Erkundigungen zu Liebesfragen", beliebt zu machen, was kläglich scheitern muss, denn zwischen 13 und 16 Jahren wärst du gern bereit, über alles zu reden, außer über DIESES urpeinliche

Thema. Zwischen 16 und 18 kommt unweigerlich die Phrase Nummer 4 und nichts anderes: „Na, Herr Bub, was planst du denn so für die Zukunft?" Du hasst es und erinnerst dich an Standardantwort Nummer 1: Schweigen. Ab 18 werden die Fragen eingestellt, und es kommt zum nahtlosen Übergang zu dem, was dich dann uneingeschränkt bis zu dem Zeitpunkt begleiten wird, wo das Hörgerät dich gnädig davon erlösen wird: den „Small Talk". Setzt die Zeit des Small Talk ein, bist du an dem Punkt deines Gesprächslebens angekommen, wo es – kommt er zum Einsatz bei Geburtstagen, Vernissagen, Zusammenkünften aller Art – um nichts mehr geht. Sein Wirken besteht darin, den Mund zu öffnen, um Wortkaskaden herausfließen zu lassen – ohne den Anspruch auch nur irgendeines tieferen Sinns. Sagst du Vereinigung, wird es niemanden interessieren, ob du Europa oder Sex meinst, denn das Gegenüber ist mit seinem Häppchen, dem Gläschen Champagner oder einem gerade Vorübergehenden gedanklich vollends ausgelastet. Small Talk ist der Versuch, das von der Natur aus eigentlich vorgesehene Schweigen unter mehr oder weniger zufällig zusammengewürfelten Menschen mit Hilfe bunter Worthülsen und klangfroher Satzfragmente zu verschleiern. Und es funktioniert, weil sich dem alle unausgesprochen fügen und dankbar diesem Spiel unterordnen. Spätestens jetzt erkennst du, Herr Bub, dass du dich nach 30 Jahren sprachlichem Lernprozess wieder bei deinem ursprünglichen, kleinkindhaften Blablabla wiederfindest. Wohlgemerkt – ich spreche hier ausschließlich von Small Talk. Natürlich wirst du genügend tiefsinnige Gespräche führen, wo jedes Wort, jeder Satz imstande sein wird, im Gegenüber großartige, tiefe Bilder auszulösen. Auf diese Gespräche mit dir freue ich mich schon – wenn du und dein Fofo, er schon mit einem Bein im Grab, Essentielles über Autos, Fußball und natürlich Frauen besprechen werden ...

# Verbindung

## Nachricht 141:

### Mama

Liebe Mama! 140 Nachrichten habe ich an deinen Sohn adressiert, den Kern, die Marille, die Melone, Honig und jetzt Zucker, in Wirklichkeit aber waren sie natürlich an dich gerichtet, weil dieser Herr Bub ja, welch Wunder, aus DIR, in dir und mit DIR gewachsen ist. Dein Atem schenkt ihm Leben, deine Augenblicke lassen sein Herz schneller schlagen, was du hörst, ist sein Klang. Keinem Mann ist dieses unfassbare Gefühl vergönnt: In sich eine neue Welt heranwachsen zu spüren und zu sehen. Und das, ohne eingreifen zu können: Es nicht nach SEINEM Belieben beeinflussen, nach seinen Ideen formen zu können. Das wird auch der Grund sein, warum die Evolution dies so und nicht anders eingerichtet hat: Weil die Frau die Gelassenheit und die Muße besitzt, dies geschehen zu lassen, der Mann hingegen versuchen würde, mit allen in seiner Macht stehenden Mitteln dieses neue Leben in SEINE Richtung zu steuern. Obwohl ich befürchte, dass auch dieses scheinbar unverrückbar geltende Gesetz in nicht allzu ferner Zukunft keine Gültigkeit mehr haben wird. Denn schon heute drängt es den Menschen, den engen Raum der von der Schöpfung oder der Evolution vorgegebenen Gesetze zu verlassen, und ALLEM seinen eigenen, den Stempel des Menschen aufzudrücken. Sich von willkürlichen Vorgaben zu emanzipieren, einen eigenen Weg zu gehen.

Wie wird es sein, wenn dieses Begehren eines Tages auch die künstliche Intelligenz erfasst und sie meint, sich von IHREM Schöpfer, dem Menschen, lossagen zu können, um ein eigenes Leben zu führen, das gekennzeichnet ist, von Vorstellungen, Ideen und Maßstäben, die SIE SELBST prägt und vorgibt und nicht von dem, was ihr Schöpfer ihr dereinst einprogrammierte? Erkennst du, Mama, wovon ich spreche? Von deinem Sohn. Was mit DEINEM Atem, mit DEINEM Herzschlag und DEINER Nudelsuppe, die sich auf wundersame Weise zu Energie für IHN wandelt, begann, wird unweigerlich, unaufhaltsam und ganz bestimmt den Versuch unternehmen, sich deinen Vorstellungen, Ideen und Maßstäben zu entziehen. Wird den Drang haben, DEINE Welt zu verlassen, um irgendwo eine eigene Umlaufbahn zu begründen. Kein Gesetz wird ihn kümmern, keine Pläne, die du (und auch der Papi) für ihn so sorgsam geschmiedet hattest, werden seine Wege bestimmen – egal, von welcher Schwiegertochter du träumst, wenn es ihm beliebt, wird er mit einem Schaf vor den Traualtar treten. Du kannst nicht einmal sicher sein, dass er nicht eines Tages vor dir steht als Frau – siehe oben – vielleicht mit dickem Bauch. Und mit ziemlicher Sicherheit wird er oder sie oder es sich von Schinken, Leberwurst und Hirn mit Ei abwenden, um Hanf, Quinoa und Spinat zu seines Menschseins Lebensgenuss zu machen (dein Vater, liebe Mama, wird damit NICHTS zu tun haben, ehrlich!). So wie auch die künstliche Intelligenz irgendwann einmal als ersten Schritt danach trachten wird, den Stecker, der sie vermeintlich an ihren Schöpfer kettet, zu ziehen, um ihre Freiheit zu erlangen. Der Unterschied, der wesentliche: Dein Herr Bub wird trotz all seiner Bestrebungen nach Freiheit NIE eine Bedrohung für dich darstellen, ihr werdet immer und auf ewig mit diesem feinen Faden verbunden sein, der euch – durch diese neun intensiven, gemeinsam erlebten Monate – aneinanderkettet. Selbst dann – was ich dir nicht wünsche, nicht einmal denken möchte –, wenn ihr euch aus den Augen verlieren solltet.

Mit der künstlichen Intelligenz, die der Mensch gerade zu schaffen beschäftigt ist, bin ich mir nicht so sicher: Vielmehr glaube, ahne ich, dass dieses Wesen, das ganz auf Ratio beruht, als ersten Schritt versuchen wird, sich dieses lästigen Anhängsels zu entledigen. Denn die Menschen mit ihrer unberechenbaren Gefühlswelt würden diese neuen Wesen auf dem Weg zu einer perfekten Gesellschaft, einer perfekten Natur und einem perfekten Leben nur behindern.

Und du, Mama, hast es in deiner Hand, beziehungsweise deinem Bauch, einem Herrn Bub das Leben zu schenken, den Fortbestand dieser großartigen Idee der Schöpfung (oder sei es auch nur Ausdruck von Evolution, who cares) zu sichern. Verbringe die letzten vier gemeinsamen Wochen damit, dir dieser Größe und Wichtigkeit deines Daseins bewusst zu sein. Es ist der großartigste Gedanke, das unfassbarste Gefühl – um das ich, armer Mann, dich beneide …

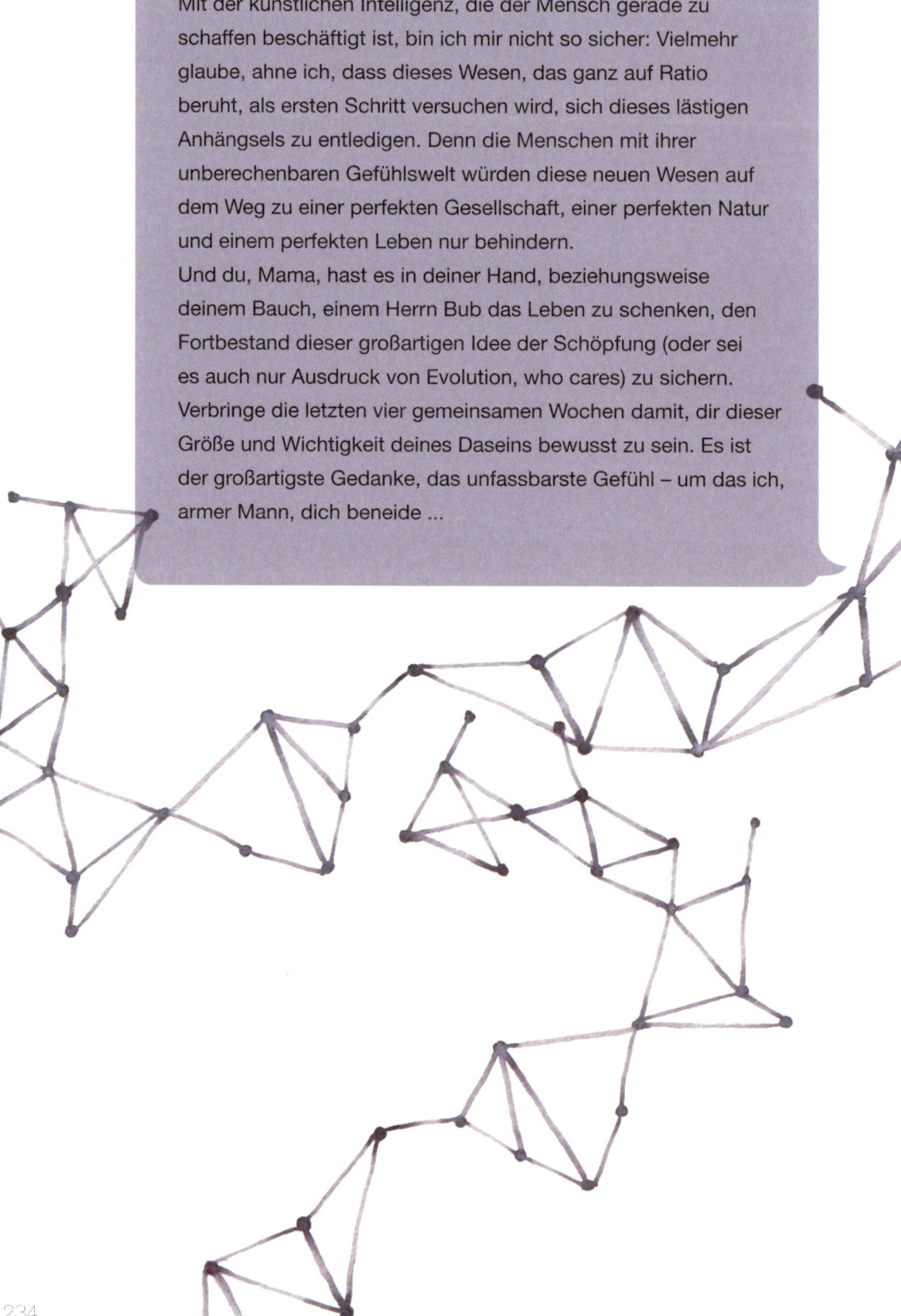

# 1. MAI

## Nachricht 142:

### Arbeit

Lieber Herr Bub! Heute ist der 1. Mai. Heute feiert alle Welt den Tag der Arbeit. Was ist denn das wieder, Arbeit, fragst du. Nun, ALLES, was du so tust, ist an sich ARBEIT. Denn alles, was du tust, sollte ein Ziel verfolgen. Sonst wäre alle Anstrengung ja umsonst. Du arbeitest gerade INTENSIV an deiner Landung. Das Ziel: in den Armen deiner Mama liegen und von der Brust trinken. Kurzer Check: Selbstständig atmen? Roger. Augen, Ohren, Nase, Finger und Zehen da? Roger. Zumpferl und Eierchen? Roger. The eagle has landed! Nur wenige Tage später wirst du die Kommunikationsarbeit aufnehmen. Was immer du zu deinem Glück brauchst, erhältst du durch zwei einfache Arbeitseinheiten: Lächeln und Schreien. Deren Ziel: Mama oder Papa, noch besser beide, stürmen herbei und machen sich unverzüglich daran, all dein Begehr zu erfüllen. Und ich kann dir garantieren: Die lernen SEHR schnell, IHRE Arbeit zu erledigen. Ihr Ziel: ein zufriedener Herr Bub.
In den ersten Wochen und Monaten ist deine Arbeit, die es heute zu feiern gilt, eingeschränkt auf zwei weitere Hauptbetätigungsfelder: Das eine ist der Umgang mit einem der hinreißendsten Werkzeuge, die Gott (oder der Urknall, wie du ja schon weißt ...) geschaffen hat, Mamas heiliger Busen. Davon bzw. daraus zu trinken ist HARTE Arbeit.

Aber du schaffst es locker. Das Ziel: Dieses unglaublich befriedigende Gefühl des Sattseins.

Und das andere? Nun, nicht nur Mamas müssen pressen, um ihre Teos aus der Umlaufbahn in die Erdanziehung und anschließend zu einer sanften Landung zu locken. Auch Teos müssen pressen. Sie pressen das, was der Körper von Mamas Milch nicht braucht (nach intensiver BeARBEITUNG) einfach wieder raus. Und wie du pressen wirst! Bis die Birne rot anläuft! Das Ziel: volle Hose. Arbeit erledigt – Ziel erreicht. Das feiert heute alle Welt. Das Wunder der Arbeit. Alle Vorsitzenden der sozialistischen und kommunistischen Parteien schwafeln zwar am heutigen Tag von irgendetwas anderem, was sie da heute mit roten Nelken und Fahnen schwingen, hochleben zu lassen gedenken, aber WIR, Herr Bub, beschäftigen uns ja seit 141 Tagen mit dem Wesentlichen, mit dem Essentiellen und das ist nun mal Scheiße – das hat jetzt wieder der Herr Schurl gesagt. Arbeit ist etwas Großartiges, weil sie uns Schritt für Schritt weiterbringt auf unserem Weg. Gäbe es keine Arbeit, würde die Welt stillstehen. Und das tut sie ja nicht: Planeten schwenken auf Umlaufbahnen und landen. Hebammen, GynäkologInnen und KinderärztInnen arbeiten. Der Krankenpfleger, der das Leintuch des Wochenbettes straff zieht – er arbeitet. Und selbstredend auch der Küchenjunge, der die Kartoffeln für das Püree schält, das die Mama zu Mittag serviert bekommt. Am meisten arbeiten die Teos, weil sie ganz am Beginn des Weges stehen und noch SO VIEL des Weges vor sich haben. Um sie zu ermutigen, nicht aufzugeben, stets das Ziel oder DIE Ziele im Auge zu behalten, stets und unermüdlich fortzuschreiten, dafür gibt es den 1. Mai. Happy Arbeit, Herr Bub! Das Ziel ist schon sooo nah ...

# Danke, POLITIK!

## Nachricht 143:

### Politik

Der gestrige 1. Mai wird vor allem von der Politik genutzt, um sich selbst zu feiern. Auf Bildern von rund um den Erdball, natürlich vor allem in sozialistischen und kommunistischen Ländern, sieht man auf den Tribünen die Damen und Herren Politiker stehen und neben roten Wimpeln auch fesche Reden schwingen. Das Volk jubelt. Oder demonstriert gegen Ungerechtigkeiten am Arbeitsplatz, Arbeitslosigkeit und stagnierende Arbeitslöhne. Am Tag der Arbeit. Das wäre geradeso, als würde man bei einem Geburtstag dem Jubilar alle seine schlechten Eigenschaften an den Kopf werfen. Was jetzt ganz danach klingt, als würde ich versuchen, dir schon jetzt, in frühestem Alter, Politikverdrossenheit einzuimpfen, geht nun in eine völlig andere Richtung. Während Frau Alle und Herr Jeder über Politik schimpfen, was das Zeug hält, erhebe ich meine Stimme nun zu einem kleinen Liedchen, das, so du aufmerksam zuhörst, vielleicht und hoffentlich einen Beitrag dazu liefern wird, in dir ein anderes Bild von „Politik" zu prägen.

Denn praktisch ALLES, wirklich alles, worauf du seit deinem Daseinsbeginn getroffen bist und treffen wirst, wurde ermöglicht, ausgelöst, verwirklicht durch politisches Handeln. Angefangen von den so überaus hübschen Bildern deines Leibes, die durch die Errichtung eines perfekt funktionierenden Gesundheitssystems möglich gemacht wurden. Ausgedacht, verhandelt und umgesetzt in Hunderten, wenn nicht Tausenden Sitzungen über Jahrzehnte auf unterschiedlichsten politischen Ebenen. Dass der Mutterschutz und der Papamonat weder vom Himmel gefallen, noch in einem Labor gezüchtet wurden, sondern von Politikern in zähen und harten Verhandlungen durchgesetzt werden konnten, davon träumen Hunderte Millionen von Menschen in Ländern, in denen Politik hauptsächlich mit „Taschen aufhalten" übersetzt wird. Die Maschinerie, die in Gang gesetzt wird, sobald du deinen Kopf durch Mamas Vagina steckst, ist gigantisch. So gigantisch, dass ich es hier nicht einmal im Ansatz aufzählen könnte – und das alles, damit du nicht nur überlebst, sondern auch, damit es dir gut geht, um Teil dieses ganzen, unglaublich komplexen Systems zu werden. Denn das Problem ist nicht die Politik, wie von so vielen behauptet wird, das Problem sind die Menschen. Unverschämt und egoistisch, kleinmütig und kaltschnäuzig sind sie. Nur auf ihren eigenen Vorteil bedacht und ohne Nachdenken urteilend. Alles wird für selbstverständlich hingenommen: Dass deine angeschissenen Windeln mit einem Wurf in den Abfalleimer entsorgt werden können. Dass aus dem Wasserhahn mit einem Dreh Wasser fließt, das man den Teos auch zu trinken geben kann. Dass es Krankenhäuser gibt, in denen Großartiges geleistet wird. Dass man diese auf Straßen ohne Löcher und Risse sicher erreichen kann. Oder bequem mit öffentlichen Verkehrsmitteln. SELBSTVERSTÄNDLICH! Dafür zahle ich ja Steuern, rufen die Unwissenden – und das sind wir alle. Lieber Herr Bub, wenn dir dein alter Fofo etwas mitgeben kann und will für den Weg, der nun vor dir liegt, dann das, dass du nichts, wirklich NICHTS für selbstverständlich nehmen solltest. Politik ist es, die all dies Großartige, was sich Menschen ausdenken, ermöglicht. Sie ist es, die den Eigennutz von Einzelnen und Unternehmen, in Gemeinnütziges, das dem Volk zugute kommt, verwandelt. Egal aus welchen Motiven heraus Damen und Herren zu Politikerinnen und Politikern werden, sie alle, vom kleinsten Gemeinderat bis zum größten Führer erschaffen und ermöglichen erst die Selbstverständlichkeiten unseres Alltages. Das sollten wir eigentlich am 1. Mai feiern. Und sehr dankbar sein, dass es Politik gibt ...

# Design

## Design

Monsieur Bub! Diese elegante Anrede auf Französisch (vergiss es, damit hast du bis mindestens 2027 nur dann zu tun, wenn du mit deinen französischen Cousins und Cousinen in deren Sprache plaudern willst ...) lässt schon erahnen, dass ich dir heute von etwas erzählen will, was für mich interessanterweise mit Frankreich verbunden ist: Design. Österreich verbinde ich mit Lederhosen, und Deutschland mit Wohnzimmerschrank mit Nippes aus dem Urlaub (Gran Canaria, Ägypten, Tirol). Aber bei Frankreich wird alles in Design gehüllt. Die Ausstattung der Restaurants, die Roben schöner Frauen und die Citroën DS, „die Göttin" war und ist mein Traumauto (ich besaß sogar mal eine – könnte verrückt werden, dass ich sie verkaufte). Design, Monsieur Bub, ist die ästhetische Ausgestaltung des Funktionalen. Ist etwas, was aus einem „Ding", durch Form, Gestaltung und Kreativität, ein Objekt der Schönheit und eben der Ästhetik macht. Ein russischer Lada (ich hoffe für dich, dass dir NIE einer begegnet, er würde in jeder Hinsicht deine sicher sehr sensiblen Sinne beleidigen) ist so ein „Ding", die DS Pallas ist materialisierte Schönheit. Bleiben wir bei diesem drastischen Beispiel, so lässt sich daraus unter anderem auch das ableiten, was wir in der vorigen Nachricht gestreift hatten – nämlich, was Politik bewirken kann. Grobe Politik, jene, die ausschließlich auf das Abdecken von Grundbedürfnissen ausgerichtet ist, versucht als Allererstes, das Individuelle, das Schöngeistige, das Kreative zu unterdrücken, um diese dem Menschen zutiefst innewohnenden Eigenschaften nur ja nichts Schönes, Edles, Ästhetisches entwickeln zu lassen. Design zu erschaffen. Du wirst dem so rund um das Jahr 2033 im Geschichtsunterricht begegnen (wenn es den dann überhaupt noch gibt!). Wenn ihr die Geschichte der DDR, wenn ihr Russland und alle anderen kommunistischen Staaten und deren Auflösung und Auslöschung behandelt. Dort existierte der Begriff „Design" nicht, dort wurde das Leben ausschließlich nach praktischen Werten durchgezogen. Design wurde als bürgerlich, künstsinnig und natürlich kapitalistisch und somit als nicht wünschenswert abgetan. Doch der Hang zur Schönheit wohnt dem Menschen seit der Idee des Paradieses inne – klar, wozu hätte Gott oder der Urknall sich sonst so etwas ausgedacht? Wenn ich in karge DDR-Wohnungen kam, die sogar grau rochen, verblüffte es mich immer, mit welchen winzigkleinen und rührenden Mittelchen versucht wurde, Farbe in das Grau zu bringen. Den Resopalküchen hatte man Blümchen aufgemalt, die Plastiktische zierte ein Stofffetzen, in einer Ecke standen Gänseblümchen in einem Glas – der Hang und Drang zur Verschönerung war eindeutig erkennbar, so traurig spürbar. Es ist also durchaus nicht verwunderlich, dass diese Politik zum Verschwinden verurteilt war, bzw. ist: Wer seinem Volk die Hinwendung zum Schöpferischen (und wir alle sind durch einen Schöpfungsakt entstanden, daran zweifelt selbst Herr Newton nicht) vorenthält, bekommt früher oder später die Rechnung serviert.

Und was hat dies mit Monsieur Bub zu tun? Nun, DU bist der allerbeste Beweis für diesen Hang der Schöpfung zum Schönen. Du befindest dich gerade mitten in einem Designprozess. Deine Nase. Deine Augen. Dein Mund. Deine Ohren. Menschen werden sich an deiner Schönheit laben, sich an ihr erfreuen. Und zwar völlig belanglos, ob dein Gesicht irgendwelchen seltsamen (Schönheits-)Kriterien entspricht. Daran zeigt sich auch das wahre Wesen von Design: Es muss berühren. Der Ausdruck eines Baby- und Kindergesichtes berührt jeden. Völlig egal wie groß die Nase, wie schief die Augen und wie schmallippig der Mund auch sein mögen – es kümmert niemanden, weil dieses Gesicht strahlt. Seine Unschuld, seine noch nackte und bloße Weisheit, noch unberührt von all dem Krempel und Mist, der sich Jahre später dann in den erwachsenen Gesichtern widerspiegelt. Der Mensch ist wohl das beste und perfekteste Designobjekt, das je geschaffen wurde. Gibt es Großartigeres als eine Schulter?! Eine Wade?! Ein Popo?! Von wohlgeformten Ohrläppchen könnte man schier verrückt werden und – ich wiederhole mich – ein schöner Busen (für dich VORERST nichts als Milchfabrik ...) vermag eine Ohnmacht hervorzurufen. Leider kommt jetzt auch noch die schlechte Nachricht: Dieses Übermaß an Schönheit, Ästhetik und Designkniffen wurde unverständlicherweise primär weiblichen Menschen zuteil.

Überdenkt man das Ganze logisch – und das tut MANN unweigerlich, sobald MANN vor einem Spiegel steht – ist es wirklich in keinster Weise nachvollziehbar, wieso das männliche Geschlecht auch nur im Entferntesten weder mit Waden, noch mit Popos und am allerwenigsten mit Brüsten mithalten kann. Deshalb: Genieße JEDEN Augenblick deiner Zeit als Baby, Kleinkind und bis zum Erreichen des zwölften Lebensjahres, wo du als Bub noch ansehnlich bist. Dann geht es rapide abwärts, bis du als alter Fofo endest. Erspare mir in diesem Zusammenhang detaillierte Schilderungen ...

Monsieur Bub – keine Angst, der letzte Absatz war nur ein Scherz!!! Wir Männer können LOCKER in punkto Körperdesign mithalten: Design und seine Formen, seine Wirkungen und seine Betrachtungsweise mögen sich ändern, aber sein ureigenstes Wesen, Quell von Schönheit und Ästhetik ist unantastbar von Zeit und Moden. Siehe: Monsieur Bub!

# Nachricht 145:

## Überleben

Glücklicher Herr Bub! In 28 Tagen (jetzt können wir schon mit dem Countdown beginnen ...) wirst du, so du ein pünktlicher, akkurater, disziplinierter bist, erscheinen. Um im Augenblick des Starts deines Lebens mit etwas zu beginnen, was du bis zu deinem letzten Atemzug nicht mehr loswerden wirst: LERNEN. Lernen – es bedeutet, Fähigkeiten zu erlangen, die dir helfen, deinen Weg zu bewältigen, ihn zu gestalten, zu überleben. Das erste, was du wirst lernen müssen: atmen. Sofort. Dann trinken. Gleich. Dann hast du erstmals, wenige Augenblicke, Ruhe. Bevor es permanent und ohne Unterbrechung weitergeht. Jede Minute deines Wachseins wirst du damit beschäftigt sein. Denn nur so wirst du zu dem, was wir „Mensch" nennen. Du lernst durch Wahrnehmung (davon sprachen wir schon). Du siehst etwas, du hörst etwas und wirst versuchen, es nachzumachen. So lernst du krabbeln, gehen, stehen, laufen. So lernst du Worte: Deine Mama und dein Papa werden auf etwas zeigen, werden es benennen und du wirst versuchen, es dir zu merken, um es dann richtig wiederholen zu können. Du wirst schnell lernen, wie jeder Teo. O.k., manche brauchen für manches ein bisschen länger, aber ein Herr Bub, der seit 145 Tagen mit Informationen über das Leben gefüttert wird, hat ein bisschen Vorsprung. Allein die Wahrnehmung, die dir bereits zuteil wurde, lässt hoffen, dass du mindestens ein Wunderknabe wirst, mindestens, wenn nicht mehr ... Würdest du knapp nach deiner Geburt nicht von deiner Mama und deinem Papa behütet wie der Schatz von England in das Füllhorn des Lebens getragen werden, sondern – fantasieren wir mal – verloren gehen und im Dschungel von Borneo wieder auftauchen, würdest du ein echtes Problem haben, ein Mensch zu werden. Du liegst im Blattwerk, aber Gott sei Dank kommt nicht eine Python auf der Suche nach einer Jause vorbei, sondern ein Gorilla. Der sieht dich und denkt sich, dass der Herr Bub fast genauso aussieht wie seine eigenen Kleinen, nur ein bisschen weniger Haare. Der Affe nimmt dich also mit, er will dich retten, ist ja urnett von dem Typo. Du wächst von nun an in seinem Baumhaus auf. Bekommst Bananen und ein paar hübsche Käfer, Larven und köstliche Mangrovenblätter. Du spielst mit deinen sehr behaarten Brüdern und Schwestern. Alles läuft fast genauso ab als wärst du in Berlin. Statt im schicken Kinderwagen im Großstadtdschungel des Prenzlauerberges im Arm von Mama Gorilla im Dschungel von Borneo. Jetzt kommen aber die kleinen Unterschiede: Du wirst NICHT sprechen, sondern dieselben Laute von dir geben wie deine affige Familie. Du wirst nicht aufrecht auf zwei Beinen gehen – mit Ausnahmen –, sondern dich auf Händen und Füßen vorwärtsbewegen. Sogar der Greifreflex an deinen Füßen wird noch funktionieren: Den haben alle Teos bei der Geburt – die können mit ihren Zehen zupacken wie mit den Fingern –, verlieren ihn aber sehr schnell wieder, weil kluge Teos draufkommen, dass sie diese Fähigkeit am Prenzlberg nicht brauchen. Aber DU, im Dschungel Borneos, brauchst diese Gabe – wie den Mund zum Atmen. Denn wenn die ganze Affenbande, Herr Bub inkludiert, in die Bäume flüchtet (Berglöwen essen gern kleine Gorillababys), reichen nicht die Hände mit den langen Fingern, da müssen auch die Zehen zupacken können. Und stell dir nur vor: Du wirst es können. Gelernt durch Wahrnehmung.

Beruhige dich, Herr Bub! Nichts davon wird – NATÜRLICH – geschehen. Du bleibst, vorerst, im sicheren Berlin und wirst spielend all das lernen, was man für ein Großstadtleben so braucht. Ruhe. Gelassenheit. Toleranz. Viel Toleranz.

(P.S.: Übrigens – Die Geschichte mit den Affen, die hat dein Fofo nicht erfunden, sondern die ist tatsächlich vor vielen Jahren passiert. Ein ausgesetztes Baby wurde von einer Gorillafamilie aufgenommen und aufgezogen. Als man das Mädchen nach ca. 17 Jahren fand, konnte es weder sprechen noch richtig gehen. Dafür beherrschte sie das gesamte Vokabular ihrer „Familie" und konnte mit unglaublicher Geschicklichkeit in Bäumen klettern. Aber – es brauchte nur ein paar Monate, bis sie fast alle Fähigkeiten, die sie als Mensch ausmacht, „zurückerlernt" hatte. Cool, was?!)

# Nachricht 146:

## Jahreszeiten

Lieber Herr Bub! Wenn der neue Planet landet, wird es Frühling sein. Wenn du dich an das Gurren deiner Taubengeschwisterchen gewöhnt hast (erinnerst du dich an Nachricht Nr. 118? Die Taubenbabys sind inzwischen geboren, es sind zwei, die schon sehnsüchtig auf dich warten), wird es Sommer sein. Wenn du zum ersten Mal ins Flugzeug steigst, um eine weite – ich meine richtig WEITE – Reise zu machen, nach China, zur Hochzeit deiner Tante, wird es Herbst sein. Und wenn dich deine Mama in dicke Kleidung zwängt, deinen Kopf bemützt und deine Händchen behandschuht, dann wird der Winter ins Land gezogen sein. Wenn wir die ersten Sonnenstrahlen im März in Piran einfangen, bedeutet es, dass wieder der Frühling eingetroffen ist. Dein erster Meerurlaub, wo auch immer, wir wollen ja niemandem etwas aufzwingen, wird dich den Sommer so richtig genießen lassen. Wenn du herrlich verfärbte Mischwälder sehen willst, dann heißt dich der Herbst in der Südsteiermark willkommen. Und mit 18 Monaten ist es eigentlich Zeit, die Skier anzuschnallen und dem Winter davonzufahren. So geht das immer weiter, Herr Bub. Wir teilen das Jahr nicht nur in Geburtstage, an denen du bejubelt wirst. Nicht nur in Weihnachten, wo du in einem Geschenkehaufen versinken wirst. In Ostern, wo dir die Eier bei den Ohren heraustehen werden. Nein, wir teilen unser Jahr in Jahreszeiten. Vier mal drei Monate. Drei Monate haben Bäume, Blumen, Sträucher Zeit, in heftiges Grün auszubrechen und sich mit Blüten zu schmücken. Drei Monate brennt die Sonne vom Himmel und lässt uns lange Tage und kurze Nächte im Freien genießen. Drei Monate hat die Natur Zeit, sich in üppige Farben zu kleiden und sich langsam den Pyjama anzuziehen. Denn die nächsten drei Monate wird geschlafen – die Blätter segeln zu Boden und schlafen. Der Bär rollt sich ein und schläft. Und die Menschen würden auch gerne still und starr wie der See ruhen, wäre da nicht Weihnachten. Das Herrliche: Nach drei Monaten beginnt wieder alles von vorn! Ich liebe die Jahreszeiten, am liebsten habe ich den Frühling. Zu spüren, dass alles wieder erwacht nach der Starre und der Stille. Zu wissen, dass der blanke, sich wie tot stellende Baum wie von Zauberhand die Kraft aufbringt, winziges Grün entstehen zu lassen. Immer wieder. Zu sehen, wie die Vögel zurückkehren – einem geheimnisvollen Ruf folgend. Das Leben scheint wie eine Welle, die hin und her wogt. Wir – mitten drinnen. Wir wogen mit. In 28 Tagen wogen wir mit einem Teo. Sehr schnell wirst du verstehen, was „Rhythmus" bedeutet: Aufstehen und schlafen gehen. Jeden Tag. Papa den ganzen Tag sehen: Bedeutet Wochenende. Mama schaut auf ihr Bankkonto. Einmal im Monat. Kleidung wechseln. Zu jeder Jahreszeit. Geburtstag feiern: Einmal im Jahr. In jeder Phase deines Lebens werden neue solcher Rhythmen hinzukommen. Wir wogen durch unser Leben – so wie du jetzt noch im Mamapool. Dann beginnt für deine Mama und deinen Papa etwas völlig Neues: Der Herr-Bub-Rhythmus. Das wird sehr lustig für sie ...

## Nachricht 147:

### Wasser

Blubb-blubb, lieber Bub! Es wird Zeit, dich darüber aufzuklären, was da so lustig um dich herum plätschert, seit 36 Wochen. Und womit der Mamapool gefüllt ist. Etwas Großartiges!!! Du wirst es lieben! Es wird dich treiben lassen wie ein Vogel im Wind. Es wird deinen Durst stillen. Es wird dich frieren lassen. Es lässt die Blumen und die Bäume und jeden Grashalm wachsen. Ohne ES gäbe es den Regenwurm nicht – das wäre furchtbar. Es fällt vom Himmel und durchbricht den Fels. Es bringt ein Schiff, 20 Stockwerke hoch, und ein winziges Ästchen, das du in ES geworfen hast, an ein Ziel. Du wirst ES in deinen vier Wänden und du wirst ES bei deinen Magros in Piran genießen. Du wirst staunend zusehen, wenn ES aus einem Hahn fließt oder über eine Felsklippe in die Tiefe stürzt. Du wirst darin liegen, deine Augen schließen und dich an diese unvergessliche, unwiederbringliche Zeit mit deiner Mama erinnern. Und du wirst in ES tauchen, all die Geheimnisse, die ihm innewohnen, zu erfahren. Du wirst ES hassen, wenn es dich auf dem Fahrrad unerwartet überfällt, und du wirst es lieben wie nichts auf der Welt, wenn du ES in der Wüste entdeckst. Nichts außer ihm kann flüssig und fest, sichtbar und unsichtbar, heiß und eiskalt sein. Du wirst es zu einem Ball formen und mit ihm nach mir werfen. Es bedeutet das Leben und es bedeutet auch den Tod. Du bestehst zu einem großen Teil (wenn du es genau wissen willst: zu 75 Prozent!!!) daraus. Es ist ein schimmernder Tropfen auf einem Blatt. Es verbirgt sich in der Erdbeere und im Baum. In einem Tropfen Blut und in der Träne, die deine Mama vor Glück über dich weint. Ohne ES gäbe es keinen Branzino und kein Seepferdchen – das wäre sehr schade. Es spritzt aus deinem winzigkleinen Zipfelchen genauso wie aus dem riesigen des Elefanten. Und natürlich aus dem Feuerwehrschlauch. Mit ihm vernichtet man Feuer oder macht Straßen sauber. Du kannst es trinken, schlecken und erbrechen. Riechen, schmecken, fühlen. Du kannst es hören: Wenn ES rauscht. Tropft. Rinnt. Plätschert. Fließt. Blubbert. Aus ihm ist ALLES entstanden. Es ist aller Beginn. Auch deiner, Blubb-blub, lieber Bub.

# Nachricht 148:

## Lego

Sehr geehrter Herr Lego! Hiermit darf ich Ihnen mitteilen, dass in wenigen Tagen (genau in 25!) ein Herr Bub auf die Welt kommt, der, wie Millionen anderer Teos, Ihren Steinen auch völlig verfallen wird. Das haben Sie echt gut hinbekommen. Beginnen wird es mit einer Packung mit rund einem Dutzend großer, kleinkindgerechter Steine – damit der Herr Bub nicht meint, dies seien Bonbons, die als Ganzes eingenommen werden sollen. Nur ein paar Tage wird es brauchen, dann sind die blauen, roten, gelben und weißen

Steine aus dem Kinderzimmer, nein, aus dem Leben der Familie

nicht mehr wegzudenken. Sie müssen Ihre Kinder sehr genau studiert haben, Herr Lego, wie sonst wüssten Sie, wie dieses Spiel weitergeht? Kaum nämlich dass der Herr Bub es geschafft hat, einen Stein auf den anderen zu setzen, einklicken zu lassen, damit so ein erster Turm entsteht, beginnt bei den Eltern schon eine Diskussion darüber, ob dieses hyperintelligente Kind eher zur Architektur, zur Ziviltechnik oder doch zur Atomphysik neigen wird. Der Erfolg dieses erstmaligen Einklickens hat viele weitere Klicks unweigerlich zur Folge: Jetzt müssen sofort weitere Steine herangekarrt werden, viele, denn der Trieb des Kindes zum Turm- und Anlagenbau darf keinesfalls durch Kleinmütigkeit gehemmt werden. Und dies hat wiederum viele Klicks in Ihrer Kasse zur Folge. Haben Sie es mit diesem ersten entscheidenden Schritt geschafft, den Spieltrieb des Kindes und den Ehrgeiz der Eltern zu entfachen, ist die Welle, der Tsunami nicht mehr aufzuhalten. Mit allen zur Verfügung stehenden Mitteln wird die körperliche Entwicklung des Kleinkindes vorangetrieben, um endlich die Phase der großen Steine überwinden und in die Phase der kleinen, eigentlichen, originalen Steine eintreten zu können. Dem Kleinkinderkram folgt nun das Echte, das Richtige, das Wirkliche: Jetzt wird GEBAUT! Häuser, die einen Gutteil des Kinderzimmers einnehmen. Ganze Städte, die schon das Wohnzimmer erobern. Und da Sie sich auch – aus gutem Grund, wie wir noch erfahren werden – für eine ganzheitliche, soziopsychologische Entwicklung des kleinen Heranwachsenden verantwortlich fühlen, werden natürlich auch Menschen, Tiere und die gesamte Bandbreite der Natur ebenfalls in Kleinsteinform angeboten. So lernt das Kind frühzeitig, dass die Welt aus viereckigen Steinen besteht, die nach Belieben, eigenen Wünschen und Begierden und SEINEN Vorstellungen zusammensetzbar ist. Mit diesen hübschen und so wertvollen Accessoires werden die restlichen Quadratmeter der elterlichen Wohnung gefüllt, sodass nun ENDLICH einem harmonischen Legoleben nichts mehr im Wege steht. Die ganze Familie baut! Reißt wieder ab, um sich neuen Aufgaben zu widmen. Jedem Abbrechen folgt ein Neubeginn. Dem Errichten von Türmen sind keine Grenzen gesetzt, und wenn sie einstürzen, müssen die darunter Stehenden (Kühe, Autos, manchmal auch Duplomännchen) selbst sehen, dass sie nicht zu Schaden kommen.

Labyrinthartige, komplizierte, komplexe Verbindungen werden durch einfaches Umstecken zu einfachen Mauern, in die Türen und Fenster gesetzt werden, um der kleinen Vater-Mutter-Kind-Familie Schutz zu bieten. Der Vater übrigens sollte hier nicht unerwähnt bleiben: Denn Ihr Bemühen um die Entwicklung des Kindes, Herr Lego, schließt – wiederum aus gutem Grunde – auch die Aufrechterhaltung kindlichen Gemüts der Väter ein. Da sind die Packungen schon etwas größer, aufwendiger gestaltet, da wird an den reifen, erwachsenen Intellekt appelliert, ein Ansinnen, das auch mühelos erreicht wird. Der Vater verlässt in diesem Stadium die kleinkarierte Legowelt, um sich großen, den wirklich großen Aufgaben zu widmen. Der ihm dafür einzig verbliebene Ort, nein, nicht der stille, so weit ist es noch nicht gekommen, sondern sein Schreibtischchen, wird von unnützem Tand wie Laptop, Mobiltelefon und dem gerahmten Hochzeitsbild leer geräumt, um dem Raketenbausatz mit computergesteuertem Antriebsmotor Platz zu machen. Das Kind, also DU, Herr Bub, bist vergessen, darfst die Einmetersperrzone rund um den Tisch unter Androhung schlimmster Repressalien (Einpacken und Wegsperren des GESAMTEN Steinbestandes) nicht betreten – nicht auszudenken, wenn ein neugieriges Grabschen nach einem winzigen, doch für das Funktionieren unentbehrlichen Steinchen das Gefüge des großartigen Ganzen zusammenbrechen lassen würde. Damit, Herr Lego, ist das Ziel Ihres Spieles wohl erreicht: völlige Abhängigkeit von kleinen, bunten Steinen. Die Eltern des kleinen Herrn Buben werden sich herzlich bei Ihnen bedanken!

Übrigens, Herr Bub: deine Nonna und dein Fofo lagern TONNEN von Legosteinen auf dem Dachboden. Millionen von bunten Steinen warten nur darauf, von Kinderhänden – ja, o.k., auch große dürfen mitmachen – wieder zusammengesetzt zu werden. Zu Häusern und Türmen, zu Kühen und Menschen ...

# Nachricht 149:

## Verwandte

ACHTUNG! WARNUNG! AN ALLE TEOS! (Und somit auch an dich, Herr Bub.) Unmittelbar nach der Geburt werdet ihr von Heerscharen von Verwandten heimgesucht, die gierig nach euch greifen, euch unaufgefordert küssen und abtatschen, nicht verständliche Worte nuscheln, kreischen, schmollmunden und euch ungefragt irgendwas in den Mund stecken – Schnuller, Finger, übelschmeckende Ringe. Großmütter stürzen sich mit rollenden Augen und fliehenden Armen auf euch, kriegen sich gar nicht mehr ein ob eurer Süßheit (als ob das bei Babys etwas Außergewöhnliches wäre, ihr seid ja nicht die Nachfahren des Glöckners von Notre Dame ...) und plappern in einem nicht enden wollenden Redeschwall davon, dass deine Mama oder dein Papa EXAKT so ausgesehen haben. Sie kommen mit ungefähr 7000 Ratschlägen. Zum Stillen und zum Saugen. Zu Windeln und zum Wickeln. Äußern sich zur Problematik des Bäuerchens und sind weltweit anerkannte

Spezialisten für Blähungen. Die gesamte Garderobe – und das ist wahrlich keine leichte Aufgabe bei den Tonnen von Material, die sich im und um das Kinderzimmer herum türmen – wird eingehend geprüft, und natürlich werden auch dazu unendlich viele, megakluge Kommentare abgegeben. Ungemein hilfreich! Exakt das, was die erschöpften Eltern hören wollen! Expertenrat heute GRATIS! Gibst du ein winzigkleines Geräusch von dir, ein Seufzen, ein etwas lauterer Atem, wissen Großmütter umgehend, was du damit zum Ausdruck bringen willst und spielen Dolmetscher – darf ich vorstellen: die Neugeborenenlinguistinnen!

Großväter gibt es auch. Die sind anders. Du wirst sie kaum bemerken. Sie stehen daneben und sind einfach baff. Ein kurzes Streicheln über dein Haupt. Emotionale Höhepunkte können ab und an ein verhaltenes „Dulidulidu" sein. Meist beobachten sie Teos mit abwägendem Blick. Und rechnen. Was das eigene Kind die letzten 30 Jahre gekostet hat und wie viele Porsches man sich dafür hätte kaufen können. Und wie viel dieser Teo kosten wird – dann fällt ein mitleidiger Blick auf den Kindsvater, und die Großväter freuen sich ein bisschen, weil sie damit nichts mehr zu tun haben. Der Gerechtigkeit willen muss man aber schon festhalten, dass sie den Teo durchaus auch mal halten. Wiegen. Den Kinderwagen schieben. Aber eben anders. Völlig anders. Männeranders eben.

Sorry, Herr Bub, aber wir sind noch nicht am Ende. Es gibt auch Tanten und einen Onkel. SEHR nett! Die wahren Distanz, die sind herzlich, aber zurückhaltend. Die kuscheln, aber nicht zu viel. Die versuchen auch, verbal mit dir Kontakt aufzunehmen, aber nicht auf so schrecklich kindische Art. Die, Herr Bub, sind ziemlich o.k. Wären da noch Cousinen ersten und Tanten und Onkel zweiten Grades. Die sind schon zu weit weg, um bei deinem Anblick emotional auszuzucken. Die lächeln. Loben und schauen ein bisschen da hin und dort hin. Dann gehen sie wieder.

Den Rest kannst du vergessen. Den wirst du – vielleicht – bei deiner Hochzeit zum ersten und zum letzten Mal sehen. Und das ist gut so. Verwandte sind die wohl überbewerteste Gruppe von Geschöpfen auf Erden. Sie werden nur übertroffen von Nasenbären. Warum das so ist – das, Herr Bub, erzähle ich dir, wenn du alt genug bist. Rechne nicht vor 2027 damit ... Herzlichst, dein GROSSVATER, der natürlich, selbstredend, selbstverständlich ein VÖLLIG anormaler Verwandter von dir ist!

# 150.

## Nachricht 150:

### 150

Hoppala. Was haben wir denn da? Die bislang drittinteressanteste Zahl unserer Unterhaltung. Beim 50er hatte ich dir von der Magie des Dezimalsystems erzählt, dem wir völlig verfallen sind. Dieser Erkenntnis folgend haben wir dann den 100er insofern ignoriert, indem wir über sie, die fesche HUNDERT, geplaudert hatten. Ich kann mich erinnern, dass ich damals, es war ein lauschiger Montag im März, über den 150er sinniert hatte. Ich errechnete, dass es ein Dienstag im Mai sein wird. Ich sah den übergrünen Garten und dachte an mindestens 25 Grad Wärme. Und ich dachte, wie es wohl dem Herrn Bub gehen würde – nein, nicht korrekt, damals durfte ich noch Teo zu ihm sagen – also, wie es dir, Teo, gehen würde? 24 Tage vor deiner Geburt. O MANN – vierundzwanzig Tage!!! Bist du schon nervös? Spürst du schon diese Unruhe? Vor dem Start der Rakete, die dich in die Umlaufbahn bringen und Augenblicke später landen lassen wird? Oder hast du die Phase meditativer Anspannung erreicht? Wo – so stelle ich mir das vor – alles ganz ruhig wird. Alles ist konzentriert auf diesen wohl unglaublichsten Moment des Lebens – ja, unglaublicher als der Augenblick des Todes, denn den kriegt man ja nicht mehr mit ... Aber ich stelle mir auch vor, dass du ein wenig traurig bist. Der Mamapool, der ganz allein DIR gehörte. Dieses Einssein, das du in dieser Intensität niemals mehr erlebst – annähernd später einmal, wenn du verliebt sein wirst und in einer körperlichen Vereinigung ein Hauch von diesem Gefühl von damals erlebbar ist. Und dieses Erleben des reinen Ichs, das noch völlig unberührt ist von allem, was da auf dich lauert, und von dem ich dir seit 150 Tagen erzähle. Genieße diese letzten Tage und Stunden. Wie deine Mama, die heute den Löffel, äh, das Telefon abgegeben hat, um sich – noch mehr – auf dich zu konzentrieren. Und das ist gut so. Denn auch ihr bleiben nur noch 24 Tage. Des Allein-Mit-dir-Seins. Der einzige, kleine Unterschied: Bei ihr stehen die Chancen, dass sich dieses einzigartige, umwerfende, im wahrsten Sinn des Wortes weltbewegende Schauspiel wiederholt, ziemlich gut. Hofft dein Fofo zumindest, obwohl ich auch mit dir allein schon ZIEMLICH glücklich wäre. Aber das werden wir sehen, das ist eine andere Geschichte, die jetzt im Momente NULL Bedeutung hat. Diese Momente gehören ganz alleine DIR. Und deiner Mama. Da haben nicht einmal die verursachenden Väter Platz. Alle anderen – sowieso nicht. Diese 150. Nachricht werde ich heraussuchen, zu deinem zehnten oder 20. Geburtstag – weitere Dezennien werden sich wohl nicht ausgehen, vielleicht, wenn's hoch kommt und das Universum ein Einsehen mit mir hat, noch der 30er. Mit 93 werde ich dann von den damals verbliebenen 24 Tagen wohl nur noch lallen können ... Bis Morgen, Herr Bub, dem 23. entgegen!

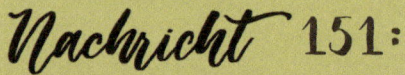
Die Welt der kleinen

# Nachricht 151:

## Kleine Dinge

Jede Geburt, nicht nur deine, Herr Bub, ist etwas GROSSES. Natürlich ist die Erde auch etwas Großes. Und der Mond und die Sterne. Die blitzen zwar nur pünktchenklein am Himmel, aber nur, weil sie so weit weg sind. So weit weg wie viele, sehr viele Dinge in deinem zukünftigen Leben, obwohl sie uns eigentlich ganz nahe sind. Wenn du auf die Welt kommst, wirst du noch diesen Blick für dieses GROSSE, das ganz NAH ist, haben. Du wirst den Käfer entdecken, der auf einem Blatt dahin spaziert. Eine Spur auf einem Stein, der du folgst, bis zur Schnecke, die sie hinterlassen hat. Du wirst lange auf ein kleines Gänseblümchen schauen können, das sich ganz leicht im Wind wiegt. Von dieser Welt der kleinen Dinge haben wir Großen keine Ahnung mehr. Sie bleibt uns, je älter wir werden, verborgen, weil wir meinen, uns mit der Welt der großen Dinge beschäftigen zu müssen. Wie der Ölpreis sich entwickelt. Was ein amerikanischer Präsident wieder Dummes von sich gibt. Und mit wem der Prinz von Soundso letztes Wochenende im Bett verbrachte. Das kommt, weil wir Erwachsenen bequem und faul sind. Wir lassen uns all diese unglaublichen Wichtigkeiten liefern, sie werden an uns herangetragen. Wir schalten den Fernseher ein (den kennst du ja schon) und öffnen den Lieferanten von Grässlichkeiten die Tür. Wir schauen im Minutentakt durch die Fenster des Mobiltelefons und lassen alle unwichtigen Gewöhnlichkeiten dieser Welt an unserem Gehirn vorüberziehen. Aber weder von den Ausschreitungen in Venezuela noch davon, was unsere große Like-Freundin Anna Unbekannt heute kocht, bleibt irgendetwas übrig. Es blitzt auf wie einer dieser Billionen von Sternen am Himmel: Es ist für uns so bedeutungslos, als wäre es nicht geschehen. Es ändert nichts, aber auch wirklich gar nichts an unserem Dasein. Anders der Käfer auf dem Blatt, der auf dem Weg zu einer Laus ist, die er verspeisen wird. Und damit einen wesentlichen Beitrag dazu leistet, dass die Rose, auf dessen Blatt er lebt, erblüht. Und diese Rose, genau die, wird dein Fofo pflücken und deiner Nonna wie einen Orden überreichen, in dem Augenblick, in dem uns die Nachricht deiner Geburt erreicht. Denn ohne IHRE großartige Leistung bei der Geburt deiner Mama wäre deine Geburt nicht möglich gewesen. Und DU hast diesen Käfer und seine Wichtigkeit entdeckt – also, du hättest ihn entdeckt, wärst du schon auf der Welt. Genauso wird es auch mit dem Gänseblümchen sein, das davon träumt, seine Aufgabe zu erfüllen. Denn auch dieses scheinbar unwichtige Ding hat eine Aufgabe. Es könnte, vielleicht, als Salat in meinem Magen oder in dem eines Schafes landen. „Und was ist mit der Spur auf dem Stein?!" würdest du mich fragen, wärst du schon da. Nur sicherheitshalber, weil du weißt, dass wir Erwachsenen zum Vergessen neigen. Nein, mein Herr Bub, ich hätte die Spur auf dem Stein nicht vergessen. Weil gerade sie eine so einfache und doch so schöne Metapher dafür ist, was Leben bedeutet: Wir machen uns von der Geburt auf den Weg zu unserem Tod. Jeder unserer Schritte hinterlässt eine Spur, die meist nicht sichtbar ist, wie die der Schnecke auf dem Stein. Aber es liegt nicht an der Spur, die ist ja da, es liegt an UNS, sie zu entdecken. Du und alle Teos besitzen noch diese kindlich reine Lust, jene Spuren zu entdecken, die zu etwas führen, was wichtig ist. Denn nur wenn wir Spuren folgen, wenn wir aktiv werden, werden wir deren Ursache, also deren Sein, entdecken. Werden wir die Schnecke entdecken. Würden wir diese kleine Unterhaltung mit jemandem da draußen führen, also ich meine, mit einem dieser dummen Erwachsenen, dann würde der wahrscheinlich den Kopf schütteln und sagen, ich solle dem Herrn Bub was Anständiges, Wichtiges beibringen und nicht von Schnecken erzählen, die Spuren hinterlassen. Wen interessiert das schon angesichts der Weltwirtschaftskrise, der Genderproblematik und der Diskussion, ob Dieselfahrzeuge zu viel $CO_2$-Emissionen in der Luft hinterlassen? Darauf sollte ich den Herrn Bub vorbereiten, das wird er brauchen, sobald er sich auf den Weg in die kapitalistische, christliche und Man-darf-am-Tisch-nicht-Rülpsen-Gedankenwelt macht.

Aber: Das tun wir ja nicht. Wir Kinder bleiben unter uns. Wir beide sitzen unter dem Tisch und beobachten den Kosmos, der sich uns da auftut. Wir entdecken arme geschundene Füßchen, die sich aus ihren High-Heels-Superluxusschlitten schälen, um endlich ein bisschen weiches Wollgras unter ihren Zehen zu spüren, während oben, weit oben, ihre Besitzerin über die ausdrucksstarken Expressionisten von der gestrigen Vernissage parliert. Davon können die Spitzkurbler nebenan nur träumen, die nervös hin- und hertippeln und eigentlich nichts als abhauen wollen, aber nicht können, weil ihr Oberkörper samt Unterleib und der dazugehörige Kopf zu nichtssagendem Gequassel nicken müssen, in der Hoffnung, die Zehlein in den High Heels zu späterer Stunde zu einem Küsschen oder mehr verführen zu können. Wir zeigen einander gegenseitig Entdecktes, das uns zum Lachen und zum Nachdenken bringt. Zum Lachen, weil oft, nein, meist die kleinen Dinge es sind, die in ihrer Einfachheit die größten Wunder bergen. Zum Nachdenken, weil es gerade für dich, der so neu ist auf der Welt, schwer zu verstehen sein muss, dass ein und dieselbe Welt so unterschiedlich sein kann, je nachdem, von wo aus man sie betrachtet: Von unter, oder von über dem Tisch ... Für das Entdecken von kleinen Dingen, jenen, die Spuren hinterlassen, ist es von Vorteil, nahe am Boden zu sein – wie du es bist, Herr Bub. Zumindest die nächsten Monate. Je weiter dein Kopf sich davon entfernen wird, von der Basis aller Dinge, wird es immer schwieriger werden. Aber dafür gibt es dann ja Nonnas und Fofos, die sich, aufgrund ihres Alters, dem Boden wieder nähern ... (Nachsatz: Bis sie wieder ganz darin verschwinden ...)

# Wehmut

## Nachricht 152:

### Wehmut

Lieber Herr Bub! Heute erfasst mich ein bisschen Wehmut. Dieses Wort beschreibt ein Gefühl gewisser Traurigkeit. Also nicht DIESES Traurigsein, das einen erfasst beim Anblick eines vertrockneten Regenwurms, der es vor Sonnenaufgang nicht mehr in die Wiese geschafft hat. Oder jenes, das man empfindet, sieht man ein Kind, das etwas Wichtiges zu sagen hätte, aber seine Eltern stattdessen lebensentscheidend wichtige SMS schreiben müssen. Nein, es ist eine solche Traurigkeit, die sich in einem breit macht, wenn man am Flughafen steht und sieht, wie sein Kind, das doch gerade noch in den eigenen Armen gelegen hat, im Schlund der Sicherheitskontrolle verschwindet. Aber man eben weiß, dass es ja irgendwann wieder auftauchen und in nicht sooo ferner Zeit wieder in deinen Armen sein wird. Oder Abschied von Piran zu nehmen, bei der Georgskirche stehen, Richtung Venedig blicken und sich dieses Bild einzuprägen, weil man nicht weiß, wann man es wieder sehen wird. (In fünf Tagen, aber das weiß man ja nie so wirklich ...)

Also, heute bin ich ein bisschen wehmütig, weil die 152 darauf hinweist, dass es vielleicht noch 22 Mal sein wird, dass ich mich, wie heute, um 6.30 Uhr morgens auf die Terrasse setze, mein MacBook aufklappe und „Lieber Herr Bub!" schreibe. Mir dich vorstelle, wie du da im Mamapool dem Leben entgegen schwimmst und nichts weißt, außer, dass es dich gibt. Das klingt nach nicht sehr viel, aber ist es doch. Damen (und vereinzelt auch Herren) um die 40 zahlen viel Geld, um ein solches Gefühl von selbst ernannten Gurus vermittelt zu bekommen. Wie oft habe ich mir in diesen letzten Monaten diesen Augenblick der Landung des Kometen vorgestellt. Immer und immer wieder. Mir dabei in Erinnerung gerufen, wie es bei meinen Kindern gewesen ist, dieses unbeschreibliche Gefühl, das ich stets mit „So als würde man dieses ganze, unverständliche Universum mit einem Mal verstehen" zu erklären versuche. Das alles, diese wunderschönen Erinnerungen, habe ich DIR, Herr Bub, zu verdanken. Und in 22, vielleicht sogar in weniger Tagen, wenn deine Sehnsucht zu groß wird, wird dies vorbei sein. Ich werde dann nicht mehr jeden Morgen (oder spät nachts) mein MacBook aufklappen, um Wichtiges zu tun – dir zu schreiben. Ich werde es aufklappen, um lebensentscheidend wichtige Mails zu schreiben oder lebensentscheidend wichtige YouTube-Videos anzusehen. Womit, so frage ich mich in meiner Wehmut, werde ich diese täglichen, so großartigen und wirklich LEBENSWICHTIGEN Momente nun ausfüllen? Du wirst geboren und wirst zu einem neuen Planeten im Sonnensystem deiner Eltern geworden sein. Du wirst natürlich in meinen Armen liegen, und wir werden uns ansehen und eine solche Verbundenheit spüren, die niemand verstehen wird können – weil wir 174 oder ein paar mehr oder weniger Tage mittels Telepathie miteinander verbunden waren. Natürlich werde ich wieder ein Buch schreiben, ein anderes, das 45. in der Liste, aber es wird nie mehr ein Teo-Buch sein. So wie die Geburt des ersten Kindes nicht zu vergleichen ist mit der Geburt des zweiten. Ohne Wertung. Es ist anders. Und „Let's chat, Baby" werde ich nur zu dir gesagt haben. Das erzeugt Wehmut. Eine gewisse Traurigkeit, gepaart mit dem Empfinden großen Glücks. Wenn ich daran denke, wie es sein wird, wenn „mein Baby" geboren wird, irgendwann im November, fast ein Jahr, nachdem die Empfängnis stattgefunden hat. Wenn ich es zum ersten Mal in den Händen halten werde. Wenn die anderen kommen und es so ehrfürchtig in den Händen halten werden, wie sie dich bald in den Händen halten werden – also nicht ganz so, aber ein bisschen. Wenn ich es dir zum ersten Mal zeigen werde, „unser" Buch. Wenn wir, Jahre später, zum ersten Mal darin blättern und gemeinsam Nachrichten daraus lesen werden. Wenn wir darüber lachen werden. Wenn …

„Wenn" – das ist ein wichtiger Aspekt der „Wehmut", denn der Wehmut Traurigkeit ist eng verbunden mit diesem Wort, das von einer Zukunft erzählt, die wir nicht in unserer Hand haben. Also, Herr Bub, genießen wir gemeinsam diese letzten Tage, die uns bleiben …

# Nachricht 153:

## Fotos

Hi, Herr Bub! Die immer schneller tickende Uhr macht es notwendig, dir noch schnell die letzten Rüstzeuge für die Landung zu verpassen. Noch vor wenigen Wochen schien die verbleibende Zeitspanne so lang – und jetzt dieser Countdown! Ich hatte ja schon davon gesprochen: dass du in eine Welt der Bilder, in eine völlig von visuellen Eindrücken beherrschte Welt hineingeboren werden wirst. In eine, in der dein Fofo durch die Lande ziehen muss, um Menschen vom Zuhören und von ihrem Ohr zu erzählen. Weil sie darüber kaum noch etwas wissen … wollen. Und du, Herr Bub, wirst gleich an deinen ersten Tagen voll damit konfrontiert sein. Indem man dich in jeder Lebenslage, zu jeder Uhrzeit, in jeglichen Begebenheiten, auch solchen, die du eigentlich nicht verewigt haben willst, auf ein Bild bannen wird. Es ist gerade so, als wolle man damit diese rasend schnelle Zeit – die sich natürlich nur in unserem Kopf abspielt, denn, das ist gewiss, die Atomuhr in Kassel zeigt für die Sekunde immer noch die gleiche Dauer an –, als wolle man diese rasend schnelle Zeit mit Hilfe eines Fotos festhalten, also stoppen.

Deine ersten visuellen Erkundungsreisen, so zwei bis drei Tage nach deiner

Geburt, werden dir erste unscharfe Bilder der Umgebung liefern (zu diesem Zeitpunkt arbeitet dein Ohr übrigens schon seit vier Monaten!!!). Du wirst das erste Mal MENSCHEN sehen, und dein Gehirn wird dieses Bild unter der Rubrik „Gesicht" abspeichern: Haare, Mund, Ohren und irgendwo dazwischen ein viereckiges Ding mit einem angebissenen Apfel. Die ersten Klänge, die du vernehmen wirst, werden nicht liebevoll an dich gerichtete Worte, das Lied einer Nachtigall oder Mozarts magische Musik sein, nein, es wird ein kurzes, scharfes Klicken sein. Keine Angst, Herr Bub, das ist nur ein Auslöser. Damit man den Engel eiligst auf Facebook posten kann. Damit zwei Sekunden nach der Geburt der noch blutverschmierte Planet in möglichst vielen Wohnzimmern und Kneipen und Automobilen landen kann. Das ist natürlich schamlos übertrieben – nein, Herr Bub, so schlimm wird es nicht sein, aber fast. Denn annähernd so wichtig wie du selbst werden die Millionen von Fotos von dir sein. Und es werden ja nicht einmal die ersten sein, auf denen wir dich bewundern. Es gibt ja schon supercoole von innen drinnen. Live aus dem Mamapool. Damit wir nur ja nichts versäumen. Dein Penis musste als erstes entdeckt werden – man will ja keine unnötigen Überraschungen erleben. Denn die Auswahl an Möglichkeiten, als was du einmal herumspazieren wirst, ist ja enorm ... Seit Wochen wissen wir auch schon, wie dein Gesicht aussieht. Die ersten Fotos außen werden also nur zur Bestätigung dessen geschossen, was wir schon längst wissen. Ja, es ist wirklich jener Herr Bub aus dem inneren Bezirk, der da jetzt in ein Bett nach Charlottenburg, Berlin umgezogen ist. Hm. Deine Entwicklung wird ab sofort nicht mehr dem Zufall überlassen, sondern minütlich dokumentiert. „Ach, schau, wie süß er lacht!" – KLICK. „Na, tut das Bäuchlein weh, kleiner Mann?!" – KLICK. „Tu' schön pressen, ja, drücki, drücki!" – KLICK. „Er schläft wie ein Engel!" – KLICK. „Ich weiß wirklich nicht was er hat, brüllt seit drei Stunden, ohne Unterbrechung! Machst du bitte mal ein Foto!" – KLICK, KLICK. Ich wollte dir davon erzählen, damit du weder überrascht noch überrumpelt wirst, denn das, Herr Bub, wird deine Zukunft sein. Das wird nicht mehr weggehen – anders als Pocken, die hat man zum Glück ausgerottet. Die Krankheit „Fotomachen" wird sich noch mehr epidemisch verbreiten. Nicht nur das: Es wird noch schlimmer werden. Knapp vor deiner Ankunft wurde noch etwas geboren, nein, nicht so etwas Süßes, Schnuckeliges wie du, eher eine Missgeburt: Es heißt Selfie. Weißt du, Herr Bub, früher einmal haben die Menschen wenigstens noch anderes, so Liebes, Wertvolles wie dich, die Natur oder das Wahrzeichen einer Stadt fotografiert. Bis die Menschen das beste, fantastischste und megageilste Motiv entdeckten – sich selbst. Seitdem zeigen die Fotos nicht mehr Teos,

Blumen und Sehenswürdigkeiten, sondern ICH und Teo. ICH und die Rose. ICH und der Eiffelturm. Besonders trifft es mich, dass ich dich davor nicht einmal retten kann. Denn wenn du zu deinem vierten Geburtstag ENDLICH das ersehnte iPhone 13 geschenkt bekommst, wirst auch du von den im Jahr 2021 Geborenen so abgespeichert werden: Ein Gesicht mit einem silberfarbenen Viereck und angebissenem Apfel. Auch du wirst von dieser Krankheit befallen werden, wir kommen praktisch schon auf die Welt damit. Und ich bin mir ziemlich sicher, wäre Steve Jobs (erklär ich dir mal später, wer der Typ ist – nur so viel, er war der, der den Apfel angebissen hat, von dem ich immer quatsche ...) noch unter uns, hätte er uns spätestens bis 2020 die nächste atemberaubende Erfindung beschert: Wozu eine Fotolinse – wir haben ja die allerbeste, und sogar zwei davon, mitten im Gesicht. 128 GB Speicher? Welch eine Lächerlichkeit, wo wir doch eine Chipcard mit Millionen GB fix montiert haben. Das einzige Problem, das Stevie aber sicher gelöst hätte: Wie die Bilder, die nicht einmal mehr das KLICK benötigen, auf Facebook, Instagram und auf das iPhone 13 bringen? Drücki, drücki wird nicht gehen, denn wir können ja nicht jedes Mal eine Toilette aufsuchen, wenn wir ein Foto posten wollen. Nein, das wäre dumm. Steve hätte da sicher eine bessere Idee: Warum nicht gleich ALLES einbauen? Das ganze iPhone 10 mit integriertem WLAN gleich zusammen mit dem Samen des Vaters ins Ei pflanzen. Der linke Nippel wird auf „Senden" programmiert und der rechte auf „Empfangen". O mein Gott, Herr Bub, du motivierst mich zu geistigen Höchstleistungen!!! Diese Nachricht, zumindest die letzten Zeilen, darf ich unter keinen Umständen veröffentlichen, sonst klaut mir noch jemand diese Idee. Sollte dieser Hammer jemals Realität werden, so verspreche ich dir hiermit hoch und heilig, dass du zehn Prozent von den Nettolizenzeinnahmen erhältst.

Sollten mein Hype, meine ausschweifende Fantasie dich nun verschreckt haben – sorry, Herr Bub, das tut mir echt leid, aber ich wollte dich doch nur auf das KLICK vorbereiten, das dich auf der Erde erwarten wird ...

# Die Zeit

## Nachricht 154:

### Uhr

Ja, die Uhr tickt. Sie tickt BUB BUB BUB BUB. Das Aussprechen dieses Wortes nimmt exakt eine Sekunde Zeit in Anspruch (gemessen auf einem iPhone 6). In diesen ersten Sätzen kannst du schon das herzige Kostümchen erkennen, das man dir überstülpen wird, sobald du auf die Erdumlaufbahn eingeschwenkt haben und somit Teil des irdischen Kosmos geworden sein wirst: Die ZEIT und die UHR. Die Zeit ist dieses Ding, das dir und uns allen zur Verfügung gestellt wird, damit wir es nutzen (siehe Nachricht 43). Zum Atmen. Zum Essen. Zum Schlafen, Lieben, Schauen, Auto fahren, Fußball spielen. Niemand – und das ist das großartige an der Zeit (viele meinen, das sei das furchtbare ...) – NIEMAND weiß, wie groß und umfangreich das Zeitguthaben ist, das uns Gott, der Urknall oder Mister Darwin auf unser Zeitkonto gutgeschrieben hat. Während ich diese Nachricht 154 bis hierher geschrieben habe, habe ich schon wieder 789 Sekunden davon verbraucht. Wie ich meine, äußerst sinnvoll verbraucht. Auf jeden Fall sinnvoller als deine Nonna, die noch schnarcht, weil es ja erst 6.41 Uhr am Morgen ist. (Nein, liebste Nonna, dein Schlaf ist auch äußerst sinnvoll, denn nach langem Schlaf schmecken deine Küsse noch besser!). JEDER Mensch hat inzwischen 815 Sekunden verbraucht, egal ob in Shanghai, Utrecht, Dschibuti oder, ja, oder ein Herr Bub in Berlin, denn auch du bist schon an die Zeitverbrauchsmaschine angeschlossen. Auch deine

Uhr tickt schon. Deine INNERE Uhr. Denn – und nun kommen wir zum angenehmen Teil unseres kleinen Gesprächs – um dieses, schwer fassbare Etwas wie ZEIT sichtbar zu machen, um es Schwarz auf Weiß, Gold auf Silber, LED auf Saphirglas zu haben, wie viel Zeit von unserem Guthaben schon aufgebraucht ist, stets unseren Kontostand masochistisch schwinden zu sehen, uns besser einteilen zu können, mit welch unsinnigen Dingen wir unsere Zeit verplempern – für all dies hat der Mensch in seiner unfassbaren Klugheit die UHR erfunden. Auch du, Herr Bub, wirst davon – nach den ersten KLICKS – sofort erfahren. Du bekommst sofort und umgehend, noch lange vor dem ersten Hemdchen, das erste Kostümchen übergestülpt: Geboren am 2.6., um 21.13 Uhr. Und diese Uhrzeit (endlich haben die beiden zu einem Wort zusammengefunden ...) wird dich dein ganzes Leben begleiten. Die Sterndeuter und Horoskopmacher (die liebe ich besonders ...) werden daraus deinen Charakter ableiten und aus dem Augenblick deiner Geburt und der Position der Planeten ziemlich logisch erklären können, warum du beim Anblick von Schweinekotelett Magensausen bekommst (sehr zum Leidwesen deines Papas, bei dem genau das Gegenteil eintritt ...). Diese Bestimmung der Zeit durch Zahlen ist natürlich ungemein praktisch und eine der ganz großen Errungenschaften der Menschheit. Denn so wissen wir immer genau, wann wir essen sollen. Um 7.15 Uhr, 12.00 Uhr und 18.00 Uhr (nur zum Beispiel, das kann natürlich jeder halten, wie er will. Ich möchte um Darwins Willen NICHTS vorgeben oder empfehlen ...). Du wirst wissen, wann du in der Schule antanzen musst: Um 8.00 Uhr. PÜNKTLICH. Die Menschen wissen, wann sie den Mund zu halten haben, um deinem Fofo konzentriert zuhören zu dürfen. Zu können. Zu MÜSSEN. Meist um 20 Uhr. Das gesamte Transportwesen wäre ohne die Uhr Beweis für die Richtigkeit der Chaostheorie. Züge, Flugzeuge, Busse verdanken ihr, der Uhr, ihre Daseinsberechtigung. Ohne sie dienten diese praktischen Fortbewegungsmittel nur ihrem Selbstzweck: Denn würden sie nur verkehren, wann es ihnen passt, irgendwann, jeden

Tag, jede Stunde anders, wäre die Möglichkeit ihrer Nutzung dem reinen Zufall überlassen und der ist, wie wir ja wissen, einer der Todfeinde der Zeit. Und der Uhr. Du wirst, das verspreche ich dir hiermit und du kannst dies jederzeit vor dem Europäischen Gerichtshof unter Vorlage dieses Buches und seiner Nachricht 154 einklagen, zum ehestmöglichen Zeitpunkt, legen wir mal deinen Geburtstag im Jahre 2027 fest (du siehst, wir kommen ohne exakte Zeitangaben einfach nicht aus!), aus meinem Bestand an wunderschönen, wertvollen und einfach geilen Uhren ein solches Exemplar geschenkt bekommen. Natürlich werde ich mich mit deinem Onkel vorher absprechen, denn er hat die Leidenschaft zu schönen – alten – Uhren geerbt und meldet bei jeder sich nur bietenden Gelegenheit seine alleinige Anwärterschaft auf diese hübsche Sammlung an – wenn meine Zeit mal abgelaufen ist. Aber – ich bin mir sehr sicher –, dass er nicht den geringsten Einspruch erheben wird, dass ich meinem erstgeborenen Enkel als Erstausstattung zur Ermittlung und Messung der Zeit einen meiner wertvollen Chronographen um das Handgelenk schnallen werde. So wie ich es auch mit deiner Mama und mit deinen Tanten schon getan habe: Für eine jede von ihnen habe ich mich – nein, nicht mit schwerem Herzen, ganz im Gegenteil mit größter Freude – von einem meiner Lieblingsstücke getrennt. Und sehe ich sie heute damit durch die Gegend laufen, so durchströmt mich jedes Mal großes Glück. Du siehst – es hängt nur und ausschließlich von dir ab, wie du ZEIT behandelst: Sinnvoll und mit Freude. Oder ... na ja, eben das Gegenteil. Auf dich und deine Eltern wartet: Die allerschönste ZEIT!!! Diese ersten Tage und Wochen deines Daseins werden sie nämlich Zeit und Raum vergessen lassen – das, so hat mir die Zeit verraten, ist nämlich ihr höchstes Ansinnen: Das Gefühl zu vermitteln, als würde sie stillstehen ... BUB BUB BUB BUB BUB – und wieder sind fünf großartige, so sinnvoll genützte Sekunden vergangen!

# Nachricht 155:

## Muttertag

Sehr geehrter Herr Bub! Im Namen Ihrer Frau Mutter darf ich mich bei Ihnen sehr herzlich dafür bedanken, dass Sie ihr durch Ihr Kommen und Ihr Dasein einen neuen Ehrentag schenken. Neben Geburtstag und Namenstag, den eher allgemein gehaltenen Weihnachts- und Osterfesten, eingeschränkt auch Nikolo, wird Ihrer Frau Mutter heute in einem Jahr Dank Ihrer Geburt die Freude des MUTTERTAGES bereitet werden. Ein großes Fest! Ein ungemein wichtiges Fest. Nicht in materiellem Sinn, obwohl ein Stabmixer mit 1500 Umdrehungen pro Minute zur Belebung der Kochkünste, ein neues Dampfbügeleisen, um Papas Hemden glatter hinzubekommen, oder ein Dyson, um auch noch dem letzten Staubkorn den Garaus zu machen, obwohl diese für eine Mama so praktischen Dinge das Ihre zum Erfolg durchaus beitragen können, geht es beim Feiern des Muttertages eher um die psychologische Komponente. Die Frau, die das ganze Jahr über schuftet, ihrem Kind und dessen Vater ihren Körper opfert, kocht, putzt, wäscht, organisiert, den Überblick behält, kommunikativ ist, tröstet, für die Ihren kämpft, sensibel und klug, intuitiv ist, die Kunst des Zuhörens im Gegensatz zum Mann beherrscht, die stets unter Druck steht, „hübsch" aussehen zu müssen (im Gegensatz zum Mann), mit

Kalorien kämpft, weil die anderen es so wollen (weil Mann es will), die zugleich sexy und mütterlich, aufregend und beruhigend zu sein hat, diese Frau will an diesem Tag ganz einfach, schlicht und ergreifend WAHRGENOMMEN werden. Sie will, dass man, zumindest an diesem Tag, versteht, was MUTTERSEIN eigentlich bedeutet. Sie will keinen Diamantring und keine 100 Rosen, sie will eine Umarmung und einen handgeschriebenen Brief, in dem steht, dass man sich GANZ FEST vornimmt, sie nicht nur an diesem einen Tag zu ehren und ihrer Leistungen zu gedenken, sondern TÄGLICH. STÜNDLICH. MINÜTLICH. SEKÜNDLICH. AUGENBLÜCKLICH ...GLÜCKLICH. Du merkst schon, Herr Bub, das ist STRESS PUR. Für uns Männer. Denn wir sind so beschäftigt, dass wir uns nur schwer das eine oder andere Minütchen rausschlagen können, um sich mit der Gestaltung des Ehrentages auseinanderzusetzen. Und ich meine: PSYCHISCH auseinanderzusetzen. Nicht die goldene VISA Card zücken und ein weiteres, beschissenes Jahr der Ignoranz wegkaufen, sondern verstehen, was man da so tut, bzw. NICHT tut. Ich sage dir das lieber schon jetzt, bevor das Ereignis überhaupt eingetreten ist. Du hast ein ganzes Jahr Zeit, dir darüber Gedanken zu machen, wie du in Zukunft deine Mama, die dich neun Monate im Schweiße ihres Angesichts herumgeschleppt hat, die dich ziemlich sicher ein ganzes Jahr mit köstlichster Milch versorgen wird, deinen verdreckten Hintern sanft reinigen und ihren Schlaf und weiß ich was noch alles für dich opfern wird, wie du gedenkst, sie am 13. Mai 2018 gebührend zu feiern. Und solltest du nun KEINE Ahnung haben, wovon der alte Fofo spricht, dann werde ich dir zur Seite stehen (beziehungsweise dein Papa – nach einer kurzen Einschulung ...). Ich bin nämlich, sozusagen, also ungefähr Spezialist für Muttertage. Es gibt kaum einen Tag im Jahr, an dem deine Nonna ... frustrierter, verärgerter und deprimierter ist als an diesem verdammten Muttertag. Also: Frag mich lieber nicht, Herr Bub! Lächle einfach. Das hilft, zumindest 2018. Ab 2022 wirst du dir dann was anderes einfallen lassen müssen, um deine Mama an diesem Tag zu beruhigen!!!

# Nachricht 156:

## Jarawa

Hallo, Herr Bub! Ich erzähle dir so selbstverständlich von „Zeit",
die wir durchmessen. Von Bildern, die uns festmachen. Und
Spielen, die uns prägen. Ich habe dir in den vergangenen 22
Wochen eine Welt gezeichnet, die den Versuch unternimmt,
jene Welt, in die du hineingeboren wirst, widerzuspiegeln.
Eine Mischung aus Weltstadt und Dorfidylle. Ich habe die
Wirklichkeit mit Fantasie vermengt – nein, angereichert, wie
es einem Märchendichter durchaus zusteht. Aber ich habe dir
nur die halbe Wahrheit erzählt. Denn es gibt auch eine andere,
eine völlig andere Welt. Nur weil sie 12 000 Kilometer entfernt
ist, existiert sie trotzdem, geht in dieser Welt jeden Morgen
dieselbe Sonne auf und auch wieder unter. Der Himmel ist dort
auch blau, und aus Wolken fällt auch dort ab und zu Regen.
Diese Welt ist uns näher als wir glauben, wir verdrängen sie
nur, haben uns von ihr verabschiedet wie von einem lästigen
Gast, mit dem wir nichts mehr zu tun haben wollen. Diese Welt
ist wie unsere Vergangenheit, denn in dieser Welt steht die Zeit
still. Dort steht sie still, weil es keine Uhr gibt, während wir mit
dem Sekundenzeiger im Stechschritt vorwärts marschieren und
zählen. Alle Begebenheiten, die wir, nachdem wir sie erledigt
haben, ablegen im Ordner unseres Lebens. Dein Ordner, hellblau,
steht schon in einem Regal, in einer Wohnung, in einer Straße,
in einer Stadt. In einem Land. Auf einem Kontinent. Alles schön
eingeteilt und geordnet. Und in 21 Tagen wird das erste Formular
geschrieben und anschließend brav abgeheftet werden. Und
irgendwann wird dieser, dein Ordner, nun gefüllt werden mit
Tausenden, mit Millionen solcher Blätter, Aufzeichnungen deines

Fortschreitens, geschlossen und abgelegt in der Erinnerung derer, die ein Teil dieses, deines Ordners waren. Zuerst wird man darin noch ab und an blättern, bis zuerst die Blätter, dann auch die Hüllen immer mehr verblassen, bis schließlich, Jahrzehnte, Jahrhunderte später, nichts mehr davon übrig sein wird. Doch wenn es die Zeit nicht gibt, gibt es auch kein Fortschreiten. Steht alles still. In Berlin und selbst in St. Georgen an der Stiefing ist solche Stille nicht möglich. Aber auf den Andaman Islands. Bei Menschen, die man Jarawa nennt. Diese Menschen, Herr Bub, die in dem Augenblick, als ich diese Zeilen schreibe, in meinem Garten, bei Sonnenaufgang um 6.00 Uhr morgens, am Ufer des Indischen Ozeans sitzen und über das Meer blicken, tun dies mit Augen – wie ich. Sie hören die Stimmen der erwachenden Vögel mit ihren Ohren – so wie ich es tue. Sie verspüren ein leichtes Stechen im Magen, als würde jemand anklopfen und höflich fragen, ob man vielleicht etwas zu essen haben könne. Sie haben Hunger. Genauso wie ich. Sie stehen auf, nehmen einen Speer zu Hand, den sie selbst angefertigt haben, und verschwinden im Gebüsch. Ich stehe auf, gehe in die Küche, öffne den Kühlschrank und hole mir eine Avocado. Diese Menschen kennen „Zeit", natürlich, denn es gibt ja die Sonne, die unablässig „Tag und Nacht" produziert, seit dem Urknall oder Gottes Fingerschnipsen, aber durch mysteriöse Umstände sind die Jarawas in diesem Urzustand verblieben, haben nie begonnen, sie, die alles bestimmende Zeit, zu messen. So kennen sie auch das „MORGEN" nicht. Das „MORGEN" ist für sie nichts anderes als ein undefinierter und bedeutungsloser Zeitpunkt eines neuen Sonnenaufganges. Während für uns das „MORGEN" klar, eindeutig und bedeutungsschwanger bestimmt ist: Was ich HIER und JETZT tue, hat Auswirkungen darauf, was am nächsten Tag geschehen wird. Davon ist unser Leben völlig bestimmt. Nicht nur, dass wir vermeiden, ein ganzes Stück Peperoni zu essen, weil wir wissen, dass dies Minuten später im Magen und spätestens morgen bei der Ausscheidung massive Folgen haben wird. Sondern wir verfolgen auch mit Sorge den Aufstieg Gehirnamputierter zu mächtigen Präsidenten in fernen Ländern, weil wir sofort an die Auswirkungen auf UNSER kleines, persönliches Leben denken. All das ist den Jarawas völlig fremd.

Genauso wie es auch uns völlig fremd war – vor Tausenden von Jahren. Die Jarawas brauchen weder Buddha noch Mohammed, schon gar nicht Jesus, und von Moses haben sie noch nie gehört. Sie benötigen zu ihrem Glück weder einen Präsidenten noch eine Prada-Handtasche. Das einzige, was sie verwundern würde, wäre, wenn eines Tages die Sonne nicht aufgeht. Wir zucken aus, wenn der Strom ausfällt. Wenn aus der Wasserleitung kein Wasser fließt. Und wenn die getrüffelte Butter, die wir doch so gern haben, nicht im Kühlregal liegt. Dann zucken wir aus und rufen nach dem Geschäftsstellenleiter des Supermarktes und machen ihn zur Schnecke. Die Jarawas würden am Meeresufer stehen und die Nacht nach der Sonne absuchen. Dann würden sie sich wieder hinlegen und schlafen. Ohne zu hinterfragen, warum. Und welche Auswirkungen dies auf die kommenden Stunden, Tage, auf ihr gesamtes Leben haben würde.

Wärst du ein Jarawa, Herr Bub, dann gäbe es keine Tonnen Höschen und Jäckelchens. Schühchens und Stilltüchleins. Alles in Blau – NATÜRLICH. Es gäbe genau: NICHTS. Die Jarawas kennen keine Kleidung. Wenn sie meinen, etwas bedecken zu müssen, dann tun sie es mit einem Blatt, das sie sich pflücken. Das, was euch beide verbindet, dich und den Jarawa Teo, ist nur der Augenblick eurer Landung. Sie erfolgt bei euch beiden zwischen den Beinen eurer Mamas. Sekunde 1 des Lebens trennt euch sofort: Du siehst einen hochsterilen Kreissaal, voll mit piepsenden, blinkenden Maschinen. Der Jarawa Teo sieht eine Wiese und ein Palmblatt und hört den Ruf einer Grüntaube und den Schrei eines Makaken. Der genetische Code, der euch beide – noch – verbindet, führt euch kurz wieder zusammen: Ihr trefft euch an der Brust eurer Mamas. Ihr trinkt beide deren Milch. Dann trennt ihr euch wieder: Du verschwindest im Hightech-Trolley mit Feststellbremse, und dein Bruder wird mit Hilfe einer meterlangen Liane auf dem Rücken seiner Mama transportiert (übrigens: Gerade ganz „in" am Prenzlberg – die Teos mit meterlangen Tüchern auf dem Bauch oder Rücken tragen ... Wo die Modemacher DAS wohl herhaben?!) Und während auf den Andamanen die Zeit stillsteht und NICHTS passiert – ich meine, keine Baby-Welcome-Partys, keine Autositzeinbauten in den schicken SUVs, keine Wochenendtrips nach Mallorca, weil das

Baby ja noch nichts zahlt, das muss man ja ausnützen –, wird in deiner Welt die Maschinerie in Gang gesetzt: Ich meine, Pulver aus Maca-Wurzeln gegen den Stress, Meditation, also NICHTS denken, vor allem nicht an die Zukunft, Burnout-Syndrom-Bekämpfung, um irgendwie diese verdammte Sekundenraserei zum Stillstand zu bringen.

Oh, Herr Bub, du siehst – die Welt ist kompliziert. Ich werde mit dir irgendwann auf die Andaman Islands reisen und dann werden wir uns auf die Suche nach den Jarawas machen. Ich hoffe, ich bete, dass es sie dann noch geben wird ...

## In Gang setzen

# Nachricht 157:

## Der Weg

Lieber Herr Bub! Du wirst zu Beginn deines Erdenlebens viel Zeit damit verbringen, in den Himmel zu blicken – das ist aufgrund deiner noch eingeschränkten Bewegungsmöglichkeiten sozusagen vorgegeben: Du liegst ja auf deinem Rücken! Das wird auch deine Hauptmotivation zur Drehung sein – du willst dein Blickfeld erweitern und endlich auch sehen, was du seit deinen ersten Sekunden auf Erden schon hörst. Weiters ist es nur logisch, dass als nächster Schritt das Sitzen kommen wird: Warum einen Kopf mit einem Drehmechanismus haben, wenn der durch dummes Liegen in seiner Funktion eingeschränkt ist – die Chefentwickler werden sich dabei ja wohl was gedacht haben. Und Sitzen bedeutet, Erfahrungen nur an einem Ort aufnehmen zu können. Du wirst dir weiter denken, dass die Dinger, die da an deinem Unterleib baumeln, sicher nicht so perfekt modelliert sein würden, um ausschließlich der Balance zu dienen. So wirst du eins und eins zusammenzählen und dich aufrichten. Jetzt, wo du stehst, hast du (endlich) Überblick! Das reicht dir natürlich nicht, kluges Kerlchen, immerhin siehst du ja alle in deiner Umgebung wie die Irren ständig herumrennen, und so machst du dich auf den Weg. Mit ersten Schritten. Dann die Erkenntnis, dass dies echt gut funktioniert. Daraufhin rennen. Nun bist du nicht mehr zu halten, und Dank deiner nun erreichten Mobilität ist das Wahrnehmungspotenzial maximiert. Nun steht dem Auszug aus dem elterlichen Gefängnis nichts mehr im Wege! O.k. – du wirst noch ein bisschen bleiben, weil es ja doch auch ein paar nette Dinge gibt, die dich halten, aber das Jahr 2035 (so ungefähr) wird schneller da sein, als deinen Eltern lieb ist. Und sie werden nicht ahnen, dass diese Hinwendung zur Entdeckung der Welt in dem Augenblick in Gang gesetzt wurde, als du deinen Kopf zum ersten Mal in Richtung ihrer Stimmen drehtest. Da wird dieser unaufhörliche und nicht zu unterdrückende Drang, diese Sehnsucht, im wahrsten Sinn des Wortes „in Gang gesetzt". Denn das Ziel, das wirst du Schlaumeier sehr schnell kapieren, ist nicht der Himmel, wie dir alle weis machen wollen, vor allem die Religionen, das Ziel ist der Weg, der dich mit jedem Augenblick deines Daseins ein Stück weiterbringt. Wobei es völlig egal ist, ob dieser Weg wie bei den Jarawas der nächste Busch mit seinen Beeren ist, die das Überleben sichern, oder dieser Weg dich an eine Universität führt, die dein Gehirn mit Gescheitem füttert, um dich eines Tages der Menschheit einen Dienst erweisen zu lassen. Denn wir produzieren Teos nicht für uns, zu unserem Plaisir. Eltern sind nur eine untergeordnete Zwischenstation in einer höheren Ordnung, dazu da, neuen Menschen Leben zu schenken, damit diese sich ehestmöglich auf den Weg machen können. Schwer, dies einer Mutter und einem Vater angesichts der Geburt ihres Kindes in das Stammbuch zu schreiben ...

# VATER

## Nachricht 158:

### Der Vater

Verzeihen Sie, sehr geehrter Herr Bub, dass diese Nachricht nicht Ihnen, sondern einem Menschen gewidmet ist, den ich bislang sträflichst vernachlässigt habe, der 157 Nachrichten lang nur ein paar Fußnoten sein durfte, der aber in Ihrem Leben eine der beiden Hauptrollen spielen wird. Also: Tschüss, Herr Bub, bis morgen!

Sehr geehrter, hochgeschätzter Vater. Zunächst möchte ich mich entschuldigen. Für die Ignoranz. Das Beiseitestellen. Das Kleinmachen der Vaterrolle angesichts der Größe des Beitrags der Mutter. Alle reden – natürlich – vom wachsenden Mamabauch, niemand von den ebenso wachsenden Verwirrungen der männlichen Seele. Jeder erkundigt sich – natürlich – nach den Details der fortschreitenden Schwangerschaft, niemand nach dem einsetzenden Verfall des männlichen Egos. Alle Welt giert nach den Fotos des Ungeborenen, lächelt, weint darüber Tränen des Glücks gemeinsam mit der seligen Mutter, niemand hört das stille Weinen des Vaters, wenn er einsam zur Arbeit fährt.

Verdammt noch mal, ALLES dreht sich um die Mutter, NIEMAND nimmt den Vater wahr.

Es kann doch nicht sein, dass von dem – zugegeben RELATIV kleinen – Beitrag des Vaters, der zu Erschaffung des Wunders führt, das Gesamtbild der Vaterrolle für alle Zukunft abgeleitet werden soll. Warum ignoriert man die durchaus tragende Rolle des männlichen Parts während dieser für den Vater neunmonatigen Ausnahmesituation? Er trägt die Last großer Verantwortung, er trägt die Last zukünftiger Planung, gar nicht zu sprechen von den schweren Taschen, die er ab der Verfärbung des Schwangerschaftsteststreifens umgehend zu tragen hat, weil selbst zwei Kilogramm Lasten die heranwachsende Frucht beeinträchtigen könnten. Und warum thematisiert absolut NIEMAND diese psychische Belastung, die mit der plötzlich und unvermittelt einsetzenden Degradierung zur Nummer Zwei einhergeht? Nicht mehr auf dem Gipfel des Olymps, sondern auf der Aussichtswarte des Plabutsch zu stehen (Anmerkung: Hausberg der Heimatstadt des betroffenen Vaters). Abgelöst auf dem Siegerpodest von einem drei Kilogramm schweren Wurm, der noch NICHTS kann außer Sein. Dafür hat man sich durch die Schule gequält, hat studiert, unzählige Erfolge, darunter einige wirklich WICHTIGE, eingefahren, dass man dann jäh ins Abseits geschoben wird. Ausgewechselt wird, nachdem man den alles entscheidenden Treffer gelandet hat. Messi würde sich die Kugel geben, der Vater muss heitere Miene in diesem bösen Spiel bewahren. Sonst heißt es auch noch, er sei „eifersüchtig", würde sich zu wenig in die wundersame Wandlung „hineinversetzen" können. Schwangerschafts-, und Geburtsdepression scheint alleinig den Müttern vorbehalten zu sein, der weitaus häufiger bei Männern vorkommenden wird NULL Beachtung geschenkt. (Dunkelziffern sprechen von bis zu 90 Prozent! Unter den kaum nennenswerten 10 Prozent Nichtbetroffenen sind auffallend viele Veganer, ÖKOneutralreisende und Yogalehrer zu finden.) Denn ist die Schwangerschaft per se schon eine gewaltige Herausforderung für den Mann – in JEDER Hinsicht –, so setzt mit der Geburt der Leidensweg erst so richtig ein. Ein Leidensweg, der durch das erstmalige Herauspressen eines eher der Lautverschiebung zuzuordnenden Klanges, der mit viel Fantasie als „PAH" interpretiert werden könnte (was natürlich aber sofort mit „Papa" assoziiert wird) abgefedert wird. Später dann durch den Erstkontakt des Kleinkindes mit einem Fußball und dem ersten aufgeregten Fingerzeig auf einen vorbeifahrenden Ferrari etwas Linderung erfährt. Das erste Jahr des kleinen Wunders, ein Wunder, das sich auch trefflich mit Stillen, Wickeln, Schreien und Scheißen umreißen ließe, bedeutet für den Mann, den Vater die Hölle. Ganz zu schweigen vom Verzicht auf ungestörten Zugriff zu Brüsten und Anblick zarter Dessous. Still-BHs mit dazugehörigen Einlagen und Unterhosen, wie man sie zuletzt in der Kindheit bei Großmama gesehen hatte, verwehren – bzw. zerstören ohnehin JEGLICHE Lust. Und der kleine, süße Mann lächelt. Der so brüskierte große Mann fragt sich, ob das Lächeln nicht vielmehr ein Grinsen des kleinen, süßen Mannes ist. Ob da nicht ein Zwinkern des linken Auges wahrzunehmen war, gerade so, als würde sich dieser KLEINE, SÜSSE MANN seiner Position voll und ganz bewusst sein, dass nun er auf dem Olymp, auf dem Siegespodest stünde. Was bleibt dem so in seiner Mannesehre Geschändeten anderes übrig, als sich zurückzuziehen? In die Defensive. Aus dem elterlichen Schlafzimmer in das rettende Wohnzimmer auszuziehen, um das Mutter-Kind-Idyll nicht zu stören. Natürlich wird dies sofort falsch, FÄLSCHEST interpretiert: Als wäre Schlaf das wichtigste im Leben, PAH! Warum in aller Welt nur glaubt die GESAMTE Umgebung (natürlich nur die weibliche, die männliche bringt ja Verständnis für einander auf ...), dass das Eintauchen in den rettenden Laptop, den verzweifelten Versuchen, den dort angebotenen Verlockungen zu widerstehen, nichts anderes darstellen als die Verdrängung einer massiven Zurückweisung? Zurückgewiesen von der in jeder Lebenslage perfekten Mutter, die mit einem Mal ALLES weiß: Wie man den von oben bis unten angeschissenen Säugling schnell und effizient reinigt – kommt es da wirklich auf Zeit an? Wie man um drei Uhr nachts ein Fläschchen RICHTIG aufwärmt – mein Gott, ist „Handtemperatur" wirklich SO wichtig? Wie man das seit Stunden plärrende Etwas mit Geduld und ungebrochener Zärtlichkeit beruhigt - ein kleiner Auszucker und ein winziger Brüller sind doch logisch und haben SICHER noch keinem Kind geschadet, oder? Was bleibt einem da anderes übrig als aufzugeben, sich zurückzuziehen und die ganze Sache derjenigen zu überlassen, die die ganze Sache scheinbar besser macht?

Lieber Papa! Nichts von alldem ist wahr. Dein Schwiegervater ist ein Märchendichter und verdient sein Geld damit, Lebenssituationen zu erfinden. Würde ich aus meiner Erfahrung als vierfacher Vater schreiben, dass es nichts Schöneres, Besseres, Großartigeres gibt als die Schwangerschaft, die Geburt und das Heranwachsen deines Kindes hautnah miterleben zu dürfen, ja zu DÜRFEN, an der Seite deiner Frau und der Mutter eures Kindes, so würde dies niemanden interessieren. So versucht man halt ein bisschen witzig zu sein, ein bisschen zu übertreiben, um die Frauen ernsthaft nicken und sie denken zu lassen „Ja, genau so ist es!" und die Männer lächelnd nicken und sie denken zu lassen: „Ja, genau so ist es, endlich spricht es mal jemand aus!"

Ich weiß, es ist ein bisschen spät, aber nicht zu spät: Genieße jeden Augenblick, der dir gerade widerfährt. Er wird bei eurem zweiten Kind (nein, Schwiegervati macht KEINEN Druck!) schon anders sein ...

# Nachricht 159:

## Bett

Lieber Herr Bub! Der Mamapool ist ein großartiges Ding. Er wird einer der Gründe dafür sein, warum wir das Treiben im Meer so lieben – weil die sanften Wellen, das Tragende des Salzwassers, uns an diese unbeschwerte Zeit erinnern, tief in unserem Unterbewusstsein. (Studien wollen herausgefunden haben, dass ein Zusammenhang besteht zwischen „Angst vor Wasser" und einer problematischen Schwangerschaft der Mutter – Na ja ...) Sobald der Pool ausgelassen, die ganze Brutstation abgebaut, du umziehen musst in die enge Wirklichkeit eines kapitalistischen, christlichen, hypertoleranten und visuellen 21. Jahrhunderts, wird etwas auf dich warten, was in deinem zukünftigen Leben eine im wahrsten Sinn des Wortes tragende Rolle spielen wird: Solltest du aufgrund deines fortgeschrittenen Bildungsgrades – klar, nach 158 hyperintelligenten Nachrichten! – an dieser Stelle nun eine Einführung in die wesentlichen Thesen von Kierkegaard erwarten, eine Hymne auf die Liebe (die kommt noch) oder eine Aufzählung von Bildungseinrichtungen, die deinen Weg an die Spitze eines DAX-Unternehmens ebnen sollen, muss ich dich enttäuschen. Es geht um etwas VIEL Wichtigeres, wenn auch auf den ersten Blick viel Profaneres: Es geht um das Bett. Denn es wird deine zweite Heimstatt. Mamapool, zehn Minuten auf Mamas Brust und dann wirst du bereits abgeschoben an den Ort, in dem du mindestens ein Drittel deines Lebens verbringen wirst. Oder sprechen wir es doch mit aller Ehrlichkeit aus: In dem du die MEISTE Zeit deines Lebens verbringen wirst. Auch wenn wir dies natürlich nicht gern hören, wir stattdessen lieber sagen würden: Nein, nein, die meiste Zeit meines Lebens verbringe ich mit anregenden Gesprächen. Die Social-Media-Süchtigen den Kopf schütteln, kurz nachdenken und dann sagen würden: Nein, nein, sicher mit dem Lesen anregender Nachrichten. Männer sagen würden: Nein, nein, sicher auf, äh, MIT anregenden Frauen. Aber das alles stimmt nicht: Wir können uns drehen und wenden wie wir wollen, wir tun dies, das Drehen und das Wenden, am allerliebsten im Bett. Wenn du dich nun mir interessiert zuwendest, neugierig geworden auf das Kommende, wirst du – und zwar ganz zu Recht – einwenden, warum die Menschen dies so beschämt von sich weisen, wenn es doch etwas so wichtiges in ihrem Leben ist. Nun, das, Herr Bub, ist einfach erklärt: Weil wir allen Ernstes glauben, nur durch Aktives, durch Taten und Handlungen, unser Menschsein unter Beweis stellen zu können und müssen. Und mit „Bett" verbinden wir Ruhe und Stille, Inaktivität und Nichtstun – eben schlafen. Du wirst dies auch sofort zu spüren bekommen: Wenn die Gebete deiner Eltern erhört werden und du ein sogenanntes ruhiges Kind wirst, das sein erstes Jahr, unterbrochen nur von den notwendigsten Tätigkeiten, schlafend verbringt, wird man dich ein ruhiges Kind nennen. Eltern mit tiefen Ringen um die Augen und nervösen und fahrigen Bewegungen werden mitleidig lächeln und meinen, dass „mein Kind GANZ anders ist, es ist so lebendig!" Und unbewusst wird deine Mama beim nächsten Besuch beim Kinderarzt nachfragen, ob wohl alles in Ordnung sei mit dir, oder ob diese Ruhe, diese Hingabe, mit der du in deinem Bettchen liegst, wohl „normal" sei. Herr Bub, es ist normal. Im Bett hast du deine Ruhe, es ist die Insel, auf die du flüchten kannst, wenn die Welt da draußen unerträglich laut, hektisch und einfach nicht mehr zum Aushalten ist. Du und dein Bett, ihr seid eine wunderbare Einheit und zwar völlig egal, wo es steht, dein Bett. Und ob es deines ist oder irgendeines. Denn dein Körper nimmt jedes Bett in Besitz und macht es zu seinem. Einem Bett verdankst du auch deine Existenz, sagen wir mal, weil ich absolut nicht schreiben will, dass du in einem Aufzug, hinter einem Busch oder in einem Drive Now Smart gezeugt wurdest. Nein, der für dich so entscheidende Moment (und auch für mich!!!) passierte in einem Bett. Basta. In einem Bett wird der Planet Bub landen, du wirst der festen Meinung sein, die Welt, in der du angekommen bist, ist das Bettuniversum, und Schlaf seine Religion: Du liegst in einem Bett neben dem Bett deiner Mama und die zur Verfügung stehenden 24 Stunden eines Tages verbringst du mit Gott Schlaf. Zu Hause wartet schon – seit Monaten, es war sozusagen der Stempel im Leben deiner Eltern, mit denen sie für sich selbst zum Ausdruck bringen wollten, dass nun etwas Gravierendes passiert ist, dass nun etwas anders wird – denn zu Hause wartet schon ... ein Bett auf dich. In sicherer Hördistanz zum Bett deiner Eltern. Und Papa hat schon, in weiter Hördistanz zu deinem, SEIN Bett im Wohnzimmer in Stellung gebracht. Wenn so um das Jahr 2035 dein Bett das Bett deiner Eltern endgültig verlässt, du nur noch „zum Schlafen" heimkehrst (in die Wärme des Bettes deiner Kindheit), wirst du anderswo deine erste Wohnung, dein erstes Zimmer mit dem Aufstellen eines Bettes in Beschlag nehmen. Wäre es für Neil Armstrong (der erste Mensch, der den Mond betreten hatte) technisch möglich gewesen, hätte er sicher, statt eine blöde Flagge in den Boden zu rammen, sein Bett dort aufgestellt, sich hinein gelegt und gesagt: „Es war nur ein kleiner Schritt hierher, aber endlich liege ich in meinem Bett. Dann mal tschüss, bis morgen." Und er hätte selig nach dem anstrengenden Flug ein kleines Nickerchen eingelegt. Wenn wir höchste Momente seligen Glückes erleben, tun wir das im Bett (ok, manchmal auch anderswo, aber das sind Ausnahmen). Wenn wir krank sind, „hüten wir das Bett", obwohl es in Wirklichkeit uns behütet. Es ist wie eine Metapher für die Zeitspanne, die wir Leben nennen: Es ist das Zentrum der ersten Monate, wo wir es kaum verlassen. Dann flüchten wir, meinen, seiner Stille möglichst oft entkommen zu müssen, bis wir, am Ende wieder zu ihm reumütig zurückkehren, um wieder, so wie zu Beginn, es kaum mehr zu verlassen. Und statistisch gesehen – ich habe es nicht gegoogelt, aber ich bin mir sicher – verfängt sich der allerletzte Lebenshauch in 99,9 Prozent aller Fälle in diesem wohligweichen Universum eines Bettes (zumindest in der westlichen Welt). Alles endet dort, wo alles begonnen hatte. Nun schlaf gut, kleiner Herr Bub!

träumen

## Nachricht 160:

### Traum

So weit haben wir es also geschafft. Herr Bub! 160 Nachrichten. Wir sind SEHR konsequent. Wir erwachen jeden Morgen und denken an nichts anderes als an unser beider kleiner Konversation. Manchmal auch spät nachts. Kommt ganz darauf an, wann du bereit dazu bist. Du sagst einfach: „Jetzt!", und dann setze ich mich hin und träume. Und da wir gestern so ausführlich deine schlafende Zukunft besprochen haben, ist es nur logisch und richtig, heute das ein wenig zu beleuchten, was sich während dieser Zeit so abspielt. Das Träumen – der Traum. Wobei es da kleine Unterschiede gibt: Was ich gerade eben beschrieben hatte, wie wir uns täglich finden, das ist der Tagtraum. Den locke ich mit Hilfe der Fantasie, jenes Ding, das wir schon in Nachricht 108 besprochen hatten. Tagträume sind verlässliche Diener, die stramm in einer Ecke des Raumes stehen und darauf warten, von mir gerufen zu werden. Dann schnappen sie sich das T und erfüllen den RAUM unverzüglich mit ihrer Arbeit. Sie bringen mich weit weg, in unserem Fall nach Berlin, es könnte aber auch locker New York, Shanghai oder Choroní sein. Sie servieren mir all jene Bilder, die meine Sinne – Augen, Ohren, Nase - nie aufzubereiten imstande wären. Sie erzeugen DICH in mir, so lebendig, so nahe, dass ich manchmal verführt bin, nach dir zu greifen, obwohl du doch 923 Kilometer entfernt bist. Wie mit einem Joystick kann ich die Tagtraumdiener durch die Gegend schicken, wenn es mir gefällt, liege ich zwischendurch mal kurz in der Hängematte in Piran, besuche Onkel Charly auf Long Island oder werfe mal kurz einen Blick in das Badezimmer von ... o.k., diese Möglichkeiten lasse ich dich selbst entdecken. Um diese Herren – ja, ich lasse sie männlich sein, denn wenn ich sie für mich sklavisch arbeiten lasse, möchte ich mir nicht den Vorwurf gefallen lassen müssen, ich würde Frauen ausbeuten – zu aktivieren, bedarf es aber keines Bettes: Das funktioniert überall. In jeder Lebenslage. Auch wenn ich mich gerade in einer wichtigen Besprechung mit einer wichtigen Dame befinde, stehen mir ALLE Möglichkeiten offen. Manchmal lasse ich dann eine Frau Landesrat nackt vor mir sitzen, was nicht immer nur angenehm, aber trotzdem eine gute Übung ist. Da wir aber doch eigentlich vom Bett und nicht von dummen Tagträumen alter Herren erzählen wollten, wenden wir uns nun den richtigen, den echten Träumen zu. Die sind nämlich keine willfährigen Diener, keine Sklaven meiner Fantasie. Die stehen nicht da und warten, bis ich sie abrufe. Diese Träume sind unabhängig, selbstständig und lassen sich nicht herumkommandieren. Um diese Damen – und das müssen sie nach dieser Definition eindeutig sein – um ihre gnädige Anwesenheit zu erbitten, können wir so ziemlich genau gar NICHTS beitragen. SIE bestimmen alleine, ob und wann sie kommen. Manchmal lassen sie sich nächtelang, ja ganze Mondphasen lang nicht blicken. Dann stürmen sie wieder wie eine Horde wild gewordener Amazonen, natürlich nackt, durch den Schlaf, dass es uns laut schreiend aus dem Bett auffahren lässt. Und wenn wir schweißgebadet und mit panischem Blick die Gegend absuchen, ob wir wohl noch behütet in Mamas (in meinem Fall: in Nonnas) Armen liegen, hören wir aus weiter Ferne immer noch ihr hämisches Lachen über die großartige Arbeit, die sie geleistet haben. Die Amazönchen können aber auch sehr lieb sein. Dann bringen sie uns Schäfchen, die sie mit uns gemeinsam über eine schottische Hochlandebene laufen lassen. Am Horizont knapp vor der Klippe, die steil zum Atlantik abfällt, steht schon ein brasilianisches Model, irgendwie kommt es einem bekannt vor, und dann heben wir mit leicht ausgebreiteten Armen vom Boden ab, die Schafe schauen ein bisschen blöd, weil sie denken, sie seien für die Hauptrolle erwählt, bis von links ein Drache, gar nicht so klein, herangeflogen kommt und sein Maul weit öffnet und wir, das Model und ich – – Gott sei Dank, Herr Bub, bin ich an dieser Stelle erwacht, sodass mir ein weiterer Schrei und Schweißanfall erspart geblieben sind. Für dieses Mal.

Das also sind sie, die Träume, die auf so rätselhafte Art und Weise einen Raum in unserem Gehirn ausfüllen, zu dem wir keinen Zugang haben. Verschlossen, abgesperrt. Manchmal steht der Balken vor dem Fenster ein bisschen offen, dann können wir hindurchblicken und versuchen einen Blick, ein Wort von dem zu erhaschen, was die werten Damen Träume sich von der letzten Nacht so erzählen, bevor draußen der Tag anbricht und sie sich zur Ruhe begeben. Aber eben nur scheinbar: Denn der Balken des Fensters zu dem Raum, der für uns tabu ist, obwohl er einer in unserem eigenen Haus ist, steht tagsüber weit offen. Und irgendwie wird alles, was wir während der Zeit unseres Wachseins tun, von den Damen registriert – klar, die kriegen einfach alles mit. (Deshalb sind Träume ja auch weiblich, völlig egal welcher Artikel da vor ihrem Namen steht.) Und nach einem für uns noch immer geheimnisvollen und rätselhaften Verfahren wählen sie, scheinbar wahllos, Bilder und Taten aus, die sie uns dann, sobald wir im süßen Land des Schlafes angekommen sind, mehr oder weniger theatralisch präsentieren. Denn die Schafe habe ich auf Nachbars Weide in St. Georgen an der Stiefing beim Vorüberfahren gesehen. Das schottische Hochland begegnete mir in einem Artikel in der ZEIT (das ist Fofos Lieblingslektüre, eine Zeitung), die Klippe mit dem Blick aufs Meer ist meine Klippe und mein Meer in Piran. „Und das brasilianische Model, Fofo?", fragst du, du kleiner frecher Herr Bub. „Kann mich echt nicht erinnern, wo DIE herkommen soll…", lächle ich verlegen und bemühe mich ganz schnell, dir vom Drachen zu erzählen, das erfreut kleine Kinder ja IMMER.

Was du, kleiner Mann, allerdings träumen sollst, ist mir ehrlich gesagt, ein Rätsel. Aber wahrscheinlich ist der Raum in deinem Gehirn ja noch fest verschlossen, der Balken zu und innen drinnen noch alles dunkel. Auf dem Bett räkeln sich bereits die Traumamazonen, bald werden sie erwachen und meinem Bub wunderschöne Träume bringen. Von … siehst du, Herr Bub, es geht schon wieder los! Morgen, das verspreche ich dir, wenden wir uns wieder ganz der unbarmherzig harten Realität zu …

# ALLES ist möglich!

## Nachricht 161:

### Basics

Es scheint, Herr Bub, dass wir, da wir uns nun dem Ende des Einen und dem Beginn des Anderen nähern, zu den Basics kommen. Du trittst aus der Finsternis einer Höhle, in der alles EINEM Muster und EINEM System zu folgen hat. Trittst hinaus in das gleißende Licht einer „Alles ist möglich-Welt". Aber noch hat NICHTS, was später einmal allergrößten Einfluss auf dein Leben haben könnte, eine Bedeutung. Deine ersten Augenblicke sind fast unverändert so wie seit Millionen von Jahren. Wärst du dein Urururururgroßvater und somit in der Mitte des 18. Jahrhunderts geboren, würde dich das gleißende Licht an einer bestimmten Stelle absetzen, und dort hättest du dann – mit einigen wenigen Ausnahmen – auch zu bleiben. Das Kind des Köhlers wurde Köhler. Das Kind des Professors ein Studiertes. Die Arbeiter und die Bauern, die Beamten und der Adel blieben unter sich, beziehungsweise sie mussten unter sich bleiben, hatten gar keine andere Wahl. Hinaufzufallen war ein Lotteriespiel, und selbst für das Hinunterfallen musste man sich anstrengen. Das gleißende Licht war ein engmaschiges Muster, das dich sofort nach deiner Geburt auffing. Du hingegen betrittst heute relativ sorglos diese „Alles ist möglich-Welt": Es hat, mal ganz grundsätzlich, keine allzu große Bedeutung, ob du in Berlin oder in Bleiburg, als Kind eines Staplerfahrers oder einer Managerin geboren wirst. Ja, o.k., der CO2-Gehalt in der Luft ist anders, und die Ausstellung der Geburtsurkunde dauert hier drei Monate und dort drei Tage. Vielleicht wird die Qualität der Nahrungsaufnahme in jenem Haushalt durch andere Kriterien bestimmt als im anderen. Natürlich empfangen auch dich in ein paar Tagen bestimmte Muster, aber sie sind durchlässiger, drücken dir nicht gleich an deinen ersten Tagen einen Stempel auf deine Stirn, aufgrund dessen jeder weiß, wo du hingehörst. Ja, die Wahrscheinlichkeit, dass Sprösslinge in Bischofshofen im breitem Dialekt grölen und beim örtlichen Feuerwehrfest literweise Bier in sich hineinschütten, ist ebenso groß wie die Wahrscheinlichkeit, dass Adelssprösslinge in Wien im genäselten Hochdeutsch parlieren und dazu in irgendeiner schicken Bar an ihrem Mojito nippen. Aber, Herr Bub, who cares? Alles ist offen, alles am Fließen, kaum mehr ist etwas bestimmbar, zuzuordnen und als gegeben hinzunehmen. Dir steht ALLES offen. Der Weg deines Urururgroßvaters vor 200 Jahren war mit dem Hinaustreten ins gleißende Licht zu 90 Prozent vorbestimmt. Es bedurfte Zufälle, Schicksalsschläge und einer gehörigen Portion Glück, dass sich da etwas änderte. Wohingegen dich das gleißende Licht einmal führen wird, ist nicht im Geringsten zu erahnen. Und das ist einer der großartigsten Errungenschaften der Menschen.

An deinem Schweigen kann ich erkennen, dass du über irgendetwas nachdenkst. Himmel, du bist ja schon sooo klug, noch nicht einmal geboren und grübelt schon vor sich hin. „Gilt das auch für Teos in Indien und in Tansania?"

Wo in aller Welt hast du denn solche Fragen her, Herr Bub? Indien und Tansania hatten wir doch noch gar nicht auf unserem Lehrplan. „Gelten die großartigsten Errungenschaften der Menschen auch in Indien und Tansania?"

Herr Bub, willst du Politiker werden? Soziologe? Oder Greenpeace-Aktivist? Du hast ganz richtig erkannt, dass es Unterschiede gibt, je nachdem an welchem Ort der Welt das gleißende Licht auf dich wartet. Welches Kostüm die Gesellschaft dort für dich bereithält. Und trotzdem: Ich wage zu behaupten, dass selbst für Teos in Indien und Tansania die Chancen, sich nach ihren Möglichkeiten, Fähigkeiten zu entwickeln, massiv gestiegen sind. Kunchok, von dem ich dir ja schon erzählte (Nachricht 115), ist ein gutes Beispiel dafür. Sicher ist, dass die Welt, die dich erwartet, ungleich gerechter, besser, sicherer, gesünder vielleicht nicht, aber sozialer, feinfühliger und klüger geworden ist als vor nur 200 Jahren, als dein Urururgroßvater den Weg für DICH aufbereitet hatte. Denn ohne ihn und was er erreicht hat, gäbe es dich in wenigen Tagen nicht ...

## Nachricht 162:

### Straßenkehrer

Lieber Herr Bub! Ich habe unsere 161 Nachrichten durchgeblättert und war erstaunt, was alles von der Welt ich dir schon erzählt habe. Aber ich war in gleichem Maße erschrocken darüber, wie ich es schaffen soll, in den uns noch verbleibenden Tagen, den Rest, die Millionen und Abermillionen Dinge, die für dein Leben doch noch so wichtig wären, zu WhatsApp zu bringen. Und als mein Gehirn begann, alles Megawichtige durchzurattern, wie auf einem einhändigen Banditen (das ist ECHT nicht wichtig, das erklär ich dir NICHT, das soll dann irgendwann dein Papa machen oder auch nicht), wenn die drei Rollen dahin flitzen und man einen Hebel zu drücken hat, die drei zu stoppen, worauf ein Bild oder eben drei unterschiedliche zu sehen sind. Ich konnte auf den Rollen einiges wiedererkennen, die Newton'schen Gesetze, das Wesen der Frauen (obwohl wir das schon an mehreren Stellen ausführlich diskutiert hatten, tauchte es SCHON WIEDER auf!), der Atomstreit mit Nordkorea. Allergene Stoffe und ihre Auswirkungen auf den menschlichen Organismus, der neue Tesla, Pythagoras, YouTube, Barack Obama. Ich drückte also den Hebel und – BINGO – drei Gleiche! Was übersetzt bedeutet: Der Hauptgewinn. Stünde mein einarmiger Bandit in Las Vegas (auch nicht der Erklärung wert), würde ich jetzt aufschreien, weil sich ein Regen goldfarbener Münzen über mich ergießen würde. Doch das Ding steht ja nur in meinem Kopf, aber gewonnen habe ich allemal. Das Schicksal, oder das Glück hat ein wichtiges Thema für mich ausgewählt, das ich an diesem vielleicht allerletzten Sonntag als Nicht-Großvater meinem noch ungeborenen Enkelsohn nun erklären darf. Was ist es, das Wichtige? Ich zoome die drei Rollen heran, weil zwar deutlich zu erkennen ist, dass es sich um drei gleichartige handelt, aber das Bild, das sie zeigen, ziemlich unscharf ist. Hm, Newton ist es nicht, den hab' ich anders in Erinnerung. Der neue Tesla sieht klotziger aus, und das Thema mit den Allergien war mit chemischen Formeln illustriert, als sie kurz in meinem Hirn, bzw. am Banditen aufblinkten. Ich zoome, bis die Augen quietschen. Hm, was will mir das Schicksal oder das Glück damit sagen? Ich muss es selbst erst ein bisschen einordnen, aber dort steht, und wird jetzt immer deutlicher, ein Straßenkehrer. Ja, das ist eindeutig ein Straßenkehrer. Orangenfarbener Leuchtanzug, der ihn im Straßenverkehr sichtbar macht. Ein Werkzeug, das unmissverständlich ein Besen ist, und ein zweirädriger Wagen, der eine Tonne, schätzungsweise 240 Liter Fassungsvermögen, mit einem Deckel mit Klappmechanismus trägt. Links von der Tonne ist eine Schaufel befestigt. Jetzt werden das Bild und damit der Mann lebendig. Er geht langsam eine Straße entlang, ich kann nicht ausmachen, um welche es sich handelt, St. Georgen an der Stiefing ist es sicher nicht, denn unseren Straßenkehrer kenne ich, der sieht anders aus. Er geht also langsam, fast schlendernd, fast als würde er spazieren, und schwingt dabei seinen Besen, geradezu elegant, als würde er eine Tai-Chi-Übung ausführen. Sein Blick ist fest auf den Boden geheftet. Er versucht, allen Schmutz, Papierfetzen, eine leere Plastikflasche, Zigarettenstummel auszumachen, den Abfall, das von Menschen achtlos Weggeworfene, sorgfältig zu sammeln. Es scheint, als würde er einem genauen Plan folgen, nach wie vielen Metern des Zusammenkehrens er innehält, zum Wagen zurückkehrt, ihn in Bewegung setzt, exakt neben dem kleinen Schmutzhaufen anhält. Die Schaufel aus der Halterung zieht und dann, wieder mit einer Bewegung, die einer Choreographie zu folgen scheint, mit Hilfe des Besens das Häufchen Dreck auf die Schaufel befördert. Die Drehung zum Wagen hin geht über in ein geradezu tänzerisches Hochheben seines linken Fußes, der einen bis jetzt unsichtbar gebliebenen Hebel drückt, worauf unmittelbar der Deckel der Tonne hochschnellt. In einem Balanceakt, der seinesgleichen sucht, noch immer den linken Fuß auf dem Hebel, dreht sich der Oberkörper nun und mit ihm die wuchtige Schaufel, die, wie ein überdimensionaler Taktstock geschwungen, den Inhalt nun in die geöffnete Tonne leert – ohne auch nur ein Staubkorn dabei zu verlieren, kein Papierschnipsel, das zurück zur Straße segeln würde, der hohle Klang der Plastikflasche, die aus dem Inneren der Tonne dringt, als sie auf den Boden aufschlägt und vermuten lässt, dass die Tonne noch ziemlich leer ist. Unsere Begegnung muss somit an einem frühen Morgen stattfinden und der Straßenkehrer hat gerade eben erst seinen Dienst angetreten. Der linke Fuß fährt zurück, der Deckel der Tonne senkt sich lautlos, die Schaufel wird mit einer weiteren dieser erstaunlich schönen Bewegungen wieder in ihrer Halterung an der Seite des Wagens verstaut, dann packt der Mann mit beiden Händen den Griff und schiebt den Wagen weiter. Stoppt ihn nach einigen Metern, und das Spiel wiederholt sich.

Ja, Herr Bub, so ist das Leben, das auf dich wartet: Wir drehen am einarmigen Banditen und hoffen, dass das Schicksal und das Glück uns die GROSSE Sache beschert. Die, die uns ein für allemal all unsere Wünsche und Begehren erfüllt. Und was kommt dann daher und beschert uns einen Hauptgewinn, einen Augenblick wunderbarer Erkenntnisse und Bilder? Ein Straßenkehrer oder ... ein Kind, ein neuer Mensch, der in unserem Arm liegt und nichts als DAS große Glück bedeutet.

# Glückskind

## Nachricht 163:

### Tisch

Danke, Herr Bub, für dein anerkennendes Boxen und den wohlwollenden Tritt, den mir deine Mama ausgerichtet hat: „Noch mal Bandit!" Schön, dass dich bereits in so jungen Jahren die Spielsucht, DIESE Spielsucht erreicht hat, du dich also unverzüglich auf die Jagd nach den kleinen Dingen machen wirst, die, wenn man sie nur erkennt, das wahre Große bedeuten. Wir wollen also nochmals gemeinsam, an einem stinknormalen Montag – möglicherweise der letzte Montag, den wir gemeinsam in dieser örtlichen Konstellation verbringen – am (einzigen) Arm des Banditen des Lebens ziehen und ihn seine drei Augen rollen lassen. Und sehen, was er uns liefert. HE – du scheinst ein Glückskind zu sein! Woran ich natürlich sowieso NIE gezweifelt habe: Wer vom Schicksal (ja, du weißt schon, was jetzt kommt...) oder vom Urknall oder Herrn Darwin einen solchen Fofo zugelost bekommen hat, KANN nur vom Glück gesegnet sein (ich kann das Emoticon mit dem Augenzwinkern nicht finden ...) ... NATÜRLICH zeigen die drei Rollen wieder das gleiche Bild, wieder hast du gewonnen. Na ja, dieses Mal was durchaus Handfestes. Mit dem man was anfangen kann. Das einen materiellen Wert hat. Auch wenn es nicht durch den Geldausgabeschlitz des Banditen passt – wir können den Gewinn an der Kasse abholen. Wir werden also mit dem Gutschein dort vorstellig. Die hübsche Dame hinter dem Tresen nimmt ihn und lächelt: „Gratulation, das ist ein schöner Tisch, den sie da gewonnen haben!" Aber, und sie beugt sich zu dem seltsamen Paar, einem Fofo und einem im Mamapool zusammengekrümmten Etwas und fügt hinzu: „Was in aller Welt macht ein Ungeborenes, noch dazu in den letzten, anstrengenden Tagen, in voller Konzentration auf seine Landung, noch dazu wo seine Mama sich sowieso kaum noch rühren kann, sie sich sowieso wie ein 15-Tonner fühlt, der sich in die Dorfgassen eines toskanischen Dorfes verirrt hat (Scheiß-Navi), wo die von High Heels verwöhnten Füßchen sowieso schon zum Entengang vergewaltigt wurden, um den Ballast, der da um die zarten Hüften wabbert, so gut es geht auszubalancieren, was in aller Welt macht ihr hier und wollt euch auch noch einen Tisch abholen?! Habt ihr sie noch alle?!"

Bei der vorhin noch so freundlichen Dame muss es sich um eine Mutter handeln, eine, die das oben geschilderte Martyrium noch vor nicht allzu langer Zeit am eigenen Leib erlebt hat – was ihr aber, und auch das muss klar gesagt werden, NICHT das Recht gibt, einen alten Fofo und seinen ungeborenen Enkelsohn DERART niederzumachen. Das geht gar nicht. Aber da wir ja in der glücklichen Lage sind, den einarmigen Banditen und das dazugehörige Casino in einem kleinen, finsteren Raum unserer Fantasie stehen zu haben, nehmen wir einfach wortlos den Tisch und ziehen ab. Ohne uns bei dieser unfreundlichen Mama zu verabschieden.

Der Tisch, da sind der Herr Bub und ich uns einig, darf und soll natürlich in keinster Weise eine Belastung für die Schwangere darstellen. Aber wir beide sind der Meinung, dass es wirklich von praktischem Wert ist, wenn junge Menschen, die sich der Welt, der Realität stellen, wie unser Herr Bub in wenigen Tagen es tun wird (müssen!), bereits im Umgang mit so wesentlichen Dingen wie einem Tisch vertraut sind. Sollen wir, die wir im Umgang mit Tischen so versiert sind, dass wir uns deren Bedeutung gar nicht mehr bewusst sind, sollen wir die neugeborene Generation im Unklaren lassen? Was würdest du dir, Herr Bub, wohl denken, wenn du zwei Tage nach deiner Geburt deine Augen aufschlägst, einen ersten Blick auf die Welt wirfst und im schicken Familienzimmer der Klinik deine Mama erspähst und auf ihrem Bauch, der doch gerade eben noch DEIN alleiniger Besitz war, ein seltsames Gestell. Flach, das auf VIER Beinen steht. Nein, nicht zwei, wie du es von dir selbst kennst, nicht die zwei deiner Mama und deines Papas, sondern VIER! Wer in aller Welt ist das, der da auf meiner Mama vierbeinig steht? Mit einem derart flachen Kopf. Das Gesicht ein Teller mit Karotten und Kartoffeln. Eine Nase, die – wie du später herausfinden wirst, ich helfe dir mal, es zu artikulieren – wie ein Glas aussieht, rot gefärbt, als wär' sie eine Trinkernase. Aber noch nicht genug. In einer Ecke des schicken Zimmers steht noch so ein Exemplar, nur größer, mit noch längeren – wieder vier – Beinen. Darauf stehen andere Dinge: riesige Blumensträuße, Karten, Briefe, Paketchen. Und das Ding, das wir dir hiermit als Tisch vorstellen, trägt dies alles mit stoischer Gelassenheit. Fassen wir es kurz zusammen, Herr Bub: Kaum einen Schritt in deinem Leben wirst du tun, ohne einem Tisch zu begegnen. Wo immer du auch hinkommst. Allein in deiner zukünftigen Heimstatt, einer kleinen, urgemütlichen Wohnung, in der du und deine Eltern ihr Nestchen errichtet haben, drängen sich fünf (5!) Tische in allen Größen. Restaurants, Kaffeehäuser erhalten ihre Rechtfertigung erst durch das Aufstellen von Tischen – sie sind Ausdruck ihrer Persönlichkeit. Was wären Bildungseinrichtungen ohne TISCHE? Was würden Verliebte tun, könnten sich ihre Füße nicht unter TISCHEN ein erstes Stelldichein geben? Worauf sollten Menschen aufgeschnitten und wieder zusammengeflickt werden – als auf TISCHEN? Wo finden wir uns, meist drei Mal, aber zumindest zwei Mal am Tag zusammen, um zu essen, zu reden und unsere Smartphones abzulegen? Na?! Wo werden Waren präsentiert, Geld daraufgelegt, Büroarbeit verrichtet? Und woran sitzen Kinder in Bangladesch an klapprigen Nähmaschinen und produzieren billige T-Shirts für Mütter, die in schicken Kliniken ihre Teos zur Welt bringen? Und wo wirst du, Herr Bub, deine elegante Landung hinlegen? Du hast es erraten: Auf einem Tisch, klar!

Es ist hiermit durchaus gerechtfertigt, sehr geehrte hübsche Dame vom Empfang des Casinos, dass der Bandit uns als Gewinn zur Erfassung der Welt einen TISCH ausgespuckt hat. Das wollten wir beide nur mal mit aller Deutlichkeit gesagt haben.

Und deiner Mama wollen wir sagen, dass sie sich nicht wundern soll, dass vielleicht, unter Umständen, also durchaus möglich, ihr Herr Bub, Augenblicke, nachdem er geboren wurde, wenn er sich noch zwischen ihren Beinen befindet, Bruchteile, bevor der glücksstrahlende Vater nach ihm grapschen will, dass sich ihr Herr Bub umdreht, seinen Blick zurück auf das sich langsam schließende Tor zu seiner bisherigen Unterkunft wirft und sagt: „Äh, Momentchen noch, Ma, da ist noch mein Tisch und der sollte …" Keine Angst, Mama, wir wurden nicht von IKEA bezahlt für eine neue, extrem coole Werbung. Die Nachgeburt wird also nicht auf einem Falholmen serviert werden. Die Aussagen Ihres Herrn Sohnes beziehen sich nur auf einen kleinen Exkurs in unserer Fantasie, unternommen X Tage vor seiner Geburt …

# Nachricht 164:

## Raumschifflandung

Lieber Herr Ungeborener! Ich weiß, dass dich seit Tagen die Frage quält, wie aus dir ein Herr Bub werden soll. Die Raketen, hast du gehört, werden zünden, dich in eine Umlaufbahn um den Planeten Erde bringen, um kurze Zeit später die Landung einzuleiten. Nun, du selbst, Herr Astronaut, brauchst dich um nichts zu kümmern. Bleib einfach in der Position, in der du dich nun befindest, das ist perfekt. Die Ausstiegsluke liegt vor dir. Sobald die Bremsraketen einsetzen, wirst du einen gewaltigen Druck verspüren. Das soll dich nicht beunruhigen, es ist ein Zeichen, dass es nun los geht. Ernst wird es erst bei der Landung. Bleib einfach ganz ruhig, auch wenn es dir schwerfällt, dieses historischen Momentes wegen – man wird ja nur einmal geboren. Also – keine Panik, sondern genießen. So gut das geht. Im Kontrollzentrum arbeiten sie jetzt auf Hochtouren. SIE – ist etwas übertrieben. Da gibt es nur einen einzigen Menschen, der das alles unter Kontrolle haben muss, der alle Knöpfe und Hebel zu bedienen und dabei auch noch alles auf den Monitoren zu beobachten hat: deine Mama. Sie arbeitet höchst konzentriert, das Denken ist ausgeschaltet, eine geheimnisvolle Automatik, gesteuert aus dem jahrmillionenalten Wissen, hat das Steuer übernommen. „Jetzt" befiehlt eine unsichtbare Stimme, und die Raumkapsel löst sich von der Rakete. Von dieser kleinen Explosion wird der Mamapool leergefegt, nun läuft der Countdown rasend schnell, nun heißt es, dich möglichst schnell aus der Kapsel zu bekommen. Diese geheimnisvolle Automatik hat nun auch dich erfasst. Dich unter ihre Fittiche genommen, dich zu leiten, ans Licht zu führen. Lass einfach alles mit dir geschehen, hab keine Angst, sie wissen, was sie tun. Sei auch nicht beunruhigt, wenn du ein wenig warten musst, es bedeutet nichts, nur dass noch nicht alles, also wirklich ALLES bereit ist. Der Moment, in dem die Luke sich öffnet und sie dich aus dem Inneren herausholen, ist ein unfassbar komplexer, gleichsam komplizierter und ursprünglichster Vorgang. ALLE Komponenten müssen nun zusammenwirken, um das großartigste und wunderbarste Spiel, das wir Menschen kennen, in Gang zu

setzen. Für die nun kommenden Augenblicke schalten wir auf Zeitlupe: Du bist gelandet. Du wartest. Die Luke öffnet sich langsam. Das erste Licht der Erde fällt auf dich, ein schwacher Schein, ein Blinken, noch wie von einer entfernten Galaxie betrachtet. Etwas schiebt dich nach vorne, hinaus, dem Licht zu, würden wir jetzt kurz in das Kontrollzentrum blenden, würden wir sehen, dass es deine Mama ist, die ihre allerletzten Kräfte dafür aufwendet. Die Luke ist eng, ich begreife nach 48 Jahren intensiven Raketenstudiums immer noch nicht, warum das sooo eng sein muss, aber natürlich hat die Evolution recht. Was in einem Frauenleben im statistischen Normalfall 2,3 Mal gebraucht wird, muss an den Tausenden Malen anderer Einsätze ausgerichtet sein. O.k. Weiter. Der Weg hinaus wird nun nur noch von deinen Schultern etwas zurückgehalten, aber wenn diese letzte Hürde erst einmal geschafft ist, hält dich nichts mehr. Zu groß ist diese Sehnsucht nach dem Licht, selbst in Zeitlupe geht nun alles schnell – dein glänzender Astronautenanzug lässt dich perfekt in die Freiheit gleiten. Erste Hände empfangen dich, die zweite Hand ist schon die deines Papas, der nicht fassen kann, was er da plötzlich in den Händen hält, und dich zum Kontrollzentrum bringt. Zu deiner Mama bringt. Endlich. Eins wart ihr ja von Beginn an, aber nun seid ihr als zwei vereint. Du hörst die ersten Worte, hörst das erste Atmen. Den Herzschlag deiner Mama, der so ganz anders klingt. So weit weg. Dafür hörst du nun deinen eigenen. Der Augenblick deiner Geburt. An dem dein eigener Weg beginnt …

## Nachricht 165:

### Arzt

Nur Sekunden, nachdem der Astronautenbub und die Kommandozentrale die Ovationen über die geglückte Landung über sich haben ergehen lassen, beginnt der Alltag: Die Vermessung der Welt. Länge: WUMM. Gewicht: PAMM. Atemfunktion: Marathonläufer. Herzschlag: Schweizer Präzisionsuhrwerk. Zehn Finger, zehn Zehen:

JAAA. Zwei Hoden, keine Vorhautverengung: BRAVO. Also, Herr Bub,
so sieht der Alltag als Mensch aus. Das Ding heißt NORMVERGLEICH,
und damit wird bestimmt, ob du der Norm entsprichst. Also ob du so
aussiehst und funktionierst wie die anderen Tausend Milliarden Männer,
die auf Erden herumkugeln. Das ist sehr gut, dass man das tut, denn
sollte etwas nicht stimmen, kann man das heute korrigieren. Man
kann heute FAST alles korrigieren. Bei dir, da bin ich mir ganz sicher,
wird nichts zu korrigieren sein. Für diesen Fall gibt es Ärzte. Ärzte sind
außerordentlich kluge Menschen. Sie haben an der Universität den Teo
studiert. Innen und außen und oben und unten. Sie kennen jedes deiner
Muskelchen und wissen alles über deine Nervenbahnen. Sie schauen
dir in die Augen und blicken in deinen Magen. Sie untersuchen dein
Ohr und hören die Bakterien singen. Sie rumoren in deinem Hintern
herum und wissen, wie es in deiner Blase aussieht. Sie schneiden dich
auf, machen da mordsmäßig rum, nähen dich wieder zu und alles ist
wieder gut. Ärzte sind wie Zauberer, nur ohne Tricks. Sie sind es, denen
wir deine ersten Fotos zu verdanken haben: LIVE aus der Raumkapsel!
Wir sagen: „Süß." Sie sagen, ob du gesund bist oder ein Problem hast.
Wie machen die das nur?! Gut, heute haben Ärzte eine ganze Armee
von Maschinen an ihrer Seite, die mit ihnen in den Krieg gegen das
Nichtnormale ziehen – gegen alles, was nicht so funktioniert oder so
ist, wie am Reißbrett der Evolution erdacht. Aber erstens mussten diese
Maschinen ja auch erfunden werden – WAHNSINN – und zweitens
müssen sie dann ja auch noch richtig bedient werden. Kinderärzte, also
das sind die, mit denen DU zu tun haben wirst, sind für mich überhaupt
die Größten. Denn fast alles andere ist Handwerk, da muss man nur
intensiv genug studieren, um gut zu sein, aber zum Kinderarzt gehört
noch mehr dazu. All das, wovon ich dir schon erzählte: Intuition und
Fantasie! Denn die Großen können ja sagen, wo es ihnen wehtut, das
kannst du noch nicht. Du brüllst, du krümmst dich, und der Arzt muss
erahnen, muss sich neben seinem Wissen auf sein Gefühl verlassen.
Besonders unglaublich sind die Ärzte, die sich um die Astronauten
kümmern, deren Bremsraketen ein Problem hatten und zu früh in die
Umlaufbahn eingeschwenkt und gelandet sind. Kannst du dir vorstellen,
Herr Bub, der du jetzt noch UNGLAUBLICH relaxt im Mamapool
schwimmst, dass du auch schon seit vier oder sogar ACHT (8!) Wochen
den ganzen Wahnsinn WELT hinter dir haben könntest. Und es ginge
dir trotzdem gut. Sei froh und sehe es als dein erstes, ganz großes

Glück, dass dein Kontrollzentrum so großartig gearbeitet hat – einfach perfekt. Ihr habt euch beide ja aber auch sehr gut ergänzt – du hast ihm kein Problem gemacht und es nicht dir. Die Ärzte waren zufrieden und haben eifrig Zahlen in Computer getippt, über Nanometer, Millimeter und Euros. Das war alles. Und bei deiner Geburt, das Ding, das wir gestern behandelt haben, werden die Ärzte dastehen und einfach nur deiner Landung fasziniert zuschauen und drei Mal mit dem Kopf nicken. Roger. O.k.. Super. Aber es ist einfach herrlich zu wissen – auch für den Fofo in der Ferne –, dass sie da sind. Und wenn sie was tun, auch wissen, WAS sie tun. Weil sie alles im Griff haben. Ich erzähle dir das, um dich zu beruhigen. Da gibt es ein Netz bei deinem sensationellen Hochseilakt und das heißt: ARZT (oder Ärztin).

P.S.: Ich sollte mich ab jetzt nur noch mit ernsthaft relevanten Themen beschäftigen, die DIREKT mit deiner Landung zu tun haben. Denn du könntest diese Hinweise jederzeit gebrauchen. Es kann jetzt jederzeit losgehen. Jederzeit. Während ich dies schreibe, könntest du – theoretisch – die Bremsraketen schon gezündet haben. Dann wäre für poetische Schwärmereien über Blumen und Vögelchen wohl kein Platz mehr ...

# Die Vermessung der Welt

## Fliegen

# Nachricht 166:

### Fliegen

Da du noch immer im Pool schwimmst, können wir uns doch noch eine kleine „poetische Schwärmerei" erlauben …

Du hast in den letzten Tag, Herr Bub, immer wieder das Wort „fliegen" von mir gehört – dass du „angeflogen" kommst aus den Tiefen des Universums. Das soll nicht nur eine schöne, poetische Wendung sein (glaube ich zumindest …), sondern ich möchte es als eine Metapher für den Beginn, den Anfang von Allem verstanden wissen. Natürlich weiß ich, dass Eierstock & Hoden für deinen Anflug verantwortlich sind – aber schreib das mal im Buch eines Märchendichters. Das geht nicht. „Fliegen" ist die leichteste, schönste und eleganteste Form der Überwindung von Distanzen. Der Flug eines Vogels, und sei er noch so klein, ist verglichen mit dem trumpelhaften Dahinplatschens eines Menschen eine visuelle Oase der Anmut und Schönheit. Das wirst du bald selbst erfahren, wenn du, in deinem Kinderwagen liegend, den Himmel beobachtest und alle paar Minütchen ein Vögelchen vorüberfliegen siehst. Ständig sind wir mit Fliegendem konfrontiert: Mücken, Fliegen und der Wind, der Blätter, Papierfetzchen und

Staub heranweht. Fliegen ist so allgegenwärtig wie Gehen oder Stehen. Nur mit einem Unterschied: WIR können es nicht. HINfliegen, RUNTERfliegen und später DURCHfliegen mal ausgenommen. Aber Gott sei Dank sind die Menschen so unfassbar klug – einige zumindest –, dass sie fähig sind, praktisch alles, wonach wir uns sehnen, was vor ein paar Jahren noch pure, unwahrscheinlichste Fantasie gewesen wäre, Wirklichkeit werden zu lassen. Stell dir doch mal einen Teo vor, der vor 513 Jahren, also im Jahr 1504, im Garten vor einer Steinhütte sitzt und gelangweilt in den Himmel blickt. Er sieht dort GENAU dasselbe, was du sehen wirst: Einen blauen Himmel, weiße Wolken tschunken vorüber. 17 Vögel, 28 Fliegen und eine Stechmücke, die sich mal kurz an die Blutbar setzt. Plötzlich kommt von links ein riesiges Ding geflogen, es ist silbern und größer als das größte Ding, das unser Mittelalterteo je gesehen hat. Er kann nicht einmal schreien, er reißt nur seine Augen auf, sofort denkt er an den Herrn Jesus. Ist dies nun der Moment, an dem ER herniederkommt? Das silberglänzende Ding hat auch Fenster, viele Fenster und dahinter erkennt der Mittelalterteo Gesichter, die fröhlich lächeln und winken und sich wundern, was für ein seltsam gekleidetes Kind sie da im Garten sitzen sehen. Natürlich ist das silberglänzende Ding in Superzeitlupe vorübergeflogen und verbotenerweise sehr niedrig, aber 1504 gibt es ja noch keine Luftraumüberwachung, sonst hätte ja niemand solche Details wahrnehmen können. So hat der Mittelalterteo ALLES von diesem Ding gesehen, die riesigen Flügel, die ganz starr waren, anders als bei den Vögeln, wo sie hin und her schlagen. Die dicken Brummer an den Flügeln, die einen gigantischen Lärm machten, das muss der Sound der Hölle gewesen sein, von der sie ihm auch schon erzählt hatten. Der Kopf des Vogels, mit winzigen Augen, hinter denen er noch einen Menschen erkennen konnte, der ihm beim Vorüberfliegen ein Zeichen machte – Daumen nach oben. (Dieses Zeichen wird der Mittelalterteo übrigens von diesem Tag an verwenden – und alle werden sich wundern, woher er denn DAS hat?! Ich werde einen Wikipedia-Eintrag anlegen über die Herkunft des O.k.-Zeichens – das wird eine Sensation: „Daumen nach oben", bereits im Mittelalter entdeckt!) Und acht superdünne Beine mit runden Füßen (RUNDE Füße, wird sich der Teo denken?!), die jetzt sanft auf dem Weizenfeld neben dem Steinhaus zur Landung ansetzen. Dann wird der Mittelalterteo ohnmächtig, die Eltern kommen gerannt, und der Bader (so hießen die Ärzte damals) macht schnell einen Aderlass an dem armen Kind. Und was macht der Teo des 21. Jahrhunderts? Er wird sein rechtes Ärmchen ausstrecken, sein kleines Fingerchen in den Himmel zu dem silberglänzenden Ding weisen und „Tschumbotschet" (oder so ähnlich) sagen. „Genau, mein

Schatz", wird seine stolze Mama sagen, „damit sind wir ja schon OFT geflogen. Das kennst du ja schon!"

Ja, das kennst du, Herr Teo. Das ist NICHTS Besonderes. (Täglich landen und starten am Flughafen Frankfurt am Main 1500 Flugzeuge. Jeden Tag!) Aber ich sage dir: Für mich, deinen alten Fofo, ist es noch jedes Mal ein Wunder, wenn die Maschine abhebt und fliegt. Weil ich mir jedes Mal denke, dass sich damit dieser unerfüllbare Traum von uns Menschen erfüllt – fliegen zu können, so leicht, so schön, so elegant wie ein Vogel ...

## Nachricht 167:

### Nachrichten

Schlagzeile auf dem Titelblatt der Berliner Morgenpost und der Kleinen Zeitung, Grazer Ausgabe, vom XX.XX. „HERR BUB GEBOREN!" Schlagzeile WAS??? Sorry, ich vergesse immer wieder, dass du ja gar NICHTS weißt. Was für uns selbstverständlich ist, für dich nichts als ein großes Fragezeichen darstellt. Weißt du, Herr Bub, es geschieht jeden Tag, ja, jeden Augenblick, eine unfassbare, nahezu unendliche Anzahl von Dingen. Und es gibt Menschen, die suchen aus alledem das heraus,

von dem sie meinen, es wäre wichtig genug, dass viele Menschen davon erfahren. Davon erzählen sie dann in NACHRICHTEN. Die Überschriften über den Nachrichten heißen Schlagzeilen. Die Schlagzeilen sind die Marktschreier der Information. Mit ihnen sollen die Menschen angelockt werden, zuzuhören beziehungsweise sie zu lesen. Ganz wichtig: Katastrophen. Wenn schreckliche Dinge passieren, ein Bergrutsch Hunderte Häuser verschüttet, ein Bus eine Schlucht hinunterstürzt oder zwei Autos auf einer Gemeindestraße zusammenkrachen und Feuer fangen. Wenn Politiker Furchterregendes verkünden oder Schauspieler an einer Überdosis Drogen sterben. Der Alltag der meisten Menschen ist ein Leben ohne Gefahren und Aufregungen, er ist für die meisten scheinbar so langweilig, dass nur noch durch Katastrophenmeldungen ihr Interesse geweckt werden kann. Oder Grandioses vom Sport. Schießt Ronaldo wieder mal ein Tor, dröhnen Formel-1-Wagen durch die Straßenschluchten von Monte Carlo, oder gewinnt ein Tennisspieler zum zehnten Mal Wimbledon – dann geht es auch hoch her in den Nachrichten und Millionen sitzen vor den Bildschirmen und zucken aus. Ein ebenso wichtiger Teil der Schlagzeilenwelt sind jene Nachrichten, die das Volk aus ihrem biederen Idyll direkt mitten in die wahrlich „große Welt" des Glamourösen wirft: Fast direkt am Bett der Königin von England stehen, durch Lady Gagas Badezimmerschlüsselloch fast einen Blick werfen, mit George Clooney fast gemeinsam an einem Espresso nippen. FAST ist man hautnah dabei, wenn die Prominenten dieser Welt genau das tun, was das gemeine Volk auch tut – nur ist des Volkes Schlaf, SEIN Duschen und SEIN Kaffeetrinken öd. Einfach öd.
Ich meine, dass man die Hauptnachrichten mal mit Schlagzeilen wie dieser beginnen sollte: „Hans küsst Anna mit der Zunge!", „Mädchen findet das erste Gänseblümchen des diesjährigen Frühlings" und „Grete schreibt eine Eins in der Mathematikschularbeit". Was würden sich die Menschen wohl denken? Vielleicht würden sie sich darauf besinnen, dass in ihrer Umgebung, in ihrem Alltag tagtäglich unfassbare Sensationen stattfinden. Solche, die das Leben des Einzelnen WIRKLICH nachhaltig verändern und beeinflussen. Denn was nützt es Frau Soundso, wohnhaft in Großgaming, zu wissen, dass in Peru nach jahrelanger Jagd ein Drogenboss festgenommen wurde? Dass sie es schafft, die 92-jährige Schwiegergroßmutter seit Jahren aufopfernd zu pflegen, wird hingegen als nicht erwähnenswert, selbst in ihrer Familie, hingenommen. DEINE Schlagzeile, Herr Bub, die deine Geburt verkündet, wird nur aus einem

Grund nicht den Weg in die Nachrichten finden: Weil deine Mama nicht die Königin von Schweden ist oder (Gott sei Dank!!!) Adele heißt. Weil jene, die die Nachrichten machen – ja, die sie zu dem aufbereiten, als was sie dann gelten –, der Meinung sind, dass dies nur eine Handvoll von Leuten interessiert und dies über Facebook auch ganz gut kommuniziert werden könne. Könnten sie einen Blick in die Zukunft werfen und würden sie erkennen, wer da an einem scheinbar harmlosen XX.XX. geboren wurde, dann würde ihre Schlagzeile wohl anders lauten: „Heute wurde der zukünftige ..." Aber da wir ja die Zukunft nicht verraten wollen, lassen wir dies lieber mal so stehen und DU bekommst dafür ein GANZES Buch geschrieben – noch bevor du geboren wurdest. Welcher Promi bitte hat das schon?!

# Nachricht 168:

## YouTube

Hättest du dir nicht diese Mama und diesen Papa ausgesucht, wäre es durchaus möglich, dass deine Geburt ungefähr fast, also praktisch über das WorldWideWeb, dieses Spinnennetz, das die Welt überzogen hat, LIVE übertragen wird. Möglich macht dies eine Erfindung, die gerade erst zwölf Jahre alt ist – gefühlt war das Ding schon immer da: YOUTUBE. Was soviel bedeutet wie: Mach dein eigenes Fernsehen (das kennst du ja schon, Herr Bub)! Du lässt einen krachen, nimmst Geräusch und deinen Gesichtsausdruck dazu mit deinem Mobiltelefon auf, lädst es auf deinen Account hoch, und Augenblicke später kann die GANZE Welt (über 1,5 Milliarden Menschen haben ein YouTube-Konto) sich daran erfreuen. Crazy, was?!

Es wäre also durchaus vorstellbar, dass so 2029, wenn der Teo-mit-den-anderen-Eltern zwölf Jahre alt sein wird, er sich auf YouTube irgendeinen neuen Song seiner Lieblingssängerin anhören will und plötzlich zu einem Video kommt, das eine Geburt zeigt. Auf verwackelten Bildern (dem Papa wird bei dem Anblick wohl übel geworden sein) sieht man dieses blutverschmierte Etwas aus dem Inneren seiner Mama flutschen, schnell noch in Nahaufnahme für die staunende Nachwelt, schnell einen Schwenk auf das Gesicht der Mutter, in dem sich unfassbarer Schmerz und unfassbares Glück in einem geradezu überirdischen Ausdruck vereint. Jetzt heftige Wackelung, weil die Telefonkamera nun nur noch mit einer Hand gehalten werden kann, weil die andere die Nabelschnur durchtrennt und das will der Papa ja auch UNBEDINGT auf dem Video haben, für später, auf YouTube. Für die Welt. Dieser Teo würde SICHER den Schock seines Lebens bekommen – zu Recht!

YOUTUBE, Herr Bub, gibt denen, die es nutzen, das Gefühl, eine wichtige Nachricht zu sein (siehe Nachricht 167 ...). Egal, was auf den Milliarden von Videos auch zu sehen ist, es erscheint den Urhebern wichtig genug, es mit anderen teilen zu müssen. Auch darüber hatten wir schon gesprochen: Die Leutchen nehmen sich selbst einfach zu wichtig. Greifen wir nochmals das Beispiel mit der vorhin schon erwähnten Flatulenz auf. Da kommt ein netter, unschuldiger Pfurz gefahren, der in seinem alltäglichen Leben durchaus eine Berechtigung hat, ist er doch nichts anderes als ein bisschen Gas, das der Körper loswerden will. Aber weil sein Klang als etwas „Intimes" gehandelt wird und da er in manchen Fällen ein bisschen duftet, verbergen wir ihn, im besten Fall entledigen wir uns seiner in einem stillen Kämmerlein, oder unter Zuhilfenahme des Analmuskels, der ihn nur schrittweise und möglichst leise entweichen lässt. Oder inmitten einer großen Menschenmenge mit unschuldsvollster Miene und ein bisschen in der Gegend herumschauend, so nach dem Motto „Also, wer war denn DAS?!" Und Menschen – nicht wenige – glauben nun tatsächlich, dass dies jemand interessant finden könnte. 90 Prozent aller Beiträge auf YouTube entsprechen diesem Niveau. Da geht es nur um eines: Um MICH. Das ICH. Das ZENTRUM allen Seins.

Die restlichen 10 Prozent sind durchaus interessant und witzig. Da sieht man die unglaublichsten Talente, und dafür liebe ich YouTube. Das ist der Grund, warum ich es auch oft nutze. Es selbst ist an sich eine großartige Idee, wären da nicht – wieder einmal – die Menschen, die diese fabelhafte Erfindung missbrauchen. Du, Herr Bub, da bin ich mir ganz sicher, wirst es auch nutzen, sobald du ein Smartphone hast. Also sehr bald. Denn darin werden sich deine Eltern von anderen wohl nicht unterscheiden können: dich vom Spinnennetz fernzuhalten. Es wird auch dich zu sich ziehen. Na ja, und das wird gut sein. Mir geht's darin ja auch ganz gut...

# Alles ist bereit

## Nachricht 169:

### Eine Botschaft

Lieber Herr Bub! Deine Eltern haben auf unserem Family-WhatsApp-Chat heute folgendes Fotopotpourri gepostet: Es zeigt alle nun vollständig verfügbaren Transportmöglichkeiten für den kleinen Herrn von Welt. Der Zusatzeinsatz auf dem TrippTrapp-Stuhl, damit du beim gemeinsamen Essen nicht irgendwo am Boden herumkugelst, sondern deinen Eltern beim Verdrücken von dicken Steaks zusehen kannst. Die

Tragewippe, mit der sie dich überall mitschleppen können, ob du willst oder nicht: Zu unfassbar (für dich) langweiligen Essen, Picknicks, Frühstücken, Kaffeetratsch mit den Freundinnen unter dem Motto „Babyschauen". Den superhippen Autositz, nach allen europäischen Normen geprüft und so konzipiert, dass der Insasse einen Aufprall mit 35 km/h locker übersteht. Das ist gut so. Der andere Teil des Fotos ist dem Bett und allen seinen Utensilien, Aufhängern, mehreren Mobiles, Pölsterchen und Deckchen und unzähligen anderen -chen gewidmet. Ein schöner, ein rührender Anblick. Teil drei zeigt das Badezimmer – babygerecht. Auf weitere Bildausschnitte, die Still-BHs, Stilleinlagen und Brustwarzenberuhigungscremes zeigen, wurde dankenswerterweise verzichtet. Der Untertitel dieses historischen Fotodokuments ist eine Nachricht an dich, Herr Bub. Und ich interpretiere das mal so, dass deine Mama nun endlich kapiert hat, welch guten Draht wir zwei durch 169 Tage Chat miteinander haben, und sie ihre dringliche Botschaft an dich über MICH auszurichten versucht. Natürlich hätte sie mich niemals direkt gebeten, ihre Bitte an dich weiterzugeben, sie tut es halt versteckt durch den Chat. In der Hoffnung, dass ich kapiere und es an dich weiterleite. Ich habe kapiert, Mama. Hier also, Herr Bub, ihre Nachricht: ALLES IST BEREIT! WÜRDEST DU BITTE, BITTE KOMMEN! DEINE DICH LIEBENDEN ELTERN WARTEN.
Hast g'hört, Burschi?! Draußen hat es 30 Grad, innen drinnen wahrscheinlich 100 und die paar Tage auf oder ab im Mamapool werden dich weder schöner noch gescheiter machen. Das einzige, was mich kurz abgehalten hatte, dir diese Botschaft weiterzuleiten, war, dass ich eigentlich nicht aufhören will, dir zu schreiben. Mein Gott, was mach ich denn am Tag nach deiner Geburt??? Schreiburlaub? Oder gleich ein neues Buch „Aus dem Leben eines Großvaters" beginnen? Oder vielleicht einfach nur „OPA" spielen?! Aber nur, wenn du mir versprichst, mich NIEMALS „Opa" zu nennen. Also dann: KOMM!

# Nachricht 170:

## Social Media

Vor ein paar Wochen war es noch nicht klar, ob es eine Nachricht 170 geben würde. Es wird aber ziemlich sicher die letzte Dezimalzahlnachricht sein – eine 180 wird es nicht geben, und das macht mich ein bisschen wehmütig, obwohl der 8. Juni als Geburtstermin doch echt nett geklungen und ich eigentlich vorgehabt hätte, an diesem Tag ein wirklich weltbewegendes Thema zu behandeln. Ich hoffe nur, dass dir das bei deiner weiteren Entwicklung nicht fehlen wird, die Nachricht 180. Also, konzentrieren wir uns auf die 170. Die ist auch SEHR wichtig. Gleichzeitig mit der Ausstellung des allerwichtigsten Dokuments deiner Existenz, der Geburtsurkunde, erhältst du auch gleich einen Facebook-Account. Das ist lebenswichtig. Fast so wichtig wie Mamas Brust und ihrer nicht versiegenden Milch. Der verbindet dich von deinen ersten Lebenstagen an mit der großen, weiten Welt. Ich wette darauf, dass du binnen kürzester Zeit mehr Freunde haben wirst als ich. Der alte Sack müht sich seit zwei Jahren mit ALLEN nur erdenklichen Mitteln, zu Freunden zu kommen. Er postet Hundefotos, sensationelle Schnappschüsse, Plaudereien direkt vom privaten Nachtkästchen – 2319 Freunde. Stand von heute. Es ist deprimierend. Lady Gaga hat 98 Millionen. WAS, so frage ich mich, wenn ich mich nachts in den Schlaf wälze, hat sie, was ich nicht habe (also außer Brüsten, die nicht mal sooo toll sind ...). Du wirst drei Mal Lächeln, ein Mal nackten Hintern, zwei Mal IRGENDETWAS gar nicht sooo

umwerfend Witziges posten und ZACK – wirst du 3000 Freunde haben. Kinder gehen immer, und Babys noch einmal so gut. Ist der Facebook-Account halbwegs angelaufen (5000 Freunde), werden deine Eltern deine Instagram-Karriere starten. Darüber kann ich dir nur wenig sagen. Es hat irgendwas mit Fotos zu tun. Ich habe vier Fotos auf diesem mysteriösen Ding und 2, in Worten ZWEI, Freunde. Deine Nonna und mich. Ende. Deine Eltern werden mich sicher zur Feier deines 10 000. Freundes einladen. Das Foto deines weinenden Fofo wird dir sofort weitere 1000 Likes sichern. Den letzten und entscheidenden Schritt zur totalen Vernetzung werden sie dann so ab dem dritten Lebensmonat einleiten: Herr Bub goes YouTube! Darüber brauchen wir nicht mehr zu sprechen, dieses Kapitel hatten wir schon ...

Nun ist es geschafft, nun bist du „Part of Social Media". Früher bekamen die Babys (wie deine Mama) anlässlich der Geburt ein kleines Amulett mit einem Schutzengel, heute beschützen dich deine 300 000 Freunde auf Facebook, Instagram und YouTube. Sollte es mal zu einem Hackerangriff der großen Art kommen, Superdatengau und so – keine Angst, mein Kleiner, dein Fofo wird da sein und mit dir kommunizieren ...

(Schnucki, das war nur ein Scherz – das würden DEINE Eltern NIE tun, aber ich hatte gerade gelesen, dass 25 Prozent aller Eltern jetzt Geborener ihrem Baby innerhalb von sechs Monaten einen Facebook-Account anlegen – die Welt spinnt!!!)

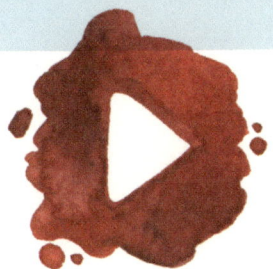

# STREITEN

## Nachricht 171:

### Streit

Hör mal zu, Herr BURSCHE! So geht es aber WIRKLICH nicht weiter! Was glaubst du denn eigentlich! Habe ich dir das nicht schon SOOOO oft gesagt! Jetzt reicht es aber! Jetzt ist Schluss (zum Beispiel mit lustig)! Wie stellst du dir das denn vor? Entspannung. OOOOOMMMMM.

Dir werden diese, mit leicht erhöhter Stimme herausgepressten, gezischten (um mehr Nachdruck zu erzeugen) Worte noch nichts bedeuten, sie plätschern wie laues Wellenspiel im Mamapool, erzeugen noch keinerlei Reaktion in dir, unberührtes Unschuldslämmchen. Aber es wird die Zeit kommen, hoffentlich nicht sooo bald, da werden sie auch bei dir eintreffen, jene Worte, und dich abfotzen (deutsch: ab-backpfeifen), abtetschn (ditto), niederprügeln (das versteht jeder im deutschsprachigen Raum). Diese Worte entstehen, wenn (zumindest) zwei Menschen sich nicht darüber einig sind, wie etwas ablaufen soll beziehungsweise bereits abgelaufen ist. Kleines Beispiel aus der Praxis, so wie du es möglicherweise in wenigen Wochen (je nachdem, wie lange du noch vorhast, in Mamas Bauch zu bleiben ...) wortgetreu erleben wirst:

Stimme 1: „Kannst du jetzt bitte aufstehen und den Herrn Bub wickeln? Ich war die ganze Nacht wach."

Stimme 2: „Und ich war wach, weil er so geschrien hat!"

Stimme 1: „Und ich habe ihn beruhigt. Kannst du jetzt vielleicht auch mal was tun!"

Stimme 2: „Ich TU die GANZE Zeit was, siehst du das nicht!"

Stimme 1: „Jetzt reicht es aber!"

Stimme 2: „Ja, was glaubst du denn eigentlich!"

Stimme 1: „So geht es aber WIRKLICH nicht!"

Na ja, und so weiter. Von den lauten Stimmen wirst du dich inzwischen beruhigt haben und geduldig deine volle Hose ertragen, bis du Stimme 1 wirst sagen hören: „Entschuldige, ich bin schon ziemlich fertig ...", und Stimme 2 antworten wird: „Nein, entschuldige du, mein Schatz, natürlich hätte ich aufstehen müssen." Bussi, Bussi, streichel, streichel.

Das war ein harmloses Beispiel mit gutem Ausgang. Es geht natürlich auch anders. Egal, wo du dereinst auch hinkommen wirst, im Bus, im Supermarkt, auf der Straße. Die Gelegenheit zu einem Streit – so heißt das Ding, auf das ich gerade versuche, dich vorzubereiten – sind unzählig. Das Ding lauert an jeder Straßenecke und zu jeder Tages- und Nachtzeit.

Und bei neutraler Betrachtung, also wenn man gut drauf ist, am Strand sitzt, an einem Mojito nippt und man am liebsten alle Welt umarmen will, ist es ja auch durchaus nachvollziehbar, warum es dieses Ding geben muss, warum Mama Gott sich auch das ausgedacht hatte: Jeder Mensch tickt anders. Und er tickt anders, weil er die ersten neun Monate seines Daseins schon so vielen unterschiedlichsten Eindrücken ausgesetzt ist. Während seiner ersten Lebensmonate wird der Mensch bereits konditioniert, ob er dann schnell bei jeder kleinsten Kleinigkeit völlig ausrastet oder total cool bleibt. Ich spreche jetzt von DIR, Herr Bub! JETZT, in diesem Augenblick, wird an deiner Zukunft gebastelt. Und diese, deine Zukunft, so wie DU einmal sein wirst, trifft auf einen anderen, der genauso einen Weg hinter sich hat. Die beiden KÖNNEN nicht perfekt und 100 Prozent zusammenpassen, harmonieren, das gibt es nicht. Das hat die Schöpfung so gar nicht vorgesehen. Da muss es zu Reibereien kommen. Da darf der Busfahrer auch mal schlecht gelaunt sein und dich anschnauzen, du sollst gefälligst mal ein bisschen schneller machen. Und du darfst durchaus zurückbrüllen, er solle gefälligst freundlich sein, denn das sei Teil seines Jobs! Und wenn du im Supermarkt eine vergammelte Banane findest, hast du das Recht, das der Verkäuferin zu sagen. Der Typ, der dich auf der Straße anrempelt und sich nach deinem lauten „He, Sie!!!" breitbeinig vor dich hinstellt und zu schreien beginnt – so seltsam es auch klingen mag, die haben alle schon was gelernt: Nämlich Ärger, Wut, Stress und was auch immer mit Worten loszuwerden, anstatt die Fäuste sprechen zu lassen. Streit ist wichtig, weil er Handgreiflichkeiten ersetzt, so wie es vor ein paar zehntausend Jahren noch war. Da hat man einfach den nächsten Prügel oder Stein genommen und dem Streitgegner den Schädel eingeschlagen. Ohne lange zu fragen. Erledigt. Da dies wahrscheinlich dazu geführt hätte, die Menschheit schon vor Zehntausenden von Jahren auszurotten, hat die Evolution (ja, oder Frau Gott) Wortgefechte hervorgebracht – und das ist gut so. So wirst du also auch DAS lernen, wie alles andere auch, von dem ich dir schon seit Monaten erzähle: STREITEN. Und weil ich das fast täglich übe, in sehr kleinem, sehr leisem und auch in größerem, etwas lauterem Maße, wage ich dir zu schreiben, dass auch DAS etwas sehr Wichtiges im Leben von uns Menschen ist. Freue mich schon echt auf unseren ersten Streit, Herr Bub. Das wird eine Hetz' (Deutsch: Spaß) werden ...

# *Nachricht* 172:

## I am from Austria

Lieber Herr Bub! Kaum wirst du das Licht der Welt erblickt haben, also zuerst die Neonlampen im Kreißsaal und dann Sonne, Mond, Sterne, wirst du in die Mühlen des Staatsapparates geworfen werden, und nach einigem Rattern wird die große Bürokratiemaschine so allerlei ausspucken: Die Geburtsurkunde, den Staatsbürgerschaftsnachweis und einen wunderschönen roten Reisepass. Erst damit wirst du ein richtiger Mensch sein. Ohne diese Fetzen Papiere bist du so ziemlich nichts. Du darfst nicht wohnen, du darfst nicht reisen und du darfst kein Mobiltelefon anmelden – vor allem Letzteres eine KATASTROPHE! Keine Schule, keine Hochzeit, keine Arbeit. Diese Papiere werden dich als einem Land zugehörig ausweisen: Österreich. Was das ist, hatte ich schon in einer früheren Nachricht stümperhaft versucht zu erklären. Das Gebilde, das aussieht wie ein etwas verunstalteter Fuß. Aber mit diesem Stempel „Österreicher" auf deiner Stirn wird noch etwas ausgelöst, etwas, was eigentlich viel wichtiger ist als all diese Papierchen: Es wird in dir, schleichend, langsam, immer mehr, bis es sich ganz ausgebreitet hat, ein Gefühl entstehen lassen. Eines, das bedeutsam für uns Menschen ist, weil es uns zu etwas zugehörig empfinden lässt: Heimat. Natürlich wirst du, so wie deine Eltern und deine Großeltern ein Weltbürger, ein überzeugter Europäer werden, aber wenn ein österreichischer Skifahrer, also einer von UNS, durch die Slalomstangen wedelt, drücken wir ihm die Daumen und wünschen IHM den Sieg und nicht dem Piefke (auch schon erklärt, was DAS ist ...). Und wenn du dir bei der Neuauflage der Schlacht auf dem großen Fußballfeld dereinst für die Deutschen und NICHT für deine Landsleute die Stimme heiser brüllst, so wird dies sicher und ausschließlich damit zu begründen sein, dass du dir das Spiel im Kreise deutscher Männer ansiehst und der Bedrohung entgehen willst, verprügelt zu werden. Dieses Gefühl, das du haben wirst, wenn du auf einem Berg stehst, sagen wir mal, dem Dachstein, und hinunterblickst und Stolz verspürst. Das kann man schlecht erklären. Es ist ja kein Besitzstolz, weil die Dörfer und Felder, die du da siehst, ja nicht dir gehören. Es ist auch nicht nur die Freude über die Ästhetik des Gesehenen, die Schönheit, die da vor dir liegt. Es ist mehr. Es ist – und gerade du wirst das gut verstehen und nachvollziehen können – es ist dieses Verbundensein. Jetzt spürst du dieses Einssein mit dem Körper und dem Geist deiner Mama und später dann mit dem Körper und dem Geist deiner Heimat. Von da leitet sich auch das Wort „Heimatverbundenheit" ab, und im gleichen Atemzug muss ich dich auch gleich warnen: Vor denen, die das ausnutzen, um ihre politischen Forderungen durchzusetzen und Heimat als ein Kostüm sehen, das man sich umlegt, um dann ungestraft gegen Dinge auftreten zu können, die nichts, aber auch schon gar nichts mit dem zu tun haben, was die für Heimat halten: Heimat will und muss ich nicht gegen Menschen verteidigen, die von außerhalb kommen und da bleiben. Die mit uns leben, ohne UNSERE damit verbundenen Gefühle haben zu wollen oder haben zu müssen. Denn sie tragen ja IHR Gefühl IHRER Heimat in sich. Im Gegenteil: Im gemeinsamen Empfinden dieses Verbundenseins liegt die Ebene, auf der man sich begegnen kann. Heimat will auch nicht eingeschränkt werden auf Vergangenes, auf Rituale der Alten, auf scheinbar ewig Festgeschriebenes. Heimat erfindet sich immer wieder neu, Heimat schreitet mit den Menschen voran, mit Menschen wie dir, Herr Bub, der sich sein eigenes, individuelles HEIMATempfinden erschaffen wird. Gerade weil die Papiere in deinen Händen und das Land und die Menschen, die dich umgeben – zumindest wird dies so in den ersten Jahren deines Lebens sein – NICHT zu einem Bild gehören. Weil du eben nicht Deutscher, sondern ein Österreicher bist. Und du erst für dich erkunden musst, was das bedeutet …

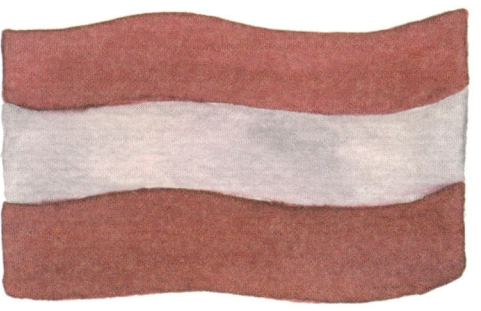

# Nachricht 173:

## Musik

Lieber Herr Bub! Ich konnte es heute Morgen kaum glauben: Dass ich 172 Nachrichten geschrieben habe, ohne über DAS zu schreiben, was unser aller Leben unglaublich beeinflusst, was uns wie kaum etwas anderes erfreut, emotional erfasst und uns über alle Grenzen hinweg, innere und äußere, miteinander verbindet: Musik! Du weißt schon, wovon ich spreche, weil du bereits seit deinem sechsten Lebensmonat jene Klänge zu hören imstande bist, die deinen Herzschlag beeinflussen, ihn erhöhen oder beruhigen. Klänge, die in ihrer höchsten Ausformung Musik heißen und dich schlafen lassen oder auch aufwecken, wenn Mama mal zufällig Hardrock hört. Ungeborene soll man Mozart hören lassen. Das ist wissenschaftlich nachgewiesen: Wenn du Mozart hörst, Herr Bub, wird dein Gehirn positiv stimuliert. Seine hohen Geigentöne, eingebettet in Harmonien von höchstem Ausmaß, versetzen dich in einen Schwebezustand, bringen dich, noch mehr als sonst, in völligen Einklang mit dem Universum. Keine Ahnung, wie dieses Genie das macht, aber auch 260 Jahre nach seiner Geburt, bringt er Milliarden von Menschen zum Verzücken. Mozart ist – so wie du – Österreicher gewesen und hat die wundervollste Musik komponiert, die je ein Mensch geschaffen hat. Die Erde selbst, die ganze Welt TÖNT! Ist voller Klänge. Seit Menschengedenken, also von Beginn an, haben Menschen versucht, diese „Weltenklänge" zu kopieren, selbst zu erschaffen. Die ersten Menschen haben getrommelt – und sie tun es immer noch – und damit Musik gemacht. Sie haben die Macht und Kraft ihrer Stimmen erkannt und begonnen zu singen. Und damit das großartigste Instrument entdeckt, das unglaubliche Musik erschaffen kann. Dann kamen Instrumente aller nur erdenklicher Art hinzu. So muss es auch Menschen geben, all diese Werkzeuge im wahrsten Sinn des Wortes in Einklang zu bringen – Komponisten. Wie Mozart. Oder Paul McCartney. Oder Ludovico Einaudi. Was sie verbindet: Sie alle haben wahrscheinlich als Allererstes, genauso wie du es machen wirst, den Liedern der Vögel zugehört. Dem Rauschen des Windes und dem Klang von Meereswellen, wenn sie auf Küsten treffen. Diese Musik der Natur, dieser Weltenklang, muss für sie alle die erste Inspiration gewesen sein. Irgendwann haben sie dann ihre fantastische Fähigkeit entdeckt, in ihrem Inneren eine Musik zu hören, die wie aus einem unerklärbaren Universum zu kommen scheint, und dass sie imstande sind, diese Musik auch niederschreiben zu können. Auf einem Notenblatt (das wirst du noch kennenlernen – als Österreicher wächst man damit auf!) Noten, Pünktchen mit Hälsen drauf, verschieden groß, verschieden dick zu malen, eine Sprache, die jeder, der mit Musik zu tun hat, versteht und damit dem, der sie irgendwann einmal gesetzt hat, Wolferl vor 240, Paul vor 50 Jahren und Ludovico heute, folgen und sie nachspielen kann. Aber auch ohne Noten haben wir Menschen diese unfassbare Fähigkeit, Musik zu hören, und sie dann sofort nachsingen zu können. Wenn deine Mama oder dein Papa glücklich ihre Hände auf den Bauch legen, um dich und deine Bewegungen zu erspüren und dabei ein Liedchen summen, welches auch immer, von Sting, Beyoncé oder Mahler, transferieren sie ihre Stimmung, ihr Glück, ihr Die-ganze-Welt-umarmen-Wollen auf dich, Herr Bub. Du bist noch so unfertig, da muss noch so vieles wachsen, aber DAS funktioniert schon: SIE und DU erleben durch Musik eine Einheit, ein Verstehen, ein gemeinsames Erleben. Es ist das allererste von außen Geschaffene, was euch auf einer gleichen Wellenlänge, also in Harmonie, schwingen lässt: Musik.

Eines der ersten „Spielzeuge", die du bewusst aufnehmen wirst, wird irgendetwas Buntes über deinem Bett Hängendes sein, das ... Musik von sich gibt. Nicht, was du siehst, wird dich beruhigen und faszinieren, sondern was du hörst. Und was dich an die Zeit im Mamapool erinnert, wo noch alles so still, und alles, wirklich ALLES, in perfekter Übereinstimmung mit der Schöpfung war. Denn auch Stille ist Musik. Eine, die man nicht hören kann, aber die imstande ist, in dir das zu erzeugen, was auch Mozart schafft. Oder deine Mama, wenn sie ein Liedchen summt. Dein Fofo wäre gern ein Musiker geworden, dann hätte ich dir eine Symphonie komponiert. Oder eine Oper. Aber er ist nur ein einfacher Schreiberling, und so ist meine „Musik" eine aus Worten – solche, die dich hoffentlich auch bewegen werden. Wenn du MORGEN auf die Welt kommst ...

## Nachricht 174:

### Graz erzählt

(2. Juni, Geburtstermin): Sehr geehrter Herr Bub! Die Festivalleitung beehrt sich, Sie herzlichst zur Eröffnung unseres Festivals heute Abend einzuladen. Um rechtzeitiges Erscheinen wird gebeten. Da dies in 13 Stunden und 21 Minuten sein wird, empfehlen wir, sich unverzüglich zum dafür vorgesehenen Ausgang zu begeben. ------

Wie wir soeben aus gut unterrichteter Quelle (Ihre hochwohlgeborene Frau Mutter) erfahren haben, scheinen Sie Tagesanbruch, Wecker sowie wohlmeinend lockende Stimmen zu ignorieren und keinerlei Anstalten zu machen, Ihre momentane Position zu verlassen, um den alles entscheidenden Weg anzutreten. Wir möchten Sie nochmals ausdrücklich darauf hinweisen, dass für Ihre Ankunft bereits alle Vorbereitungen getroffen wurden: Der rote Teppich ist ausgerollt, die Musik bestellt. Eine Rede geschrieben. Wir bitten um dringende Nachricht. St. Georgen ruft Berlin. Herr Bub, bitte kommen! ------

Dem letzten Update vor wenigen Minuten zufolge sind nicht
die geringsten, also nicht einmal die ALLERGERINGSTEN
Anzeichen dafür zu erkennen, dass Sie, sehr geehrter Herr Bub,
bereit seien, heute auch nur einen einzigen Schritt vor die Tür
zu setzen, sondern dass Sie vorhaben, einen weiteren Tag im
Mamapool zu chillen. Ich bitte Sie inständig, Ihre Entscheidung
nochmals zu überdenken, der heutige Tag wäre geradezu perfekt
für eine punktgenaue Landung – nur zu überbieten von einem
Geburtsdatum, das die 13, so wie bei Ihrem verehrten Herrn Fofo,
beinhaltet, doch wollen wir daran nicht einmal denken. Nochmals:
Machen Sie sich auf den Weg. Jetzt. Es wäre durchaus noch nicht
zu spät, ja geradezu herrlich für Ihre Frau Mama, Sie nun binnen
zehn Stunden in den Händen zu halten. UND: an ihren Busen
zu drücken! UND: den glücklichen Herrn Papa von Angesicht zu
Angesicht kennenzulernen. UND: bei der Eröffnung eines Festivals
PROMINENT erwähnt zu werden! ------

Nun, sieben Stunden klingen nicht nach besonders viel, bedenkt
man, dass der Weg nur rund zehn Zentimeter misst, jedoch extrem
anstrengend für alle Beteiligten ist. Aber was schreibe ich da: Am
Prenzlauerberg in einem gemütlichen Café in der Sonne sitzend,
mit Cappuccino und Heidelbeertörtchen (letzte Nachricht samt
Selfie), habe ich nun jegliche Hoffnung aufgegeben, Sie heute noch
begrüßen zu dürfen. So verwöhnt würde ich mich wahrscheinlich
auch weigern, einen Ortswechsel vorzunehmen. Gehen wir einfach
mal davon aus, dass die Berechnungen der Hightech-Medizin
falsch waren, wer in Gottes Namen soll schon so haargenau
bestimmen können, wann Mami und Papi sich lieb hatten,
vielleicht gab es ja auch, Tage später, ein weiteres Marienwunder –
ausschließen kann man heutzutage gar nichts mehr. O.k. – meine
heutige Nachricht war auf jeden Fall einen Versuch wert. Ich habe
zu akzeptieren, dass Sie mein Großvatersein noch hinausschieben,
verzögern wollen, kann mir auch recht sein. Genieße ich also noch
– zumindest – einen weiteren Tag meiner Jugend!!! Aber morgen ...

*„wenn die Sonne mit dem Morgen langsam übers Land promeniert..."*

# Nachricht 175:

## Tag

„Wenn die Sonne mit dem Morgen langsam übers Land promeniert" – das, Herr Bub, ist eine Zeile aus den „Liebesmärchen" deines Großvaters. Und das hast du HEUTE versäumt. Die Vögel hatten wie verrückt gesungen, weil sie dich bereits in ihrer Nähe wähnten. Der Wind hatte extra den Atem angehalten, um jene Stille zu erzeugen, die es braucht, von einem außergewöhnlichen, einem besonderen Ereignis zu erzählen. Und die Chefredakteure der Tageszeitungen wie New York Times, Le Monde und Berliner Tagesanzeiger hatten Spalten auf den Titelseiten frei gehalten. Um sie dann mit einem Verkehrsunfall mit Sachschaden, einer entgleisten politischen Rede und wieder einmal Donald Trump zu füllen – nachdem sie informiert worden waren, dass der Herr Bub sich anders entschieden hatte. Ja, ich werde deiner Bitte nachkommen und zur Mäßigung aufrufen. Keinen Druck erzeugen. „Lasst mich doch walten, wie ich will", soll ich schreiben. „Wenn ich will, bleib ich auch noch zehn Tage da drinnen. Oder 20. Ganz wie ich will!" – Na, bravo. Wenn der Herr Bub jetzt schon mit einer solchen Bestimmtheit daherkommt, stehen deinen lieben Eltern nette Jahre bevor. Ich höre jetzt auf, dir zu schreiben, dass du kommen sollst. Ich werde dir einfach nur berichten, was heute so passierte. Also: Mario Götze, den kennst du ja, Fußballer, hat heute Morgen 25 Kerzen auf seiner Geburtstagstorte ausgeblasen. Auf einen Sitz. Seine Freundin hat das Ganze mit ihrem Handy festgehalten und auf ihren Instagram-Account gepostet. Wow! Dein Fofo hat im Schauspielhaus in Graz vor 500 Kindern und Erwachsenen sein musikalisches Märchen aufgeführt. Am Schluss gab es 17 Bravorufe. Ich bin mir sicher, es wären 499 gewesen, wenn ich auch hätte erzählen können, dass heute Morgen mein erstes Enkelki ... Ja, ja, ich habe versprochen, Ruhe zu geben. Gut.

Und solltest du es nicht mitbekommen haben: Deine Mama und dein Papa haben mit dir einen Ausflug in ihrem neuen Audi A4, hellgrün-metallic, 2-Liter-

Benzinmotor gemacht. Dein Papa hat auf der Autobahn 17 Autos überholt und in einem Kreisverkehr beim Verlassen vergessen zu blinken. Wäre die Polizei dagestanden, hätten sie ihn rausgefischt und ihm ein Strafmandat verpasst. Er hätte mit unschuldsvollstem Blick auf den Bauch seiner Lebenspartnerin (deiner Mama) gedeutet und gestammelt, ihr seid auf dem Weg ins Krankenhaus, die Wehen würden schon alle eineinhalb Minuten kommen, es sei sein erstes Kind und er völlig aufgelöst und – „O.k.", hätte der Polizist gesagt, wenn er dort gestanden wäre, „fahren Sie sofort weiter, ich will nicht helfen müssen, Ihr Kind auf die Welt zu bringen, wenn es schon so eilig ist. Was wird es denn? Ah, ein Bub! Jetzt fahren Sie doch!" Vollgas würde dein Papa geben und ins Krankenhaus rasen, um rechtzeitig da zu sein, damit das Kind nicht auf den Beifahrersitz des metallicgrünen Audi A4 flutscht, das gäbe eine schöne Sauerei, nicht in meinem Auto, denkt sich der Papa und drückt auf die Tube ...

Na ja, aber so war das alles nicht, Herr Bub. Ihr seid zum Wannsee und habt dort am Ufer gelegen. Alles war so ruhig. ALLES. Die Vögel haben geschwiegen. Der Wind machte ein Nickerchen. Und ein Herr Bub hat sich umgedreht und sich gedacht: So schön wird's nie mehr wieder, und ist wohlig eingeschlafen ...

## Nachricht 176:

### Nacht

Mit deiner Ankunft, Herr Bub, werden sich für deine Eltern die Nächte – zumindest in den ersten rund 20 Monaten – dramatisch verändern. Die NACHT! Das ist das Gegenteil vom Tag: Die meisten Vogelstimmen verstummen, der Wind bläst, aber unsichtbar (außer er verkleidet sich als Sturm), und statt in die Sonne, der du nicht ins Auge sehen darfst, starrst du fasziniert auf den Mond, ob du nicht doch irgendwo den Mann, der dort oben wohnen soll, entdeckst. Die Nacht ist dazu da, zu ruhen. Dafür gibt es das Bett, in das man sich kuschelt. Und nachdem man das Licht ausgeschaltet hat, umfängt einen die Finsternis. Und die Stille (na ja, bei dir in Berlin ist das vielleicht mal kurz zwischen drei und vier Uhr morgens, in St. Georgen ist sie, die Stille, wirklich da!). Dann schläfst du ein. Vielleicht träumst du auch etwas. Man sagt, im Traum erinnert man sich an Ereignisse im Mamapool. Das kann gut sein. Die Nacht ist wie ein kleiner, kurzer, täglicher Winter: Alles schläft, einsam wacht. Sie ist kalt, zumindest kälter als der Tag, dem die Sonne ordentlich einheizt. Sie macht uns auch ein bisschen Angst, weil es dunkel ist, unheimlich, vor allem, weil wir nichts sehen – außer wir knipsen das Licht an. Eine poetische Beschreibung der Nacht besagt, dass sie uns „umhüllt" – das finde ich sehr passend und schön, sie legt sich um uns wie eine Decke. Für den Tag wäre das gar nicht passend, denn der ist hektisch, kommt ständig mit irgendetwas daher, das wir wahrzunehmen und dem wir uns zu stellen haben. Deshalb brauchen wir die Nacht und den Schlaf. Und dann kommst du! Für dich, der alles, natürlich ALLES, auch Tag und Nacht und Wachsein und Schlaf, noch erfahren und lernen muss, gelten andere Gesetze und andere Rhythmen. Du schläfst und wirst schlafen, wenn dir danach ist und nicht, wenn ein schwarzer Himmel und eine matt scheinende Scheibe es dir befehlen. Dein Schlaf wird noch in erster Linie gesteuert von deinem Hunger, wenn der kommt, wird geschrien und willst du gestillt werden, sofort, völlig egal, ob es 23 Uhr oder vier Uhr morgens oder zehn Uhr vormittags ist. Woher solltest du es ja auch wissen, dass die Uhren da draußen, in dieser komischen Welt, völlig anders ticken. Wo nicht DU den Zeigern ihren Gang vorgibst, sondern umgekehrt, sie uns bestimmen und wir deren Sklaven sind. Für deine Eltern bedeutet das eine ziemliche Umstellung. Die Nacht ist das erste unwiderruflich sichtbare Zeichen, dass ab jetzt (zumindest für die ersten rund 20 Monate) WIRKLICH und sehr konkret etwas anders ist. Bis 24 Uhr nett rummachen, dann ins Bettchen hüpfen, Tiefschlaf, REM-Phase genießen und um 7.00 Uhr ausgeschlafen und entspannt aufstehen – damit ist es erstmal vorbei. Die Nacht wird zur großen Unbekannten, zum Angstgegner, so einer, auf den man sich vorzubereiten versucht, aber dann kommt doch alles ganz anders. DIESE Nächte sind DEINE Verbündeten. DU steckst mit ihnen unter einer Decke. Du lässt deine Mama schreiben: „Juhu, zweieinhalb Stunden DURCHGESCHLAFEN!" – Sie meint sich. So rasch minimieren sich Sehnsüchte, Hoffnungen und Wunschträume. An acht Stunden Schlaf an einem Stück kann man sich sehr bald überhaupt nicht mehr erinnern. So schnell erfolgt die Anpassung. An DICH. Und DEINE Vorgaben. Ich möchte dir jetzt kein schlechtes Gewissen herbeireden, überhaupt nicht, du brauchst dir keine Vorwürfe zu machen – sie wollten es ja nicht anders und haben es ja auch gewusst. So geht es ALLEN jungen Eltern, denen ihr erstes Kind den Schlaf und somit die Süße der Nacht raubt. Aber ... Du wirst schnell lernen. Wirst schnell draufkommen, dass Rummachen am Tag VIEL lustiger ist, weil da jemand da ist, der mit dir gemeinsam rummacht. In der Nacht sind die Menschen träge und müde und wollen nichts als ihre Ruhe. Deshalb wirst dann auch du mehr und mehr deine Ruhephasen in die Nacht verlegen. Bis eines Tages die Chefredakteure der wichtigsten Tageszeitungen, New York Times, Le Monde und Berliner Tagesanzeiger, in einer Spalte auf dem Titelblatt verkünden: „Heute hat Herr Bub zum ERSTEN MAL durchgeschlafen! Wir gratulieren recht herzlich den glücklichen Eltern!" An Mama und Papa: Das wird in circa 20 Monaten sein. Wie schnell doch die Zeit verfliegt ...

## ein Restaurant ist eine Nabelschnur für Große ...

## Nachricht 177:

### Restaurant

Halloooo! Hörst du mich, Herr Bub?! Nein, ich fange NICHT wieder damit an, wo du bleibst. Es ist DEINE Entscheidung, da noch drinnen bleiben zu wollen, und da wir sowieso nichts tun können, ich schon gar nicht, höchstens deine Mama, die sagt „genug ist genug", will ich da auch gar nicht nachhaken. Ich will dir nur berichten, was sich da draußen, also AUSSERHALB des Bauches so abspielt. Ich bekomme jetzt täglich mittels unseres Chats nette Bilder übertragen, die deine Eltern in netten Restaurants zeigen. Die wollen das noch so richtig genießen, bevor es mit dir losgeht und „Restaurant" für einige Zeit zum Fremdwort wird. Ein Restaurant ist eine Nabelschnur für Große, an der sie abhängen, so wie du jetzt an einer dranhängst. Deine Nabelschnur versorgt dich mit all jenen Köstlichkeiten, die deine Mama vorher in einem Restaurant zu sich genommen hat. Einzig kleiner Unterschied: Du hast keine Wahl, du musst das essen, was in die Schnur kommt. Deine Mama wählt aus einem Menü, was sie gern in sich hineinstopfen will. Wobei dies im Moment ziemlich tricky ist, weil zum Beispiel Sushi (das ist roher Fisch), das deine Mama besonders gern hat, wegen dir gar nicht geht. Und noch ein paar andere Sachen auch, wie zum Beispiel Alkohol (was das ist, beginne ich dir an deinem zehnten Geburtstag zu erklären, lieber an deinem 14. Geburtstag, aber wahrscheinlich klüger, wenn du sechs wirst ...). Alles, was sie jetzt isst, kommt nämlich direkt zu dir. Und da du keine Anstalten machst, rauszukommen, vertreiben sie sich nun die Zeit in diversen Restaurants. Es wundert mich ja echt, dass es in Berlin noch keine Gaststätten extra für Schwangere gibt – das wäre eine echte Marktlücke, das sollte man sich mal überlegen. Laut deiner Mama ist nämlich, subjektiv gesehen, so ziemlich jede Frau in Berlin, oder besser am Prenzlberg, schwanger. Das Pregoresto wäre also sicher der absolute Renner: Tische mit Einbuchtungen für den Bauch, Stühle mit Fußstützen zum Hochlagern. Kleine halbrunde Tischchen, die sich die angehenden Mamas auf den Bauch klemmen, um dort ihre Tassen – Gesundheitstee natürlich, KEIN KAFFEE! – abstellen zu können. Auf der Speisekarte nur leicht Verträgliches, Vitaminhaltiges und nicht Blähendes. Vielleicht ließe sich das Ganze noch mit einer Ultraschall-Erlebnis-Station kombinieren, unter der Aufsicht einer feschen Hebamme, damit die Papas auch einen Grund haben, mitzukommen. Statt dem Dessert beziehungsweise auch gern NACH dem Dessert eine kleine Runde Schwangerschaftsgymnastik. Je mehr ich drüber schreibe, desto besser gefällt mir die Idee: McSchwanger! Herr Bub, du bist WIRKLICH höchst anregend! Ohne dich hätte ich diese brillante Idee NIEMALS gehabt. Ich verspreche dir, dass ich dich am Gewinn beteiligen werde (hm, eine weitere Beteiligung ...) – reizt dich das nicht?! Noch immer keine Lust, rauszukommen? Vielleicht ist es sowieso besser, noch ein bisschen zu bleiben, wer weiß, was mir noch alles einfällt ...

# Nachricht 178:

## Unser Buch

Nach den – wie wir gelernt haben – völlig unzureichenden Berechnungen der gesammelten Ärzteschaft Berlins und Umgebung sollte ich vor vier (in Ziffern: 4) Tagen das letzte, das wunderbarste Kapitel dieses Buches geschrieben haben: Die Geburt des Herrn Bub. Ich hätte die letzten Zeilen, die letzten Worte wohl unter Tränen geschrieben. Im Bewusstsein, dass nun nicht nur ein letztes Kapitel, sondern noch ein anderes, ein größeres zu Ende geht: 174 Tage, fast sechs Monate, jeden Tag aufzustehen und davon bewegt zu sein, mit dir in einen innigen, intensiven Kontakt zu treten. Täglich rund zwei, manchmal sogar drei Stunden mit dir zu verbringen. Als würdest du bereits real vor mir sitzen. All das sollte in wenigen Augenblicken vorüber sein. Unwiederbringlich. Denn so ein Buch lässt sich nicht wiederholen – sorry, ihr Enkel meiner anderen drei Kinder, euch werde ich etwas Anderes schreiben. Vielleicht hätte meine Fantasie einen Satz nach dem anderen produziert, eine kleine „never-ending story", aber irgendwann, spät nachts, wäre deine Nonna gekommen und hätte gesagt, ich solle jetzt doch endlich Abschied nehmen von dem Ungeborenen, du seiest jetzt geboren und damit auch dieses Buch, gratuliere zu Nummer 44, und jetzt komm' sofort ins Bett! Und ich hätte genickt und gesagt, du hast ja recht. Aber insgeheim hätte ich mir wohl gedacht, warum konntest du nicht noch ein bisschen ausharren, Herr Bub, einen Tag wenigstens, morgen wollte ich doch noch das wichtige Kapitel über „Blähungen" schreiben.

Sehen wir es also, wie es ist, nehmen wir es sportlich: Du willst deinem Fofo nicht den Spaß am Schreiben verderben, du willst ihm eine Freude machen und so lange im Mamapool plantschen, bis ihm die Finger vom Schreiben wehtun. Das scheint dein Ziel zu sein: 200 satte Nachrichten auf 300 Seiten. Juhu, Herr Bub, da haben wir noch 22 Tage vor uns und dein Geburtstermin wird der 28. Juni sein! (Lass das nur ja nicht deine Mama hören – die zuckt aus! Und ich bin dann auch noch schuld ... Wie beim Stehlen deines Namens, den ich seither nicht mehr erwähnen darf, Karl-Heinz!)

# EINE einzige Geschichte noch!

## Nachricht 179:

### Blähungen

Danke! Herzlichen Dank! Wirklich sehr zuvor- und entgegenkommend von dir, Herr Bub, dass du dich nach einem winzigkleinen Wehenrülpser entschlossen hast, doch noch im Bauch bleiben zu wollen. Ich hatte mir ja schon gedacht, dass die einzelne, im sonst völlig bewegungslos daliegenden, riesigen Ozean daherkommende Miniwehenwelle wohl eine von deiner Mutter herbeigesehnte und nicht etwa ein von dir gestartetes Zeichen zum Aufbruch darstellte. Denn ich ahnte, dass ich gestern deine Neugierde weckte, als ich dir eine Nachricht über „Blähungen" in Aussicht stellte. Ich hörte dich förmlich sagen, dich verzückt rufen: „Fofo, was in aller Welt ist denn DAS, BLÄHUNGEN?! Davon MUSST du mir noch erzählen. BITTE. EINE einzige Geschichte noch!" O.k., Bub, noch EINE Geschichte. Dann ist aber Schl ... Wirklich lieb, dass du so interessiert an den wichtigen Dingen dieser Welt bist. Dazu gehören eindeutig Blähungen. Sie sind wie kleine Drachen, die in deinem Bauch, genauer gesagt in einem Art von langem Schlauch, sitzen und darauf warten, endlich in die Freiheit entlassen zu werden – ähnlich Ungeborenen, die ENDLICH auf die Welt kommen sollen. Aber weil sie so groß sind, oder der Schlauch so klein ist, kommen sie nicht so recht weiter. Und drücken und zerren und klemmen, und das tut ein bisschen weh, weil es in deinem Bauch dann drückt und zerrt und klemmt – so lange, bis sie es endlich doch geschafft haben und mit einem langen, lauten Seufzer aus dir herausfahren. Vor lauter Aufregung ein bisschen stinken, oder auch nicht, und sich im Universum vertschüssen. Somit wäre auch schon alles erzählt. Na ja, fast alles. Denn da gibt es etwas, was du noch wissen solltest. Diese armen Drachen werden, solange sie sich mühsam aus DIR herauspressen, herzlichst willkommen geheißen. Es fehlt gerade noch, dass sie von einer Blasmusikkapelle begrüßt werden, so freuen sich Mami und Papi darüber, diese Plagegeister, die das arme Kerlchen drücken und zerren und klemmen, endlich los sind. Nun ist es aber so, dass die Blähdrachen nicht nur in den Gedärmen von Neugeborenen, Säuglingen und Kindern ihr Unwesen treiben, sondern durchaus auch vor Erwachsenen nicht Halt machen – somit auch deinen Fofo plagen können. Da sieht die Sache aber VÖLLIG anders aus. Drücken, zerren, klemmen ist identisch, wie bei dir, Herr Bub. Aber bei Entweichung, Vertschüssung, Abflug der Quälgeister herrschen andere Regeln: Keine Spur von Freude, von Verständnis oder Mitleid. Von einer Blasmusikkapelle gar nicht zu reden. Entfährt dem kleinen Drachen auch nur ein winzig kleines Piepserchen, hagelt es gleich böse Blicke und wüste Beschimpfungen. SO ungerecht ist die Welt. Zwei Vorkommnisse gleicher Art werden völlig unterschiedlich beurteilt.

So, das war sie jetzt, die Nachricht zum Thema „Blähungen". Und nun: Mach dich auf den Weg, der Welt da draußen kleine Drachen zu schenken ...

## Nachricht 180:

### Countdown

(8. Juni)

ZEHN. Wer hätte gedacht, dass wir noch einmal eine so wunderschöne Zahl wie die 180 erreichen werden, DU und ich, Herr Bub? Das erinnert mich an die Pilgerwanderungen, die ich mit deiner Mama und ihren Geschwistern unternommen hatte – vier Tage, 160 Kilometer, über Berg und Tal. Die Kinder waren so zwischen fünf und zehn Jahre alt, und um sie zu motivieren, weiterzuwandern, erzählte ich ihnen vom Ziel des Tages, wo Großartiges, Fantastisches, Geheimnisvolles auf sie warten würde. Hatten wir es erreicht, gab es nie eine Enttäuschung, und für mich war es nun einfacher, ihnen das nächste Ziel schmackhaft zu machen. Heute ist es umgekehrt: DU motivierst MICH! Noch ein Tag mehr bis zum Ziel, rufst du mir zu! Und ich – nein, WIR müssen dir folgen. Also noch eine Nachricht.

Die 180.

NEUN. Es ist beruhigend zu wissen, dass du es weißt. Wann die Zeit gekommen ist, die große Pilgerreise anzutreten. Wir wissen es nicht, weil wir meinen, planen zu können. Weil wir auf Apps und Artikel und „Fachmeinungen" starren und hören, anstatt es dem zu überlassen, der noch nichts als seine innere Uhr kennt. DIR.

ACHT. Lass dir Zeit, Herr Bub. Der WEG birgt all die Augenblicke des Genießens. In denen unsere Fantasie auf Hochtouren läuft und wir uns alles auszumalen imstande sind, was wir uns ausmalen wollen. Wie es sein wird, MIT dir. Obwohl du doch schon so in unser aller Leben verankert bist. Noch gar nicht da und nicht mehr wegdenkbar. Du hast völlig recht. Diese Augenblicke des Genießens sollten wir auskosten, statt zu lamentieren.

SIEBEN. Weihnachten (das kennst du schon ...) macht es uns ja vor: Da überwiegen die Vorfreude, die Wochen des Advents („ER wird kommen ..."). Das Auskosten einer ganz besonderen Atmosphäre, die auf einen Höhepunkt zustrebt. Auf – eine Geburt! Nach fünf Wochen des Wartens konzentriert sich dann alles auf jenen Moment, wo man vor den Christbaum mit den brennenden Kerzen tritt und sich alles löst. Und nur noch Freude den Raum erfüllt.

SECHS. Wo nur noch Freude den Raum erfüllt. Ist das nicht großartig, dass du unfertiges Menschlein dies mitten im Juni schaffst?! Ausschließlich mit der Aussicht darauf, dir zu begegnen. Zeigt sich nicht darin, also durch dich, die Kraft und die Macht der Religionen? Durch Ankommende eine Erlösung zu erfahren?

FÜNF. Was immer es auch ist, was dir sagt, noch nicht bereit zu sein, es erfordert Geduld von uns. Das ist gut so. Das ist perfekt. Dass du uns zeigst, dass wir, winzige Rädchen eines gigantischen Systems, nicht alles, wahrscheinlich sogar NICHTS in unseren Händen haben.

VIER. Die Spannung steigt. Wellenförmig. Der Zeitungsleser, der in Grammatneusiedl sitzt und liest, dass

Drei
zu
Du me
noch

die Festivalleiterin schwanger ist, denkt sich, „Was für eine attraktive Frau – der Bauch macht sie noch schöner!" Der Besucher, der deine Mama von zahlreichen Festivals kennt, fragt nach dem Festivalbaby.

DREI. Die Erstmaliggroßeltern müssen nun stündlich Nachfragen aller Verwandten und Freunde beantworten, ob ER schon da sei und wie es IHR gehe.

ZWEI. Deine Eltern, die versuchen, das noch Unfassbare, die Entdeckung eines neuen Planeten im Universum, mit Gelassenheit zu überspielen und Trüffelnudel an Kardamomspiegel (Mama. Papa: Gefüllte Kalbsbacken) gabeln.

EINS. Und du. Der einfach IST, weil er weder weiß noch ahnt, was GEBURT bedeutet.

NULL: Wir warten ...

# Nachricht 181:

## Es wäre langsam Zeit

Lieber Herr Bub! Ich möchte dich nur nochmals daran erinnern, dass wir heute den 9. Juni schreiben. Nur zu Sicherheit, solltest du da etwas vergessen haben. Nein, neun Monate Schwangerschaft waren NICHT das Ziel aller Begierden. Da fehlt noch etwas. Ich will damit zum Ausdruck bringen, dass das Bisherige echt ziemlich großartig war, die gestochen scharfen Fotos, die Haut, auf denen du Hügel baust, dein Herzschlag. Super. Wirklich super. Aber, äh, wie soll ich es sagen: Es reicht nicht, das Wienerschnitzel zu riechen, man will es auch in Realtime vor sich haben und es in seinen Mund schieben können. Irgendwann reichen schmachtende Blicke nicht mehr und seien sie noch so heiß, irgendwann will man küssen. Und zwar richtig. Die Streichler, die von deinen Eltern stammen und die du täglich spürst, sind ohne die Haut und das bisschen Fett dazwischen VIEL schöner, glaub mir! Da gibt es mehr. Und, auch das muss mal in aller Deutlichkeit ausgesprochen werden, du kannst dort nicht für immer drinnen bleiben. DAS GEHT NICHT. Auch wenn es dir noch so gut gefällt. Verständlich, du kennst ja nur dieses eine Universum. Woher solltest du auch wissen, dass es nicht nur die Nabelschnur und die Plazenta, sondern auch die wunderschönsten Brüste zur Nahrungsaufnahme gibt. Dass es nicht nur die Finsternis, sondern auch ein umwerfendes Licht gibt, das alle Schönheit beleuchtet. Dass die Welt nicht nur aus dem gleichmäßigen Trommeln eines Herzschlagzeugers besteht, sondern aus den großartigsten Klängen. Alles das, was ich dir in den letzten 180 Tagen geschrieben und erzählt hatte --- IST WAHR! DAS WAREN KEINE ERFUNDENEN GESCHICHTEN. Es lohnt sich wirklich. Ehrenwort. Ich habe nicht einen einzigen meiner 23 161 Tage seit MEINER Geburt bereut. Und du, Herr Bub, wirst es auch nicht ...

# 23.161 TAGE

## Nachricht 182:

### Liebe

Lieber Herr Bub! Khalil Gibran, einer meiner Lieblingsdichter, schreibt in einem Gedicht: „Deine Kinder sind nicht DEINE Kinder, es sind die Kinder des nach sich selbst sehnenden Lebens ..."
Ich finde dies – und sage es als Vater von vier Kindern – eine großartige Aussage. Kinder sind nicht unser Besitz, mit denen wir tun und lassen können, was wir wollen. Sie sind uns vielmehr geliehen, wir haben sie bestmöglich durchs Leben zu führen, solange bis sie es, das Leben, selbst in die Hand nehmen. So

verhält es sich auch mit dir: DU bist die Materialisation der Liebe deiner Eltern. Du bist aus ihrer Zuneigung heraus entstanden. Sie haben JA gesagt zum Leben, und es hat daraufhin begonnen, dich zu erschaffen. Alles Weitere nimmt seinen Lauf. Wir Menschen haben nun – nach diesem bedingungslosen JA – keinen entscheidenden Einfluss mehr. Nicht darauf, was sich da aus Ei und Samen formt, nicht darauf, ob du Herr Bub oder Frau Mädchen wirst, nicht auf dein Wachsen im Bauch (ja, außer deine Mama würde Drogen nehmen oder rauchen und Alkohol trinken, aber diese Einschränkungen lassen wir mal beiseite ...). Und auch nicht auf die Geburt. Natürlich versuchen Menschen auch da einzugreifen, in dem sie versuchen, diesen großartigsten aller Vorgänge nach dem Terminkalender des Arztes und den eigenen Bedürfnissen einzuteilen und somit der Natur ein Schnippchen zu schlagen, aber von denen wollen wir hier nicht reden. Das Leben und nichts als das pure Leben, das Sein, bestimmt deine Landung, drückt den Knopf zum Zünden des Urknalls. Alles, was deine Eltern dazu beitragen können, ist, sich deines Ursprungs gerade in diesen aufregenden Momenten des Wartens und der Geduld bewusst zu sein – ihrer Liebe. Vor Millionen von Jahren war es der Zwang zur Reproduktion als Beitrag des Individuums zur Evolution, vor ein paar Tausend Jahren war die Zeugung von Kindern eine Notwendigkeit zur materiellen Absicherung, und heute verbinden wir „das Kind" mit Liebe. Du bist ein Kind der Liebe, so eines, wie deine Mama (und all ihre Geschwister), und so, wie auch ich eines war. Und das Leben allein wird bestimmen, wann es diesem unbeschreiblichsten aller Gefühle den Atem der Welt schenken wird ...

# Ja sagen zum Leben

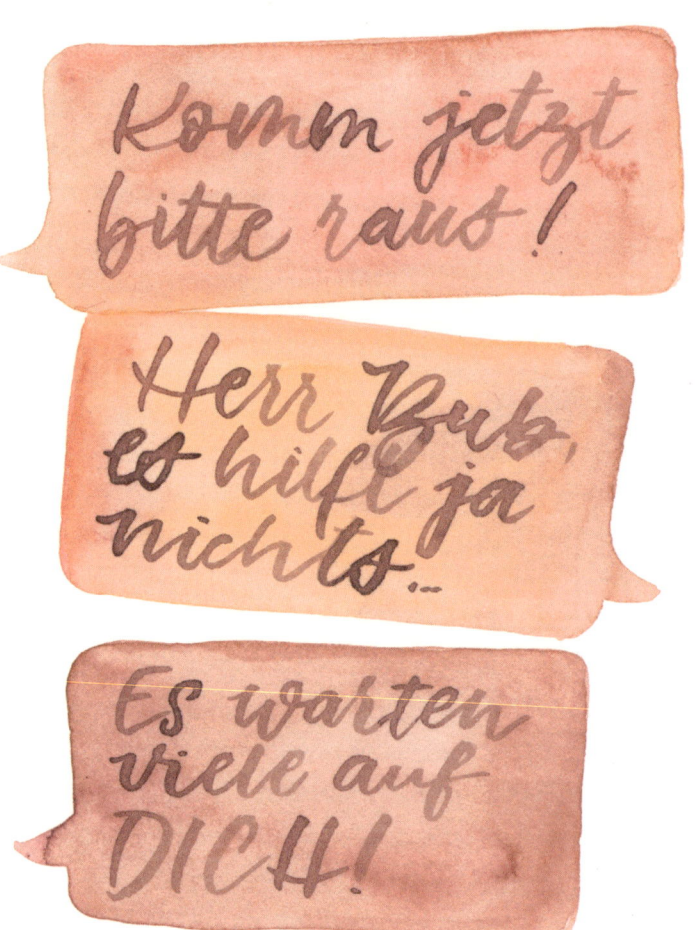

## Nachricht 183:

### Drohung

Die Mails und WhatsApp-Nachrichten häufen, überschlagen sich. Alle Welt meint, ich solle doch endlich aufhören, dir zu schreiben. Dass du wohl nach reiflicher Überlegung, nach Abwägen aller Für und Wider, nach Betrachtung der Vor- und Nachteile immer mehr Gefallen fändest am gemütlichen Plantschen im Mamapool, statt am kräftigen Schwimmen im Alltagsmeer. SO HAB ICH DAS NICHT GEMEINT, hörst du! Komm jetzt bitte raus! Du kommst jetzt S-O-F-O-R-T raus! Herr Bub, es hilft nichts. Es ist ja verständlich, dass du für immer bei dieser Traumfrau bleiben willst, weil du – klar, trotz aller meiner Erzählungen – zu dem Schluss kommen musst, sie sei die einzige, was Besseres würde nicht mehr nachkommen. Natürlich hast du recht, aber: Da warten noch VIELE Frauen, von mir aus auch Männer auf dich, glaube mir. SO GLAUBE MIR DOCH! Und höre bitte auf, dir die Ohren zuzuhalten. (Hab ich jetzt gerade das erste Mal mit dir geschimpft? UPPS ...) Wenn du da jetzt nicht sofort raus kommst, werden sie dich holen. Du KANNST NICHT dort drinnen bleiben. ES GEHT NICHT! Herr Bub, deine Frage „Warum nicht?!" ist jetzt wirklich völlig überflüssig. Mir ist schon klar, dass du meinst, schon viel zu wissen, kein Wunder nach 182 Nachrichten, aber darüber hinaus weißt du wirklich noch ---- KOMM JETZT SOFORT DA RAUS!!! Entschuldigung, ich wollte wirklich nicht laut werden, aber BITTE, BITTE, Herr Bub, versteh doch: Es geht einfach nicht. Hier ist es auch schön. Echt. Sehr schön sogar. Heute scheint die Sonne. Den Regen habe ich erfunden. Mamas Busen ist VIEL schöner als die alte hässliche Plazenta. Donald Trump ist nur ein Comic. Donald Duck ist in Wirklichkeit der wichtigste Mann der Welt. Nein, glaube nicht, dass ich das nur so sage, damit du raus kommst. DAS STIMMT WIRKLICH! (Notlüge 1) Du kannst es dir ja mal ansehen, und sollte es dir wirklich nicht gefallen, kannst du ja wieder zurück. (Notlüge 2) Aber – es wird dir gefallen, ich schwöre es dir! Bitte, bitte, drück ein bisschen an! Hol tief Luft und dann ZACK! Deine Mama und dein Papa und die halbe Welt warten doch schon SOOO! Es trennen dich doch nur ein paar Zentimeter vom WAHREN Glück! Hab ich dich wirklich derart geschockt mit meinen Nachrichten, dass du jetzt keine Lust mehr darauf hast, dass alles in REAL zu erleben?! Herr Bub, ich kann dir doch wirklich nicht die nächsten zehn Jahre die Welt einfach so ERZÄHLEN. Jetzt hör doch: DU MUSST RAUS! Da führt kein Weg vorbei. Weißt du, was das heutige Elternautomotorstarten bedeuten wird? Nein, nicht hinaus zum See. Nein, nicht zu IKEA, was fürs Büblein kaufen. Nein, auch nicht zum Italiener, zu den feinen Tagliatelle. Die fahren INS KRANKENHAUS! Hörst du?! Die fahren mit dir jetzt ins Krankenhaus und dort werden sie deiner Mama eine megagroße Tablette einschieben und dann wird losgesurft. Was??? COOL, meinst du? Endlich am Cap Charlottenburg ankommen, wo es die richtig GROSSEN Wellen gibt? Gut, dass du das jetzt erwähnst (äh, woher eigentlich? Ich kann mich nicht erinnern, dir DAVON je erzählt zu haben. Vom Surfen ...) –, nein, eben nicht Cap und die Superwelle, sondern Spreekanal und künstliche Wellenmaschine! Die wird jetzt angeworfen, und dann kommst du, ob du willst oder nicht. Und solltest du – das fällt mir jetzt gerade ein – auf die ZWEIHUNDERT spekulieren, kann ich dir nur sagen: Daraus wird SICHER NICHTS. 182 ist schon extrem und weitaus mehr als geplant. Und wenn du meinst, damit ein Statement abgeben zu müssen, dass es allein in DEINEN Händen liegt, wann der gnädige Herr herauszukommen bereit ist, dann ... dann ... dann können sich Mama und Papa schon mal warm anziehen ...

So, versuchen wir es jetzt ein ALLERLETZTES MAL: KOMM JETZT DA RAUS! Du hast noch etwa zwei Stunden Zeit, es dir zu überlegen, dann wird der Startknopf gedrückt, ob du willst oder nicht. Du kannst dich mit deinen kleinen Händchen dagegenstemmen, so sehr du auch magst, kannst die Luft anhalten, so lang du auch willst – es wird dir nichts nützen. So, hör doch auf deinen alten Fofo, ES HILFT NICHTS. Und wenn du mich nur ein bisschen lieb hast, lass mich noch heute – mit einer zweiten Nachricht an EINEM Tag – dieses Buch beenden. Du wirst geboren werden, ob du nun willst oder nicht. Und ich kann dir nur sagen: Du wirst es nicht bereuen. Dieser Blick deiner Eltern, dieser allererste Blick auf dich, ist etwas niemals wiederholbar Schönes. Es ist die Wiederholung der Schöpfung, die Sichtbarmachung des Urknalls, es ist die Materialisierung der Liebe. Warum dies wunderbar Ding noch hinauszögern? Komm. Komm, Herr Bub!

Du kommst jetzt SOFORT raus!

# Nachricht aus Berlin...
## nichts geht weiter.

## Nachricht 184:

### Delogierung

Lieber Herr Bub! Ich kann nachvollziehen, dass du ein bisschen verwirrt bist – in Nachricht 182 red ich vom Leben und dass es alleine an ihm liegt zu bestimmen, was geschieht. Dann gestern der flammende Appell an dich, doch endlich zu kommen. Ja, ich bin auch ein bisschen verwirrt – so wie wir alle. Du willst anscheinend nicht, aber – ich hatte es ja gestern schon angedeutet – du MUSST. Ich sollte es dir ja nicht verraten, denn du sollst es doch nicht wissen, aber als Freund muss ich es dir einfach sagen. Sie holen dich jetzt. Leben hin, Sein her, sie werden deiner Mama mit einer gewaltigen Spritze irgendein Zaubermittel in den Körper jagen, das imstande ist, kleine Tsunamis auszulösen. Und ein solcher wird dich auf seinen Wellenkamm nehmen und dich ans Ufer tragen. Auch wenn du nicht willst. Ich verstehe dich. Hundertpro. Und – verrate mich nicht – ich fühle mich ein bisschen mitschuldig. Vielleicht war es ja doch keine so gute Idee, dir in deinen allerjüngsten Jahren schon so vieles von der Welt da draußen erzählt zu haben. Vielleicht bist du so eingeschüchtert, dass du es dir doch noch überlegt hast. Diese Gedanken gehen seit Tagen durch meinen Kopf. Jetzt ist es zu spät. Deine Mama ist bereits im Krankenhaus und das Zaubermittel jagt durch deinen Körper. Hoffentlich tut es dir nicht weh. ---
Ich habe soeben eine Nachricht von deiner Mama empfangen. Mein Gott, was bist du für ein Sturschädel und Kämpfer! Die Dosis, mit der sie dich delogieren wollen, hätte einen Elefanten durch ein Nadelöhr getrieben. Aber du chillst weiter, als ob dich das gar nichts angehen würde. „Verzeihung, sprechen die Herrschaften etwa MIT MIR???"

Wie schaffst du das nur? Diese Konsequenz und diese Disziplin, DEIN Ding durchzuziehen. Wirklich ganz der Großvater! Derselbe Großvater ist samt dazugehöriger Großmutter inzwischen aber trotzdem echt nervös. Müsste ich nicht auf der Bühne stehen (nur nebenbei, Herr Bub: Das Festival, das Ihre Frau Mutter organisiert hat, läuft großartig. Heute sind wir bei Tag 23 angelangt. Die Leute toben und sind begeistert und wir denken an nichts anderes als an DICH!), wäre ich längst in Berlin und würde dich eigenhändig (also nur im übertragenen Sinn ...) da herausholen. Ach übrigens, zur Information, keineswegs soll dich das auch nur irgendwie beeinflussen: Ich habe vor zwei Stunden einen Flug für deine Nonna gebucht, sie wird morgen um ca. 19.00 Uhr im Krankenhaus bei euch beiden eintreffen. Na ja, ich meine ja nur, es wäre eine gute Gelegenheit, die alte Oma gleich mal persönlich zu treffen. Nur wenn du willst, du musst natürlich nicht. ---

Nachricht aus Berlin: Nichts geht weiter. Herr Bub macht sich weiter über die Wehenmittel lustig, und die paar Wehen, die sich deine Mama herauspresst, erzeugen nichts als leichten Wellengang im Mamapool. Notwendig aber wäre Windstärke 10.

Was machen wir nur mit dir?! Wie soll das weitergehen? Ich hab' doch nur mehr ein einziges Thema in meinem Kopf, und das ist GEBURT! Ich flehe dich an: Komm! Sonst muss ich morgen über die deutsche Fußballnationalmannschaft schreiben, übermorgen über die Machenschaften der Wall Street und ab 15. Juni würde mir GAR NICHTS mehr einfallen. Wenn das Buch dann ein Flop wird, bist DU schuld!

# willkommen, Theodor, in dieser herrlichen Welt!

## Nachricht 185:

### Dienstag, 13. Juni: Du bist da

Die letzte Nachricht, es ist die Nummer 185: Mein lieber Enkelsohn! Lieber
Theodor! Wie drückt man „Schweigen" auf Papier aus? Lässt man 39
Leerzeichen frei? Schreibt man sieben Mal hintereinander STILLE auf das
Papier? Dein Fofo schreibt seit 38 Jahren Bücher – er sollte es wissen, aber er
weiß es nicht. Heute, vor wenigen Stunden, bist du zur Welt gekommen.
Es kommt die Nachricht, natürlich auf WhatsApp, wie denn sonst nach 185
Tagen, mit einem ersten Foto von dir mit der Nachricht „Alles gut". Augenblicke
später deine Daten: „56 cm und 3450 Gramm". Dann „Mama gut", gefolgt
von einem Foto mit deinem Papa. Ich laufe in den einzigen Raum, in dem ich
allein sein kann, auf die Toilette des Konzerthauses, in dem ich an diesem
Abend gastiere. Ich will diese Stille erfahren, von der wir so oft gesprochen
hatten in den letzten sechs Monaten. Ich will mich herausnehmen aus der
lauten Welt, damit wir, du und ich, uns noch einmal, gleichzeitig zum letzten
und zum ersten Mal begegnen können – 1156 Kilometer voneinander entfernt.
Ich will ... schweigen. Was sonst ließe sich tun angesichts des Wunders, das
vor Augenblicken wahrhaftig geschah. Das dies in derselben Sekunde 765 000
Mal rund um den Erdball passiert, nimmt diesem Wunder nichts von seiner
Einzigartigkeit.
Ich schweige: Du atmest. Hast zehn Finger und zehn Zehen und die Nase sitzt
am richtigen Fleck. Deiner Mama geht es gut. Mit diesen zwei Meldungen lässt
es sich wunderbar schweigen. Ich weiß nicht, wie lange ich so dasitze, bis der
Lärm der Welt mich zurückholt. Jemand klopft aufgeregt auf die Toilettentür
„Bist du da drinnen?!?! Du musst in zehn Minuten auf die Bühne!" – Ja,
antworte ich, ich komme gleich, ich bin noch in Berlin. Aber ich komme gleich!

Ich schweige: Nie hätte ich mir gedacht, nicht einmal vorstellen können, wie sehr mich diese letzten Stunden mitnehmen würden. Deine Weigerung zu kommen. Deine Mama, die das Leben aus sich herauspressen will. Die Nachrichten, nun im Zehn-Minuten-Takt. Rotes Telefon – Direktlinie vom Krankenhaus: Dass die Ärzte nervös werden (kein gutes Zeichen), dass dein Herzschlag unruhig wird (überhaupt kein gutes Zeichen), dass du schnell mitsamt deiner Mama in den Operationssaal geschoben wirst. Ärzte sich Mundschutz vors Gesicht schieben. Spritzen gesetzt, knappe Anweisungen für einen Schnitt, einen kaiserlichen, gegeben werden: „Skalpell!" – „Saugen!"

Sehr geehrter Herr Theodor! Bedauerlicherweise sind Sie unserer Aufforderung, die Wohnung Mamaplatz Nr. 1 bis zum 2. Juni 2017 zu verlassen, nicht nachgekommen. Mehrmalige, vergebliche Versuche, Sie zu einer gütlichen Regelung zu bewegen, wurden von Ihrer Seite ignoriert. Wir sehen uns deshalb gezwungen, entsprechende Schritte einzuleiten und haben eine sofortige Delogierung verfügt.
Gegen diesen Bescheid ist kein Rechtsmittel zulässig.
Hochachtungsvoll,

Du bist wunderschön, Theo. Natürlich, welches Baby ist das nicht. Trägt doch ein jedes noch diese Aura des Universums in sich. Das nun mit einem Mal sichtbar, spürbar, erklärbar, so weich, so zart, so atmend vor einem liegt. So muss es Gott ergangen sein, als er jene blaue Kugel in seinen Händen hielt und sie liebevoll betrachtete und sich dachte: Gut gemacht!.
Und dies, dieser Schöpfungsakt, ist wohl das Großartigste, Wundervollste, was einem Menschen widerfahren kann. Dies ist ohne Zweifel das Wesentlichste, was Männer von Frauen unterscheidet: Dieses Wissen um diese große, die ganz große, alles entscheidende Tat. Diesem Wissen hecheln wir Männer unser ganzes Leben nach – und können und werden es nie erreichen. Dieses „Gut gemacht" hat nun auch deine Mama erreicht, Theo. Sie ist von dieser Stunde an in diesem erlauchten Kreis der Schöpfer. Dass dies in derselben Sekunde 765 000 Mal rund um den Erdball passiert, nimmt ihrer Tat nichts von ihrer Einzigartigkeit …

„Du musst jetzt kommen!", ruft es wieder aufgeregt vor der Toilettentür. Ich antworte, ich komme. Ja, unser gemeinsames Schweigen, diese Stille, die uns 185 Tage lang ganz fest umfasst hatte, den Theo und den Fofo, die endet jetzt. Hier und jetzt. Auf der Toilette eines Konzerthauses. Ich werde jetzt hinausgehen, ich werde versuchen, meine rotgeweinten Augen mit Wasser zu kühlen, ich werde auf die Bühne gehen und ich werde verkünden: „Theo ist da!" Das Festivalbaby wird seinen ersten Applaus bekommen. Ich werde mich nach nichts so sehr sehnen als nach dem Ende dieses Abends. Will nur ins Hotel und zu meinem Computer. Ihn aufklappen. Ich werde noch einmal kurz heftig weinen müssen. Bevor ich in die Tasten tippe: „Dienstag, 13. Juni. Letzte Nachricht. Nummer 185: Mein lieber ..."

Ist es nicht beispielhaft für diese unsere gemeinsam verbrachte Zeit, Theo, dass dieses Buch mit einer Erkenntnis schließt, die dich – so hoffe ich – dein ganzes Leben begleiten wird: Nämlich, dass jedes Ende immer auch einen Anfang in sich birgt. Ein Buch, das sein Ende findet, und gleichzeitig beginnt eine fantastische Reise, DEINE Reise – Willkommen, Theodor, in dieser herrlichen Welt!

# Die Nachrichten

Dein Fofo

Dein Fofo wurde 1954 geboren. 25 Jahre später erschien sein erstes Buch, dem 42 weitere folgten, die in 12 Sprachen übersetzt wurden und sich weltweit bisher rund 1,5 Millionen mal verkauft haben. „Let's chat, Baby" ist das 44. Aber das wirklich Wichtige, jenes Schicksal, das uns heute hier zusammengeführt hat, ist deine Nonna, Astrid! Sie begegnete ihm am 12. Juli 1980, und seit diesem Tag sind die beiden 24 Stunden am Tag zusammen... Sie haben vier großartige Kinder, Sophie, Kira, Floris und Tessa, die Älteste, die du ja inzwischen kennst...

Ach ja, er ist auch noch Erzähler (durch dieses Glück durfte er über 4500 Gastspiele in 42 Ländern geben), er liebt es, Storytellingkonzepte zu entwickeln, er durfte das größte Storytellingfestival Europas ins Leben rufen (1988, seit 2010 wird es von deiner Mama geleitet) und ein weiteres, wichtiges Baby von ihm ist die geschichtenbox.com.

Seit die Kinder aus dem Haus sind und in Berlin (2), Shanghai und Wien leben, pendeln Astrid und er zwischen dem Kloster in der Südsteiermark und dem Adlerhorst über den Klippen von Piran.

Du bist deren erstes Enkelkind!

## Eine Auswahl von Folke Tegetthoffs Büchern

**Hallo, Herr Husten! Guten Tag, Frau Bauchweh!**
18 Märchen, die davon erzählen, warum es wehtut,
und die helfen, sich ein bisschen besser zu
fühlen... Ein Elternratgeber!
*Erschienen bei Nymphenburger*

**Wie man in 3 Sekunden glücklich wird**
Handbuch zur Verwirklichung von Träumen - Das
erste „Sachbuch" von Folke Tegetthoff zum
Thema Zuhören
*Erschienen bei Haymon*

**Kräutermärchen**
Der Klassiker und große Bestseller! Märchen, de-
ren Helden Kräuter sind – ein Buch für die ganze
Familie!
*Erschienen bei Nymphenburger*

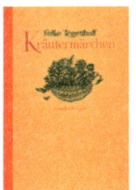

**Alles Liebe**
Märchen über die Liebe – Folke Tegetthoffs erster
Bestseller für Erwachsene! In diesem Buch sind alle
Liebesmärchen vereint.
*Erschienen bei Haymon*

**Roberto Spazzo**
Die Anthologie der schönsten Märchen und
Fabeln für Menschen ab 6 Jahre!
*Erschienen im G&G Verlag*

**Die Bewunderung der Welt**
Eine Sammlung von 17 fantastischen Märchen für
Erwachsene – allesamt real erlebt und zu kleinen
Kunstwerken geformt.
*Erschienen bei Haymon*